中国中学生百科全书

（修订本）

中国大百科全书出版社

天地之间

图书在版编目（CIP）数据

天地之间/《中国中学生百科全书》编委会编. —修订本. —北京：中国大百科全书出版社，2020.1

（中国中学生百科全书）

ISBN 978-7-5202-0635-8

Ⅰ. ①天… Ⅱ. ①中… Ⅲ. ①世界史－青少年读物 ②地理－世界－青少年读物 Ⅳ. ①K109 ②K91-49

中国版本图书馆CIP数据核字（2019）第251155号

中国中学生百科全书（修订本）天地之间

出　版	中国大百科全书出版社
社　址	北京市西城区阜成门北大街17号
邮　编	100037
网　址	http://www.ecph.com.cn
电　话	010-88390718
发　行	新华书店总经销
印　刷	小森印刷（北京）有限公司
制　版	北京华艺创世印刷设计有限公司
开　本	889mm×1194mm 1/16
印　张	27
字　数	515千字
版　次	2020年1月第1版
印　次	2022年6月第2次印刷
书　号	ISBN 978-7-5202-0635-8
定　价	135.00元

《中国中学生百科全书》编辑委员会

名誉主任　徐惟诚

主　　任　卢　勤　王杏村

副 主 任　金学方　王树声　洪安生

执行主编　韩知更

委　　员　（按姓氏笔画排序）

于　明　王杏村　王谷音　王树声　王海竞　卢　勤
田玉凤　田佩淮　刘淑华　孙恭恂　孟卫东　郑晓龙
赵大悌　钟银平　洪安生　唐　红　黄儒兰　曾德贤

《中国中学生百科全书》（修订本）序言

《中国中学生百科全书》自2006年出版以来，深受中学生读者喜爱并荣获多项殊荣。时隔十三年，为适应今天中学生读者的阅读需要，我们对《中国中学生百科全书》做了全面修订和改版。

首先，我们对全书的结构做了调整。本着更基础、更核心的原则，我们将全书调整为三个分册并重新命名：《天地之间》《科学之书》《文艺之美》。三个分册各成体系，各有所专，又遵循统一的体例，共同组成《中国中学生百科全书》（修订本）。

其次，我们对全书条目框架做了调整。调整后的条目框架学科更明晰，更有利于中学阶段学习与大学专业选择的对接；包含的内容更全面，更便于中学生多方面知识的积累和素养的提高。

再次，我们对条目内容做了全面修订。对稳定性比较好的条目，主要是规范表达，使条目内容更严谨、更全面；对时效性比较强的条目，则既着力于体例规范，也着力于更新数据，使条目内容更准确、更科学。修订时还对语言风格做了调整，以使行文更符合现在中学生的阅读习惯。

然后，我们对呈现形式做了全新改版。我们对条目篇幅做了压缩，使行文更言简意赅；增设了一些知识点，以方便阅读和深化理解；同时尽可能地增加了说明性插图，使阅读更直观、更具象。我们还在排版时有意做了留白，以便读者记下阅读时的偶得。

所有这些，都是我们为读者所想，期待能与我们的中学生读者有更好的交流。

受出版周期所限，所收条目仍有不尽之处，将在以后继续完善。

编辑部
2019年12月

《中国中学生百科全书》前言

《新世纪中学生百科全书》自1997年12月面世以后，深受广大读者的厚爱，摆上了千家万户的书架。1999年11月，出版社又编辑出版了《新世纪中学生百科全书(修订版)》。

时隔七年，为了满足广大中学生的需要，在《新世纪中学生百科全书》和《新世纪中学生百科全书(修订版)》的基础上，出版社编辑出版了《中国中学生百科全书》。本书是《新世纪中学生百科全书》的增补更新本，既继承了其优点，又增加了新的理念和新的知识，更新了数据。资料截止日期为2006年7月底。

《中国中学生百科全书》体现了这样的理念：对于中学生的培养应该是全面的。肩负祖国未来的中学生，不仅要是知识丰富、全面发展的人，也要是了解社会、善于处世的人，更要是思想活跃、领先潮流的人。

一个合格的中学生应该具备以下各方面的能力：

一、口头和书面语言表达能力。这一能力对将来从事任何一项工作都很重要。

二、对社会科学、文学、历史、地理的综合理解能力。这是各方面能力培养的基础。

三、数学的理解和实际应用能力。不仅要理解数学法则，更要能将数学应用于实际。

四、对物理、化学和生物科学与环境关系的理解能力。了解物质世界的运动规律，对作出正确的决策是有益的。

五、掌握外语背景知识和了解外国文化的能力。外语学习能锻炼记忆力、启迪思维，对外国文化的学习则有助于新观念的接受。

六、熟练使用计算机和其他技术手段的能力。不能满足于简单操作，要能解决较为复杂的问题。

七、艺术鉴赏能力。艺术素养的提高会使中学生的素质更加完善。

八、对社会政治、经济体制的理解能力。中学生很快就要步入社会，必须对现实社会有深入了解。

九、培养良好的生活习惯与顽强的毅力。注重身体、心理健康，加强身体锻炼、心理磨炼，克服不良习惯，抵制各种诱惑，对中学生的健康成长尤为重要。

十、分析、解决问题的能力和创造精神。这些决定着中学生的发展，影响他们今后的事业和生活。

《中国中学生百科全书》在培养中学生全面素质和能力方面，作出了新的有益尝试。

首先，本书涵盖了中学期间应当掌握的所有知识内容，《数理加油站》《史地大空间》和《文体新天地》三个分册对中学知识进行了全面的概括和梳理，对中学生的知识掌握大有裨益。

其次，本书摆脱传统百科全书的桎梏，推出了令人耳目一新的《成长充电器》分册，该册内容包括中学生成长问题的解决、中学生能力的培养、青春期心理问题的解惑等。这对中学生健康成长意义重大。

最后，本书还增加了大量最新的实用信息，如热门专业、热门科学话题、新兴职业、新发明，以及百所重点大学及其录取分数线等。这些实用信息增强了本书的实用性。

参加本书编写的作者都是中学教育方面的专家和在一线从事教学工作的优秀教师，他们付出了辛勤劳动，在此向他们表示衷心感谢！

编辑部

2006 年 8 月

凡 例

一、编排

1. 全书以条目为主体，条目按学科体系顺序排列。

2. 全书三册，按学科构成一个完整的知识体系。其中每册又各自构成独立的知识体系，具备独立的参见和索引系统。

3. 全书分为三册，每册包含多个学科的内容：《天地之间》，包含历史、天文、地质、地理等方面的内容；《科学之书》，包含数学、物理、化学、生物、医学、农业等方面的内容；《文艺之美》，包含语文、体育、美术、建筑、音乐、舞蹈等方面的内容。

二、条目标题

4. 条目标题仅由汉语标题组成。

5. 条目标题一般为词或词组，如"历史""植物""中国文学""流行音乐"。

三、释文

6. 条目释文一般依次由定义和定性叙述、简史、基本内容、插图等构成，视条目的性质和知识内容的实际状况有所增减或调整。

7. 条目释文使用规范的现代汉语，并力求简明扼要、通俗易懂。

8. 一个条目的内容涉及其他条目并需由其他条目释文补充的，采用"参见"的方式。所参见的条目标题在释文中用蓝色楷体字显示。如"隶书由简略的篆书逐渐发展而成"。

9. 释文较长时，设置层次标题，并用不同的字体和排式表示不同的层次标题。

四、插图

10. 插图包括照片、线条图等，随文编排。

五、知识点

11. 知识点是条目内容的补充和延伸，随相关条目编排。

12. 知识点不列入目录。

六、索引

13. 每册正文后附有条目标题汉语拼音音序索引。

七、其他

14. 本书所用术语和外国人名、机构名的译名，以及常用数据均参照《中国大百科全书》（第二版）。本书所用地名及相关数据，均参照中国地图出版社出版的《中国地图集》《世界地图集》。

15. 本书的资料一般截止到 2018 年底。

条目分类目录

历史

历史	1
考古	1
人类起源与演化	2
中国历史	4
元谋猿人	8
北京猿人	8
山顶洞人	8
河姆渡文化	8
仰韶文化	9
红山文化	9
大汶口文化	10
良渚文化	10
山东龙山文化	10
陶寺文化	11
三星堆文化	11
二里头文化	11
三皇五帝	12
黄帝	12
炎帝	12
尧	13
舜	13
禅让	13
禹	14
《山海经》	14
夏	14
世袭制	14
商	14
汤	15
武丁	15
纣	15
牧野之战	15
后母戊鼎	16
西周	16
周文王	16
周武王	16
分封制	17
周公	17
姜子牙	17
国人起义	17
平王东迁	18
春秋	18
春秋五霸	18
三家分晋	18
战国	19
战国七雄	19
胡服骑射	19
商鞅变法	19
长平之战	20
百家争鸣	20
儒家	20
孔子	20
孟子	21
荀子	21
道家	21
老子	21
墨家	22
墨子	22
法家	22
韩非	22
《孙子兵法》	23
秦	23
秦始皇	23
郡县制	24
焚书坑儒	24
陈胜、吴广起义	24
楚汉战争	24
项羽	25
西汉	25
汉高祖刘邦	25
张良	26
萧何	26
韩信	26
文景之治	26
汉武帝刘彻	27

董仲舒 27	隋炀帝杨广 40
张骞 27	隋末农民起义 40
西域 28	三省六部 41
丝绸之路 28	赵州桥 41
卫青 29	唐 42
霍去病 29	唐高祖李渊 44
司马迁 29	唐太宗李世民 44
苏武 29	魏徵 44
王昭君 30	房玄龄 44
马王堆汉墓 30	杜如晦 45
王莽 31	武则天 45
赤眉、绿林起义 31	唐玄宗李隆基 45
东汉 31	藩镇割据 46
汉光武帝刘秀 31	安西都护府 46
黄巾起义 32	安史之乱 46
班固 32	科举制 46
白马寺 32	玄奘 47
三国 33	鉴真 47
官渡之战 33	黄巢起义 48
赤壁之战 33	突厥 48
魏武帝曹操 34	吐蕃 48
蔡文姬 34	松赞干布 49
吴大帝孙权 35	文成公主 49
周瑜 35	回鹘 49
汉昭烈帝刘备 35	渤海 50
关羽 35	南诏 50
张飞 36	遣唐使 50
诸葛亮 36	五代十国 51
西晋 36	辽 51
司马懿 36	萧太后 52
晋武帝司马炎 37	澶渊之盟 52
十六国 37	西夏 52
东晋 37	西夏景宗李元昊 52
祖逖 37	好水川之战 53
淝水之战 38	西夏文 53
法显 38	宋 53
南朝 38	宋太祖赵匡胤 54
北朝 38	宋徽宗赵佶 54
魏孝文帝改革 39	杨业 55
周武帝改革 39	寇准 55
《齐民要术》 39	包拯 56
隋 40	王安石变法 56
隋文帝杨坚 40	四大发明 56

《资治通鉴》	57
司马光	57
沈括	57
方腊起义	58
靖康之变	58
岳飞	58
秦桧	59
韩世忠	59
文天祥	59
金	60
金太祖完颜旻	60
完颜宗弼	60
元	60
元太祖成吉思汗	61
邱处机	61
元世祖忽必烈	62
八思巴	62
行中书省	62
黄道婆	62
红巾军起义	63
《马可·波罗游记》	63
元大都	63
明	64
明太祖朱元璋	66
刘基	66
明成祖朱棣	66
三司	67
六部	67
内阁	67
奴儿干都司	67
锦衣卫	67
东厂和西厂	68
《永乐大典》	68
郑和下西洋	68
土木之变	69
张居正	69
倭寇	69
俞大猷	69
戚继光	70
袁崇焕	70
李自成起义	70
张献忠	71
史可法	71

郑成功	72
吴三桂	72
宗喀巴	72
徐光启	73
宋应星	73
利玛窦	73
汤若望	73
清	74
清太祖努尔哈赤	75
八旗制度	75
清太宗皇太极	75
孝庄文皇后	76
剃发令	76
清世祖福临	76
清圣祖玄烨	77
三藩	77
清政府统一台湾	77
雅克萨之战	78
《尼布楚条约》	78
平定噶尔丹	78
清世宗胤禛	79
军机处	79
秘密立储	79
改土归流	80
年羹尧	80
清高宗弘历	80
十全武功	81
大小和卓之乱	81
土尔扈特部回归	81
马戛尔尼使团	81
刘墉	82
纪昀	82
和珅	82
达赖喇嘛	83
班禅额尔德尼	83
转世灵童	84
金瓶掣签	84
驻藏大臣	84
晋商	84
徽商	85
闭关政策	85
广州十三行	85
买办	86

条目	页码	条目	页码
《四库全书》	86	戊戌变法	99
天地会	86	康有为	99
清仁宗颙琰	87	梁启超	100
清宣宗旻宁	87	京师大学堂	100
虎门销烟	87	荣禄	100
鸦片战争	88	义和团运动	100
《南京条约》	88	八国联军	100
三元里抗英斗争	88	《辛丑条约》	101
林则徐	89	清末"新政"	101
关天培	89	新军	101
魏源	89	盛宣怀	101
清文宗奕詝	89	张謇	102
太平天国	90	严复	102
洪秀全	90	王国维	102
李秀成	91	敦煌遗书	102
湘军	91	孙中山	103
捻军	91	宋庆龄	103
第二次鸦片战争	91	中国同盟会	103
《瑷珲条约》	92	黄花岗七十二烈士	104
《天津条约》	92	武昌起义	104
《北京条约》	92	辛亥革命	104
租界	92	中华民国	104
慈禧太后	93	北洋军阀	105
清穆宗载淳	93	袁世凯	105
总理各国事务衙门	93	新文化运动	106
淮军	94	蔡元培	106
常胜军	94	胡适	106
清德宗载湉	94	新民主主义革命	106
阿古柏事件	95	五四运动	107
洋务运动	95	黄埔军校	107
曾国藩	95	北伐战争	108
左宗棠	95	四一二政变	108
李鸿章	96	南昌起义	108
张之洞	96	秋收起义	109
清末幼童留美	96	中国工农红军	109
中法战争	97	中国工农红军长征	109
黑旗军	97	南方八省红军三年游击战争	110
北洋水师	97	遵义会议	110
中日甲午战争	98	中原大战	111
黄海海战	98	冯玉祥	111
《马关条约》	98	阎锡山	111
邓世昌	98	抗日战争	112
公车上书	99	九一八事变	112

"满洲国"	112
一·二八抗战	113
东北抗日义勇军	113
长城抗战	113
东北抗日联军	114
一二·九运动	114
西安事变	114
张学良	115
杨虎城	115
卢沟桥事变	115
佟麟阁	116
淞沪会战	116
八路军	116
新四军	117
彭雪枫	117
平型关战斗	117
南京大屠杀	118
日本731部队	118
徐州会战	119
李宗仁	119
武汉保卫战	119
张自忠	120
长沙会战	120
百团大战	120
左权	120
皖南事变	121
叶挺	121
项英	121
冀中区五一反"扫荡"	122
冈村宁次	122
豫湘桂战役	122
中国远征军	123
史迪威，J.W.	123
戴安澜	123
陈纳德航空队	124
南京受降	124
台湾光复	125
斯特朗，A.L.	125
史沫特莱，A.	125
白求恩，H.N.	126
斯诺，E.	126
解放战争	126
反饥饿、反内战、反迫害运动	127
辽沈战役	127
淮海战役	127
平津战役	127
渡江战役	128
开国大典	128
新疆和平解放	129
进军西南	129
西藏和平解放	129
尼罗河文明	130
法老	132
木乃伊	132
孟菲斯	132
商博良，J.-F.	132
古代两河流域文明	132
泥板书	133
楔形文字	133
苏美尔	133
古巴比伦王国	134
《汉穆拉比法典》	134
亚述帝国	134
赫梯帝国	135
印度河文明	135
印度-雅利安人	135
印度种姓制度	136
阿育王	136
笈多王朝	136
德里苏丹国	136
帖木儿	137
莫卧儿王朝	137
阿克巴	137
吴哥王朝	138
安息	138
大夏	138
大宛	138
撒马尔罕	139
阿拉伯帝国	139
哈里发	140
拉齐	140
阿维森纳	140
三韩	140
新罗	140
百济	141
高丽	141

李氏朝鲜	141	庞贝	158
壬辰卫国战争	141	民族大迁徙	158
甲午农民起义	142	匈奴	159
三一运动	142	法兰克王国	159
邪马台国	142	查理大帝	160
大和国	143	骑士制度	160
大化改新	143	十字军东征	160
天皇制	143	神圣罗马帝国	161
平城京	143	宗教改革	161
幕府政治	143	德意志农民战争	161
丰臣秀吉	144	北欧海盗时代	162
武士道	144	盎格鲁-撒克逊人	162
日本开国	144	七国时代	162
明治维新	145	《大宪章》	162
明治天皇	145	黑死病	162
伊藤博文	145	百年战争	163
古代希腊	146	贞德	163
爱琴文明	148	玫瑰战争	164
米诺斯文明	148	亨利八世	164
迈锡尼文明	148	伊丽莎白一世	164
荷马时代	148	拜占廷帝国	164
特洛伊战争	148	查士丁尼一世	165
雅典城邦	149	君士坦丁堡战役	165
伯里克利	149	奥斯曼帝国	166
斯巴达城邦	149	蒙古军西征	166
伯罗奔尼撒战争	150	金帐汗国	166
希罗多德	150	基辅罗斯	167
柏拉图	150	莫斯科公国	167
亚里士多德	151	彼得一世	168
阿基米德	151	叶卡捷琳娜二世	168
波斯帝国	151	俄国农奴制度	168
希波战争	152	哥萨克	169
马拉松战役	152	普加乔夫起义	169
古代马其顿	153	俄国1812年卫国战争	169
亚历山大大帝	153	十二月党人起义	170
古代罗马	154	俄土战争	170
罗马古城	156	克里木战争	170
罗马共和国	156	俄国1861年改革	170
斯巴达克起义	156	亚历山大二世	171
迦太基	157	俄国征服中亚	171
汉尼拔	157	俄国1905年革命	171
罗马帝国	157	文艺复兴	172
罗马军团	158	地理大发现	174

迪亚士，B.	174
哥伦布，C.	174
达·伽马	175
麦哲伦，F.de	175
谷登堡，J.	175
三十年战争	175
圈地运动	176
英国资产阶级革命	176
查理一世	177
克伦威尔，O.	177
光荣革命	177
《权利法案》	178
君主立宪制	178
维多利亚女王	178
英布战争	178
启蒙运动	179
孟德斯鸠，C.-L.de S.	179
伏尔泰	179
卢梭，J.-J.	180
百科全书派	180
狄德罗，D.	181
英属北美殖民地	181
印第安人	181
"五月花"号	182
波士顿惨案	182
北美独立战争	183
《独立宣言》	183
《美利坚合众国宪法》	183
华盛顿，G.	184
富兰克林，B.	184
法国大革命	184
路易十六	185
《人权宣言》	185
雅各宾派	185
罗伯斯比尔，M.-F.-M.-I.de	186
拿破仑战争	186
拿破仑一世	186
《拿破仑法典》	187
滑铁卢之战	187
维也纳会议	188
普法战争	188
德意志帝国	189
俾斯麦，O.von	189
七年战争	189
英帝国和英联邦	190
英国征服印度的战争	190
英国东印度公司	190
印度民族大起义	191
占西女王	191
阿富汗抗英战争	191
印第安人古代文明	192
玛雅文明	194
阿兹特克文明	194
印加文明	194
皮萨罗，F.	195
西班牙美洲独立战争	195
玻利瓦尔，S.	195
圣马丁，J.de	196
空想社会主义	196
圣西门，C.-H.de	196
傅立叶，C.	196
欧文，R.	197
宪章运动	197
马克思主义	197
《共产党宣言》	198
马克思，K.	198
恩格斯，F.	199
欧洲1848年革命	199
第一国际	200
巴黎公社	200
第二国际	201
英属北美殖民地黑奴制	201
美国内战	201
林肯，A.	202
美西战争	202
日俄战争	202
奥匈帝国	203
巴尔干战争	203
第一次世界大战	204
凡尔登战役	206
贝当，H.P.	206
索姆河战役	206
列宁主义	206
布尔什维克	207
俄国二月革命	207
苏维埃	207

国家杜马 207	东京审判 224
俄国十月社会主义革命 208	靖国神社 224
列宁，V.I. 208	日本战后改革 225
斯大林，J. 209	田中角荣 225
托洛茨基，L.D. 209	南斯拉夫 225
苏俄国内战争 210	铁托，J.B. 226
战时共产主义 210	非暴力不合作运动 226
新经济政策 210	甘地，M.K. 227
苏联 210	尼赫鲁，J. 227
第三国际 211	印巴分治 227
巴黎和会 211	真纳 228
国际联盟 211	甘地，I. 228
华盛顿会议 212	伊朗白色革命 228
1929～1933年世界经济危机 212	越南八月革命 229
新政 212	印度尼西亚八月革命 229
罗斯福，F.D. 212	诺罗敦·西哈努克 229
法西斯主义 213	亚洲四小龙 230
墨索里尼，B. 213	金日成 230
希特勒，A. 213	埃及七月革命 230
纳粹党 214	纳赛尔 231
冲锋队 214	萨达特 231
党卫军 215	非洲统一组织 231
盖世太保 215	古巴革命 232
国会纵火案 215	卡斯特罗，F. 232
奥斯威辛集中营 215	格瓦拉，E. 232
日本法西斯 216	犹太复国主义 232
昭和天皇 216	拉宾，Y. 233
东条英机 216	沙龙，A. 233
日本对外侵略战争 216	中东战争 233
西班牙内战 217	巴勒斯坦解放组织 234
慕尼黑会议 217	阿拉法特 234
第二次世界大战 218	联合国 234
敦刻尔克撤退 220	冷战 235
不列颠之战 220	马歇尔计划 235
丘吉尔，W. 220	欧洲经济共同体 235
苏德战争 220	欧洲联盟 236
斯大林格勒会战 221	戴高乐，C. 236
库尔斯克会战 221	希拉克，J. 236
太平洋战争 222	伊丽莎白二世 237
诺曼底登陆战役 222	撒切尔夫人 237
抵抗运动 222	马尔维纳斯群岛战争 237
雅尔塔会议 223	美国民权运动 238
纽伦堡审判 224	马丁·路德·金 238

美国共和党	238
美国民主党	239
肯尼迪，J.F.	239
尼克松，R.M.	239
水门事件	239
卡特，J.	240
里根，R.W.	240
布什，G.	240
克林顿，W.J.	241
布什，G.W.	241
基辛格，H.A.	241
苏共二十大	241
匈牙利事件	242
赫鲁晓夫，N.S.	242
勃列日涅夫，L.I.	242
戈尔巴乔夫，M.S.	243
苏联解体	243
八一九事件	243
东欧剧变	244
独立国家联合体	244
车臣战争	244
叶利钦，B.N.	245
北大西洋公约组织	245
华沙条约组织	245
万隆会议	245
和平共处五项原则	246
印度支那战争	246
越南战争	246
胡志明	247
古巴导弹危机	247
不结盟运动	247
八国首脑会议	247
亚太经济合作组织	248
上海合作组织	248
阿富汗抗苏战争	249
海湾战争	249
波黑战争	249
科索沃战争	249
9·11事件	250
阿富汗战争	250
伊拉克战争	250

天文地理

【天文】

天文学	251
宇宙	252
黑洞	254
白洞	254
星座和星图	254
星系	255
星系团	255
银河系	255
恒星和星云	256
太阳系	257
太阳	257
八行星	258
水星	258
金星	258
地球	259
火星	259
木星	260
土星	260
天王星	261
海王星	262
月球	262
月食和日食	262
小行星	263
彗星	263
流星	264
陨石	264
流星雨	264
地外文明	265
飞碟	265
天文台和天文仪器	265
天文望远镜	266
射电望远镜	266
哈勃空间望远镜	266
张衡	267
张衡地动仪	267
一行	267
郭守敬	268
张钰哲	268
阿利斯塔克	268
托勒玫	269

哥白尼，N.	269
开普勒，J.	269
哈雷，E.	270
赫歇耳，F.W.	270
哈勃，E.P.	270

【地质】

地质学	271
地质年代	271
地层和化石	272
碳-14法定年	272
冰期	272
侏罗纪	273
白垩纪	273
褶皱	273
断层	274
东非大裂谷	274
节理	274
地震	275
华县地震	275
海原地震	275
唐山地震	276
汶川地震	276
关东地震	276
智利地震	277
印度洋地震	277
火山	277
长白山天池火山	278
腾冲火山群	278
五大连池火山群	278
科托帕希火山	279
基拉韦厄火山	279
维苏威火山	279
富士山	280
乞力马扎罗山	280
温泉	280
滑坡和泥石流	281
地面沉降	281
崩塌	281
矿产资源	282
矿物	282
钻石	282
红宝石	283
蓝宝石	283
祖母绿	283
煤	284
石油	284
天然气	284
章鸿钊	285
丁文江	285
翁文灏	285
李四光	286
黄汲清	286
刘东生	286
史密斯，W.	287
莱伊尔，C.	287

【地理】

地理学	287
地理坐标	288
地理环境	288
地理信息系统	288
遥感	289
时区	289
本初子午线	289
赤道	290
回归线	290
极圈	290
南极	290
北极	290
极昼与极夜	291
海拔	291
地图	291
地形图	291
风化作用	292
侵蚀作用	292
峡谷	292
雅鲁藏布大峡谷	292
科罗拉多大峡谷	293
丹霞地貌	293
溶洞	294
冰川	294
大陆冰盖	294
山岳冰川	295
兰伯特冰川	295
雅丹	295

山地	296
喜马拉雅山脉	296
珠穆朗玛峰	296
喀喇昆仑山	297
昆仑山脉	297
横断山脉	298
天山山脉	298
唐古拉山	298
冈底斯山	299
大兴安岭	299
嵩山	299
泰山	300
恒山	300
华山	300
衡山	301
黄山	301
庐山	301
武夷山	301
兴都库什山脉	302
安第斯山脉	302
科迪勒拉山系	303
大高加索山脉	303
阿尔卑斯山脉	303
高原	304
青藏高原	304
内蒙古高原	304
黄土高原	305
云贵高原	305
巴西高原	305
伊朗高原	306
蒙古高原	306
南非高原	306
中西伯利亚高原	307
盆地	307
塔里木盆地	307
柴达木盆地	307
准噶尔盆地	308
四川盆地	308
刚果盆地	309
澳大利亚大盆地	309
丘陵	309
江南丘陵	309
东南沿海丘陵	310
辽东低山丘陵	310
平原	310
冲积平原	310
东北平原	310
华北平原	311
长江中下游平原	311
亚马孙平原	312
东欧平原	312
西西伯利亚平原	312
三角洲	313
长江三角洲	313
珠江三角洲	314
黄河三角洲	314
恒河-布拉马普特拉河三角洲	314
湄公河三角洲	314
尼罗河三角洲	315
沙漠	315
塔克拉玛干沙漠	316
撒哈拉沙漠	316
鲁卜哈利沙漠	317
草原	317
呼伦贝尔草原	317
潘帕斯草原	318
湿地	318
河流	318
长江	318
黄河	319
黑龙江	319
额尔齐斯河	320
澜沧江	320
珠江	321
怒江	321
雅鲁藏布江	322
松花江	322
辽河	322
海河	323
淮河	323
尼罗河	324
亚马孙河	324
密西西比河	324
鄂毕河	325
湄公河	325
刚果河	325

尼日尔河 …… 326	尼亚加拉瀑布 …… 340
叶尼塞河 …… 326	莫西奥图尼亚瀑布 …… 341
萨尔温江 …… 326	泉 …… 341
伏尔加河 …… 327	趵突泉 …… 341
印度河 …… 327	大间歇泉 …… 341
多瑙河 …… 328	运河 …… 342
幼发拉底河 …… 328	京杭运河 …… 342
赞比西河 …… 328	苏伊士运河 …… 343
恒河 …… 329	美因-多瑙运河 …… 343
湖泊 …… 329	基尔运河 …… 343
青海湖 …… 330	巴拿马运河 …… 344
鄱阳湖 …… 330	人种 …… 344
洞庭湖 …… 330	民族 …… 345
太湖 …… 331	中华民族 …… 345
呼伦湖 …… 331	人口迁移 …… 345
纳木错 …… 331	城市 …… 345
里海 …… 332	行政区划 …… 346
苏必利尔湖 …… 332	领土 …… 346
维多利亚湖 …… 332	飞地 …… 346
休伦湖 …… 333	亚洲 …… 347
密歇根湖 …… 333	欧洲 …… 347
坦噶尼喀湖 …… 334	非洲 …… 347
贝加尔湖 …… 334	大洋洲 …… 348
半岛 …… 334	北美洲 …… 348
山东半岛 …… 334	南美洲 …… 349
辽东半岛 …… 335	南极洲 …… 349
阿拉伯半岛 …… 335	中国 …… 349
印度半岛 …… 335	北京市 …… 350
中南半岛 …… 335	天津市 …… 351
巴尔干半岛 …… 336	河北省 …… 351
岛屿 …… 336	山西省 …… 351
台湾岛 …… 336	内蒙古自治区 …… 352
海南岛 …… 337	辽宁省 …… 353
舟山群岛 …… 337	吉林省 …… 353
钓鱼岛列岛 …… 337	黑龙江省 …… 354
格陵兰岛 …… 337	上海市 …… 354
新几内亚岛 …… 338	江苏省 …… 355
加里曼丹岛 …… 338	浙江省 …… 355
马来群岛 …… 339	安徽省 …… 356
瀑布 …… 339	福建省 …… 357
壶口瀑布 …… 339	江西省 …… 357
黄果树瀑布 …… 339	山东省 …… 358
伊瓜苏瀑布 …… 340	河南省 …… 359

湖北省	359
湖南省	360
广东省	360
广西壮族自治区	361
海南省	361
重庆市	362
四川省	362
贵州省	363
云南省	364
西藏自治区	364
陕西省	365
甘肃省	365
青海省	366
宁夏回族自治区	366
新疆维吾尔自治区	367
香港特别行政区	367
澳门特别行政区	368
台湾省	369
朝鲜	369
韩国	370
日本	370
越南	371
泰国	371
马来西亚	372
新加坡	372
印度尼西亚	373
菲律宾	374
印度	374
巴基斯坦	375
阿富汗	375
伊朗	376
伊拉克	376
科威特	377
沙特阿拉伯	377
以色列	378
丹麦	378
俄罗斯	379
德国	380
希腊	380
英国	381
荷兰	381
法国	382
西班牙	383
瑞士	383
意大利	384
梵蒂冈	385
埃及	385
澳大利亚	385
新西兰	386
加拿大	386
美国	387
墨西哥	388
巴西	388
阿根廷	389
裴秀	390
郦道元	390
徐霞客	390
胡焕庸	390
埃拉托色尼	391
库克，J.	391
洪堡，A.von	391
李特尔，C.	392
李希霍芬，F.von	392
斯文·海定	392

历史

历史 历史有两种含义——客观历史和历史学。

广义的历史包括自然界历史和人类社会历史。自然界历史就是自然界的发展过程，人类社会历史是人类社会的发展过程。狭义的历史指人类社会历史。因为每一个历史时代的生产力及其产生的社会经济结构，是该时代政治和精神的历史基础，所以人类社会发展史首先是生产力和生产方式的发展史，在阶级社会中同时又表现为阶级斗争史。人类社会生活所表现出来的各个方面，如经济、政治、法律、道德、学术、宗教、伦理、科学技术等，都被包括在历史的范畴之中。

通过史料等研究人类社会历史发展过程的学科就是历史学。历史学是最早有明确研究对象的学科之一。其萌芽可追溯到人类的原始时代。从中国的《春秋》、古代希腊希罗多德的《历史》算起，历史学在东西方都已有两千多年的发展历程。中国商周时期就已设置史官，史书的出现不晚于西周。二十四史是中国古代正史的总称，因包含24部正史而得名，共3239卷（一说3229卷），记述了自黄帝起的历代王朝的发展过程。

古往今来，研究历史的理论和方法多种多样。其中，历史唯物主义揭示了人类历史发展的客观规律。

考古 根据古代人类社会的实物遗存研究人类古代社会的历史。考古发掘是一项非常精细的工作。18世纪末在欧洲已经有考古发掘，但最初只是为了寻找古物珍宝，许多古迹因此被破坏。直到19世纪60年代，意大利考古学家G.菲奥雷利发掘庞贝古城，才首次把恢复古迹原貌当作目标。后来，发现特洛伊古城的德国考古学家H.谢里曼规定，发掘要有科学记录。这两位学者还借用地层学原理，按层位发掘。他们使考古发

1935年北京周口店"北京人"遗址考古发掘现场

掘走上了科学轨道。20世纪50年代后，水下考古技术发展起来，考古发掘又从陆地扩展至水域。

古代人长期居住的地方，会堆积起夹杂着建筑物残迹和其他物品的土层——文化层。天长日久，它们层层相叠，早期的被压在底部，晚期的叠在上边。从晚期到早期一层层揭露，便能使不同时代的遗存区分开。所以，在考古工作中坚持按层位发掘的方法十分重要。现在，考古发掘已经有一整套科学方法。为了寻找理想的发掘地点，考古工作者运用摄像机、成像雷达等设备从飞机、人造卫星等遥感平台上获取遥感资料，用物理探测技术探查地下有没有埋藏着古物。发掘工作需要有序进行：工地上排列着一个个方形土坑，这是预先划分好的发掘单位，被称作探方；发掘队员在探方里操作，仔细辨认土层，收集古物，边发掘边做文字记录，有时还进行测绘和照相。发掘结束后，整理资料，写成田野考古报告。有时还把发掘过的遗址保护起来，供人参观。著名的西安半坡博物馆和北京大葆台西汉墓博物馆就是这样的遗址现场。

发掘后的研究工作非常复杂。考古工作者必须判定出土物品的年代，这常依据古物上的纪年文字，还可以采用自然科学的年代测定技术，当前用得最广泛的是碳-14法定年。探索古代历史的奥秘生动而有趣。例如，统计某一时期农具的种类和数量，鉴定农作物品种，查明窖穴中的储存物，便可得知当时的农业发展状况。如果某一时期出现城市、宫殿和殉人大墓，就可以断定这时已有了居住在城堡和宫殿中的统治者，贵族残酷地压迫着奴隶，也就是说，国家已经形成，奴隶制社会产生了。现代科学技术的应用拓宽了考古研究的道路。今天，考古工作者已经能够通过鉴定骨骼或粪便化石，推知古人生前的食谱；通过分析残留的脂肪，了解当时动植物的种类；通过金属鉴定，查明古器物的原产地；通过孢子花粉分析，得知当时的环境和气候。由于认识到自然环境同人类发展的关系，从英籍考古学家V.G.柴尔德开始，考古工作者已越来越重视把经济、文化同环境、气候结合起来进行研究。

一百多年来，东方和西方的考古工作者取得了惊人的成果。他们发现了尼安德特人和北京猿人的化石；在非洲，找到了约400万年前的南方古猿化石和约250万年前的古老石器；研究了西亚和中国的早期农业文化，发现早在一万多年前原始人已经栽培出小麦和水稻。考古工作还揭开了旧大陆和新大陆的上古文明之迹，古代两河流域文明、尼罗河文明、米诺斯文明、印度河文明、殷商文明、印第安人古代文明，逐渐为世人知晓。

20世纪50年代以后，中国的考古成果格外引人注目。仰韶村落、龙山古城、曾侯乙墓、秦兵马俑、马王堆汉墓、三国竹简、唐长安城、元大都等一系列享誉世界的考古成果改变或丰富了人们对中国古代历史的认识，给中华古文明增添了异彩。

人类起源与演化 远古以来，对人

类起源与演化有各种各样的猜想和说法。1859年，C.R.达尔文发表《物种起源》，创立进化论，为这个问题的探讨奠定了科学的理论基础。

19世纪中叶，英国科学家达尔文和T.H.赫胥黎论证了古猿是人类的祖先，人类起源于非洲。20世纪中叶以前，人类学界普遍认为森林古猿是人类最直接的祖先。60年代以前，人类学家以能否制造工具作为人和猿的分界标志；之后，则以两足直立行走作为人类出现的标志。60年代中期，分子生物学家推算出人类和黑猩猩的祖先在进化上分道扬镳的时间为约500万年前。1965年至80年代，一般认为腊玛古猿是最早的人类。1970年以后，人类学家逐步改变观点，主张腊玛古猿是西瓦古猿的雌性代表，西瓦古猿是猿类进化上一个绝灭的旁支。后来，又在亚洲、非洲、欧洲发现其他古猿化石，虽有人主张有的接近人类，但至今没有任何一种可确认是人类的直接祖先。

人类的演化过去曾划分为猿人（或原人）、古人、新人三个阶段，20世纪70年代以来划分为早期猿人、晚期猿人、早期智人、晚期智人四个阶段。

早期猿人是人类演化的最初阶段。现知的最早人类是发现于非洲的600万年前的撒海尔人和土根原初人（俗称千禧人）。比千禧人晚些的有地猿，发现于埃塞俄比亚阿法盆地。再晚是发现于肯尼亚的约400万年前的南方古猿湖畔种和350万～330万年前的扁脸肯尼亚人。

南方古猿最初于1924年在南非塔翁发现，后来在南非、东非又发现了更多的化石。现知在420万～140万年前，在非洲的南部、东部生活有许多种南方古猿，他们都能两腿直立行走，都不会制造工具。

迄今发现最早的人造工具是在埃塞俄比亚发现的约250万年前的石器。这时地球上已经有了一种被称为能人的人类。能人生活在东非和南非，用最原始的技术制造石器。

晚期猿人是人类演化的第二阶段，又称直立人，生活在约180万～20万年前。直立人化石最早在印度尼西亚爪哇发现，发现者E.杜布瓦将其定名为直立猿人，并相信它是现代人的祖先。但直到20世纪20～30年代在中国北京周口店发现北京猿人化石，直立人是早期原始人类的概念才逐渐被广泛接受。现在发现直立人化石的地点遍布亚洲、欧洲和非洲的广大地区，中国晚期猿人化石已经发现十余处，如云南元谋猿人、陕西蓝田猿人、江苏南京猿人等。

早期智人是人类演化的第三阶段。

北京猿人生活情景

智人分为早期智人和晚期智人。晚期智人的形态已经基本上与现生的人类一致,故又称解剖学意义上的现代人;形态介于晚期智人与晚期猿人之间的古人类是早期智人。中国早期智人化石已经发现十余处,如陕西大荔人、广东马坝人、山西许家窑人等。欧洲早期智人主要是尼安德特人。

晚期智人是人类演化的第四阶段。欧洲晚期智人最初出现在约3.5万年前,以克罗马农人最为有名。中国晚期智人已在约50个地方有发现,如北京山顶洞人、广西柳江人、内蒙古河套人等。晚期智人在亚洲、非洲、欧洲的分布区域比早期智人大,还进入美洲和澳大利亚,逐渐形成现生的四大人种,即蒙古人种(黄色人种)、尼格罗人种(黑色人种)、高加索人种(白色人种)和澳大利亚人种(棕色人种)。

中国历史 最晚在百余万年以前,中国先民就已在东亚大陆栖息繁衍。大约到公元前2070年,出现了有阶级和国家组织的夏朝。前221年,中国第一次出现大一统局面,从此经历了两千余年的王朝统治。中国发达的封建社会曾创造了同时代世界上最高的文明。但是当西方资本主义列强入侵中国之后,中国越来越落后了。1911年辛亥革命推翻帝制,创立中华民国,中国获得了前进的新起点。1949年中华人民共和国的成立,开辟了在社会主义道路上振兴中华的前景。

先秦时期(约前2070~前221)在这个历史阶段中,中国社会发展经历了夏、商、西周三个朝代和春秋战国时期。

夏 约前2070年,夏族的禹主持各部族联盟的大规模治水活动,由此成为首领。随后禹、启父子终结了禅让制度,转用世袭制;贡赋、刑法和历法被制定出来,国家和王权诞生。夏朝传13代16王,历时四五百年。

商 前1600年,商汤率众灭夏。商朝共传17代31王,历时五百多年。商都曾屡次迁徙,到盘庚时商最终定都于殷(今河南安阳西北),故商又称为殷或殷商。

西周 始于前1046年周武王伐纣灭商,终于前771年周幽王被申侯和犬戎所杀。由于周王居于西方的都城宗周,故称西周。西周传11代12王,历时约两个半世纪。

月有食卜骨(商武丁时期刻辞,记录了壬申夜"月有食"的情况)

泥质簋范(西周,河南洛阳北窑西周冶铜遗址出土)

春秋战国 前770年周平王东迁洛邑,春秋时代发端。此时期140多个诸侯国林立,强国争霸。前5世纪进入战国时代。这时因不断兼并,只剩下十余国,赵、韩、魏、齐、楚、燕、秦之间战争不断。春秋和战国合称东周。战国

铜武士俑(战国)

末，诸侯争霸和七国争雄的局面结束，中国从分散逐步走向统一。

秦汉时期（前221～220） 这一时期，以汉族为中心的中原王朝疆域范围基本形成。

秦 前221年秦王嬴政消灭割据称雄的六国，建立了中国历史上第一个统一的多民族的中央集权的国家——秦朝。秦始皇以咸阳为都，定号为皇帝。两千多年专制集权的官僚帝国由此发端。

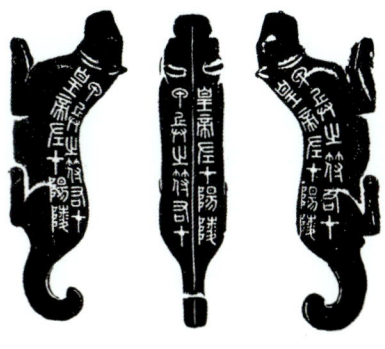

阳陵虎符铭文（秦，相传山东枣庄薛城区出土）

西汉和东汉 前206年刘邦灭秦，于前202年称帝，国号汉，建都长安（今陕西西安），史称西汉或前汉（前202～公元8）。公元25年刘秀重建汉朝，建都洛阳，史称东汉或后汉（公元25～220）。至220年曹丕称帝，东汉灭亡。

彩绘兵马俑（西汉，陕西杨家湾长陵陪葬墓出土）

魏晋南北朝时期（220～589） 魏晋南北朝时期，魏、蜀、吴三国鼎立天下，东晋十六国纷争不已，南朝与北朝长期对峙，除西晋有短期的统一外，东晋以后南北分裂长达270多年，基本处于割据分裂时期。

周纪仁造释迦佛石像（北周）

隋唐五代十国时期（581～979） 以755年发生的安史之乱为界限，分为前后两期：581～755年为隋唐前期，756～979年为唐后期和五代十国。这个时期是中国历史上由分裂进入长期统一，而后又短期分裂的时期。从总体上看，这个时期国力强盛、经济繁荣、文化昌盛，呈现出前所未有的盛世景象。

隋 581年杨坚代周称帝，国号隋，建都大兴城（今陕西西安）。至589年

彩绘伎乐陶俑（隋，河南安阳张盛墓出土）

隋灭陈，结束了自东汉末年以来长达四个世纪的分裂。隋朝历三帝，共38年。

唐 隋大业十三年（617），太原留守李渊起兵攻克长安（今陕西西安）。次年隋炀帝在江都兵变中被杀，李渊逼使隋恭帝退位，自立为皇帝，国号唐。唐立国后，开拓疆土，全盛时所辖疆域极为广大。安史之乱是唐朝由统一集权走向分裂割据的转折。

五代十国（907～979） 907年朱温灭唐称帝，国号梁，史称后梁，占有中国北方大部地区。后梁与此后相继出现的后唐、后晋、后汉、后周合称为五代。与此同时，在中国南方和山西地区相继出现了前蜀、后蜀、吴越、南平（荆南）、南汉、北汉、南唐、闽、楚、吴，史称十国。

宋辽金时期（947～1279） 这个时期是中国历史上中原汉族政权与北方少数民族政权同时并存的阶段。中国分裂为几个政权，如中原地区的宋、辽、夏，边区的大理、吐蕃和西州的回鹘、黑汗王朝、西辽等。

北宋（960～1127） 960年赵匡胤代后周称帝，建立宋朝。先后消灭荆南、后蜀、南汉、南唐、北汉诸国，建成中原地区统一王朝。北宋历九帝，首都东京开封府（今河南开封）。

南宋（1127～1279） 1126年金兵攻克开封，1127年北宋亡。同年赵构在南京（今河南商丘）称帝，史称南宋。南宋历九帝，行都临安府（今浙江杭州）。

辽（947～1125） 916年耶律亿（阿保机）在今内蒙古西拉木伦河流域建立契丹国。947年改国号为辽。辽成为与北宋对峙、统治中国北部的一个王朝。983年曾改号大契丹国，1066年以后复号大辽。1125年为金所灭。

西夏（1038～1227） 1038年党项人元昊自称皇帝，国号大夏，都兴庆府（治今宁夏银川），史称西夏。与辽、金先后成为与宋鼎峙的政权。1227年为蒙古所灭。

金（1115～1234） 1115年，女真族完颜部领袖阿骨打在北方建立政权，国号大金，初都会宁（今黑龙江哈

钧窑炉（北宋，河南禹州黄庄出土）

尔滨阿城区南）。1125年灭辽，1127年灭北宋。1153年迁都中都（今北京），1214年迁都南京开封府（今河南开封）。历史上，金与南宋对峙，成为统治中国北部的一个王朝。

元明清时期（1271～1911） 1271年元朝成为中国历史上统一的帝国。后历经明、清。1911年辛亥革命推翻清朝，中国结束了两千多年的君主专制制度。

元（1271～1368） 1206年，蒙古族领袖铁木真在漠北建立蒙古汗国。此后先后征服了西辽、西夏、金、吐蕃、大理。1271年，忽必烈改国号为大元，次年改中都为大都（今北京）。1276年灭南宋，统一全国。

明（1368～1644） 1368年朱元璋称帝，国号大明，定都南京。永乐十九年（1421），朱棣迁都北京。明朝共传12代16帝，统治277年。崇祯十七年（1644），李自成农民军攻入北京，明朝灭亡。

清（1644～1911） 万历四十四年（1616），努尔哈赤建立大金。1636年，皇太极改国号为清。1644年，清军在击败李自成农民军后乘机入据北京城，建立了继承明朝的中原王朝。清朝自建立起，先后经历了十帝，统治中国268年，是中国最后一个君主专制王朝。

中华民国（1912～1949） 从清朝灭亡到中华人民共和国成立前夕，是中国历史上大动荡、大变革的时期。1911年孙中山领导的辛亥革命，结束了封建的君主制度。1912年1月1日，孙中山在南京就任临时大总统，宣告中华民国的诞生。依首都和政权性质的演变，中华民国可分为南京临时政府、北京政府、南京国民政府三个时期。1949年4月23日，中国人民解放军攻占南京，蒋介石退守台湾，结束了中华民国在中国大陆38年的统治。

中华人民共和国（1949年10月1日～ ） 1949年10月1日，中华人民共和国正式成立，中国历史从此进入社会主义革命和社会主义建设时期。1978年，中国共产党召开了具有重大历史意义的十一届三中全会，开启了改革开放的历史新时期。

《康熙帝南巡图卷》中的治河场面

北京宫城图（明）

元谋猿人 直立人化石。1965年在中国云南元谋县上那蚌村西北发现。以两枚牙齿为代表。为左、右上内侧门牙，门齿舌面两侧有棱脊，中间凹陷，呈铲形，齿冠基部结节显著突起，形态特征与北京猿人门齿接近。此后，在当地同一层位找到三块石器。哺乳动物化石有云南马、爪兽、山西轴鹿、小麂、元谋狼、桑氏缟鬣狗等。据对动物群的分析，元谋猿人应属更新世早期。古地磁年代测定有两种结果：一是约170万年前，二是60万～50万年前。据古植物分析，当时该地的自然环境是森林和草原，气候比现在凉爽。

北京猿人 直立人化石。最早命名为北京中国猿人，后称北京直立人，俗称北京人。出自中国北京周口店龙骨山的一个山洞。1921年发现此洞穴堆积，1927年起进行发掘。1929年12月发掘出第一个完整的北京人头骨，20世纪30年代又发现人类化石、石制品、骨角制品和用火遗迹，50年代后又出土人类化石等。至今已出土40多个个体的人类化石、10万余件石制品和骨角制品、近百种哺乳动物化石、上百种鸟类化石，以及用火留下的大量灰层。这些发现使这里成为世界上直立人材料最系统、最丰富的遗址。北京人的发现意义重大，证明了直立人的存在，明确了人类发展的序列，为"从猿到人"的学说提供了有力的证据。

山顶洞人 晚期智人化石。1933年发现于中国北京周口店北京猿人洞上方的山顶洞。当时发掘出3个完整头骨和其他骨骼化石，共代表至少8个个体。时代为3万～1万年前。可看成原始蒙古人种。

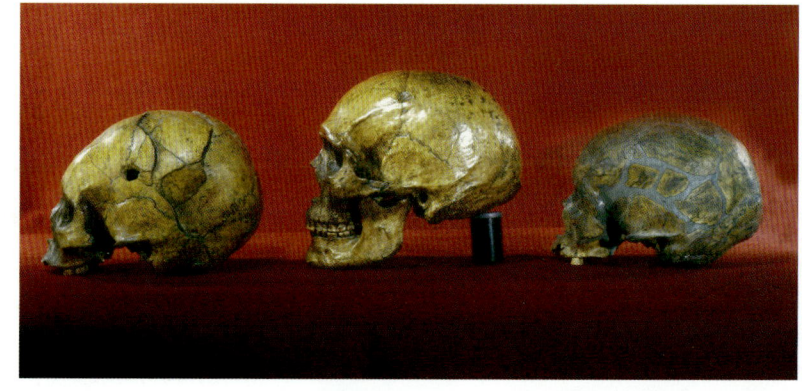

山顶洞人头骨化石（侧视）（左，102号；中，101号；右，103号）

山顶洞人已会将兽皮缝制成衣服，且知道制造和使用比较细的纤维；劳动生产率已大大提高，有了闲暇时间进行装饰，装饰品丰富多彩；山顶洞人化石周围散布着红色的赤铁矿粉末，这是中国最早有意识埋葬死者的证据。山顶洞遗址是中国最重要的旧石器时代晚期地点。

河姆渡文化 中国新石器时代晚期文化。因浙江余姚河姆渡遗址而得名。主要分布在杭州湾南岸宁绍平原和舟山群岛一带。年代约为公元前5000～前

根据头盖骨复原的北京人像

骨耜（耜冠严重磨损，上部横孔里穿绕多圈藤条以缚紧木柄。河姆渡遗址出土）

4000年。经济生活以稻作农业为主。家畜有猪、狗和水牛。渔猎采集也是重要的经济部门。原始手工业发达。流行夹炭黑陶。出土有中国迄今最早的一批织机部件实物。木作工艺发达。除木工具和木器皿外，还发现木桨，由此推知已有舟楫之便。遗址中发现的一件涂着红漆的木碗，是中国已知最早的漆器。聚落是木构干栏式建筑。还发现有中国最早的水井。存在崇拜日神的原始信仰。

仰韶文化 中国新石器时代晚期文化。因河南渑池仰韶村遗址而得名。主要分布在黄河中游地区。年代为公元前4900～前2900年，可分为早、中、晚三期。为中国新石器时代分布范围最广、持续发展时间最长的原始文化。

鹳鱼石斧图彩陶缸（画面左侧为嘴中叼鱼的白鹳，右侧为一柄石斧）

仰韶文化居民以从事粟作农业为主，使用磨制石器作为生产工具；还饲养狗、猪、羊、鸡等，兼事采集与渔猎活动。制陶业较发达，彩陶尤其精美，表面用红彩或黑彩画出绚丽多彩的几何形图案和动物形花纹。聚落多选在河谷阶地上，布局整齐有序。人死后按一定的葬俗埋葬。

根据墓葬材料，许多人认为仰韶文化早期处于母系氏族社会末期，中期进入父系氏族社会。从聚落布局和房屋建筑，则可看出仰韶文化时期社会结构逐渐趋向复杂。而晚期以中心聚落为核心的聚落群的普遍存在，反映了统一的地域性组织的出现。

红山文化 中国新石器时代晚期文化。因内蒙古赤峰红山后遗址而得名。主要分布在内蒙古东南部西拉木伦河流域和辽西、冀东北地区。年代为公元前4500或4000～前3000年。居民主要从事农业，还饲养猪、牛等家畜。冶铜术已出现。彩陶在东北地区新石器时代遗存中最为发达，花纹以黑色为主，也有少量红彩。玉制品种类多，质地精良。其中高7.9厘米的玉猪龙是龙的象征物，与中华文明息息相关。聚落一般位于岗丘阳坡，面积小的数千平方米，大的可达两三万平方米。房屋往往建成若干排，

玉猪龙（牛河梁遗址出土）

> **半坡遗址** 中国新石器时代仰韶文化遗址。位于陕西西安半坡村。年代为公元前4800～前4100年。遗存分早晚两期，以早期的半坡类型最具代表性。半坡类型聚落为不规则圆形。居住区在中央，分南北两片。每片有一座供公共活动用的大房屋及若干小房子。居住区有壕沟环绕，沟北是公共墓地，沟东有陶窑场。经济生活为农业和渔猎并重。彩陶较发达，以黑彩绘人面、鱼、鹿、植物枝叶等象生纹及几何形纹样。现遗址上建有中国首座遗址博物馆——半坡博物馆。

均为长方形或方形的半地穴式建筑。盛行祭祀，以祭祀遗存规模大而著称。

大汶口文化 中国新石器时代晚期文化。因山东泰安大汶口遗址而得名。主要分布在山东及江苏的淮北地区。年代为公元前4200～前2600年。大汶口文化后继为山东龙山文化。一般认为该文化居民的种族是中国古代的东夷族。经济生活以种植粟为主。居民饲养猪、狗、鸡、牛等家畜，也从事渔猎和采集。生产工具多石制和骨角制。制陶业较发达。石器、玉器、骨角牙器制作和镶嵌的手工业也很兴盛。在一些晚期聚落发现城址。墓葬在规模、有无棺椁和随葬品数

兽面纹玉琮

彩陶背壶（大汶口墓地出土）

量方面差异极大，这表明私有制产生，已出现贫富分化。有的遗址发现有刻在陶尊上的陶文。大汶口居民有一些中国其他史前文化所罕见的习俗。

良渚文化 中国新石器时代末期文化。因浙江杭州余杭区良渚遗址而得名。主要分布在太湖地区。年代约为公元前3300～前2000年。经济以稻作农业为主，已有成套农具。家畜有猪、狗、鸡等。也从事采集和渔猎。制陶、纺织等家庭手工业发达。流行灰黑陶和黑皮陶。出土有用家蚕丝织成的残绢片、丝带、丝线和苎麻织物。竹木器广泛应用于生活和生产。其制玉工艺代表中国新石器时代制玉工艺的最高成就，在当时各原始文化中处于领先地位。聚落在形态和规模上形成等级。良渚古城面积达290多万平方米。墓地和墓葬的等级分化很明显，表明当时社会已出现阶级和私有制。良渚文化已跨进文明时代的门槛。

山东龙山文化 中国新石器时代末期文化。因1930年发掘的城子崖遗址所在地山东济南龙山镇而得名。主要分布在山东、苏北和皖北。年代为公元前2600～前2000年。

经济以农业为主。除粟作以外，还种植小麦、水稻。农产品已有较多剩余。中国传统的主要家畜——马、牛、羊、鸡、狗、猪，可能已全被饲养。渔捞仍是沿河湖、滨海和岛屿上居民主要的经济活动。制陶业的水平达到中国制陶史上的巅峰，典型陶器有黝黑光亮的鬼脸式足盆形鼎和高柄杯等；玉器制作发达，出

蛋壳高柄杯

现了礼器；冶铜业兴起，已能制造小件铜器。聚落形态上最大的变化是城的崛起。发现城址十余座，城址面积从3000多平方米到近30万平方米不等。墓葬已有明显分化，从中可看到社会分层、等级明显的迹象。这一时期出现原始文字，还用牛、鹿的肩胛骨制成的卜骨占卜。

山东龙山文化或至少它的晚期已迈入文明时代的门槛。

陶寺文化　中国新石器时代末期文化。因山西襄汾陶寺遗址而得名。主要分布在晋南的汾河下游和浍河流域。年代约为公元前2600～前2000年。

经济活动以粟作农业为主。家畜有猪、牛、羊、狗等。凿井技术水平高，最深的水井深度超过十三四米。手工业成为独立的生产部门。制陶、漆木加工、琢玉、纺织等具有很高的水平，金属冶铸业也已出现。

陶寺文化多大型遗址，其中以陶寺遗址面积最大。陶寺遗址对探索夏文化和中国古代文明的起源有重要学术价值。陶寺遗址中心区域的陶寺古城，面积在200万平方米以上。陶寺墓葬反映出当时贫富分化极为悬殊，已产生阶级。龙是陶寺文化先民崇奉的部落图腾。当时已有占卜习俗。

三星堆文化　中国青铜时代文化。因三星堆遗址而得名。三星堆遗址是长江上游地区已发现的规模最大的青铜文化遗址，位于四川广汉的南兴镇北、鸭子河南岸，年代为公元前2500～前1200年。三星堆遗址分为三个大的时期。第二期约为前1800～前1250年，此时三星堆古城崛起，这一阶段的遗存被命名为三星堆文化。

三星堆古城是规模巨大的都城，城内面积达2.5平方千米。古城内发现居民区，还发现大型公共建筑的夯土基址。三星堆器物坑出土大量金、铜、玉、石、陶质器物和象牙、海贝等。金器制作精美。玉器中有祭祀用器。青铜器除有与商代青铜器形制风格相近的器物外，还有大铜树、人头像、大型立人像等具有浓郁地方特色的雕像。

一般认为，三星堆文化应为古蜀人的遗存，年代可能相当于蜀国古史传说中的柏灌王朝或鱼凫王朝时期。

二里头文化　中国青铜时代文化。因河南偃师二里头遗址而得名。年代约为公元前1800～前1550年。主要分布在河南中西部和晋南地区，这与传说的夏人活动地域比较一致，故二里头文化被列为探索夏文化的主要对象。

经济生活以农业为主。农具有石、骨和蚌壳制的刀、铲、镰及木质的耒、

青铜人头像（四川广汉三星堆遗址出土）

彩绘蟠龙纹陶盘（泥质褐陶，内壁施黑色陶衣并经磨光，以红彩绘蟠龙图案。陶寺遗址出土）

兽面铜牌饰

稻等。居民已饲养猪、狗、鸡、马、牛、羊等畜禽。农业生产已能提供较多的剩余产品，居民将其用于酿酒。青铜铸造业已初具规模。用绿松石碎片镶嵌出兽面图案的铜牌饰，工艺精湛，为中国已知最早的铜镶玉工艺品。陶器上的一些刻画符号可能已是原始文字。出土陶埙和石磬两种乐器。有占卜用的卜骨。在二里头遗址中部发现两座大型宫殿遗迹，宫殿布局严谨，结构主次分明，是迄今所知中国最早的宫殿建筑。从墓葬的情况看，当时已有阶级分化。

三皇五帝 中国传说时代的古史系统。随着古代文明和文化的发展，经过战国秦汉数次对古史传说的综合整理而逐步形成。"三皇"一词出现于战国，如楚辞有西皇、东皇、上皇等。当时又有天皇、地皇、泰皇之说。在《周礼》《吕氏春秋》《庄子》中，始有指人主的"三皇五帝"。"五帝"一词较早见于《荀子》，但无人名。汉代以后，以伏羲、神农、黄帝为三皇，少昊、颛顼、帝喾、尧、舜为五帝之说逐渐成为定制。这一古史系统尽管是后人总结归纳的，却包含了真实历史的影子。

黄帝 中国传说时代的古帝。原为一个古族的始祖、华夏集团的代表人物，后被尊为中华民族的人文初祖。

轩辕黄帝像（山东武梁祠石刻）

相传黄帝姓姬，名轩辕。还有黄帝为有熊国君，号有熊氏之说。原始社会晚期，随着氏族社会的发展进入下行阶段，各古族间战争增多，给社会带来很大破坏。轩辕修德振兵，发展农业，改革军队，团结周围古族氏，与炎帝战于阪泉之野，与蚩尤战于涿鹿之野，又进行了一系列的征战，建立了新秩序。

黄帝时代有许多发明创造。生产技术方面的有穿井、做杵臼、做弓矢、服牛乘马、做驾、做舟等，物质生活方面的有制衣裳、旃冕、扉履等，文化方面的则有做甲子、占日月、算数、调历、造律吕、医药、文字等。这些发明创造，加速了人类社会迈向文明的进程。一般认为黄帝时代为五千多年前，所以又有中国五千年文明之说。

炎帝 中国传说时代的古帝。原属华夏部族集团。相传炎帝姓姜。其先世与黄帝族一样，是从关中西部的一个原始氏族中分裂出来的。发展到中原以后，两个古族曾发生过阪泉之战，后来炎帝和黄帝一起成为华夏部族集团代表人物。

随着各古族的迁徙、各地区古文化的交流融合和更大范围民族共同体的形成，在战国文献中，炎帝已经演变为南方民族的宗神。同时随着炎帝与神农氏的合户，炎帝神农氏成为原始农业发明者的代表。

炎帝神农氏、黄帝轩辕氏这两个名号浓缩了中华文明孕育的漫长历史，这应是中华儿女自诩为"炎黄子孙"的原因。

尧 中国古史传说时代的古帝。名放勋，号陶唐氏，史称唐尧。在传说时代的古史系统中，尧为帝喾之子。相传尧都平阳（今山西临汾西南），今在临汾盆地发现了丰富的龙山文化遗存。传说尧时文明因素的聚集已大大超过前代，如《尚书·尧典》说，尧组织了相当规模的观象授时，以历数之法观察日月星辰的运行；还传说尧时用蓂荚占历，这反映出当时已开始积累规律性的认识，为以后观测与推算结合奠定基础。这一阶段领袖人物的传承实行禅让制，舜为尧的继承人。

舜 中国传说时代的古帝。姓姚，名重华，号有虞氏，史称虞舜。传说中，尧、舜、禹为前后禅让的三个圣王，舜完成举用八元、八恺，放逐四凶，以及任命禹治水等盛业。还说舜母早死，父另娶生弟，父、母和弟皆欲杀舜，舜小心顺事，有兄弟孝慈之美名，因而被尧选拔为继任者。相传舜设立了管理刑狱、礼仪、工匠及负责农业、山林川泽的官吏，将氏族制度的机构改造成早期国家机器的雏形，所以古代有"虞夏商周"相提并论之说。

禅让 中国传说时代对原始社会首领职位传承习惯法的概括。基本特点在于继任人选必须经过公众推举和议事会认可。尽管存在首领之子不乏被推举的机会、数代领袖人物出自同一家族或家庭的事实，但这种继承法的关键在于任何人都没有法定继承权。

由于原始社会生存斗争艰难，为保证群体的生存，首领人物必须具有组织公共事务的才能，而且能在遵守社会道德方面起典范作用。所以经过推举讨论而传贤，作为一种习惯法，在世界各地的古代社会广泛存在过。

禹 中国传说时代的古帝。是史前先民抗御洪水的代表人物。姓姒，号有夏氏，史称夏禹，古文献中常尊称大禹。鲧之子、启之父。

相传尧时洪水滔天，用鲧治水九年不成。舜摄政后，杀鲧举禹。禹在益、稷协助下，一边根据地形用堙塞或疏导的方法治水，一边利用山林沼泽发展农业生产，终于使得民有所食、万国为治、四海会同。

相传禹受舜禅位成为部落联合体的首领人物，禹同样依禅让的原则选择了继任者，禅位于益，但禹的儿子启僭取了首领职位，建立了夏朝。

铜爵（夏，河南偃师二里头遗址出土）

《山海经》 中国古代地理、神话传说著作。今传本18卷，包括《山经》5卷、《海经》8卷、《大荒经》4卷、《海内经》1卷。旧传是禹、益所作，一说出自"禹鼎图"，都不可信。《山海经》的《山经》和《海经》各成体系，成书时代也不相同。书中丰富的地理和神话传说资料，对研究中国早期社会具有重要价值。

《山海经图赞》刑天图

夏 中国古代第一个王朝。存在于公元前2070年至约前1600年。禹死后，其子启僭取了首领职位，又战胜不服从他的有扈氏，建立夏朝。夏朝已经设立初步的国家机构，还出现了代表统治者意志的军队、法律、监狱等。夏朝初期，政权一度被外族夺取，到少康的时候才得以恢复。之后夏朝经过较长一段时间的中兴稳定局面，到孔甲时开始衰落。到桀的时候，统治集团内部矛盾不断激化，夏朝被商汤所灭。

夏朝已进入青铜时代，社会经济有了长足的进步，手工业技术迅速发展，带动社会生产全面提高。当时已有文字。夏朝的统治中心地带，大致西以华山为界，北达山西壶关，东至河南的武陟、荥阳、原阳一带，南接湖北。

世袭制 中国古代社会实行的一种权力继承制度。特点是一个家族代代世袭帝位、王位或爵位，或父死子继，或兄终弟及。世袭制的确立是私有制发展的结果，也是阶级对立的产物，标志着"天下为公"的原始社会为"家天下"的阶级社会所代替。从夏朝开始，世袭制在中国历史上沿袭了将近四千年。在当时的历史条件下，世袭制对于国家和社会的稳定起到了一定的积极作用，但最后又成为历史发展的桎梏。辛亥革命推翻了清朝的统治，世袭制被废止。

商 中国历史上继夏之后的一个王朝。从公元前1600年汤灭夏始，至前1046年纣被周武王攻灭止。商朝已进入有文字记载的历史时期。农业比较发达，已用多种谷类酿酒；手工业水平很高，商朝是青铜器的全盛时代，青铜器品种繁多；商业也有发展，出现了规模较大的早期城市。自汤建国、盘庚迁殷，至**武丁**时期，在对周围方国的频繁战争中，疆域及势力空前扩大。武丁在位期间，商朝国力达到顶峰。此后走向衰落，到纣王统治时期被周武王攻灭。商强盛时期的势力所及，东起山东半岛，西至陕西西部，南及江汉流域，北达河北北部。

祭祀武丁的甲骨卜辞拓片

汤 中国商朝的建立者。传说名履，又称商汤、成汤、武汤。汤原是夏时商族部落的首领，他任用贤臣，发展力量，陆续灭掉邻近的部落、方国，十一征而无敌于天下。后利用夏桀荒淫无道、内部矛盾激化的时机，击败桀于鸣条（今河南封丘东）。此后三千诸侯大会，汤被推为天子。汤三让，诸侯不从，于是汤即天子之位，建立商朝。汤注意"以宽治民"，因此统治期间政权较为稳定，国力日益强盛。在位13年，卒后由次子外丙继王位。

武丁 中国商朝的国王。后世称高宗。名昭。年幼时，武丁曾在外行役，因而了解"稼穑之艰难"。即王位后，他重用傅说、甘盘，力求巩固统治，增强国力，使商朝得以大治。由于将商朝推向极盛，武丁被称作"中兴之王"。在位期间，武丁向四方连年用兵，征服了周围的许多小方国。这些征伐战争，为商朝形成"邦畿千里，维民所止，肇域彼四海"的广大疆域奠定了基础。在位59年，死后由其子祖庚继承王位。

纣 中国商朝末代君王。名受，又称受辛、商纣、帝辛等。对内重刑厚敛，对外黩武好战。纣时，骄奢淫逸达到极点。统治阶级的奢侈生活，激起民众的反叛，纣为对付叛乱，加强严刑峻法。纣的亲族比干强谏，他竟命人将比干剖腹，以观其心。统治后期，他又迁都朝歌（今河南淇县），大兴土木，修筑极为华丽的宫室苑囿。在位期间，屡征东夷，耗尽国力。公元前1045年周武王联合西方小国起兵伐纣，牧野一战，商军倒戈，纣登鹿台自焚而亡，商朝灭亡。

牧野之战 中国商朝末年，周**武王**为兴周灭商，统兵直捣商都朝歌（今河南淇县），与商军在牧野（今淇县南卫河以北地区）展开的决战。史称武王伐纣。

商末，**纣**的统治逐渐走向崩溃。周武王即位后四年（前1046）十二月，武王得知商军主力远征、朝歌空虚，即起兵攻商。武王军队与各方国军队及各反商诸侯军会合后北上，于次年一月初四进抵牧野布阵。纣仓促率军开赴牧野迎战。初五（甲子日）凌晨，武王在阵前誓师，随即发起攻击，商军土崩瓦解。纣仓皇逃回朝歌，自焚而亡。周军占领商都，商朝灭亡。

后母戊鼎 中国商代晚期青铜器。因腹内壁铸有"后母戊"三字而得名。1939年出土于河南安阳殷墟王陵区商代大墓。为现知中国古代最大的青铜礼器。现藏中国国家博物馆。鼎通高133厘米，器口长110厘米、宽78厘米，重875千克。长方形腹，双立耳，四圆柱形足，折沿，方唇。器腹四边角、每面正中和足上端均有扉棱。鼎上的纹饰主要由兽面、夔龙和牛、虎等形象组成。合金成分为铜84.77%、锡11.84%、铅2.76%，配比已相当先进。此鼎反映出商代青铜铸造工艺的高超水平。器内所铸字，也有学者释为"司母戊"。

西周 始于公元前1046年周武王伐纣灭商，终于前771年周幽王覆亡的中国统一王朝。这一时期，全国大小诸侯均向王朝负担一定义务，周朝维持着统一局面。由于周王居于西方的都城宗周，故称西周。武王、成王时期，在周公的辅佐下，周朝制定了比较完备的政治、经济制度，促使社会经济迅速发展。昭王、穆王时期，不断对外征伐，国力逐渐削弱。宣王时期，西周国力得到短暂

北京琉璃河西周车马坑遗址

的恢复。幽王时，他任用奸臣，沉溺酒色，不理国政。前771年，西方的犬戎攻破镐京（今陕西西安西南），西周灭亡。西周是中华古典文明的全盛时期，其物质文明和精神文明对后世历史的发展有着深刻的影响。

周文王 中国商末西方诸侯之长。姓姬，名昌。姬昌即位后，礼贤下士，周国势日强。商王纣杀九侯、鄂侯，姬昌不满，被囚于羑里（今河南汤阴北）。得释后，姬昌向商献洛西之地，得任西伯即西方诸侯之长。当时商朝内部矛盾剧增，政事日非，诸侯逐渐归附于周。姬昌在位50年，曾多次用兵。姬昌晚年，周的势力已非常强盛，周成为诸侯国的领袖，已是"三分天下有其二"的大国。但他终身没有称王。其子武王伐商后，始追称他为文王。

周武王 中国周朝第一代王。姓姬，名发，周文王之子。武王继承文王事业，

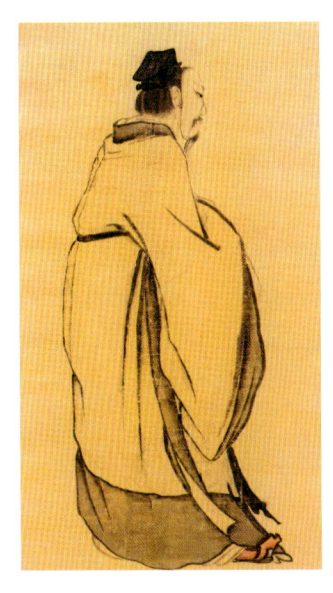

用太公、周公、召公等为大臣。即位第二年，观兵于盟津（今河南孟津东北）。相传有八百诸侯不期而会，要求伐纣，但武王认为时机尚未成熟，还师归周。即位后四年（前1046）十二月，武王率军东征，渡盟津，与诸侯相会，作誓声讨纣的罪行。在甲子日清晨，周军与商军决战于牧野。牧野之战中，周军全胜，商朝灭亡。

分封制 中国周朝国家政权的组织形式。是确立和划分中央与地方关系的一项根本性制度。武王克商以后，为了进一步巩固新生政权，在全国上下推行分封制。分封主要分为两类：一为褒封，主要封上古先圣王后裔；二为封功臣谋士，主要封周天子的子弟、同姓及戚属。诸侯受封以后，即成为相对独立的诸侯国的国君。诸侯国除按照规定向天子纳贡、朝觐、出兵助征伐外，一切内政都由诸侯自理。分封制大大加强了天子对诸侯的统属关系，使社会向着形成中央集权的专制国家迈进了一大步。

周公 中国西周时期政治家、思想家。姓姬，名旦。周文王之子、周武王之弟。因其采邑在周地（今陕西岐山北），故后世称周公。

在协助武王伐纣灭商的斗争中，他立有大功。武王死后，成王年幼，周公掌管政事。他的兄弟管叔、蔡叔等人，在奉命监督殷人时勾结纣子武庚，并联合东方夷族，发动叛乱。周公奉命东征，经过三年战争，终于平定叛乱。此后实行分封制，主要是封宋、卫、鲁、齐、燕；营建东都洛邑（今河南洛阳），迁移"殷顽民"于此，加以控制；完善以礼为主要内容的典章制度。之后周公归政成王。

周公的政治思想推动了西周奴隶制国家的发展，对后世政治思想和政治制度的发展有重大影响，成为儒家的重要思想渊源。

姜子牙 中国明代神魔小说《封神演义》中的主要人物。号飞熊。东海许州人。早年在昆仑山修行学道四十年，后奉师命下山，辅佐周室。下山之初，曾事殷商，但遭妲己陷害，逃至西岐，隐于磻溪，垂钓自遣，被周文王延揽，拜为相。姜子牙帮助周武王伐纣，经过艰苦战斗，终于完成灭纣兴周的大业，最后奉命发榜封神。世称姜太公。

姜子牙形象出自历史人物周朝齐国始祖吕望。吕望，姜姓之后，其先祖封于吕，因以为姓；一说字子牙。相传老年钓于渭水，知遇于周文王。后辅佐武王伐纣有功，封于齐。治齐使国势长期保持强盛。

国人起义 周厉王时期以国人为主并有广泛社会阶层参加的大规模政治军事行动。国人是统治部族，居于国中，最初大约包括贵族在内，后来则主要指士、工商和其他平民。厉王在位时，任用荣夷公为卿士，实行"专利"政策，将社会财富和资源垄断起来，民众怨声载道。为压制国人的不满，厉王命卫巫监视，有"谤王"者即加杀戮。结果人人自危，终于酿成国人起义。公元前841年，国人大规模暴动，厉王被迫出逃。这次暴动波及甚广、参与面大，是对周厉王暴虐统治的致命打击。此后，西周历史进入共和行政时期。

平王东迁 中国西周末期，周幽王宠褒姒，废申后和太子宜臼（一作宜咎），立褒姒之子伯服为太子。宜臼逃往申国（今河南南阳北）。申后之父申侯于公元前771年联合犬戎进攻镐京（今陕西西安西南），由于幽王多次烽火戏诸侯，各国救兵均没有到来，于是镐京残毁，幽王被杀于骊山之下。申、鲁、许等东方诸侯拥立在申的宜臼为王，是为周平王。为了摆脱西戎的威胁，寻求新的发展，前770年，在诸侯的护卫下，平王迁都洛邑（今河南洛阳），史称平王东迁。从此历史上称为东周。

春秋 公元前770年周平王东迁洛邑到前476年周敬王卒的中国历史时期。因鲁史《春秋》基本记录了这一时期的历史而得名。周东迁后，实力大为削弱。中华大地处于分裂割据状态。一些较大的诸侯国为了争夺土地、人口，以及对其他诸侯国的支配权，不断进行兼并战争。在诸侯争霸的过程中，大国兼并小国，诸侯国数目逐渐减少，华夏族和其他各族频繁接触，促进了民族融合。这一时期曾出现**春秋五霸**。铁器和牛耕在生产中的使用，标志着社会生产力的显著提高。一些贵族采取新的剥削方式，转变成封建地主，井田制在各国逐步瓦解。

春秋五霸 中国先秦时期五个势力强大的诸侯国。也作五伯。其具体所指有多种说法。《荀子·王霸》以齐桓公、晋文公、楚庄王、吴王阖闾、越王勾践为五伯。从春秋的历史状况看，此说较为恰当。

齐桓公用管仲的谋略，改革内政，发展生产，以"尊王攘夷"为号召，成为春秋时期第一位霸主。晋文公在城濮大战中大败楚军，成为中原的霸主。后来楚庄王又打败晋军，饮马黄河，称霸中原。春秋末年，江南的吴国和越国也加入争霸战争。吴王阖闾任用伍子胥和孙武为将，一举攻破楚国都城郢。越王勾践则灭掉吴国，成为最后一位霸主。

春秋时期的争霸和兼并战争给人民带来种种灾难，但在客观上也起到了促进民族融合的积极作用。

三家分晋 中国春秋末年韩、赵、魏三家瓜分晋国。春秋晚期，晋国的卿大夫势力日益强大，韩、魏、赵、范、智、中行六卿控制了晋国的政局。代表新兴势力的六卿同晋国旧贵族进行了激烈斗争，旧贵族日趋没落。六卿各自采取革新措施，以期发展实力。韩、赵、魏的改革尤为彻底。后来赵灭范氏、中行氏，又联合韩、魏消灭智氏。韩、赵、魏被周威烈王册封为诸侯。公元前376年，韩、赵、魏废除晋国的最后一位国君——

晋静公，最终完成三家分晋的历程。三家分晋是以新旧势力斗争为表现形式的晋国社会变革的结果，是中国历史从春秋进入战国的重要标志之一。

战国　公元前475～前221年秦统一以前的中国历史时期。这一时期各国混战不休，故前人称之为战国。战国初年，

战国嵌错赏功宴乐铜壶第三层的纹饰（摹品）

大国有秦、楚、韩、赵、魏、齐、燕七国，即有名的战国七雄。七雄之外的小国逐个被七国吞并。各诸侯国都想通过改革富国强兵，相继开展变法运动，促进了社会经济的发展和社会结构的变化，中央集权体制也开始确立。秦经商鞅变法，国势增强。到前221年，秦先后灭掉周王室和六国，实现了统一。战国时期是中国思想、学术发展的黄金时期，涌现出一批杰出的思想家、政治家，出现了百家争鸣的繁荣局面。

战国七雄　中国战国时期国势强盛、互争雄长的七个诸侯国，即秦、齐、楚、赵、魏、韩、燕。春秋时中华大地共有一百多个诸侯国，经过兼并，到战国初，剩下十几个诸侯国。但较强大的诸侯国只有西方的秦，中原以北的赵、魏、韩，东方的齐、燕，南方的楚。七雄的角逐最初表现为争霸，后来局势则转变为合纵与连横的交替。七雄中以秦为最强，次为齐，次为楚，次为魏，次为赵，次为韩，燕国最弱。七雄最后统一于秦。韩最先亡，次魏，次楚，次燕，次赵，齐最后亡。

胡服骑射　赵武灵王在位期间（前325～前295），边境常受中山国的威胁和游牧部族骑兵的骚扰。公元前307年，赵武灵王颁胡服令，推行胡服骑射，要求将军、大夫以下贵族将吏及戍边吏人、兵卒都改穿短衣紧袖、皮带束身、脚穿皮靴的胡服，把车战改为骑战，进而改革军事制度。胡服骑射增强了赵国的军事实力。当时的其他国家争相仿效赵国的改革。

戴皮帽穿胡服的贵妇（《文姬归汉图》局部）

商鞅变法　中国战国中期法家著名人物商鞅在秦国主持进行的两次政治改革。商鞅本是卫国贵族，年轻时好刑名之学。公元前361年秦孝公即位，下令求贤。商鞅携带李悝的《法经》入秦，深得孝公信任，主持秦国变法。他前后

天地之间

商鞅

两次颁布改革法令，其主要内容有：奖励耕织，生产多的可以免徭役；废除贵族世袭特权，制定按军功大小给予爵位等级的制度；推行连坐法；推行县制，全国共置31县；扩大疆域，迁都咸阳；废除井田制，准许土地买卖；统一度量衡。商鞅变法使秦国的农业生产力得到发展，军事力量也强大起来，为统一六国创造了条件。

长平之战 中国战国后期，秦、赵两国为争夺韩国上党郡（治今山西长治西南）而发生的一场战争。公元前260年，秦率大军攻上党。赵派名将廉颇率军驻守长平（今山西高平西北），他采用筑垒坚壁固守的办法，不与秦军交战，以待其疲。后赵孝成王受秦反间，派赵括代替廉颇为将。秦将白起利用赵括骄傲轻敌的弱点，吸引赵军并将其主力包围，堵截赵国援军，断其粮道。赵括突围未果，后被秦军射死；40余万士卒被迫投降，被白起坑杀于长平。经过此战，赵国实力大为削弱。

百家争鸣 中国战国时期思想解放、自由争辩的学术局面。战国时期，中国古代思想文化领域出现了繁荣局面。面对春秋末期以来的社会变革，思想家们从自己的社会立场出发，探讨治国治民的道理，各抒己见，争论不休，形成了儒、墨、道、法、阴阳、农、名、兵家等学术思想流派。人们把这些学术思想流派泛称为诸子百家。各家各派都著书立说，议论政治，既互相批判，又互相影响，出现了百家争鸣的局面。思想领域的空前活跃对历史发展起了推动作用。

儒家 中国春秋末期孔子创立的学派。在先秦，儒学是诸子百家学说之一。秦时"以法为教"，汉初崇尚黄老，儒家一度消沉。西汉时，汉武帝采纳董仲舒的对策，罢黜百家，独尊儒术。此后，儒家文化逐渐成为中国传统文化的核心，深刻影响并主导了中国文化的发展。儒家宗师孔子，视其言行为最高准则；以《诗》《书》《礼》《乐》《易》《春秋》为经典；提倡仁义，以之为行为准则；维护君臣、父子、夫妇、兄弟等伦常关系。

儒家经历了先秦儒家（或原始儒家）、汉唐儒家、宋明新儒家和现代新儒家等不同发展阶段。在漫长的历史长河中，儒家对发展中华民族的文化，塑造中华民族的民族心理、思维方式和生活习惯，陶冶中华民族自强不息的奋斗精神，都产生了重大而深刻的影响。

孔子（前551～前479） 中国古代思想家、教育家、政治家，儒家创始人。名丘，字仲尼。春秋末期鲁国人。孔子幼年丧父，由母亲抚养长大。自幼受传统礼制的熏陶，青年时便以广博的礼乐知识闻名于鲁。面对当时礼崩乐坏的局面，孔子提倡"仁"和"礼"，认为统治者应该行德政，要用礼作为社会规范。他周游列国，广泛宣传自己的思想学说，但终不见用。晚年返回鲁国，致力于教育事业，整理《诗》《书》等典籍，删修《春秋》。相传有弟子三千，著名者七十六人。孔子的思想学说主要汇集在其学生整理的《论语》一书中。他所创立的儒家文化是中国传统文化的主干，在漫长的历史长河中深刻地影响着中国社会的发展。

孟子（约前372~前289） 中国战国中期哲学家、思想家、教育家。名轲。

邹（今山东邹城东南）人。幼年丧父，受业于子思的门人。学成后，游说诸侯，到过梁（魏）、齐、宋、滕和鲁国，但其学说终未能得到实施的机会。晚年退居故乡，专心从事教育活动。孟子主张天人合一，把"诚"规定为天的本质属性，认为天是人性固有的道德观念的本原。他认为人性本善，需要自我约束以保持本性。他强调仁政，把民心的向背看作政治成败的关键，导出"得民心则得天下，失民心则失天下"的论断。孟子被推崇为儒家道统的传道人，称为"亚圣"。他的思想主张都汇集在《孟子》一书中。

荀子（约前325~前238） 中国战国末期哲学家、思想家、教育家。

名况，字卿。赵国人。15岁游学于齐国稷下，后离齐去楚。齐襄王时重回稷下，在稷下先生中"最为老师"。由于遭受谗言，他最终离开齐国，来到楚国。受楚相春申君的委任，任兰陵（今山东苍山兰陵镇）令。晚年，他从事教学，著书立说。与弟子一起撰成《荀子》。

荀子在儒家中自成一派。他主张性恶，认为人的本性是恶的，因而不可能有天生的圣贤；认为礼在调节社会上人与人的关系中起重要作用；主张以德服人，反对用强力来压人；认为治国应该"平政爱民"；认为完全有必要采用刑罚。荀子的学说思想，对西汉经学的发展产生过一定的影响。

道家 中国古代哲学主要流派之一。创始人为老子。南方道家有关尹、列子学派和早期黄老学派，北方道家有杨朱学派、稷下黄老之学，而对老子思想作出全面发挥且影响深远的则是庄子。道家以"道"为世界的本原，在政治上主张无为而治。中国哲学的很多重要范畴，均出自道家，如道、德、有、无、理、气、太极、无极等。在中国历史上，道家思想有时被一些非官方儒学的重要人物改造与继承，有时也被官方儒学所吸取，一度成为官方哲学或一个时代的主导思潮。道家哲学还深深地影响中国的道教和佛教两大宗教思想的发展。道家思想渗透到中国传统文化的方方面面，对中华民族的民族性格和民族心理产生了深刻的影响。

老子 中国先秦时期哲学家、思想家，道家创始人。姓李，名耳，字聃。春秋晚期楚国人。老子曾担任周朝守藏室的官员，孔子曾向他请教关于周礼的问题。老子认为"道"是万物的根本，在天地之前就存在；道又是以客观自然规律为依据的，就是所谓"道法自然"。他有朴素的辩证法思想，认为事物之间是互相联系的，并可以互相转化。他主张无为而治，回到"小国寡民"的状态。老子的主要思想汇集在《老子》（又称《道德经》）一书中。其思想影响不仅在道家内无人能比，在道家之外也广泛深远。中国哲学的很多重要范畴，如道、德、自然、有、无、虚静等，均始于老子。老子在中国哲学史上第一个建立了相当完整的形而上学体系。

墨家 中国战国时墨翟所创的学派。代表著作《墨子》。历史上有前后墨家之分。战国初墨翟与弟子组成的学派称前期墨家，战国中后期墨翟后学组成的学派称后期墨家。墨家是先秦最早起来反对儒家的一个学派，是一个以纪律严密著称的学术团体。它的首领称为钜子。墨家主张"兼爱"，要求人与人之间不论贫富贵贱都能互爱互利。墨家在先秦百家中独树一帜，有重要哲学贡献和重大社会影响。战国到汉初，与儒家同为显学。汉武帝尊儒后此学派衰微不传，清末以来渐受重视。

墨子（约前468～前376） 中国战国初墨家创始人。名翟。常居鲁。从手工业者上升为士。好学而博，曾习儒学。后不满儒学，自创对立学派。他重视身体力行，以自苦为极，载书游说齐、卫、宋、楚，上说下教，宣传学说。从事止楚攻宋、止鲁攻郑、止齐攻鲁活动，实施非攻主张。他提倡经验论的认知论；批评儒家命定论，提倡积极发挥人力改造自然的作用；提出尚贤、尚同、兼爱、非攻、节用、节葬、非乐的政治哲学观点。墨子创立墨家学派，积极参与当时的政治、经济、文化、社会、学术、军事与外交活动，产生重大社会影响。从战国到汉初，墨子与孔子齐名。《墨子》的《尚贤》至《非命》和《耕柱》至《公输》等篇，载墨子的哲学思想。墨子哲学是中国哲学史的重要一环。

法家 中国战国时期主张以法治国的重要学派。思想先驱可追溯到春秋时的管仲、子产，实际创始者是战国前期的李悝、吴起、商鞅、慎到、申不害等。战国末期的韩非是法家思想的集大成者。韩非将前期法家人物分别主张的法、术、势理论糅合为一，从而形成了法、势、术相互依托、相互补充的君主统治之术。法家通过变法革新的政治实践活动直接推动了中国宗法制国家向郡县制国家的转变。秦帝国灭亡后，法家作为一个学派不复存在，但思想被后来的儒家吸收，成为中国传统文化的一个重要组成部分。

韩非（约前280～前233） 中国战国末期法家学说的集大成者和法家学派的主要代表。韩国人。他多次上书韩王，主张变法图强，但未被采纳，于是著书立说。他的著作传到秦国，得到秦王嬴政的赞赏。公元前233年，韩非出使秦国，遭李斯陷害被毒死在狱中。他的思想主张汇集在

《韩非子》一书中。

韩非总结前期法家法、术、势的理论，形成了一套中央集权的君主专制理论体系。他强调社会的进化，比较重视物质因素在社会历史发展中的作用。他提出"矛盾之说"，认为矛盾是普遍存在的，主张对矛盾的两个方面进行全面分析，然后决定取舍。他讨论了形名逻辑，还提出了参验法。

《孙子兵法》 中国古代兵书。又称《孙子》。一般认为成书于春秋末期。作者孙武，字长卿，齐国人。因政局变化移居吴国。经伍子胥推荐，以兵法13篇晋见吴王阖闾，被任为将军，辅助吴

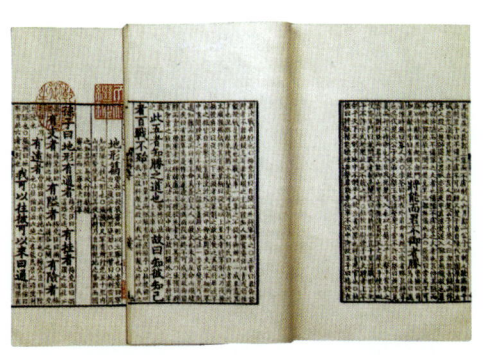

《孙子兵法》书影（南宋刊本）

王经国治军，称霸诸侯。《孙子兵法》总结了商周以来特别是春秋时期的战争经验，论述了军事领域若干重大问题，揭示了一系列具普遍性的军事规律，形成了系统的军事理论体系。书中重战、慎战、备战、善战的思想，"不战而屈人之兵"的"全胜"战略和进攻速决的谋略思想，对后世产生了深远的影响。该书历来被尊为兵经。

秦 由崛起于华夏大地西部的嬴姓部族政权逐渐扩张形成的中国古代第一个统一王朝（前221～前207）。秦王嬴政在公元前221年建立秦朝，定皇帝称号，自称始皇帝。**秦始皇**在六国政治制度的基础上建立起专制主义中央集权的政治制度，采取了一系列旨在巩固统一的措施。秦收复被匈奴占领的河套地区，又南下征服越族，使疆域空前扩大。国土东至海滨及朝鲜；西至临洮（今甘肃岷县）、羌中；南至北向户（北回归线以南）；北据河为界，与阴山并行至辽东。但长期的战争和连年大兴土木消耗了大量的人力财力，加重了人民的负担。秦始皇死后，秦二世的统治更加残暴。陈胜、吴广在大泽乡揭竿而起，点燃了农民战争的熊熊烈火，强大的秦朝在建立14年后便被推翻了。

秦始皇（前259～前210） 中国秦朝的开国皇帝。即嬴政。公元前246年被立为秦国国君，继续奉行自商鞅变法以来的法家政策，在李斯等人协助下，于前221年统一六国，结束分裂割据局面。随后，他颁布了一系列法令来巩固统一：建立皇帝制度；建立从中央到地方的一整套统治制度，包括实行**郡县制**

秦始皇陵1号兵马俑坑

等；修建长城，巩固边防；统一度量衡、货币和文字；推行严刑峻法，**焚书坑儒**。他多次巡游全国，又修建阿房宫、骊山陵等，还派方士率数千人至东海求访长生不老之药；这些耗费了巨大的财力和人力，加深了人民的苦难。前210年，秦始皇在出巡的路上病死。在位共37年。

郡县制 中国古代以郡统县的两级地方行政制度。发源于春秋，商鞅变法时便在秦国首先确立，秦统一后推行到全国。郡之长官在秦时称为守，汉景帝时改名太守，掌管一郡的民政和军事。县之长官为令、长，掌管一县的治安、刑讼及赋敛徭役等事。郡、县长官都由中央任免。郡守于每年秋冬向中央上计，根据政绩决定奖惩。县以下的乡村则被编组为乡、亭、里等基层组织。秦汉的郡县制加强了中央集权，为后来两千年的地方行政体制奠定了坚固的基础。

焚书坑儒 中国秦代**秦始皇**统一六国后为统制思想文化而采取的两项重大措施。始皇帝三十四年（前213），博士淳于越建议恢复分封制度。丞相李斯认为，分封不利于国家统一，而儒生师古非今，更会惑乱黔首（百姓），为此提出焚书的建议，秦始皇认可并下令实施。所焚之书包括统一前的列国史记，以及百姓私藏的《诗》《书》和百家语。次年，又发生了坑儒事件。秦始皇晚年热衷于指派方士寻觅仙药。方士侯生、卢生等人因此很受宠幸。后来，侯生、卢生无法继续行骗，便以始皇帝贪于权势、无法求仙药为由相约逃亡。秦始皇大怒，认为儒生多以妖言惑乱黔首。受株连的儒生达460余人，最后都被活埋于咸阳。焚书坑儒是秦政暴虐的集中体现，加速了秦朝的灭亡。

陈胜、吴广起义 中国秦末农民起义。中国历史上第一次全国性的农民战争。秦二世元年（前209）七月，朝廷征发闾左屯戍渔阳，陈胜、吴广为屯长。他们行至大泽乡（今安徽宿州埇桥区东南），为大雨所阻，不能按期到达。按照秦法，过期要杀头。陈胜、吴广便发动戍卒起义。起义军迅速攻下蕲县（今安徽宿州埇桥区南）、陈县（今河南周口淮阳区）。陈胜自立为王，国号张楚。张楚政权的建立，促进了全国范围内反秦斗争的高涨，各地纷纷起兵反秦。随着反秦斗争的开展，陈胜滋长了骄傲情绪，听信谗言，诛杀故人。派出的将领也不听陈胜节制，甚至为争权夺利而互相残杀。吴广、陈胜相继牺牲，农民起义遭受挫折，但各地起义军仍继续进行斗争。以项羽、刘邦等人为首领的起义军，经多次重大战役，消灭了秦军的主力。公元前206年，刘邦的军队进抵灞上，秦王子婴奉皇帝符玺投降，秦朝灭亡。

楚汉战争 秦朝被推翻后，以项羽和刘邦为首的两支反秦武装为争夺统治权

清代插画"焚书坑儒"

力而进行的战争。历时四年余。秦二世三年（前207），刘邦、项羽相继率兵入关，推翻秦朝。项羽自恃功高，违背原来"先入定关中者王之"的约定，自封为西楚霸王，又分封十八路诸侯。刘邦被封为汉王，局促于巴、蜀、汉中一隅。不久，田荣、陈余、彭越等相继举兵反楚。项羽调遣主力击齐，以稳定局势。刘邦乘项羽无暇西顾，迅速还定三秦，挥师东进，楚汉战争正式爆发。虽然汉军遭遇多次重创，但刘邦善于用人，策略得当，最终迫使项羽自刎于乌江。楚汉战争最后以刘邦夺取天下，建立汉朝而告终。

项羽（前233～前202） 中国秦末重要的反秦将领之一。名籍，字羽。下相（今江苏宿迁西南）人。祖父项燕为战国末年楚国将领。秦二世元年（前209），随叔父项梁在吴中（今江苏苏州）起兵反秦。

巨鹿之战中受命为上将军，率楚军主力救赵，渡漳河后破釜沉舟，大破秦军。随后又迫使秦将章邯全军投降。秦亡后，项羽自立为西楚霸王，分封十八路诸侯，造成割据局面，加之烧杀掳掠，丧失人心。刘邦乘机起兵，与项羽争夺政权。汉王五年（前202），项羽被围困于垓下，汉军四面唱起楚歌，楚军丧失斗志，项羽率少数骑兵突围至乌江（今安徽和县东北），自刎而死。

西汉 中国汉高祖刘邦建立的以长安（今陕西西安）为统治中心的统一王朝（前202～公元8）。西汉建立后，在诸多制度上承袭了秦制，又实行轻徭薄赋的政策，社会经济稳步发展，农业、手工业及商业均取得明显进步。在文景之治的基础上，汉武帝又进一步采取措施加强中央集权统治，如行推恩令、中朝制、盐铁专卖及独尊儒术等。在征讨匈奴的同时，西汉政府还派张骞出使西域，扩大了对外交往，丝绸之路随之产生。而以昭君出塞为代表的和亲，也使汉中央与周边民族的关系得到发展。西汉后期社会矛盾不断激化，最终导致王莽改制和赤眉、绿林起义。西汉在文学、艺术和科学技术等领域的成就辉煌灿烂，影响深远。

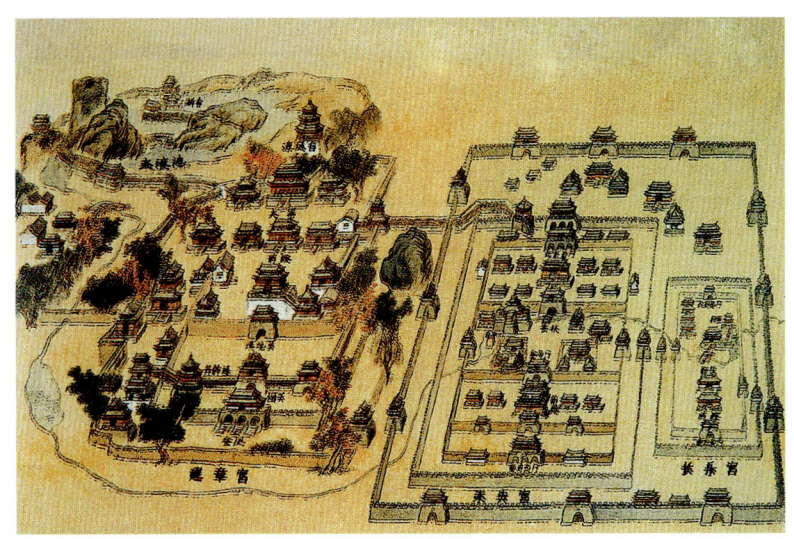

西汉长安城

汉高祖刘邦（前256～前195） 中国西汉王朝的开国皇帝。字季。秦代泗水郡沛县（今江苏沛县）人。早年当过亭长，后响应陈胜、吴广起义，称沛公。在项羽之前入关，攻克咸阳，并与关中百姓约法三章。项羽欲在鸿门宴上杀刘

邦,刘邦在张良的安排下逃脱,后被封为汉王。他采纳萧何、张良等人的建议,以汉中为基地,养民招贤,安定巴蜀,然后收复三秦。经四年余楚汉战争,最后打败项羽,于公元前202年称帝,建立汉朝。刘邦称帝后,先后除掉韩信、彭越、英布等异姓王,大封同姓王,并采取措施恢复和发展社会经济,为西汉王朝的强盛奠定了基础。在位7年。

张良（？～前186） 中国西汉初年的重要谋臣。字子房。先世为战国时韩国人。秦灭韩后,张良倾家财寻求刺客,后乘秦始皇东游之机,与刺客在博浪沙（今河南原阳东南）狙击未遂。陈胜、吴广起义后,张良聚众响应。不久归属刘邦,成为刘邦的重要谋士。他随刘邦灭秦,并使刘邦在鸿门宴上免遭杀身之祸;在楚汉战争中几次提出重要策略助汉军获胜。刘邦即帝位后,张良被封为留侯。病卒。

萧何（？～前193） 中国西汉初年大臣。沛县（今江苏沛县）人。早年任秦沛县狱吏。秦二世元年（前209）随同刘邦起兵。攻克咸阳后,萧何对秦丞相府、御史府所藏的律令、图书妥善保管,使刘邦得以掌握全国户口、民情和地势。刘邦被封为汉王后,萧何劝说刘邦以巴蜀为基地,还定

三秦,再与项羽争夺天下,并推荐韩信为大将军。楚汉之争时,萧何以丞相专任关中事。刘邦称帝后,萧何还参照秦律,制定了《九章律》。汉高祖十一年（前196）,因助吕后定计收捕淮阴侯韩信,被拜为相国。

韩信（？～前196） 中国秦末汉初军事家。淮阴（今属江苏）人。早年家贫。陈胜、吴广起义后,韩信投奔项梁,然后跟随项羽,之后转投刘邦。汉王元年（前206）,经萧何力荐,始为

大将,协助刘邦制订还定三秦以夺天下的方略。楚汉战争期间,韩信率兵数万,开辟北方战场。他熟谙兵法,战功卓著,为汉朝的创建作出了重要贡献。刘邦虽用韩信而心存疑忌。项羽败亡后,韩信被解除兵权,徙为楚王,继黜为淮阴侯。后以谋反罪名被吕后所杀。著有兵书三篇,已失传。

文景之治 中国西汉文帝、景帝两代39年间,政治稳定,经济生产得到显著发展。汉文帝刘恒,公元前179～前157年在位;汉景帝刘启,前156～前141年在位。汉文帝十分重视农业生产,多次下诏劝课农桑,将田租减为三十税一;减轻算赋和徭役;废除过关用传制度,为商业发展提供便利。汉文帝对刑罚制度进行改革,废除收孥相坐律令,又废除黥、劓、刖三种肉刑,改以笞刑

代替。汉景帝时，进一步减轻了笞刑。文景时期对边地少数民族也尽量避免战争，努力维护和平相安的关系。汉文帝废止诽谤妖言之罪，使臣下能大胆地提出不同的意见。他也相当节俭，在位23年，宫室苑囿、车骑服御之物都没有增添。文景两代采取上述一系列措施，使社会经济获得显著发展，统治秩序也日臻巩固。

汉武帝刘彻（前156～前87） 中国西汉皇帝。16岁即皇帝位，在位54年。他采取各种措施巩固中央政权：采纳董仲舒"独尊儒术"的建议，加强思想统治；颁行推恩令，设置十三部刺史，加强对地方的控制；打击富商大贾，设置平准官、均输官，由官府经营冶铁、煮盐、铸钱；兴修水利，实行代田法；派使节加强与西域、西南地区的联系；多次出兵攻打匈奴，迫使其远徙漠北。但他举行封禅，祀神求仙，挥霍无度，加以徭役繁重，致使农民大量破产流亡，甚至起义反抗。晚年颁布轮台诏，深陈既往之悔，决意把行政重心转移到和平生产方面来。葬茂陵。

董仲舒（前179～前104）
中国西汉思想家和政治家。信都广川（今河北景县西南）人。景帝时任博士。元光元年（前134），董仲舒在《举贤良对策》中系统提出加强中央集权制的主张，并建议"罢黜百家，独尊儒术"，这一建议为汉武帝所采纳。曾任江都王相和胶西王相，后辞职回家，专门著书。著作很多，现存的主要是《春秋繁露》。其学说以儒家宗法思想为中心，杂以阴阳五行说，把神权、君权、父权、夫权贯穿在一起，形成以"天人感应"为中心的神学体系。董仲舒把儒学神学化，为当时的宗法制度提供了主要的理论根据，因而被尊为群儒之首。

张骞（？～前114） 中国西汉外交家。汉中成固（今陕西城固）人。汉武帝想联合大月氏共击匈奴，张骞应募任使者，于建元二年（前139）出陇西，但被匈奴所俘。在匈奴十年余，后逃脱，经大宛、康居抵大月氏。因大月氏不肯应约而回国，途中又被匈奴扣留一年多，乘匈奴

《张骞出使西域》（甘肃敦煌莫高窟第323窟）

内乱逃回，向汉武帝详细报告西域诸事。元狩四年（前119）他再次受命，取道河西走廊出使乌孙（今伊犁河流域），并从乌孙分遣副使通西域诸国。元鼎二年（前115）回长安，年余病逝。张骞对开辟从中国通往西域的丝绸之路有卓越贡献，至今举世称道。

西域 古代地区名。出现在公元前2世纪中西汉张骞出使西域以后，意为西部地域。有狭义和广义之分。狭义的西域最早主要指玉门关（今甘肃敦煌西北）、阳关（今敦煌西南）以西，葱岭（今帕米尔高原）以东，南山（今昆仑山脉）以北，北山（今天山山脉）以南地区，大致相当于今新疆南部；后逐渐扩展到今天山以北，即包括巴尔喀什湖以南地区；一度扩展至今帕米尔高原以西的大宛故地中亚费尔干纳盆地一带。狭义的西域往往是中原王朝政治势力直接控制的地区，西汉至十六国曾先后设置西域都护、长史、校尉府于此。广义的西域常指玉门关、阳关以西的今中国新疆及帕米尔高原以西的中亚、西亚、南亚广大地区。

丝绸之路 中国古代经中亚通往南亚、西亚及欧洲、北非的陆上贸易通道。因大量中国丝和丝织品多经此路西运，故称丝绸之路，简称丝路。"丝绸之路"这一名称是由德国地理学家F.von 李希霍芬在1877年出版的《中国》一书中首先提出的。

一般认为，丝绸之路东以中国长安（今陕西西安）为起点，向西通过河西走廊到敦煌，由敦煌西行有南北两路：南路是从敦煌西南出阳关，经楼兰（今新疆若羌一带）、于阗（今新疆和田境内）等地，西行翻越葱岭到大月氏，再往西行可到达条支的西海（今波斯湾）和罗马帝国；北路是从敦煌西北出玉门关，经高昌（今新疆吐鲁番）、龟兹（今新疆库车一带）、疏勒（今新疆喀什一带）等地，西行到罗马帝国。此外，还有一条支线，是从敦煌经哈密、渡伊犁河西行到东罗马帝国。

随着时代变迁，政治、宗教形势的演变，各条路线在不同时期的重要性不

新疆库尔勒西汉脱西克吐尔烽燧遗迹。当时沿西域境内的丝绸之路建有许多类似的报警用烽燧

玉门关遗迹

同，而且不断有新的道路开辟。后来，一些学者更扩大了丝绸之路的概念，如将经中国南方海上西行的道路称为海上丝绸之路等。这些提法虽然对研究东西交通有意义，但已非原来意义上的丝绸之路了。丝绸之路不仅是东西商业贸易之路，而且是中国与亚欧各国间政治往来、文化交流的通道。至今，丝绸之路仍是东西交往的友好象征。

卫青（？～前105） 中国汉武帝时抗击匈奴的将领。字仲卿。年少时曾为家奴，善骑射，有勇力。因其同母异父的姐姐卫子夫受汉武帝宠爱而被召入朝为官。汉与匈奴之间大规模战争爆发后，从元光六年（前129）始，他先后七次领兵出击，收复河南地（今内蒙古河套地区），击破单于，占领朔方（今内蒙古杭锦旗北）以西至张掖、居延间的大片土地，为北部疆土的开拓作出重大贡献。以功封长平侯，官至大司马大将军。卫青虽战功卓著、地位尊崇，但不以权势树党，不干预朝政，体恤士卒，颇得人心，然排斥压抑名将李广。

霍去病（？～前117） 中国汉武帝时抗击匈奴的名将。他是大将军卫青的外甥，18岁就领兵作战，曾先后六次出兵塞外，获得大捷，打通了河西走廊。以功封冠军侯，官至大司马骠骑将军。武帝要为他修治宅第，他说："匈奴不灭，无以家为。"霍去病用兵注重实际，不死守兵法；打仗时，他总是身先士卒，经常率领部队担任大军的先锋。然少时长于宫中，自恃显贵，不能抚恤士卒。

司马迁 中国西汉史学家、文学家。字子长。夏阳（今陕西韩城西南）人。生年有公元前145年和前135年两说，卒年不可考。10岁开始学习古文书传。20岁从京师长安南下漫游，遍及江淮流域和中原一带。不久，仕郎中，多次随汉武帝西巡，并奉命出使巴蜀。元封三年（前108），司马迁继承其父司马谈之职，任太史令。此后，司马迁开始撰写《史记》。天汉二年（前99），司马迁为李陵降匈奴辩护，触怒汉武帝，下狱受腐刑。后获赦出狱，为中书令，发愤著书，完成《史记》的撰写和润饰。《史记》是中国第一部纪传体通史和传记文学巨著。

苏武（前140～前60） 中国西汉大臣。字子卿。杜陵（今陕西西安东南）人。天汉元年（前100），苏武以中郎将的身份出使匈奴。当时，匈奴缑王图谋劫持单于的母亲归汉，副使张胜卷入这一活动。事发后，苏武受到牵连，不愿投降匈奴，引佩刀自刺负伤。匈奴单于为迫使他投降，将他幽闭于大窖中，苏武以雪和毡毛为饮食，不肯屈服。单于又将他远徙到荒无人烟的北海（今贝加尔湖）放牧公羊，声称直到公羊生仔产乳才放他归汉。

《苏武牧羊图》（明，陈子和）

苏武杖汉节牧羊，节旄尽落。没有食粮，苏武甚至掘取野鼠所藏草实充饥。昭帝即位（前87）后，汉与匈奴和亲，要求匈奴遣返苏武等汉使，单于诡称苏武已死。后来汉使再到匈奴，探知苏武下落，扬言汉天子于上林苑中射得大雁，雁足系有帛书，写明苏武在某泽中。单于不得已，交还苏武等9人。苏武在匈奴前后19年，始元六年（前81）回到长安。以尽忠守节而闻名。

王昭君（前52～前19）　中国汉代宫女。名嫱，字昭君。西汉南郡秭归（今湖北兴山）人。元帝时以"良家子"选入掖庭。竟宁元年（前33），匈奴首领呼韩邪单于向汉元帝求和亲。当时王昭君已入宫数年，不得见帝，自请远嫁匈奴。入匈奴后，被称为宁胡阏氏（皇后）。呼韩邪死后，成帝又命她按照匈奴的风俗，改嫁给复株累单于（呼韩邪大阏氏的长子）。昭君出塞后，边城晏闭，牛马布野，三世无犬吠之警，黎庶忘干戈之役，汉匈团结和睦，国泰民安。昭君和亲，增强了汉族与匈奴之间的团结，符合汉族和匈奴人民的利益。后世屡有以昭君出塞为题材的文学作品。

马王堆汉墓　中国西汉初期长沙国丞相、轪侯利仓及其家属的墓葬。位于今湖南长沙芙蓉区。所在地曾被讹传为五代十国时楚王马殷的墓地，故称马王堆。1972～1974年发掘出1、2、3号墓，墓主分别为利仓的夫人辛追、利仓、利仓之子。1、3号墓保存完整。1号墓女尸的外形、内脏器官均保存完整，在世界尸体保存记录中十分罕见。1、3号墓的随葬品主要有纺织品、漆器、木俑、乐器、竹笥、竹简、其他竹木器和陶器等，每墓均达一千余件。丝织品主要有绢、绮、罗、纱、锦、绣。薄如蝉翼的素纱

《明妃（昭君）出塞图》（明，仇英）

马王堆汉墓1号墓T形帛画

禅衣仅重49克，是当时缫丝技术发展程度的标志；用作衣物缘饰的绒圈锦，证明起绒技术最早由中国发明；印花敷彩纱表明当时的印染工艺已达到很高的水平。漆器数量最多，多绘红、黑等色。木俑包括着衣俑和彩绘俑，二者身份有别，反映出当时的社会等级制度。此外，1、3号墓的内棺上都覆盖彩绘帛画，3号墓还随葬了大批帛书、3幅古地图和兵器。

王莽（前45～公元23） 中国西汉新朝皇帝。字巨君。魏郡元城（今河北大名东）人。汉元帝的皇后王政君之侄。早年折节恭俭，勤奋博学，以德行著称。平帝继位时，王莽任大司马，总揽朝政，广结党羽。平帝死后，他拥立2岁的孺子婴，自己以摄政名义居天子之位，称"假皇帝"。初始元年（公元8），王莽自立为帝，改国号为新。为缓和社会矛盾，王莽附会《周礼》等儒家经典，托古改制：全国民间的土地改称王田，奴婢改称私属，都禁止买卖；实行五均六筦；多次改变币制；恢复五等爵，经常改变官制。王莽的改制反而使各种矛盾进一步激化，终于导致了赤眉、绿林起义，王莽被杀，新朝灭亡。

赤眉、绿林起义 中国新莽末年爆发的农民大起义。西汉后期，土地兼并愈演愈烈，加上水旱灾害，民不聊生。天凤四年（公元17），新市（今湖北京山东北）人王匡、王凤率领饥民起义，这支起义军以绿林山（今湖北大洪山）为基地，被称为绿林军。五年，琅邪（今山东诸城西南）人樊崇在莒县率众起义，起义军为与敌军相区别，将眉毛染红，故称赤眉军。起义军多次打败王莽的军队，分别以刘姓皇族后裔为号召建立了政权，并最终推翻了王莽的统治。但是，起义军没有长远的战略眼光，无力改变分裂割据的局面。建武三年（公元27），赤眉军被迫投降刘秀，农民大起义失败。

东汉 中国汉光武帝刘秀建立的以洛阳（今河南洛阳）为统治中心的统一王朝（公元25～220）。史称后汉。东汉继续加强中央集权，但中期以后，外戚和宦官轮流专权，豪强地主称雄。士人和太学生以清议抗争宦官和弊政，朝廷则以党锢方式压制迫害，朝政日益昏暗。东汉时期，社会经济继续发展，大地主庄园式生产在农业中占有突出的地位。全国的经济重心开始东移，江南得到开发。手工业获得长足的发展。东汉虽谶纬之学盛行，但也产生了王充、班固、张衡、张仲景等杰出人物。东汉王朝进一步保持与包括西域在内的周边地区和民族的密切交流。佛教开始传入中国。东汉末年，中央政权无力控制动乱局面，历史进入三国时期。

汉光武帝刘秀（前6～公元57） 中国东汉王朝的开国皇帝。谥光武帝。公元25～57年在位。字文叔。南阳蔡阳（今湖北枣阳西南）人。汉高祖刘邦九世孙。新莽末年，赤眉、绿林起义爆发。刘秀与其兄起兵，后与绿林军联合，共立刘玄为汉帝。地皇四年（公元23），

王莽军围绿林军于昆阳（今河南叶县），刘秀突围调集援兵，重创王莽军。之后，刘秀逐渐与农民军分庭抗礼。建武元年（公元25），刘秀正式称帝，重建汉政权，史称东汉。东汉王朝建立后，经过十二年的努力，刘秀终于削平群雄，完成统一事业。

汉光武帝即位后，首先致力于整顿吏治，限制功臣、诸侯王和外戚的权势，加强专制主义中央集权；还采取了不少措施来安定民生，恢复残破的社会经济。在他统治时期，社会经济得到恢复和发展，出现了"光武中兴"的局面。

黄巾起义 中国东汉末年张角领导的一次有组织、有准备的全国性农民起义。因起义军头戴黄巾为标志，史称黄巾起义。东汉末年，冀州巨鹿（今河北平乡西南）人张角、张梁、张宝兄弟三人创

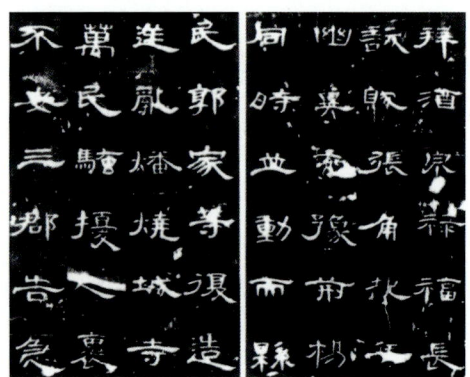

记有黄巾起义史实的东汉《曹全碑》（明万历年间陕西郃阳出土）

建太平道，以传道和治病为名进行秘密活动。十余年间，徒众达十几万。中平元年（184），张角以"苍天已死，黄天当立，岁在甲子，天下大吉"为口号，发动起义。起义军最初连续取得胜利，"旬日之间，天下响应，京师震动"。由于力量分散，起义军最后被各个击破，起义失败。黄巾起义及在它影响下的各族人民起义，持续了二十多年。在农民起义的沉重打击下，腐朽的东汉王朝名存实亡。

班固（公元32～92） 中国东汉史学家。字孟坚。扶风安陵（今陕西咸阳东北）人。幼承家学，16岁入洛阳太学。汉明帝召其为兰台令史，后迁为郎，负责典校皇家藏书。建初四年（公元79），章帝召集诸王、

诸儒在白虎观讲论五经异同，令班固编纂成《白虎通义》。永元元年（公元89），班固随大将军窦宪征匈奴。后窦宪因涉嫌谋反自杀，班固受到牵连，死于狱中。

他继承父亲班彪的遗志，撰成《汉书》。这本书完整地记载了西汉一代盛衰，是中国第一部纪传体断代史。由于《汉书》在内容、史识和体例创新上均有高度成就，故历代学者常以"马（司马迁）班"并称。班固在文学史上也有颇高地位，所撰《两都赋》《幽通赋》均为汉赋名篇。

白马寺 中国最早的佛教寺院。在河南洛阳东面10千米处。创建于东汉永

平十一年（公元68）。历史上曾多次被毁而复建。现存建筑是明嘉靖年间扩建时的规模。清代以后多次修葺。占地面积约4万平方米。它是中国早期佛教的传播活动中心。汉魏以后，中国佛教派系繁多，但都一致公认白马寺独特的历史地位，尊称其为祖庭和释源。对亚洲一些国家也有很大影响。

三国 中国继东汉而出现的魏、蜀、吴三个国家鼎立的时代称号。始于220年魏国代汉，终于265年晋国代魏。220年，曹丕代汉称帝，国号魏，定都洛阳；次年刘备在成都称帝，国号汉，世称蜀，又称蜀汉；229年，孙权在武昌称帝，后迁都建业（今南京），建立吴国。三国疆域，大体魏得北方，蜀得西南地区，吴得东南地区。鼎足之势维持了四十余年之久。曹魏疆域最广，实力最强；蜀汉最弱，但在诸葛亮治理下也有发展，且多次出兵北伐；吴国则依靠有利地形与魏蜀两国周旋，为开发南方作出了贡献，但后来的统治者不思进取，政治腐败。263年，魏灭蜀。两年后，司马炎以接受禅让为名，代魏为晋。280年，晋灭吴，统一全国。

官渡之战 中国东汉末年曹操与袁绍为争夺北方在官渡（今河南中牟东北）地区进行的决战。建安五年（200），曹操集结军队近两万人于官渡。袁绍率11万余人来攻。袁军初战失利，锐气受挫，于是变分军进击为结营紧逼，企图以优势兵力迫曹军决战。曹操在不利条件下主动退守官渡，并乘夜取小道奔袭，焚烧袁军的屯粮。袁军大乱，曹操乘机消灭袁军主力7万余人。袁绍仅率800余骑北逃，从此一蹶不振。此战是中国历史上著名的以弱胜强的战例，奠定了曹操统一北方的基础。

赤壁之战 中国东汉末年孙权、刘备联军在长江赤壁（今湖北武昌赤矶山，一说湖北赤壁市）大败曹操军队，奠定三国鼎立基础的战役。建安十三年（208），曹操在基本统一北方后挥师南下，企图一举消灭据有荆州的刘表和江东的孙权，统一全国。孙权和刘备结成军事同盟，联合抗曹。大将周瑜采纳部下黄盖所献火攻计，并命令他致书曹操假装投降，以出奇制胜。曹操自信稳操胜券，戒备松懈。黄盖乘机纵火，曹军战船顿时陷于一片火海，并延及岸上

赤壁之战（绘画）

营寨，曹军死伤惨重。周瑜等率军乘势冲杀，曹军溃败。此战为尔后魏、蜀、吴三国鼎立奠定了基础。

魏武帝曹操（155～220） 汉魏间政治家、军事家、诗人。字孟德。沛国谯县（今安徽亳州）人。20岁以孝廉举为郎，始入仕途。

后曾参与镇压黄巾起义。董卓之乱时，曹操起兵讨伐，逐步扩充军力。建安元年（196），曹操出兵迎汉献帝至许县（今河南许昌东），挟天子以令诸侯。他先后削平吕布等割据势力，在官渡之战中大破袁绍后，逐渐统一了中国北方。十三年，曹操进位为丞相后率军南下，被孙权和刘备的联军击败于赤壁。从此转向巩固北方的统治。十八年封魏公，建魏国，都于邺。三年后进封魏王。子曹丕代汉称帝后，追尊他为魏武帝。

曹操在北方屯田，兴修水利，这对农业生产的恢复有一定作用；他唯才是举，抑制豪强，加强了中央集权。

曹操对文学、书法、音乐等都有深湛的修养。他的文学成就主要表现在诗歌上，散文也很有特点。曹操的诗歌在艺术风格上朴实无华，不尚藻饰，以感情深挚、气韵沉雄取胜；在诗歌情调上则以慷慨悲凉为特色。他开创了以乐府写时事的传统，影响深远。曹操的散文多是应用性文字，这些文字平易自如，质实明练，在当时独树一帜。

蔡文姬 中国汉魏间女诗人。名琰，字文姬，又作昭姬。陈留圉（今河南杞县）人。生卒年不详。东汉辞赋家、散文家蔡邕的女儿。自幼博学多才，好文辞，又精于音律。初嫁后夫亡无子，归母家。汉末天下大乱，董卓入据洛阳，她先被董卓军强迫西迁长安，又在兴平二年（195）被南匈奴军所掳。建安十二年（207），曹操遣使者持金璧去南匈奴赎回蔡文姬。蔡文姬回到中原后再嫁。曾回忆缮写亡父作品400余篇。今存作品有五言及骚体《悲愤诗》各一篇，又有《胡笳十八拍》。一般认为五言《悲愤诗》是她的代表作。骚体《悲愤诗》和《胡笳十八拍》被不少学者认为是假托之作。

《文姬归汉图》

吴大帝孙权（182～252）

中国三国时期吴国开国君主、政治家。字仲谋。吴郡富春（今浙江富阳）人。年少时跟随其兄孙策征讨江东，开创了东吴的基业。孙策死后，孙权在周瑜、鲁肃、张昭等辅佐下继续统治江东地区。建安十三年（208），联合刘备大破曹军于赤壁。其后，依靠长江天险，多次击退北方曹魏进攻。魏黄初二年（221），接受魏封号，称吴王于武昌（今湖北鄂州）。黄龙元年（229），孙权在武昌称帝，不久迁都建业（今南京）。先后统治江东五十多年。通过消灭各支割据势力，平定、降服山越，所辖由江东扩展到今福建、广东、广西、湖南的广大地区，并使这些地区的社会经济得到恢复与发展。

周瑜（175～210）

中国东汉末孙策、孙权的重要将领。字公瑾。庐江舒县（今安徽庐江西南）人。出身士族，少时与孙策友好。24岁时投奔孙策，人称周郎。跟随孙策征讨，助其奠定割据江东的基础。孙策死后，辅佐孙权。建安十三年（208），曹操率军南下到达赤壁，周瑜同鲁肃一起，力排众议，坚主抵抗，为孙权所采纳。之后联合刘备在赤壁之战中大败曹操。他文武兼备，有雄才大略，但英年病卒。周瑜精于音乐，时人谣曰："曲有误，周郎顾。"

汉昭烈帝刘备（161～223）

中国三国时期汉国（习称蜀国）开国君主。字玄德。涿郡涿县（今河北涿州）人。汉朝皇室的远房支系。早年丧父，与母亲一起以织席贩履为业，好结交豪侠。黄巾起义爆发后，他聚徒众征伐黄巾军有功，被任命为安喜县尉。因与郡督邮冲突，弃官亡命。投靠中郎将公孙瓒，屡有战功，领平原国相。后被曹操举荐为豫州牧，进位左将军。因参与谋害曹操的事情败露，逃至徐州。建安五年（200）为曹操击破后，先后投奔袁绍、刘表。十三年，他联合孙权在赤壁打败曹操。随即占据荆州，后又占益州、汉中等地。之后关羽被杀，荆州为孙权夺去。蜀国规模自此基本确定。221年称帝，国号汉，定都成都。同年为报仇兴师伐吴，次年在夷陵为吴军所败，逃归白帝城。第二年病卒，谥昭烈帝。刘备知人善任，自得诸葛亮，信任专一，措施得宜，故能在地狭民少的蜀土开创与魏、吴鼎立的局面。

关羽（160～219）

中国东汉末将领。字云长。河东解（今山西临猗西南）人。早年与张飞追随刘备，参加兼并战争，三人情同手足。建安五年（200）刘备为曹操所破，关羽战败被俘，极受曹操

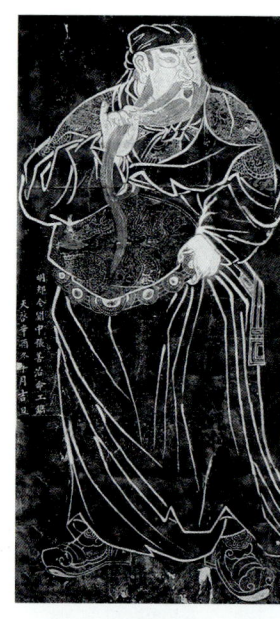

优待。官渡之战中，曹操与袁绍交兵，关羽策马于万众之中刺斩颜良，报答曹操，然后奔归刘备。赤壁之战后镇守荆州。二十四年，孙权趁关羽在襄樊作战之机袭击荆州，关羽后方空虚，待下又骄矜少恩，守将不战而降。关羽不得已西保麦城，至章乡（今湖北当阳东北）为吴将擒斩。

张飞（166～221） 中国东汉末年及三国时期蜀国将领。字益德。涿郡（今河北涿州）人。早年与关羽追随刘备，参与兼并战争，三人情同手足。建安十三年（208），曹操南攻荆州，刘备败走，张飞于当阳长坂（今湖北当阳东北）领骑兵二十余人殿后，曹将无人敢近，与关羽皆被誉为"万人之敌"。后张飞随诸葛亮南征北战，屡立战功。刘备称帝后，进封西乡侯。待下粗暴，常鞭挞士兵。章武元年（221），跟从刘备东向攻吴，临出发为部下刺杀。

诸葛亮（181～234） 中国三国时期蜀国大臣、政治家。字孔明。琅邪阳都（今山东沂南南）人。东汉末混战，他随叔父诸葛玄往依荆州刘表，隐居南阳隆中（今湖北襄樊西），人称"卧龙"。建安十二年（207），刘备听闻其名声，三顾草庐。诸葛亮拟定隆中对策，成为刘备的主要辅佐。后助刘备败曹操于赤壁、夺取益州，使蜀与魏、吴成鼎足之势。刘备称帝后，诸葛亮出任丞相，总理国家大事。他对外联合孙吴，多次北伐；对内笼络士人，安抚少数民族，发展经济。章武三年（223），刘备病笃，临终托孤于他。建兴十二年（234），诸葛亮再次北伐，病死军中。

西晋 公元3世纪60年代建立的以汉族为主体的王朝（265～316）。魏咸熙二年（265），晋王司马炎夺取政权，建立晋朝，定都洛阳，史称西晋。历四帝。晋室重用宗王，以之镇守各地重镇。门阀制度盛行，门阀士族在政治、经济上享有极大的特权，他们操纵九品中正制，完全把持官吏选拔之权；广占田地，荫庇大量劳动人口，并可免除赋役。惠帝时爆发长达16年的八王之乱。北方许多少数民族南下，西晋王朝无力抵御。建兴四年（316）为匈奴所灭。西晋在经济上实行的占田、课田制，促进了农业生产的发展。

司马懿（179～251） 中国三国时期军事家、政治家。字仲达。河内温县（今河南温县西）人。出身士族。23岁入仕。建安二十二年（217），曹丕为魏太子，司马懿任太子中庶子。

后常为征战献计献策，改任军司马。曹丕称帝后，他备受重用。后魏文帝曹丕死，遗命他辅政。司马懿屡次率兵抗拒蜀国军队北伐，使得诸葛亮师劳功微。明帝死，司马懿及大将军曹爽奉诏辅8岁的太子曹芳登基。曹爽担心司马懿得势，让曹芳发诏夺其实权。司马懿以年老多病辞职，韬光养晦。正始十年（249），他发动兵变，处死曹爽，独揽军政。西晋建立后，追尊司马懿为宣帝。司马懿以长于谋略著称，诡诈善变，有"兵动若神，谋无再计"之誉。

晋武帝司马炎（236～290） 中国西晋开国皇帝。字安世。河内温县（今河南温县西）人。在位25年。曹魏末年，祖司马懿、伯司马师、父司马昭相继控制朝政。魏咸熙二年（265），司马炎为魏相国、晋王，同年代魏称帝，建立晋朝。即位之初，大封同姓诸王，又委任宗王统领重兵出镇战略要地；采取一系列措施发展生产。太康元年（280）灭吴，统一全国。继而颁行户调式。社会一度出现繁荣景象。但随着天下安定，司马炎逐渐"息于政术，耽于游宴"，导致统治阶层中奢侈荒淫之风蔓延。

十六国 从西晋末年始，至北魏统一北方止，在中国北方及巴蜀地区出现的各族割据政权的总称。从304年至439年的一百余年间，先后有22个割据政权更迭。北魏史学家崔鸿将其中的前赵、成汉、前凉、后赵、前燕、前秦、后燕、后秦、西秦、后凉、南凉、南燕、西凉、北凉、夏、北燕16个割据政权载入《十六国春秋》，是为"十六国"名称的由来。

这一时期，各族割据政权不断交替，立国久者几十年，短者仅两年。有些统治者还试图统一中原，结束混乱。石勒的后赵、苻坚的前秦都曾做过这样的努力，但都失败了。长期的动乱给各族人民带来巨大灾祸，北部的社会经济遭到严重破坏，但被破坏的经济在不同时期有所恢复，西南、西北、东北几个地区在不同程度上还有所发展。为了获得人才，统治者重视教育，设置学校。被破坏的传统文化得以保存下来，而且在一定程度上吸收了西部和北部各族文化，甚至还吸收了外来文化。佛教也在这个动乱的时代里获得巨大的发展。

东晋 中国西晋之后的朝代（317～420）。公元3世纪初，少数民族起兵中国北方，迫使北方汉人大量南迁。建武元年（317），司马睿在北来侨姓士族和江南士族的支持下，在建康（今南京）重建晋政权，史称东晋。皇权低落、主弱臣强，几大门阀争权夺势，构成东晋政治的主调。东晋的数次北伐并无实质性进展，但在淝水之战中，东晋的北府兵击溃了前秦苻坚80余万南侵大军，江左由此获安。随后发生了孙恩、卢循起义和桓玄之乱，其间北府兵将领刘裕逐渐取得权势，在420年代晋建宋。东晋的地域虽然狭小，但在经济、文化领域却卓有成就。佛教、玄学、道教都有所发展，文学、绘画、书法等领域也多有建树。

祖逖（266～321） 中国东晋初有志于恢复中原而致力北伐的大将。字士稚。范阳遒县（今河北涞水）人。出身士族。年少时轻财好侠，后博览书籍。他闻鸡起舞，慨然有澄清天下之志。永嘉五年（311），匈奴族刘曜率汉军攻陷洛阳，祖逖率亲邻几百家避难南下，甘苦与共，被推为行主。他上书司马睿，力请北伐。

建兴元年（313），他带着随他南下的百余家北渡长江，中流击楫宣誓："祖逖不能清中原而复济者，有如大江！"九年即收复黄河以南的大部分土地。祖逖军纪严明，自奉俭约，劝督农桑，发展生产，深得百姓爱戴。后由于受朝廷牵制，忧愤而死。

淝水之战 东晋太元八年（前秦建元十九年，383），东晋在淝水（今安徽瓦埠湖一带）击败前秦进攻的战役。东晋太元八年，前秦主苻坚不顾多数大臣的反对，下诏大举伐晋。他调集步骑90万余，分兵南下。征南大将军苻融率前军30万先至颍口（今安徽颍河入淮河口）。东晋谢安当国，命谢石为征讨大都督、谢玄为前锋都督，率军8万迎敌。苻融攻陷寿阳，屯兵5万于洛涧（即洛河，今淮南市东）。谢玄遣精兵5000夜渡洛涧，攻前秦军大营，前秦军损失1.5万人。东晋军水陆兼程，直逼淝水东岸。两军隔淝水对峙。谢玄派人请求前秦军略向后撤，以便晋军渡水决战。苻坚意欲待东晋军半渡时击之，遂下令稍退。不料前秦军一退便出现混乱。有人乘机在阵后大呼秦兵败了，前秦军竟相奔逃。谢玄率精兵8000渡淝水击之。苻融死于乱军之中。苻坚中流矢，逃归洛阳，仅剩十余万人。淝水之战是中国战争史上以少胜多的著名战例之一。

法显（约337～约422） 中国东晋僧人。俗姓龚。平阳武阳（今山西临汾西南）人。3岁出家，20岁受大戒。为求取佛律，以60岁左右的高龄于隆安三年（399）自长安出发，西渡流沙，越葱岭（今帕米尔高原）至天竺求法。先后于北、西、中、东天竺和师子国（今斯里兰卡）获佛教经律梵本。他由海路经耶婆提国（在今印度尼西亚爪哇），于义熙八年（412）抵青州长广郡牢山（今山东青岛崂山）。历时14年，游历29国，历尽艰险。次年达建康（今江苏南京），于道场寺与北天竺僧人佛陀跋陀罗（即觉贤）合译了带回的6部63卷经律。法显撰写的《佛国记》，记录了他的行程及见闻。

南朝 5世纪初至6世纪末南北朝时期，在中国南方与北朝对峙而立的宋、齐、梁、陈四个王朝。宋由刘裕建立，传八帝；齐由萧道成建立，传七帝；梁由萧衍建立，传四帝；陈由陈霸先建立，传五帝。南朝四朝都建都建康（今江苏南京），

萧景墓石刻之石狮（梁，江苏南京甘家巷）

疆域以刘宋时最广，陈时最小。它们存在的时间都相对较短，其中最长的不过59年，最短的仅有23年。589年，隋灭陈，南朝结束。南朝时皇权比东晋时强大；门阀保持了崇高门第，但实际权势开始丧失。南朝是中国经济重心南移的关键时期，经济、文化有不小的发展。

北朝 中国5～6世纪与南朝相峙并存的北方政权。一般从魏太武帝拓跋焘统一北方（439）算起，至杨坚建立隋

甘肃敦煌莫高窟第258窟飞天壁画局部（北魏）

朝（581）为止，包括北魏、东魏、西魏、北齐、北周五个王朝，历时142年。北朝的统治者出自塞北的鲜卑族或与鲜卑族有着密切的关系。军功贵族和国人武装构成北朝的政权支柱。魏孝文帝时，北魏着手改革官制、完善法制；实行均田制、三长制；迁都洛阳，以汉式礼俗改革鲜卑旧俗。北魏由此进入盛期。周武帝在位期间，北周改进和发展府兵制度，充实军事力量，于577年灭北齐。581年，北周大臣杨坚建立隋朝，北朝结束。北朝时期虽然经济发展几乎停滞，却是中华民族发展过程中的一个重要环节。北朝的石窟艺术和民间文学是中国文化的重要遗产。

魏孝文帝改革 魏孝文帝元宏（467~499），原名拓跋宏，在位29年。皇兴五年（471）献文帝拓跋弘传位给5岁的太子拓跋宏，但仍过问朝政。承明元年（476）拓跋宏祖母冯太后毒死献文帝，临朝称制，主持朝政，并开始推行改革。冯太后整顿吏治，实行均田制、三长制和新的租调制。冯太后死后，孝文帝进一步推行汉化改革：迁都洛阳；制定北魏官吏及妇女冠服规制；以汉语为官方语言；改变鲜卑姓氏；制定官制朝仪；鼓励鲜卑人与汉人通婚；选拔人才时专重人望，重用汉人士族。这些改革大大推进了北方各民族的融合和北魏社会的进步。

周武帝改革 周武帝宇文邕（543~578），小字祢罗突，武川（今内蒙古武川西）人，西魏大丞相宇文泰之子。武成二年（560），明帝宇文毓被权臣毒死，大司空、鲁国公宇文邕被立为帝。建德元年（572），宇文邕亲理国政后，采取了一系列措施：改进和发展府兵制度，充实军事力量；改革均田和租调等制度；兴修水利，增辟农田；释放奴婢；禁断佛教、道教，勒令僧道还俗。经过改革，北周国力迅速增强，于六年灭北齐，统一北方。

《齐民要术》 中国东魏综合性农书。中国现存最早、最完整的一部农书。书名中的"齐民"意指平民百姓，"要术"指谋生方法。作者贾思勰。约写成于6世纪30~40年代。全书分10卷92篇，共11万余字。此书总结了6世纪以前中国黄河流域农业、畜牧业的生产技术和经验，还介绍了野生植物和南方植物的利用。书中引用近200种古代农书及

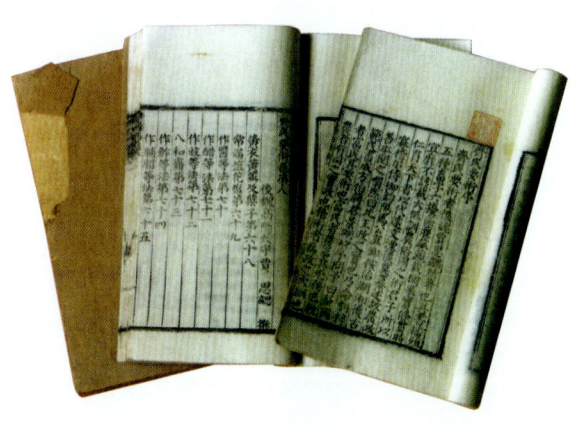

《齐民要术》书影

杂著，使一些佚失的很有价值的著作得以部分地保存下来。《齐民要术》对后世的农业生产有着深远的影响。此书早在唐末时已传入日本，近代以来世界上已有多种译本出版。

隋 中国历史上继南北朝之后的统一王朝（581～618）。创建者杨坚袭封隋国公，故称隋。建都大兴城（今陕西西安）。历三帝，共38年。杨坚于581年建立隋朝，589年统一全国。隋朝疆域，东、南皆至海，西至且末，北至五原。政治上，隋朝基本确立三省六部制，创建科举制度。军事上，继续推行和改革府兵制度。经济上，重新颁布均田令；政府通过大索貌阅清查全国户口，同时颁行输籍之法，减轻和规范赋税征收。隋炀帝杨广时凿通以洛阳为中心，北达涿郡（治今北京西南）、南达余杭（今杭州）的大运河。隋炀帝凭借雄厚的国力，大兴土木，对外用兵，导致民不聊生，激起大规模的农民起义。大业十四年（618），隋炀帝在江都的兵变中被杀，李渊建唐称帝，隋亡。

隋文帝杨坚（541～604） 中国隋朝开国皇帝。弘农华阴（今陕西华阴东）人。北周武帝时，进位大将军，袭爵隋国公。大象二年（580），周宣帝死，杨坚入宫辅政，总揽军政大权。大定元年（581），杨坚代周称帝，国号隋，改元开皇。政

治上，他基本确立三省六部制；改州郡县为州县两级体制；制定《开皇律》，简化法律手续。经济上，他颁布关于均田和租调的新令，减轻农民的负担；实行输籍之法；创置义仓制度。军事上，改革府兵制，取消兵民异籍制度。开皇八年（588），隋文帝下诏伐陈。九年陈朝灭亡，延续近三百年的南北分裂局面宣告结束。隋文帝统治的后期，国家富足强盛，编户大增，仓储的丰实为历史所仅见。

隋炀帝杨广（569～618） 中国隋朝皇帝。隋文帝杨坚次子。一名英。开皇八年（588）为行军元帅，统兵灭陈。仁寿四年（604）文帝死，相传为杨广暗害。炀帝即位后，确立三省体制，发展科举制。他仗恃国力富强，几乎每年征发重役：营建东都洛阳，在榆林（今内蒙古托克托西南）以东修长城，开凿通济渠、永济渠和江南河各段运河。他亲征吐谷浑，还三次出兵高丽，引发隋末农民战争。大业十四年（618），隋炀帝在江都的兵变中被部众缢杀。

隋炀帝文学造诣很高，其诗歌中艺术性最强、成就最高的数《春江花月夜》其一。此诗境界开阔、极富动感，体现了隋代南北诗风交融的实绩，同时也预示了初盛唐诗歌发展的一种方向。

隋末农民起义 中国7世纪初推翻

隋朝统治的农民大起义。隋末，隋炀帝三次东征，给人民造成非常严重的灾祸。河北、山东是筹备东征的基地，兵役、力役最为严重，起义首先在这里发生。最早见于记载的是大业七年（611）邹平县民王薄于长白山（今山东章丘东北）起义。从此直到隋亡，见于史籍的武装反隋力量大大小小数以百计。这些起义队伍经过分并离合，大致形成三大起义力量：威震全国、据有河南的李密领导的瓦岗军，雄踞河北的窦建德领导的夏军，自淮南转移到江南由杜伏威领导的吴军。大业十三年（617），瓦岗军围逼东都，以瓦岗军为中坚、窦建德和杜伏威为两翼的农民起义军对隋朝进行了摧毁性的打击。同年隋太原留守李渊从太原起兵，乘隋军与瓦岗军大战之机进入关中，不久攻克长安。十四年，李渊在长安即皇帝位，建立唐朝。后李密、杜伏威降唐，窦建德战败被杀。

三省六部 中国隋唐至宋的中央最高政府机构。三省指中书省、门下省、尚书省，六部指尚书省下属的吏部、户部、礼部、兵部、刑部、工部。

三省六部是西汉以后长期发展形成的制度。其中尚书省形成于东汉（时称尚书台），中书省和门下省形成于三国时。至隋，三省六部制基本确立。三省六部主要掌管中央政令和政策的制定、审核与贯彻执行。"中书取旨，门下封驳，尚书奉而行之"，是三省的分工原则。唐中叶后，三省六部制名存实亡。宋承唐制，但三省六部的主要职权都已转移至其他机构，三省六部制仍是名存实亡。元丰改制，以三省为最高行政机构，与枢密院对掌文武大权。北宋元祐元年（1086），改为三省共同议事，实际上使三省合一，后习惯上常统称三省。南宋建炎三年（1129），又实行三省合一。辽代南面官系统中，设三省六部。金、元、明只设一省六部。明洪武十三年（1380）罢中书省，分中书省之权归于六部。自此，六部取代三省六部。

赵州桥 中国古石桥。位于河北赵县，跨越洨水。隋开皇十五年（595）至大业元年（605），由匠人李春修建。初称赵州石桥，后称安济桥，俗称大石桥。

赵州桥是世界上现存最早、跨度最大的空腹式单孔圆弧石拱桥，全部用石灰石建成，全长50.83米，净跨37.02米，矢高7.23米，桥面宽9米。虽在1400余年中经受多次洪水及地震，桥至今无大变动。赵州桥在结构上开创世界敞肩圆弧拱的先例，在建筑造型和装饰技术上亦属上乘。1991年被选为"国际历史土木工程里程碑"。

唐 中国历史上继隋朝之后的统一王朝（618～907）。创建者李渊袭封唐国公，故称唐。首都长安（今陕西西安），又以洛阳为东都。历 21 帝，共 290 年（武则天称帝期间改国号为周）。唐朝疆域，东至安东都护府，西至安西都护府，北起单于都护府，南止日南。**唐太宗李世民**在位时励精图治，史称贞观之治。唐高宗李治的皇后**武则天**掌握政权后，一度废唐称周。唐玄宗李隆基开元年间国势昌盛，史称开元之治。这是唐朝的极盛时期。**安史之乱**后，一方面藩镇割据，另一方面又出现宦官专权和朋党之争。**黄巢起义**爆发后，唐朝很快灭亡。

唐朝继续完善三省六部制、科

刻花金碗（唐）

三彩骑驼乐舞俑（陕西西安出土）

章怀太子墓壁画《客使图》

举制；前期仍实行均田制、租庸调制，后代之以两税法。唐朝社会经济发展水平居世界前列；文化辉煌灿烂，文学艺术、宗教、史学、科学技术等领域成果斐然，造就出李白、杜甫、玄奘、刘知幾、一行及孙思邈等杰出人物。另外，社会风气开放，民间生活多姿多彩，都使得唐朝呈现出高度的文明气象。

大雁塔

螺钿菱花镜（唐）

永泰公主墓壁画

《牧马图》（唐，韩幹）

唐高祖李渊（566～635） 中国唐朝开国皇帝。字叔德。7岁时袭封唐国公。隋炀帝后期出任太原留守。隋大业十三年（617）在晋阳（今山西太原西南）起兵，进取关中。李渊入长安后，立炀帝孙代王侑为帝。次年，李渊称帝，改国号为唐，建元武德。李渊依据隋朝旧制，重新建立中央及地方行政制度。统一全国后，他又颁布新律令，为唐朝的职官、刑法、军事、土地及课役等制度奠定了基础。武德九年（626），秦王李世民发动玄武门之变，杀太子李建成和齐王李元吉，逼李渊立己为太子。不久，李渊退位为太上皇，李世民即位。葬于献陵。

唐太宗李世民（598～649） 中国唐朝皇帝。唐高祖李渊次子。在起兵反隋及统一全国的战争中，建功甚多。李渊即位后封其为秦王。武德九年（626）六月初四，李世民发动玄武门之变，杀死长兄李建成、弟弟李元吉，逼李渊立己为太子。不久，李渊退位为太上皇，李世民即位。627年改元贞观。唐太宗即位后，任用贤良，兼听纳谏，实行轻徭薄赋、疏缓刑罚的政策，并且进行了一系列政治、军事改革。他的政策和措施促成了社会安定、生产发展的升平景象，史称贞观之治。在位期间，先后平定东突厥、吐谷浑、高昌。唐太宗对东突厥降众及依附于突厥的各族实行比较开明的政策，受到他们的拥戴，因而被尊为"天可汗"；遣文成公主和亲吐蕃，为汉藏两族间的友好交往开了先河。贞观后期，唐太宗逐渐走向奢靡。葬于昭陵。

魏徵（580～643） 中国唐贞观时名相。字玄成。先世是巨鹿下曲阳（今河北晋州西）人，后居相州内黄（今河南内黄西）。少孤贫，好读书，素怀大志。他先为李密谋士，后随李密降唐，为唐朝招降李世绩。被窦建德所俘复归长安后，任太子洗马。玄武门之变后，被李世民相继任以重职。他帮助唐太宗李世民确定了"去奢省费，轻徭薄赋，选用廉吏，使民衣食有余"的贞观治国方针。魏徵敢于犯颜直谏，前后所奏之事有二百多件。贞观中，他主持撰修了梁、陈、北齐、北周、隋五代史书。封郑国公。魏徵卒后，唐太宗亲自为他撰写碑文，亲书刻石。凌烟阁二十四功臣中，魏徵名列第四。

房玄龄（579～648） 中国唐初名相。名乔，字玄龄，以字行。齐州临淄（今山东淄博东北）人。博览经史，工书善文。18岁授羽骑尉。隋末大乱，房玄龄投奔李世民。他屡次随从秦王出征，出谋划策；为秦王网罗人才；参与策划玄武门之变。唐太宗李世民即位后，他辅佐太宗，总领百司，参与政务达二十余年。他参与典章制度的制定和政府机构的调整，并主持律、

令和格的修订，与魏徵同修唐礼。封梁国公。他善于用人，随才授任；恪守职责，不自居功。后世以他和杜如晦为良相的典范，合称"房杜"。凌烟阁二十四功臣中，房玄龄位列第五。

杜如晦（585～630） 中国唐初名相。字克明。京兆杜陵（今陕西西安东南）人。隋大业中，补滏阳县尉，不久弃官回乡。

后为秦王属官，常随从秦王征伐，参与机要、军国之事，剖断如流；为十八学士之首；参与谋划玄武门之变。唐太宗李世民即位后，他与房玄龄共掌朝政，共同制定典章制度。封蔡国公。每在太宗前议事，玄龄说"非如晦不能决"，如晦亦能尊重玄龄之策。时称如晦长于断，玄龄善于谋，两人配合默契，同心辅佐太宗。后世论唐代良相，首推"房杜"。凌烟阁二十四功臣中，杜如晦位列第三。

武则天（624～705） 唐高宗李治的皇后、中国历史上唯一的女皇帝。称帝后自名曌。并州文水（今山西文水东）人。14岁入宫为唐太宗的才人。太宗死后入感业寺为尼。后成为唐高宗的皇后。

武则天素多智计，兼涉文史。乘高宗体弱多病之机，独掌大权。中宗李显即位，武则天临朝称制。天授元年（690），武则天称皇帝，改国号为周。她重视农业生产，注意地方吏治，对逃亡的农民采取比较宽容的政策；这些都保证了农业的发展和社会的安定。在今青海、宁夏、新疆境内设置屯田，收复安西四镇，设立北庭都护府。发展科举取士，创设武举，大开制科，推动了文化的发展。

广开入仕之门，同时进行严格的考核，为开元之治准备了一大批人才。但她为了打击反对自己的势力，任威刑以禁异议，实行酷吏政治，滥杀了不少无辜。

神龙元年（705），张柬之等人发动政变，武则天退位。中宗复位，武则天被尊为则天大圣帝，后人因此称她为"武则天"。同年去世，葬于乾陵。

唐玄宗李隆基（685～762） 中国唐朝皇帝。唐睿宗李旦第三子。善骑射，通音律、历象之学，擅长八分书，多才多艺。景龙四年（710）唐中宗去世，李隆基与其姑母太平公主发动政变，平定韦后之乱。睿宗李旦即位后，李隆基以除韦后功被立为太子。延和元年（712），睿宗传位太子，李隆基即位，是为玄宗。次年唐玄宗平定太平公主之乱，改元开元。

玄宗早年英明果断，任用姚崇等贤良为相；提倡节俭；选京官有才识者为地方都督、刺史；在行政、财政、军事诸方面进行改革。这一时期，政局稳定，经济繁荣，文化昌盛，国力富强，史称开元之治。从开元末年起，玄宗逐渐沉溺声色，怠问政事，重用奸臣；热衷于开边，对吐蕃、南诏、契丹不断发动战争；对人民加紧搜刮；大量扩充边军。天宝十四载（755），**安史之乱爆发**。次年叛军攻入长安，玄宗逃往成都，肃宗在灵武即位。葬于泰陵。

藩镇割据　中国唐中叶以后，一部分地方军政长官据地自雄，不服从中央命令的政治局面。唐玄宗李隆基在位时，为防止周边各族的进犯，大量扩充防戍军镇，共设九个节度使和一个经略使，并赋予节度使军事统领、财政支配及监察管内州县的权力。这些节度使统掌的军镇有藩卫（即保卫）朝廷之责，故称藩镇，又称方镇。**安史之乱爆发后**，为了抵御叛军进攻，军镇制度扩展到内地。唐代后期，藩镇林立。其中一部分不受朝命，不输贡赋；还有一些倚仗自己的实力对中央跋扈不驯，甚至发动叛乱。后代史家把这种局面称为藩镇割据。

安西都护府　中国唐代西域地区的军事行政机构。贞观十四年（640），唐灭高昌，遂设安西都护府于西州交河城（今新疆吐鲁番西北），用于管理西域地区军政事务。贞观二十二年十二月（649年1月），安西都护府移至龟兹（今新疆库车一带），唐始置龟兹、于阗（今新疆和田境内）、疏勒（今新疆喀什一带）、碎叶（今吉尔吉斯斯坦北部托克马克西南）四个军镇，即安西四镇。贞观以后，安西四镇时置时罢，军镇也有所变动。开元六年（718），唐玄宗任命汤嘉惠为四镇节度经略使，从此四镇由专设的节度使统领。**安史之乱后**，唐朝驻军大部内调，吐蕃乘虚陆续占领河西诸州，安西四镇相继陷落。

安史之乱　唐玄宗末年节度使安禄山和史思明发动的历时八年之久的叛乱（755～762）。安禄山是平卢（今辽宁朝阳）、范阳（今北京）、河东（今山西太原西南）三镇节度使，兵力雄厚。他洞悉朝廷腐朽、实力空虚的内情，又因与宰相杨国忠争权，遂于天宝十四载（755）以讨杨国忠为名，自范阳起兵，先后攻占洛阳、长安。至德二载（757）安禄山被其子安庆绪所杀，乾元二年（759）史思明杀安庆绪，上元二年（761）史思明为其子史朝义所杀。唐军则在郭子仪、李光弼等人的领导下，屡败叛军。宝应元年（762）史朝义穷迫自杀，安史之乱宣告平定。安史之乱是唐朝由盛而衰的转折点。战乱虽平，安史部将势力并未消灭，**藩镇割据局面由此形成**。唐朝的全盛时代从此结束。

科举制　中国从隋唐开始设科考试以选拔官吏的制度。始创于隋，成熟于唐，严密于宋，中衰于元，鼎盛于明清，延续至清末。最初分秀才、明经、进士等科，故称科举。后专重进士一科。

明清时期的科举制度大致如下：考试内容主要是儒家经典。考生须先参加县试和府试，被录取后再参加院试。院试被录取者称为生员，即秀才。秀才通过科考，可以参加在省城举行的乡试。乡试被录取者称为举人。举人进京参加礼部举行的会试，取中者称贡士。贡士参加殿试，依成绩分为三等：一甲为进

宋代科举考试图

士及第，二甲为进士出身，三甲为同进士出身。一甲第一名称状元，第二名称榜眼，第三名称探花，合称三鼎甲。乡试第一名称解元，会试第一名称会元。如果乡试、会试、殿试均考取第一名，称连中三元。

科举制度的产生，适应了当时社会政治发展的需要，对于维护封建统治起了重要作用，也选拔了一些有才识之士。但后期由于考试内容和方法的失当，科举制变得既禁锢人们的思想，又抑制科学文化的发展。1905年清政府下令"停科举以广学校"，在中国实行了1300多年的科举制度从此结束。

玄奘（602～664） 中国唐代僧人、旅行家、佛经翻译家。被尊称为三藏法师。俗姓陈，名祎。洛州缑氏（今河南偃师缑氏镇）人。13岁受度为僧，20岁受具足戒。因感各家学说不一，不知所从，决定西行求法以释疑惑。贞观三年（629）从长安出发，经今甘肃武威，出敦煌，再经今新疆和中亚等地，于五年到达中印度摩揭陀国王舍城，进入那烂陀寺。他从该寺戒贤学习《瑜伽师地论》等各类论典，历时五年。备受尊崇，为十大德之一。之后游历印度东部、南部、西部、北部数十国，广泛参学。四年后回到那烂陀寺，应师嘱主讲《摄大乘论》《唯识抉择论》。十九年，玄奘谢绝多方恳留回国，带回大小乘佛教经律论共520夹657部。尔后住弘福寺、慈恩寺，集名僧建译场。至麟德元年（664），共译出佛教经论75部1335卷。他还把《老子》《大乘起信论》译为梵文。写成《大唐西域记》12卷。玄奘还与其弟子窥基一起创立了法相宗。

鉴真（687～763） 中国唐代律宗僧人。俗姓淳于。扬州江阳（今江苏扬州）人。14岁时被收为沙弥，配居大云寺。神龙元年（705），依道岸律师受菩萨戒。景龙二年（708），在长安实际寺依恒景律师受具足戒。巡游两京，究学三藏，对律藏造诣尤深。

天宝元年（742），日本僧人荣睿、普照受日本佛教界和政府的委托，聘请他去日传戒，鉴真欣然应允。自天宝元年开始至天宝七载，他先后五次率众东渡，均失败。但他东渡弘法之志弥坚，于天宝十二载第六次东渡，终于到达日本九州，次年至平城京（今奈良）。鉴真在日本受到朝野盛大的欢迎。旋为日本天皇、皇后、太子等人授菩萨戒，为沙弥证修等440余人授戒。自是日本始有正式的律学传承。鉴真被尊为日本律宗初祖。

鉴真与弟子建造的唐招提寺建筑群，为日本奈良时代艺术高潮的形成增添了异彩。鉴真及其弟子去日时携带王羲之、献之父子的书法真迹，影响所及，至今日本人民犹热爱中国书法艺术不衰。鉴真还被日本药物学界奉为医药始祖。

黄巢起义　黄巢领导的唐末农民战争。黄巢，曹州冤句（今山东曹县西北）人，屡举进士不第，以贩私盐为业。乾符二年（875），王仙芝、尚让等在长垣（今河南长垣东北）发动起义，唐末农民战争爆发。黄巢亦于同年以数千人起义，响应王仙芝。两支起义军会合，协同作战。五年，王仙芝战死，黄巢被推为领袖，称"冲天大将军"。后起义军攻破唐都长安，于广明元年十二月（881年1月）在长安建立农民政权，国号大齐。但由于大齐没有建立较稳固的根据地和未乘胜追歼残余势力，敌人得以反扑。中和三年（883），起义军放弃长安东撤。次年，黄巢兵败自杀，农民战争结束。这次大起义首次提出了"平均"的口号，在中国古代农民战争史上具有重大意义。唐朝在黄巢起义的沉重打击下分崩离析，名存实亡。

突厥　6世纪以后中国北方、西北方操突厥语的民族和它在6～8世纪建立的汗国。552年，阿史那土门自立为伊利可汗，是为突厥汗国建立之始。583年，突厥分裂为东、西汗国。东突厥曾向隋称臣纳贡，并迁居漠南。隋末变乱，东突厥强盛起来，群雄争与结好。唐太宗即位后，唐朝联合薛延陀部夹击突厥，于630年消灭东突厥汗国。唐朝于其部落置羁縻都护府、都督府、州，由亲唐贵族统治。随后，唐朝又逐步取代西突厥对西域绿洲诸国的控制，设安西都护府经营。657年唐朝平定阿史那贺鲁叛乱，册立西突厥可汗后裔分治十姓部落。682年，东突厥贵族阿史那骨咄禄起而反唐，重建汗国，即东突厥后汗国。745年，回纥的骨力裴罗攻杀后突厥白眉可汗，东突厥后汗国灭亡，其部众融入回纥、西迁乌古斯等其他民族中。

吐蕃　7世纪初至9世纪中叶藏族在中国青藏高原建立的边疆民族政权。蕃为古代藏族自称。6世纪时，以山南地区经营农业的雅隆部为首的部落联盟已经建立政权，并逐渐将势力扩展到拉萨河流域，其君称赞普。629年松赞干布即位为赞普，建都逻些（今西藏拉萨）。他制定法律及职官、军事制度；统一度

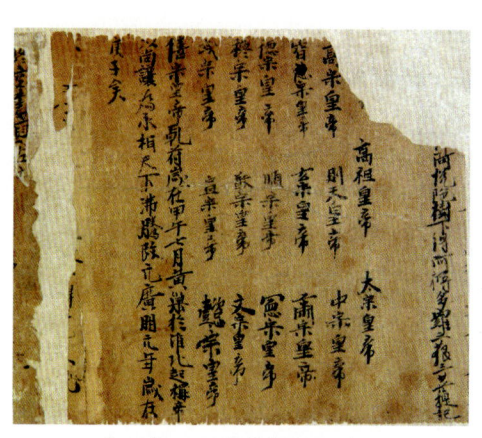

唐无名氏记述黄巢起义残片

新疆昭苏突厥墓前的石人

《文成公主进藏图》
（布达拉宫白宫门廊）

量衡；命人创制文字，与唐、天竺（今印度）、泥婆罗（今尼泊尔）开展交往，引入先进文化。唐与吐蕃曾两次和亲，但双方冲突不断。安史之乱后，吐蕃乘虚据有陇右、关西，并一度攻进长安。8世纪90年代，吐蕃势力极盛，控制区域西达葱岭（今帕米尔高原），北至天山，东至今四川西部及甘肃陇山一带。846年，吐蕃统治阶层内部矛盾爆发，战争连年不绝，引起奴隶、平民大起义，吐蕃瓦解。自松赞干布起，吐蕃赞普共9人，历218年。

松赞干布（？～649／650） 藏族吐蕃王国的创建者。一作弃宗弄赞，又名弃苏农。穹哇达则（今西藏琼结）人。629年，松赞干布即位为赞普，建都逻些（今西藏拉萨）。他削平内乱，统一青藏高原，正式建立奴隶主统治的吐蕃王国。他制定法律及职官、军事制度；统一度量衡；命人创制文字，与唐、天竺（今印度）、泥婆罗（今尼泊尔）开展交往，引入先进的文化、技术；发展农牧业生产，推广灌溉。这些措施使吐蕃社会有了迅速发展。641年，松赞干布迎娶**文成公主**，促进了汉藏文化的交流。唐高宗即位后封他为驸马都尉、西海郡王。在赞普位二十余年。

文成公主（？～680） 吐蕃赞普**松赞干布**之妻。唐宗室女。634年，松赞干布遣使入唐求联姻，唐以文成公主许婚。641年，文成公主入吐蕃，松赞干布为公主筑城建屋。文成公主信仰佛教，在逻些（今西藏拉萨）修建小昭寺。松赞干布因娶公主，羡慕华风，派吐蕃贵族子弟至长安国学学习诗书，从唐境聘请文士为他掌管表疏，又向唐请求给予工匠。文成公主对吐蕃吸收汉族文化有不小影响。在藏传佛教中，她被认作绿度母的化身，受到极大尊崇。

布达拉宫的松赞干布塑像

布达拉宫的文成公主塑像

回鹘 中国古代北方与西北操突厥语的民族之一和它建立于漠北的游牧汗国。北魏时称袁纥，为铁勒诸部之一。隋时称韦纥，唐初名回纥。788年，回纥可汗自请改称回鹘。唐贞观年间，与薛延陀在漠北共建汗国。助唐灭东、西突厥。7世纪后期被东突厥后汗国征服。744年，回纥的骨力裴罗自立，建立回纥汗国，尽取突厥故地。曾助唐平安史之乱，与唐朝关系密切。汗国主要用突厥文，也使用粟特文，并在此基础上创制了回鹘文。以摩尼教为国教。840年前后，回鹘可汗被黠戛斯所杀，汗国崩溃。一部分人南下归附唐朝，其余部众西迁。西迁的一支到河西，曾以甘州（今甘肃张掖）为中心建立政权；另一支到达今新疆境内，曾以高昌（今新疆吐鲁番）为中心建立政权。一部分人于10世纪中参与建立黑汗王朝。

渤海 698～926年中国东北地区以靺鞨族为主体的边疆民族政权。初称震国，又称靺鞨。历15王，约229年。713年，唐册封其创立者大祚荣为渤海郡王。自此去靺鞨之号，专称渤海。此后历世诸王都经唐廷册立，对唐始终和好。各项制度仿效唐朝。唐亡后，渤海继续向后梁、后唐朝贡，保持着臣属于中原王朝的关系。鼎盛时期，其疆域大体上南至泥河（今朝鲜咸镜南道龙兴江），东到日本海，北到那河（今嫩江），西抵扶余川（今伊通河）流域，西南到辽河流域。926年为契丹所灭。

南诏 649～902年在中国西南地区的乌蛮联合白蛮建立的奴隶制的边疆民族政权。乌、白蛮属今彝语支各族的先民。传13主，共254年。

隋末唐初，在今云南大理的洱海周

崇圣寺三塔（最高者为千寻塔，建于南诏时）

围及哀牢山、无量山北部地区，分布有六个势力最大的乌蛮部落，史称六诏。蒙舍诏因地居五诏之南，故又名南诏。649年，蒙舍诏首领细奴逻建大蒙国，臣属于唐。至唐玄宗时，南诏在唐的扶持下统一六诏，并随即向外扩张，与唐朝发生矛盾。南诏王阁罗凤遂背唐而附吐蕃，多次打败唐军。吐蕃以南诏为属国，向其征兵征赋，南诏王异牟寻不堪其扰，终于与吐蕃决裂，与唐恢复盟好。9世纪中叶，南诏成为晚唐最严重的边患。902年，权臣郑买嗣杀死南诏王舜化真，夺取王位，另建政权，南诏亡。

遣唐使 唐代时日本派赴中国的使节团。630年（日本舒明天皇二年，唐贞观四年）第一次遣使，838年（日本承和五年，唐开成五年）最后一次遣使。894年（日本宽平六年，唐乾宁元年）准备派遣，但未成行。630～894年，正式的遣唐使计有12次。使团官员有正使、副使、判官、录事。成员有主神、阴阳师、医师、画师、乐师、译语、史生，以及各行业工匠。随行有长期居留的留学僧、留学生，以及短期入唐、将随使团回国的还学僧、还学生。初期使团共200余人，以后人数增至500余人。

遣唐使的目的在于向中国学习，吸取唐朝文化。遣唐使大量带回中国经史子集各类典籍。中国文化风靡日本封建社会上层，渗透到思想、文学、艺术、风俗习惯等各个方面。入唐僧人带回大量佛经、佛像、佛具等，同时传入与佛教相关联的绘画、雕刻等。

遣唐使回日，唐朝有时派遣送使同去。由于航行艰险，他们往往居留下来，归化日本。唐朝僧人也有随遣唐使赴日的，最有名的是<u>鉴真</u>。

五代十国　中国唐朝灭亡后，在北方相继出现的五个朝代（907～960）和南方及山西先后存在的十个政权（891～979）的合称。

五代是后梁、后唐、后晋、后汉、后周。除后梁的一个短暂时期及后唐定都洛阳外，后梁大部分时期和其他三代都以开封为首都。五代各朝均为前朝方镇所建立。后梁和后周的君主是汉人，后唐、后晋、后汉的君主是沙陀人。在五代的54年间，有八姓称帝，共14君。他们都建国于华北地区，疆域以后梁最小，后唐最大。

十国是前蜀、后蜀、吴、南唐、吴越、闽、楚、南汉、南平（荆南）和北汉。北汉建国于今山西境内，其余九国都在南方。十国与五代并存，但各国存在的时间长短不一。疆域以南平最小，南唐最大。

《韩熙载夜宴图》局部（五代，顾闳中）

五代政权改易迅速，中原战乱频仍，社会经济遭到严重破坏。后周时期这一地区趋于稳定，后周孕育出的赵宋政权更进而结束了十国的局面。南方动乱较小，吴蜀地区继续发展，闽、广、湘、鄂地区也加速了开发过程。

辽　契丹族在中国北方地区建立的王朝（916～1125）。916年，辽太祖耶律阿保机在今内蒙古西拉木伦河流域建契丹国，947年改国号为辽。全盛时期，南以白沟河为界，东至东海、北海，北至今蒙古鄂嫩河、色楞格河流域，西至金山（阿尔泰山）。辽是一个以契丹人、汉人为主的多民族国家，实行北南面官制，"因俗而治"。1004年宋与辽订立<u>澶渊之盟</u>后，大体保持和平的局面。辽中叶后，贵族长期陷入相互倾轧之中。北方诸族相继兴起，辽连年出兵征讨，精锐损耗殆尽。1125年，辽为女真所灭。辽各民族从事不同的生产职业：既有畜牧业，也有农业，狩猎和捕鱼仍有一定的经济地位。手工业取得具有特色的成就。辽创造了契丹文字，但文化深受汉族影响。

萧太后（953～1009） 中国辽景宗的皇后、辽圣宗耶律隆绪的生母。姓萧，名燕燕，汉名绰。乾亨四年（982），辽景宗死，辽圣宗立，萧燕燕奉遗诏摄政，号承天皇太后。她加强对宗室的约束和对吏民的管理，使政局渐趋稳定；注意改善契丹族和汉族的关系，在倚重契丹族官员的同时，也任用了许多汉族官员。统和四年（986）到二十二年，辽宋交战多次，她常与圣宗亲征，史称她"习知军政，澶渊之役亲御戎车，指麾三军，赏罚信明，将士用命"。统和时期，辽的国势达到全盛，与她的活动有密切关系。

澶渊之盟 中国北宋与辽在澶州（今河南濮阳附近）缔结的一次盟约。澶州亦名澶渊郡，故史称澶渊之盟。北宋景德元年（1004），辽萧太后和圣宗发兵南下，抵达黄河边的澶州城北，威胁宋朝的都城东京开封。宰相寇准力请宋真宗亲征，真宗被迫北上。宋军在澶州射杀辽将，辽军士气受挫。宋真宗登上澶州北城门楼，以示督战。宋、辽两军出现相峙局面。宋、辽商定和议，约定宋朝每年给辽绢20万匹、银10万两，沿边州军各守疆界。此外，又约定宋、辽为兄弟之国。盟约缔结后，宋、辽形成长期并立的形势。

西夏 中国宋代西北地区以党项族为主体民族的王朝（1038～1227）。自称大夏国或白高大夏国。唐末五代时，党项族建立了李氏政权。1031年，元昊继位，进行一系列改革，并接连对北宋、吐蕃、回鹘用兵，进一步扩大了版图。1038年元昊正式立国称帝。宋朝不予承认，并不断对西夏用兵。1044年双方达成妥协，宋朝册封元昊为夏国主。以后，西夏与宋、金时战时和。西夏后期，内政不稳，统治衰弱。1227年，西夏被蒙古所灭。西夏的农业、牧业比较发达，手工业以冶铁、锻造、毛织、晒盐、雕版印刷及陶瓷等较突出，商业则以官方经营的边境贸易为主。在吸收汉族先进文化的基础上，西夏创造了具有民族特色的文明。西夏文和汉文并用。

内蒙古额济纳旗巴丹吉林沙漠中的黑水城遗址

西夏景宗李元昊（1003～1048） 中国西夏皇帝。小字嵬理，后更名曩霄。通汉文。1031年元昊嗣位，宋封他为西平王，辽封他为夏国王。1032年，他废弃唐、宋所赐李、赵姓氏及拓跋旧姓，改姓嵬名，自称兀卒（"青天子"之意）。1034年，建年号开运，升兴州（今宁夏银川）为兴庆府，更新官制，主持创制西夏文。天授礼法延祚元年（1038），他建国号大夏，自称皇帝。进表宋廷，要求承认既成事实。宋廷下令削赐姓官爵、禁断互市贸易，双方随即发生战争。七年，双方重新媾和。同年，辽兴宗亲率大军西征，为元昊所败。从此，西夏、宋、辽三方鼎峙的局势形成。十一年，元昊被太子宁凌哥刺死。

好水川之战 中国北宋与西夏之间的一次重要战役。北宋庆历元年（1041），西夏景宗李元昊率兵10万攻宋渭州（今甘肃平凉），进逼怀远城（今平凉北）。宋陕西经略安抚副使韩琦命总管任福率兵数万迎敌，并授方略，申令持重。交战中夏军佯败，任福引轻骑数千追赶，至好水川（今宁夏西吉兴隆镇东南），发现道旁放置数个银泥盒，将盒打开，百余只带哨家鸽飞出，为夏军发出合击信号。宋军陷入夏军包围，血战后大败，任福等战死。

西夏文 中国古代西夏党项人使用的文字。11世纪西夏主元昊称帝，于1036年颁布西夏文，命野利仁荣加以演绎。1227年西夏灭亡后，党项后裔仍有人使用。元代居庸关石刻、明中叶保定石幢均有西夏文。以后湮没，成为一种死文字。字体仿汉文楷书，但无一字与汉文相同，此外尚有篆字、草字，共有6000余字。每字由一至数个小方块字素构成，分左、右、上、下、中等块。会意字占大多数，形声字很少。

西夏文敕牌（西夏驿站传递文书用的符牌，牌上文字译为"火急驰马"）

宋 中国继五代十国之后赵氏建立的中原王朝（960～1279）。960年在开封（今属河南）建国，史称北宋。北宋历九帝，首都东京开封府，1127年被金朝所灭。同年，在南京应天府（今河南商丘西南）重建，史称南宋。南宋历九帝，行都临安府（今浙江杭州），1279年被元朝所灭。

960年赵匡胤发动陈桥兵变，代后周立宋。宋朝统治者采取各种手段，将权力集中到中央。国家"不立田制"，减少对经济的干预，结果是一方面土地高度集中，另一方面出现了长时期的经济繁荣。但对辽战争屡次失利，1004年宋、辽订立澶渊之盟后，各守疆界。北宋维持着一支庞大的常备军，养兵费用占去岁入的大半，加上官僚机构庞大和统治集团挥霍，因此财政危机日益加剧。宋仁宗赵祯一度起用范仲淹等人进行改革，史称庆历新政。但改革旋即遭到阻挠而被废罢。宋神宗赵顼重用王安石等人实施新法。新法程度不等地达到了预期目的，但也产生了不少弊端。宋徽宗赵佶在位时，新政完全成为聚敛手段，激起了方腊、宋江等农民起义。

北宋亡后，康王赵构即皇帝位，是为南宋高宗。1128年金人南侵，高宗逃往临安。岳飞联络北方各地忠义民兵，进行北伐。高宗、秦桧以"莫须有"的罪名杀害岳飞，并于1141年与金人签订绍兴和议。以后孝宗、宁宗两度北伐，但都告失败，被迫与金朝签订隆兴和议与嘉定和议。南宋虽然经济发展颇有成就，城市经济尤为繁荣，但是土地高度集中，赋税繁重，疆域只有北宋的一半。

《清明上河图》局部（北宋，张择端）

农民起义时有发生。

宋朝在经济、教育、科技、文化方面所达到的高度，在中国古代是空前的。它在经济等方面的成就，在当时居于世界领先地位，对人类文明产生了深远影响。其时，印刷术、火药和指南针，得到很好的开发应用；发行了世界上最早的纸币；海上贸易十分发达。

宋太祖赵匡胤（927～976）

中国宋代开国皇帝。960～976年在位。涿郡（今河北涿州）人。后周时因战功升任殿前都点检，统率禁军。960年，赵匡胤通过陈桥兵变夺取后周政权，建国号宋，定都开封。他先后灭荆南、湖南、后蜀、南汉和南唐，基本消灭五代十国时的各个割据政权。他采取一系列措施，加强封建专制主义中央集权：即位不久，就以优厚的俸禄为条件，解除了禁军高级将领石守信等人的兵权；设参知政事、枢密使和三司使，以削弱宰相的职权；取消节度使兼领附近数州（支郡）的制度。他对辽的目标是争取用金帛赎回燕云十六州，在位期间宋与辽没有发生大的冲突。宋太祖的一系列措施，基本上结束了唐安史之乱以来持续两百年的藩镇割据局面。但是，他把主要精力集中于防制内患上，给后世造成一系列弊政。

宋徽宗赵佶（1082～1135）

中国北宋皇帝。1100～1125年在位。宋徽宗重用蔡京、高俅等人，横征暴敛，骄

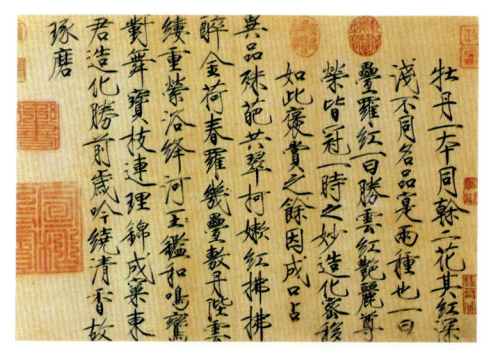

宋徽宗赵佶墨迹

奢淫逸，是北宋最荒淫腐朽的皇帝。设应奉局和造作局，大兴花石纲之役；建延福宫、艮岳，耗费巨万；设西城括田所，霸占大量民田。徽宗的腐朽统治，激起了方腊、宋江等农民起义。宣和二年（1120），派人与金朝订立盟约，相约夹击辽朝。七年金兵灭辽后即乘胜南下攻宋。徽宗慌忙传位给太子赵桓（钦宗），自称太上皇。靖康二年（1127）与钦宗同为金兵所掳，被押解北上。后死于金五国城（今黑龙江依兰）。徽宗在艺术上有多方面的成就，能书善画，书法称瘦金体。

杨业（？～986） 中国北宋抗辽名将。原名重贵。麟州新秦（今陕西神木）人。原为北汉将领，被赐名刘继业，长期守代州，抵御辽朝的侵扰，屡立战功，时称"刘无敌"。太平兴国四年（979），宋灭北汉，杨业归宋。次年，辽军10万攻雁门关（今属山西），杨业率骑兵数百迂回至关北，与潘美南北夹击，大败辽军。雍熙三年（986），宋三路出兵攻辽。潘美为云（今山西大同）、应（今山西应县）、朔（今山西朔州）等州都部署，杨业为其副将，率兵连克寰（今山西朔州东）、朔、应、云四州。但因东路军失败，宋军奉命撤退，并护送四州之民内迁。杨业提出一个可保万全的作战计划，遭到潘美和王侁等人的反对及诬蔑，被迫冒险迎敌。杨业所部陷入重围，将士全部战死。他多处受伤，坠马被俘，绝食而死。

杨业勇而有谋，与士卒同甘苦，英勇抗辽，功绩卓著。其子延昭、孙文广等抵御辽和西夏也多有战功，被后人称为"杨家将"。

寇准（961～1023） 中国北宋政治家。字平仲。华州下邽（今陕西渭南东北）人。自幼家境贫寒，发愤读书，19岁登进士第。遇事敢言，极陈利害，为宋太宗器重，比为魏徵。景德元年（1004），

辽军大举南下，寇准力排众议，请宋真宗亲征，宋军士气大振，得以与辽订立澶渊之盟。两度入相，封莱国公。后为丁谓诬陷，被贬到雷州（今属广东），卒于贬所。

寇准与宋初山林诗人潘阆、魏野、九僧等诗风近似，也被列为晚唐派。其诗多清新之句，不乏佳作。

包拯（999~1062） 中国北宋政治家。字希仁。庐州合肥（今属安徽）人。天圣五年（1027）进士及第。有政绩，累迁至枢密副使。他主张严格选拔官员，裁汰冗杂、贪暴、懦弱的官吏，年老的官吏应强令致仕；停止招募士兵，拣斥老弱，并选将练兵，训练义勇以备边；抑制贵戚和宦官等的权利，轻徭薄赋，节省开支。

至和三年（1056），包拯以龙图阁直学士权知开封府，审案明察，执法严峻，不畏权贵，不徇私情，清正廉洁，令行禁止。当时的男女老少都知道包拯，称呼他"包待制"。包拯是一位传奇式人物，是家喻户晓的清官典型。南宋和金已有以包拯为主题的故事、小说和戏曲，后有小说《龙图公案》流行。

王安石变法 中国北宋王安石于宋神宗熙宁年间进行的改革。宋神宗即位后，立志革新。熙宁元年（1068），神宗召王安石入京，变法立制。吕惠卿、曾布等人参与草拟新法。新法按照内容和作用大致可分为以下几个方面：限制商人，主要是均输法、市易法和免行法；发展农业生产，主要是青苗法、募役法、方田均税法和农田水利法；稳定封建秩序，主要是将兵法、保甲法、保马法及建立军器监等；改革科举制，整顿各级学校。

王安石变法以富国强兵为目标，新法实施将近15年。新法推行后，基本上收到了预期的效果，但也或多或少地触犯了中上级官员、皇室、豪强和高利贷者的利益，最终被罢废。

四大发明 中国古代发明的指南针、造纸术、印刷术和火药。为中国古代文明的标志性成就，是中华民族对世界文明作出的伟大贡献，深刻地影响了中国和世界文明的进程。

①指南针。利用磁铁针在地球磁场中具有的南北指极性能以辨别方向的仪器。汉代中国人已将天然磁石磨制成勺状的司南，用以指示方向。9世纪制造出世界上最早的指南针。11世纪末至12世纪初用于航海。

②造纸术。105年，东汉蔡伦总结前人的经验对造纸技术进行重大革新，发明造纸工艺，使纸的质量和产量都有大幅度提高。以后，历经魏晋南北朝，纸替代了简、帛。

汉代司南复原图

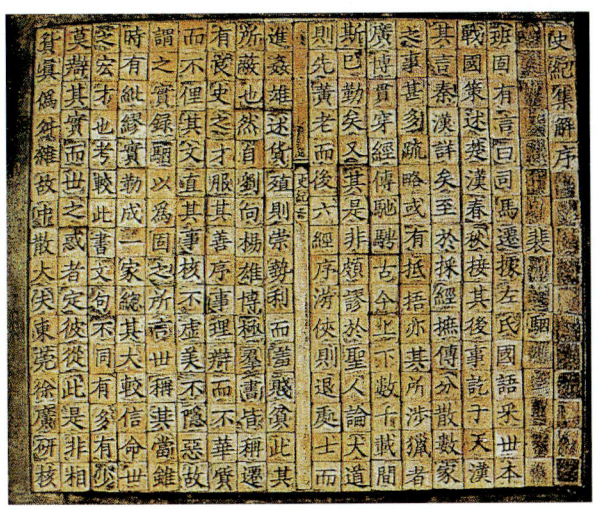

泥活字版（据《梦溪笔谈》的记载复原）

③印刷术。1974年西安唐墓出土的梵文《陀罗尼经》，印刷于7世纪，是现知中国和世界最早的雕版印刷品。1041～1048年宋代技工毕昇发明胶泥制成的活字版印刷技术，是为近代印刷术的开端。以后，中国人相继发明瓷活字、木活字、锡活字、铜活字等活字版印刷方法。

④火药。指黑火药的制造。起自中国古代的炼丹术。在唐元和三年（808）之前，中国已发明火药。1044年北宋曾公亮主编的《武经总要》介绍的三种火药配方，是现知世界上最早的火药配方。宋、元、明时期，已制造出火箭、火毬（火炮）、火铳等各种火器。

《资治通鉴》 中国古代第一部编年体通史巨著。北宋司马光撰。全书294卷，另有《目录》《考异》各30卷。记载了周威烈王二十三年（前403）到后周世宗显德六年（959）共1362年的历史。全书按时间先后叙次史事，往往用追叙和终言的手法，说明史事的前因后果。征引史料极为丰富，除十七史外，所引杂史、文集、实录、谱牒、家传、行状、小说等史料达数百种。内容以政治、军事的史实为主，借以展示历代君臣治乱、成败、安危之迹，作为历史的借鉴。

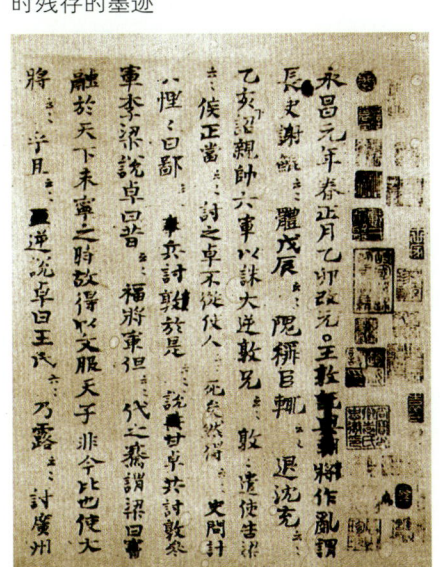

司马光主编《资治通鉴》时残存的墨迹

司马光（1019～1086） 中国北宋大臣、史学家。字君实，号迂叟，世称涑水先生。陕西夏县（今属山西）涑水乡人。宝元元年（1038）举进士甲科。治平三年（1066），撰《通志》8卷奏呈，英宗命设局续修。宋神宗赵顼即位，名其书曰《资治通鉴》，并亲自作序。他极力反对王安石变法，因意见不被采纳，乃求外任，专意编纂《资治通鉴》。元丰七年（1084）书成。哲宗即位后，司马光成为元祐更化的领袖人物。他任相不到一年，将新法罢废殆尽。

司马光学识渊博，史学之外，音乐、律历、天文、书、数无所不通。著作甚多，主要有《资治通鉴》等。

沈括（1031～1095） 中国北宋官员、科学家、文学家。字存中，钱塘（今浙江杭州）人。嘉祐八年（1063）登进士第。熙宁年间王安石实行变法，沈括参与其中。熙宁五年（1072）任司天监，起用盲人卫朴修订新历，制成新浑仪、浮漏，后修成《熙宁奉元历》。同年，奉命疏浚汴河水道，用先进方法测量汴河地形。八年，奉命出使契丹，据理力争，扼制了辽人扩张的野心。在出使途中绘记辽国山川形势、民俗风情，制成《使虏图抄》，上于朝廷。元祐二年

（1087），沈括完成奉命编绘的天下郡县图——《守令图》，进献朝廷。次年，筑梦溪园，隐居写作8年后逝世。其间写成科学名著《梦溪笔谈》，以及农学著作《梦溪忘怀录》（已佚）和医学著作《苏沈良方》等。集其毕生研究精华的是《梦溪笔谈》。另著有诗文集《长兴集》。

《梦溪笔谈》为笔记体综合著作。全书30卷，含《梦溪笔谈》（正编）26卷、《补笔谈》3卷、《续笔谈》1卷。分故事、辨证、乐律、象数、人事、官政、机智、艺文、书画、技艺、器用、神奇、异事、谬误、讥谑、杂志、药议17门，共609条。内容涉及自然科学和社会科学，具有极高的科学价值，文学上亦很有价值。

方腊起义 中国北宋末的农民起义。宣和二年（1120）十月，歙州（今安徽歙县）人方腊（方十三）假托"得天符牒"，以睦州青溪县（今浙江淳安西北）万年乡帮源峒为据点，聚集贫苦农民起义。起义军尊方腊为"圣公"，改元永乐，建立农民政权。起义军先后攻下六州五十多县，包括今浙江全境，安徽、江苏南部，以及江西东北部的广大地区。次年，宋徽宗派童贯、谭稹领兵15万，南下镇压起义。方腊控制的州县相继失陷。四月，宋军发动总攻。起义军腹背受敌，奋起抵抗，7万多人壮烈牺牲。方腊等人力竭被俘，被解往汴京，英勇就义。余部继续转战浙东近一年，后被宋军镇压。宋军所到之处，烧杀抢掠，无所不为，无辜百姓被杀害的不计其数，两浙经济遭受严重破坏。

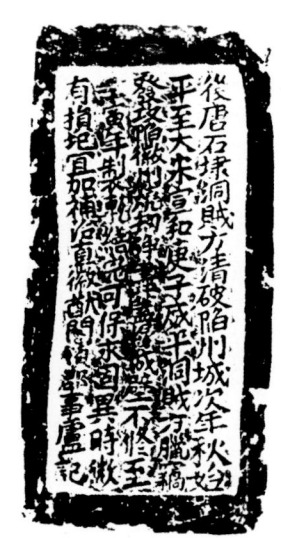

方腊攻克徽州款城砖

靖康之变 中国宋靖康年间金灭北宋的事件。靖康元年（1126）正月，金军南下，渡过黄河，直抵北宋东京开封。宋钦宗派使者赴金营求和。金军将领完颜宗望提出，宋割让太原、中山（今河北定州）、河间（今属河北）三镇才许议和。金军攻城，宋守军多次击退金军。但宋钦宗仍继续与金议和，答应金提出的赔款和割地的要求。金撤军北归。同年八月，金军再次南侵。闰十一月初，开封城破。宋钦宗亲赴金营，献上降表。次年四月，金军俘徽、钦二帝等北撤，北宋灭亡。

岳飞（1103～1142） 中国南宋名将、军事家。字鹏举。相州汤阴（今属河南）人。少时习武，喜读兵书。曾从军抗辽。靖康元年（1126），复投军抗金，因作战勇敢得迁。高宗即位后，上书反对南迁被革职。后随河北招抚使张所等在黄河南北抗击金军，屡建战功。建炎三年（1129），金将完颜宗弼率军渡江南进，岳飞率部袭扰金军，多次获胜并收复建康（今江苏南京）。绍兴四年（1134），岳飞自江州（今江西九江）挥师北上，大败金与伪齐军，收复六郡。次年，举兵奇袭伪齐军，收复豫西、陕南大片失地。十年，完颜宗弼再度南进，岳飞在郾城颍昌之战中击败金军主力。正当岳飞行将挥师渡河时，高宗、秦桧向金乞和，诏令各路宋军班师，致使其恢复中原的计划功败垂成。次年岳飞被解除兵权，为秦桧及其党羽诬陷入狱，以"莫须有"罪名被杀害。

岳飞精韬略，善运筹，博采众谋，

《中兴四将图》（南宋，刘松年，左二为岳飞，左五是韩世忠）

用兵善谋机变，不拘常法；严于治军，信赏明罚，爱护士卒。其军以"冻死不拆屋，饿死不掳掠"著称，常能以少胜众。

秦桧（1090～1155） 中国南宋权奸。字会之。江宁（今江苏南京）人。政和五年（1115）登进士第。曾主张抗金。金军攻占开封后，秦桧进议状，反对成立张邦昌伪楚政权，被金军驱掳北去，旋即降敌。秦桧在金廷大倡和议，被放回南宋，得宋高宗赵构信用，官至宰相。绍兴十年（1140），完颜宗弼领兵南侵，岳飞等军大举北伐，屡破金军，秦桧却怂恿宋高宗迫令班师。次年，宋高宗与秦桧解除岳飞、韩世忠等大将军权，诬构谋反罪状，杀害岳飞，与金朝签订绍兴和议。金朝规定，宋高宗不许以无罪去首相。秦桧再次任相18年，独揽朝政，排除异己，大兴文字狱。

韩世忠（1089～1151） 中国南宋抗金将领。字良臣。绥德（今属陕西）人。18岁应募入伍。能挽强弓，勇冠三军，在对西夏作战中屡立战功。建炎三年（1129），韩世忠驻守镇江。金将完颜宗弼率军渡江南侵，韩世忠在金军北归时，以水军八千人邀击，将金军逼入黄天荡（今江苏南京东北），又尾追至建康（今江苏南京），前后战斗40日，给金军以巨大的打击。宋廷对金乞和期间，韩世忠多次上书，揭露金之阴谋，坚决请战。绍兴十年（1140），韩世忠连克海州等地。次年，被宋廷解除兵权。秦桧迫害岳飞，举朝无敢言者，独韩世忠面诘秦桧误国，为岳飞伸张。

文天祥（1236～1283） 中国南宋末大臣、抗元名将。小名云孙，字天祥，后以字为名，改字宋瑞，号文山。吉州庐陵（今江西吉安）人。宝祐四年（1256）中进士第一名。德祐元年（1275），元军大举南下，文天祥率两万人赶到临安勤王。次年，谢太后向

元军递降表，文天祥反对无效，被任命为右丞相，赴元营谈判。在元营中与元丞相伯颜争辩不屈，又怒斥降将，遂被扣留，并被押解北上。后设法逃出，由海路南下，至福建坚持抗元。景炎二年（1277），文天祥进兵江南西路，收复兴国等县，包围赣州。不久，元军打败

宋军。文天祥收拾散兵，退至广东的潮州、惠州继续抗元。祥兴元年（1278）十二月于海丰以北的五坡岭被俘。后被押至大都（今北京），被囚三年而不屈，慷慨就义。

遗著有《文山先生全集》。前期诗文多酬应之作，赣州起兵以后，风格为之一变，诗文悲壮刚劲，感人至深。

金 女真族建立的王朝（1115～1234）。传十帝。女真勃兴于今黑龙江、松花江流域及长白山地区。1115年，女真领袖完颜阿骨打称帝，建立金国。1125年金灭辽，乘势侵宋。1127年掳徽、钦二帝北撤，北宋亡。金消灭辽和北宋后，统一了广大的北方地区。盛时疆域南至淮河，西南起自临洮府，西北至东胜州，北至大兴安岭，东至大海。金熙宗时废除女真旧制，采用唐宋官制，但在地方上仍对女真人实行传统的猛安谋克制。世宗、章宗统治时期，金朝的政治、文化达到巅峰，章宗后期由盛转衰。蒙古兴起后，南侵金朝。1234年，南宋军与蒙古军配合，围哀宗于蔡州，金亡。金时，社会经济获得一定发展，农业、手工业和商业也有所进步。金朝文化深受汉族影响，产生了元好问等著名文学家。科学技术有相当的成就。

金贞祐铜钞版

金太祖完颜旻（1068～1123） 中国金朝建立者、军事家。按出虎水（今黑龙江哈尔滨东南阿什河）女真族完颜部人。女真名完颜阿骨打。天庆三年（1113）任女真各部联盟长，称都勃极烈。四年，起兵反辽。五年，建国号金，定都会宁府（今黑龙江哈尔滨阿城区南）。同年，于今黑龙江五常以西破辽天祚帝耶律延禧亲征大军。次年，夺取辽东半岛以东地区。此后连年率军攻辽，先后攻占辽上京、中京、西京、南京。天辅七年（1123），领兵北返途中病死。在位期间，颁行女真文字；建立勃极烈辅政制和猛安谋克制。

完颜宗弼（？～1148） 中国金朝大将。女真族。女真名兀术。金太祖完颜旻第四子。性刚毅，骁勇过人。曾参与灭辽。天会七年（1129），率军渡江，连克数城，攻陷宋都临安（今杭州），遣部尾追宋高宗赵构至海上。次年，大掠还军，被宋将韩世忠水军阻于黄天荡（今江苏南京东北）。率军趋建康（今南京），以火攻打败韩世忠军，渡江北撤。同年，参加富平之战，力战得胜。后图谋入川，与宋军战于和尚原、仙人关等地多年，最后兵败。天眷三年（1140），再次发动侵宋战争，欲夺回交还宋朝的河南、陕西之地，先后在顺昌、郾城等地被宋将刘锜、岳飞击败。皇统元年（1141），兵进淮南，与宋军交战，互有胜负。与宋高宗、秦桧订立和约，使南宋称臣于金，输纳岁币。还朝后屡任显职，独掌军政大权。

元 中国历史上蒙古族统治者建立的统一王朝（1206～1368）。1206年，蒙古部落领袖铁木真建立蒙古汗国，称成吉思汗。同时，创立领户分封制、怯薛军、

蒙古军攻城图

法典及蒙古文。1271年忽必烈改称大元，以金中都为大都（今北京）。1276年，灭南宋，统一中国。从成吉思汗建国算起，共15帝，历163年。

元朝制度多沿袭金制，同时保留一部分蒙古制度，在政治、军事、法律诸方面实行民族歧视的四等人制，对占人口绝大多数的汉人和南人实行高压政策。元中叶以后，政治腐败，阶级矛盾和民族矛盾尖锐。后期爆发了大规模的红巾军起义。元朝时期，农业逐渐得到恢复和发展；官营手工业发达，生产技术有较大的进步，尤以棉纺织为突出；城市商业和对外贸易相当繁荣；多种宗教兴盛，文化成就斐然，特别是元曲灿烂辉煌；郭守敬、王桢等在科学技术上作出了杰出贡献。

元太祖成吉思汗（1162～1227） 蒙古开国君主、军事统帅。名铁木真，姓孛儿只斤，乞颜氏，蒙古人。元朝追上庙号太祖。生于蒙古贵族世家。1204年，铁木真消灭蒙古各部。1206年，在斡难河（今鄂嫩河）源即蒙古国大汗位，号成吉思汗。他随即创立领户分封制、怯薛军、法典及蒙古文。此后，他三次入侵西夏。1211年，又率领大军南下攻金，四年后占领中都。1218年灭西辽。1219年，

成吉思汗率20万大军西征，对花剌子模发动侵略战争，进行历史上罕见的大屠杀、大破坏，给中亚各族带来极大灾难。1226年，成吉思汗出征西夏。次年西夏亡。同年，成吉思汗病逝，临终提出联宋灭金的战略。

成吉思汗军事才能卓越，史称"深沉有大略，用兵如神"。他统一蒙古各部，在历史上起了进步作用。

邱处机（1148～1227） 中国金、元时道士，全真道龙门派创始人。字通密，号长春子，世称长春真人。登州栖霞（今属山东）人。19岁出家，执弟子礼于王重阳。师卒后，隐居潜修多年，创全真道龙门派。贞祐二年（1214），请命招安山东起义军杨安儿，深得朝廷器重。兴定四年（1220），应元太祖成吉思汗之邀，偕弟子尹志平等18人从莱州出发，行程万里，历时两年，到达西域，晋见成吉思汗。太祖深信其言，赐"神仙""大宗师"尊号。元太祖十九年（1224），返归燕京，太祖赐以虎符、

天地之间

玺书，命其掌管天下道教。在邱处机的经营下，全真教鼎盛一时。

元世祖忽必烈（1215～1294） 大蒙古国第五代大汗、中国元朝的创建者。拖雷之子。忽必烈热心学习汉文化，许多汉族才能之士通过交相引荐，聚集在他的藩府里。蒙古宪宗三年（1253），他奉命远征云南，灭大理国。十年，忽必烈即汗位，建元中统。至元八年（1271），建国号大元。忽必烈很重视社会生产的恢复和发展，采取了一些有利于农业和手工业生产的措施，如立司农司、垦荒屯田、兴修水利、限制抑良为奴等。在他统治期间，社会经济逐步恢复，有些地区有所发展，边疆地区得到开发。忽必烈又积极着手征南宋战争。十一年，命伯颜统兵大举南征。十六年，消灭南宋残余势力，完成全国的统一。此后，忽必烈又接连派遣军队远征日本、安南、占城、缅甸和爪哇，但都以失败告终。

八思巴（1235～1280） 藏传佛教萨迦派第五代祖师、中国元朝第一代帝师、学者。本名罗古罗思坚藏，尊称八思巴（意为圣者），又译发思巴等。吐蕃萨斯迦（今西藏萨迦）人。生于款氏贵族之家。1253年，他谒见忽必烈于六盘山，备受崇敬。忽必烈即位后，封八思巴为国师，赐玉印，统领天下释教。至元元年（1264），领总制院（后改宣政院）事，统辖释教僧徒及吐蕃僧俗政务。六年，完成以藏文字为基础的蒙古新字（后人称为八思巴文）的创制。次年升号帝师、大宝法王。著作有《彰所知论》等。

行中书省 中国元朝地方最高行政机构和行政区划。简称行省，或只称省。元世祖中统元年（1260），设立中书省总领全国政务。因幅员辽阔，先后于重要都会建立十个行中书省，分领各大地区。起初皆以中书省宰执官出领各行省，称行某处中书省事。后来行省成为常设地方行政机构，元朝遂更定官制，只称某处行省官。至元二十三年（1286），罢各行省所设丞相，只置平章政事为最高长官，其后部分地大事繁的行省仍许设丞相。行省掌管辖境内的钱粮、兵甲、屯种、漕运及其他军国重事，统领路、府、州、县。除十行省之外，元朝还于高丽置征东行省，但征东行省与元朝国内诸行省性质不同。

元朝行省制度的确立，是中国行政制度的一大变革。明灭元后，改行省为承宣布政使司，但习惯上仍称行省，一般简称省。省作为地方一级行政区划的名称，一直沿用到现代。

黄道婆（约1245～?） 中国元代棉纺织技术革新家。宋末元初松江乌泥泾（今上海徐汇区华泾镇东湾村）人。早年流落到崖州（今海南三亚西北）。元元贞年间（1295～1297），她自崖州回到故乡，把在崖州学到的纺织技术改革成一套扦、弹、纺、织工具，大大提高了纺纱功效。在织造方面，她用错纱、配色、综线、絜花等工艺技术，织制出有名的乌泥泾被。她的棉纺织技术传遍江浙一带。上海豫园内清咸丰时作为布业公所的跋织亭，供奉黄道婆为始祖。

红巾军起义

爆发于元末的大规模农民战争。至正十年（1350），元廷为解决财政困窘，变更钞法，结果因滥发纸币造成物价飞腾。次年，发汴梁等十三路十五万民工及庐州等十八翼两万军队开凿新河道，时紧工迫，官吏乘机舞弊，人民痛苦更深。开河、变钞催发了大规模的起义。是年，北方白莲教徒刘福通等聚众三千，于颍上（今属安徽）起义，数月从者多达十万。各地贫苦人民群起响应。部众以红巾为号，烧香奉弥勒佛，故称红巾军、红军或香军。不久，南方白莲教僧彭莹玉及其徒赵普胜等在巢湖起义，徐寿辉、邹普胜等在蕲水（今湖北浠水）起义。红巾军人数最多时达百万，势力波及大半个中国。在起义军打击下，元朝统治土崩瓦解。

《马可·波罗游记》

第一部向西方系统介绍中国情况的书籍。马可·波罗著。马可·波罗，1254 年生于威尼斯商人家庭，1271 年随同父亲和叔父从威尼斯出发，1275 年夏到达中国元上都（今内蒙古正蓝旗境内），受到

马可·波罗

元世祖忽必烈的接待和赏识。在中国先后居住约 17 年，1295 年回到威尼斯。1298 年他在海战中被俘，于狱中口述东游见闻，由同狱人鲁斯蒂洛·达·皮萨用法文笔录成书。书名为《东方见闻录》，后通称《马可·波罗游记》。

全书共四卷，重点记述马可·波罗在中国居住期间进行外交、贸易、行政管理活动的见闻，以及中国的地形和风俗。它对于欧洲人了解东方、新航路的开辟和现代科学文化的发展均有影响。

元大都

中国元朝都城。突厥语称汗八里，意即汗城。故址即今北京市旧城内城及其以北地区。元至元四年（1267）以金代大宁宫（位于今北海公园内白塔山）为中心开始营建，至二十二年全部建成，历时达 18 年之久。

大都城呈坐北朝南矩形，面积约 50 平方千米。城墙为夯土筑造，有城门 11 座。平面布局根据"左祖右社，前朝后市"的原则设计。皇城是大都城的核心部分，位于全城南部中央略偏西。围绕皇城外面的为大城，即外郭城。城区按"九经九纬，经涂九轨"的原则，分成东西或南北向的街道坊衢，规划整齐，井然有序。城市平面设计的中轴线和左右对称，体现了皇权至高无上的指导思想，对明清两代北京城的规划设计具有重大影响。元大都在中国古都史上具有重要地位。

元大都城墙遗址上的"蓟门烟树"碑（清乾隆年间立）

天地之间

紫禁城——天安门和故宫鸟瞰

明（1368～1644） 中国历史上继元朝之后的统一王朝。共传12代，历16帝，统治277年。1368年，朱元璋在应天（今南京）称帝，国号明。明朝地域最广时，东北抵日本海、鄂霍次克海、兀的河（今乌第河）流域，西北到新疆哈密，西南包括今西藏、云南，东南到今东海、南海及海外诸岛。

明朝自建立之初起，即极力加强中央集权，形成空前的专制统治。永乐十九年（1421），明成祖朱棣迁都北京。明宣宗以后，大权逐渐旁落于宦官之手。嘉靖时，宦官势力受到裁抑，但内阁又擅权。隆庆、万历年间，首辅张居正锐意改革。明神宗始，统治集团内的党争日益激化，最终

长城北京八达岭段

天地之间

《山堂会友图》扇面（明，唐寅）

《天工开物》插图"锤锚图"

郑和

南京明孝陵神道石兽

郑和宝船复原图

发展为阉党和东林党的斗争。明末，朝廷大征"三饷"（辽饷、剿饷、练饷），导致农民大起义爆发，明朝灭亡。

明朝农产品商品化扩大，手工业水平提高，商业繁荣，市场活跃。文化极为繁盛，产生了王守仁、李贽等人物；小说成就辉煌，最著名的有《水浒传》《三国演义》和《西游记》等；徐光启、宋应星、李时珍、徐霞客等科学家作出杰出的贡献。当时，还出现了中国历史上最大的类书——《永乐大典》。

明朝在政治、经济、文化各方面对亚洲各国有较深影响。1405～1433年，郑和率领船队七下西洋，前后到过亚非三十多个国家和地区。

明太祖朱元璋（1328～1398） 中国明朝开国皇帝。幼名重八，参加农民起义军后改名元璋，字国瑞。17岁时因父、母、兄皆死于瘟疫而孤，不得已入寺为僧。至正十一年（1351），红巾军起义爆发。次年朱元璋投奔红巾军郭子兴部，后成为起义军首领。十六年，攻占集庆（今江苏南京），改集庆为应天。采用"高筑墙，广积粮，缓称王"的策略，在应天屯田，壮大军力。先后击破陈友谅、张士诚部。1368年在应天称帝，国号大明，建元洪武。洪武二十年（1387）统一全国。朱元璋制定了一系列的政策和制度，将中央集权君主专制发展到空前程度：废中书省和丞相，政归六部；创立卫所制；实行安养生息的经济政策；采取荐举、学校、科举三途并用的办法选取官吏；借胡惟庸案、蓝玉案大肆诛戮功臣；制定《大明律》和《大诰》，还特别设立锦衣卫特务机构；实行分封制。

刘基（1311～1375） 中国明初大臣、文学家。字伯温。青田（今属浙江）人。元至顺间举进士。博通经史，尤精象纬之学，时人比之为诸葛亮。元至正年间，因忤执政意弃官还乡。至正二十年（1360），被朱元璋礼聘而至。他上书陈时务十八策，参与谋划平定张士诚、陈友谅与北伐中原等军事大计。朱元璋即皇帝位后，他奏请设立军卫法，又请肃正纪纲，并谏止建都凤阳。封诚意伯。刘基佐明太祖朱元璋平天下，太祖比之为张良，呼为"老先生"。后赐归。刘基精通天文、兵法、数理等，尤以诗文见长。著有《诚意伯文集》。

明成祖朱棣（1360～1424） 中国明朝皇帝。明太祖朱元璋第四子。洪武三年（1370）受封燕王，就藩北平后多次受命参与北方军事活动。建文帝朱允炆即位后实行削藩，朱棣遂于建文元年（1399）发动靖难之役，四年夺取皇位。次年改元永乐。他进一步强化君主专制：对忠于建文帝的文臣，残酷屠杀，大肆株连；皇位较巩固后，继续实行削藩；继续实行朱元璋的徙富民政策；设置内阁；设立分遣御史巡行制度，鼓励官吏互相告讦；设置镇守内臣和东厂衙门，恢复锦衣卫。朱棣十分重视经营北方，永乐初即改北平为北京，十九年（1421）迁都北京。在位期间，社会经济持续恢复和发展。在政治稳定、国库充盈的支持下，调动大量人力物力编修了中国古代类书之冠——《永乐大典》。在对外

关系方面，派郑和率领船队多次出使西洋，同时又派陈诚等出使西域。

三司 中国明代行省中平行的三个最高权力机构。系都指挥使司、承宣布政使司、提刑按察使司的合称。明初沿元制，地方设行省，后以行省权力太大，遂将行省的权力一分为三，设都、布、按三司。都指挥使司简称都司，是地方最高军事机构；承宣布政使司简称布政司，是一省的最高行政权力机构；提刑按察使司简称按察司，是一省的最高司法机构。三司互不统属，分别归中央有关部门管辖。

六部 中国隋唐以后中央行政机构吏部、户部、礼部、兵部、刑部、工部的总称。隋始设，唐高宗时六部之名始定，并沿用至清末。隋时，定六部为尚书省组成部分，掌全国行政事务。吏部为六部之首，掌全国文职官员铨选、勋封、考课之政；户部掌管全国户口、田土、财赋之政；礼部掌管五礼仪制及学校、贡举之政；兵部掌管武官铨选、考核及军籍、疆界、边防、军械、仪仗等军事之政令；刑部掌管全国刑名及徒隶、勾复、关禁之令；工部掌土木水利工程及屯田、官府手工业之政令。六部的正副长官分别称尚书、侍郎。中唐至五代，六部权力削弱，形同虚设。北宋前期，六部所掌事务甚少。元丰改制后，六部复行其本职。元以六部改属中书省。明初沿元制，洪武十三年（1380）罢丞相，废中书省，析其政归六部。至此，六部各自独立，直接听命于皇帝，地位大为提高。清沿明制。

内阁 中国明清两朝综理国家政务的最高行政机构。明洪武时为加强君主集权统治，废除丞相制度，仿宋制设华盖殿、武英殿、文渊阁、东阁等殿阁大学士。殿阁大学士为皇帝侍从顾问，不直接参与政务。永乐初特简翰林院官员入文渊阁当值，参与机密重务。因文渊阁地处内廷，故称内阁。宣德、正统时，内阁逐渐成为协助皇帝决策的中枢机构。明中叶以后，阁臣分为首辅、次辅、群辅，朝位班次列于六部尚书之上。清初改内三院为内阁，内阁名义上仍为最高官署，实际已不再具有明内阁的中枢地位。后内阁逐渐成为处理例行政务及发布文告的机构。宣统三年（1911）设立责任内阁，旧内阁即告废除。

奴儿干都司 中国明朝政府设置于黑龙江、阿速江（今乌苏里江）、松花江及脑温江（今嫩江）流域的地方军政机构。全称为奴儿干都指挥使司。

洪武年间，黑龙江下游奴儿干地区的元朝故臣多率部纳贡归降。永乐二年（1404），明朝置奴儿干等卫。九年，正式开设奴儿干都司。奴儿干都司为明政府管辖黑龙江口、乌苏里江流域的最高一级地方行政机构。管辖范围西起斡难河（今鄂嫩河），北至外兴安岭，东抵大海，南接图们江，东北越海而有库页岛。

锦衣卫 中国明代上直卫亲军。洪武十五年（1382）改原仪鸾司设。下设镇

锦衣卫印

抚司,掌本卫刑名及诏狱,后罢诏狱。永乐中复置,并分设南北镇抚司,以北镇抚司专掌诏狱,南镇抚司领军匠。锦衣卫指挥使由皇帝心腹担任。除侍卫掌卤簿仪仗而外,专司侦查,名为"缇骑"。可以不通过司法机构,直接奉诏行事,受理词状,任意逮捕吏民。锦衣卫属外官,奏事需用奏疏,故势力不及东厂和西厂。

东厂和西厂 中国明朝内廷的特务机构。东厂系永乐十八年(1420)设立于北京东安门北,西厂系成化十三年(1477)设于旧灰厂。东、西厂的头目,多由司礼监太监兼任。东厂和西厂监视官民和锦衣卫,西厂有时还监视东厂。东、西厂和锦衣卫都可以不通过司法机构,直接奉诏行事,受理词状,任意逮捕吏民。东厂督主有爪牙十五六万人,布满全国。东厂还拥有土地庄田。

《永乐大典》 中国古代最大的一部类书。始纂于明永乐元年(1403),完成于永乐六年。姚广孝、解缙主编。共22937卷11095册,约3.7亿字。采辑宋元前经史子集及天文、地志、阴阳、医卜、释道、技艺等古籍七八千种。元以前佚文秘籍多因此得以保存。对辑佚或校勘古籍有重要价值。《永乐大典》只抄正本一部,藏于南京文渊阁,毁于明亡之际。嘉靖、隆庆年间摹写的副本在清乾隆、咸丰时也渐散失。1900年八国联军入侵北京时,所余卷帙大部被焚毁,未毁的几乎全被掠走。中华人民共和国成立后,北京图书馆(今中国国家图书馆)等单位多方搜集到约800卷,1985年由中华书局影印出版。

《永乐大典》封面(明内府抄本)

郑和下西洋 1405~1433年,郑和率领船队七次出使亚非三十多个国家和地区。为中国航海史和外交史上的重大事件。

郑和,云南昆阳(今云南晋宁)人,回族。本姓马,初名三宝,洪武时被阉入宫,又称三宝太监。以靖难之役立功,明成祖朱棣赐姓郑,始名郑和。后升为内官监太监。从永乐三年(1405)至宣德八年(1433)的28年中,郑和七下西洋,从南京下关宝船厂出发,沿江、浙、闽、粤海岸南下,复西行,最远到达非洲东岸肯尼亚的蒙巴萨,访问了亚非沿岸三十多个国家和地区。前三次的主要任务是在东南亚和南亚为明朝树立声威,并为下一步向南亚以西更远的地方航行建立中途转航的据点。后四次的主要任务是向南亚以西继续航行,通过开辟新航路,让海外国家的贡使接踵而来,宾服于中国,为明朝在海外建立前所未有的功绩和广泛联系。

郑和下西洋规模之大、时间之长、范围之广都是空前的。它不仅在航海活动上达到了当时世界航海事业的顶峰,

西洋 古地名。元代至明末,将今南海以西(约自东经110°以西)的海洋及其沿岸各地,远及印度和非洲东部,概称为西洋。明末以后,西洋指今大西洋或欧美各国。

而且对发展中国与亚非国家间政治、经济和文化上的友好关系作出了巨大贡献。

土木之变 中国明朝英宗朱祁镇亲征瓦剌军反被俘虏的事件。因发生在土木堡（今河北怀来东南）而得名。正统十四年（1449），蒙古瓦剌部也先率军大举南下。明英宗在司礼监太监王振挟持下，仓促率军五十余万亲征。因前方败报踵至，王振挥军急退。至土木堡，诸将计议入怀来城据守，但王振不肯听从，下令就地宿营，遂被瓦剌军包围。土木堡无水泉，将士饥渴。也先遣使议和，英宗许之。瓦剌军诈退，明军逾越壕堑而出，瓦剌军发动围攻。明军大败，死者数十万，英宗被俘。此事变后，瓦剌势力大振，明北边长期处于被动挨打局面。

张居正（1525～1582） 中国明朝政治家。字叔大，号太岳。江陵（今湖北荆州）人。嘉靖二十六年（1547）中进士。隆庆二年（1568）上《陈六事疏》，力主改革。二年至五年，他与高拱、王崇古、谭纶、戚继光等一起整顿北边武备，使北方边塞数十年得无事。明神宗朱翊钧即位后，张居正任首辅，开始进行改革。以考成法整顿官僚机构，加强内阁职权，抑制宦官势力，整饬学政。陆续实施清通欠、省驿递、惩贪墨、汰冗官、省支出等项措施。改革赋役制度，推行一条鞭法；在全国清丈田亩。他还采取厚商措施，整顿钱法；任用潘季驯治理黄河、淮河。对周边民族，则"外示羁縻，内修战守"，整饬边防，改善民族关系。

张居正病卒后，除一条鞭法外，其他改革几乎全被废止。著有《书经直解》《帝鉴图说》等。

倭寇 古代日本海寇。日本古称倭奴国，故中国古代史籍将这些日本海寇及后来与之勾结的内陆奸民通称为倭寇。元末至明万历年间，一部分日本武人、浪人（流亡海上的败将残兵）、海盗商人和破产农民不断侵扰中国、朝鲜沿海地区，前后达300年之久。嘉靖以前，倭寇侵扰只限于个别地区，时间亦短，

《倭寇图》局部（明）

尚未成为明朝东南地区的严重祸患。嘉靖以后，倭寇活动加剧。倭寇在山东、南直隶、浙江、福建、广东沿海大肆烧杀掳劫，严重威胁东南沿海人民生命财产的安全。福建巡抚谭纶与抗倭名将戚继光、俞大猷等领导东南沿海军民浴血奋战，抗击倭寇。至嘉靖四十四年（1565），东南沿海的倭寇被荡平。

俞大猷（1503～1579） 中国明朝抗倭名将、民族英雄。字志辅，号虚江。福建晋江人。嘉靖十四年（1535）中武

举。三十四年任苏淞副总兵,从总督张经率水陆军在王江泾(今浙江嘉兴北)大败倭寇。后任浙江总兵,先平定入侵浙西的倭寇,又攻克舟山诸岛的倭巢。四十一年,调任福建总兵。次年,率军会同浙江副总兵戚继光、广东总兵刘显,攻克被倭寇据为巢穴的平海卫(今福建莆田东南)。四十三年,改任广东总兵,率军经四个月激战大败侵扰潮州和惠州的倭寇两万余人,威名大振。至四十五年,与福建总兵戚继光等部协同作战,基本消除东南沿海倭患。

俞大猷严于治军,用兵注重谋略。抗倭中多次遭诬陷,仍不馁。著有《正气堂集》等。

戚继光(1528-11-12 ～ 1588-01-05)

中国明朝名将、民族英雄、军事家。字元敬,号南塘,晚号孟诸。嘉靖二十八年(1549)中武举。三十四年,调任浙江都司佥事。旋进参将。三十八年,往义乌招募农民、矿工,将其编练成戚家军。四十年,在台州、仙居、桃渚等处大胜倭寇,九战皆捷。次年奉命率军入闽抗倭,先后捣毁福建三大倭巢。四十二年,率军与福建总兵俞大猷、广东总兵刘显协力作战,攻克被倭寇据为巢穴的平海卫。不久,升福建总兵。此后转战闽粤沿海各地。与谭纶、俞大猷等抗倭名将浴血奋战,基本荡平东南沿海倭患。隆庆二年(1568),明廷特召戚继光总理蓟州、昌平、真保三镇练兵事务。他整饬防务,加强战备,设立武学,训练将士,编成一支车、骑、步皆备的精锐部队。后受排挤,调任广东总兵。再后遭诬陷,被夺职。

戚继光注重练兵,尤善育将。所撰《纪效新书》《练兵实纪》,受到兵家重视。

袁崇焕(1584 ～ 1630)

中国明末军事统帅。字元素。广西藤县人。万历四十七年(1619)中进士。天启二年(1622)被破格擢为兵部职方司主事。不久,清太祖努尔哈赤夺占广宁,袁崇焕单骑巡阅山海关内外,请兵御守山海关。后在宁远(今辽宁兴城)大败后金十万围攻大军,炮伤努尔哈赤,赢得明朝对后金作战的第一次胜利(史称宁远大捷)。朝廷擢其为右佥都御史、辽东巡抚。七年,后金兵渡鸭绿江南下,他采取积极战略,取得宁锦大捷。后因不附魏忠贤,被其党所劾去职。崇祯元年(1628),他被起用为兵部尚书。翌年,清太宗皇太极率军十万取道喜峰口入关。袁崇焕千里驰援,取得京师之捷。皇太极屡受重挫之后,乃设反间计,袁崇焕因此被明思宗朱由检冤杀。有《袁督师遗集》。

李自成起义

明末李自成领导的农民起义。李自成,原名鸿基,陕西米脂人。因家贫,为人牧羊,及长为银川驿卒。崇祯三年(1630)投奔起义军,不久投闯王高迎祥,为八队闯将,转战陕、晋、畿南、豫、楚等地。九年,高迎祥被俘牺牲。李自成承袭闯王名号,转战于陕南及四川东北部地区。十三年,起义军转战河南,农民争附。次年下洛阳,开仓济贫,声势迅速扩大。此后,三次围攻开封,连获项城、襄城、朱仙镇、郯县、

李自成进北京（绘画）

汝宁五次战役的胜利。明军主力被消灭，起义军控制河南全省，部众近百万。十六年，成立新顺政权。次年占领西安，正式定国号为大顺。同年攻入北京，明朝灭亡。李自成及部下逐渐滋长了骄傲自满和骄奢淫逸的倾向，后在山海关被吴三桂和清兵打败。次年，李自成在湖北九宫山牺牲。余部南下，联明御清。

张献忠（1606～1647）　中国明末农民起义领袖。字秉吾，号敬轩，延安卫柳树涧（今陕西定边东）人。家贫，曾在延安府（今属陕西）充捕快手，继投边营。崇祯三年（1630），率米脂十八寨农民响应王嘉胤起义，自号八大王，率所部转战于陕、豫、皖北。后明军集中兵力反扑，张献忠于十一年伪降于明廷。次年再次起义后入川。十四年，率军出川入楚，攻占襄阳。起义军开始进入极盛时期，转战河南、湖北及皖中北部各州县。十六年岁末，率军入川。次年，以成都为西京，建立政权，国号大西。张献忠在四川严厉镇压横行地方的官绅和地主，但措施过激，波及面过宽。

起义军内部则严格约束士卒，不许淫掠，但往往禁而不止。

清军占领黄河流域各省后，招降张献忠，遭拒绝。清顺治三年（1646），清兵逾剑阁（即剑门关）入阆中。张献忠率军迎击，至西充的凤凰山，清兵猝至，因疏于防备，张献忠被射死。

张献忠铸"西王赏功"铜币

史可法（1602～1645）　中国明末大臣。字宪之，号道邻。河南祥符（今开封）人。崇祯元年（1628）中进士。因与农民军作战有功得迁。崇祯十七年李自成攻占北京，马士英等拥立福王于南京。史可法为兵部尚书，督师扬州，主张联合清军共讨农民军。顺治元年（1644），清兵分三路南下，史可法至白洋河部署诸镇图巩固河防。后退保扬州。次年清大军渐集于扬州城郊，清豫王多铎命人多次招降，史可法誓死不降。不久城破被俘，慷慨就义。史可法殁后十二日，义子史德威回城觅尸，不可辨。由于未得遗骸，因此有流言说史可法未死。其后数年，安徽、浙江先后有多起假可法名号起兵反清。

郑成功（1624～1662） 中国明清之际抗清名将、民族英雄。福建南安人。本名森，字名俨，号大木。生于日本平户（今长崎县松浦郡）。南明隆武帝赐姓朱，封忠孝伯。顺治三年（1646），父郑芝龙降清，郑成功乃走南澳（今属广东）起兵抗清，屡次拒绝清朝招降。后计杀盘踞厦门的郑联，以厦门为抗清基地。十四年，南明永历帝封他为延平郡王。十六年，率兵连克瓜洲、镇江，进逼南京。在南京城外因轻敌被清军突袭，败退厦门。翌年，清廷调集三省兵力进攻厦门，郑成功率部奋起反击，守住厦门。

顺治十八年，他率领2.5万名官兵、数百艘战船，从福建金门出发，经澎湖，在赤嵌（今台湾台南）附近的禾寮港登陆。围攻赤嵌城，用断水的办法逼迫荷守军出降。继又对台湾城（今台南市安平镇）长期围困，迫使荷兰殖民总督揆一签字投降。郑成功废除荷兰在台湾的殖民体制，建立行政机构，为开发台湾作出了重大贡献。

吴三桂（1611～1678-10-02） 中国明朝末年降清将领、清康熙初年反清倡乱的藩王。字长伯，又字月所。辽东中后所（今辽宁绥中）人。以武举承父荫，累官至宁远总兵。崇祯十七年（1644），大顺农民军进逼北京，吴三桂奉命入京勤王，途中闻北京失陷，回据山海关。曾受李自成招降，率兵西行，途中闻农民军拷掠明降臣，愤而折返山海关。之后致书清摄政王多尔衮乞师，联合清军击败农民军。清军进入北京后，吴三桂以功封平西王。顺治十六年（1659），吴三桂奉命留镇云南，是为开藩之始。十八年，晋封平西亲王。康熙十二年（1673），<u>清圣祖玄烨</u>下令撤藩，吴三桂举兵反清，自称周王，传檄远近，史称三藩之乱。十七年，吴三桂在湖南衡州（今衡阳）称帝，国号周。同年秋，中风而死。

宗喀巴（1357～1419） 中国藏传佛教格鲁派创始人。本名罗桑扎巴。青海宗喀（今湟中）人。3岁时受近事戒，7岁出家，学法9年。16岁赴藏深造，25岁前已学完显宗的重要典籍。洪武十八年（1385）受比丘戒，开始系统学习密宗经典。14世纪末至15世纪初的10年

《郑成功像》（清，黄梓）

中，宗喀巴全面展开对西藏佛教的改革活动。他提出僧人严格持戒、不事农作、独身不娶，并加强僧院制度管理。永乐七年（1409），宗喀巴在帕竹政权首领扎巴坚赞的支持下，在拉萨大昭寺举办了规模巨大的祈愿法会。这次法会充分体现了宗喀巴的宗教改革设想，他本人也成为公认的藏传佛教领袖。法会之后，宗喀巴依靠帕竹及其属下贵族，建造了甘丹寺。此寺成为格鲁派的主寺。

徐光启（1562～1633）

中国明代科学家、政治家。字子先，号玄扈。上海人。万历三十二年（1604）中进士。从耶稣会传教士**利玛窦**等学习西方数学、天文、水利、地理、火器等"有用之实学"，译成《几何原本》《测量法义》《泰西水法》诸书。四十七年，为抗击清兵，累疏自请练兵通州。天启间，遭阉党排陷，告病闲住，从事农业科学的研究和《农政全书》的编写。崇祯二年（1629）奉敕督造红夷炮，抵抗清军。三年，疏陈垦田、水利、救荒、盐法等拯时急务，擢礼部尚书。六年病卒。

主要著作有《农政全书》60卷。另主编有《崇祯历书》，并著有《测量异同》《勾股义》等。

宋应星（1587～约1666）

中国明末科学家。字长庚。江西奉新人。万历四十三年（1615）中举人。崇祯七年（1634）任江西分宜教谕，十一年为福建汀州推官，十四年为安徽亳州知州。明亡后弃官归里，终老于乡。他在江西分宜教谕任内著成《天工开物》一书。该书6.2万字，123幅插图，分上、中、下3卷，共18章。全书涉及30个不同生产部门的技术，先农副业各章，次手工业各章，最后珠玉一章。《天工开物》是中国古代科技史上一部里程碑式的著作，也是世界古代科技史上的名著。

利玛窦（1552-10-06～1610-05-11）

旅居中国的意大利耶稣会传教士、学者。字西泰，号清泰、西江。生于意大利马切拉塔。1571年在罗马加入耶稣会，后被耶稣会派到中国传教。1582年抵澳门，次年获准入居广东肇庆。1601年到北京，进呈自鸣钟、《万国图志》等方物，得明神宗信任，敕居北京。在中国传教期间，习汉语，着儒服，行儒家礼仪，是第一位阅读中国文学并对中国典籍进行钻研的西方学者。除传播宗教教义外，还广交中国官员和社会名流，传播西方天文、数学、地理等知识。同时，又向欧洲介绍中国国情，为明代中西文化交流作出了重要贡献。编绘有《坤舆万国全图》，著有《西字奇迹》（今改名《明末罗马字注音文章》）和《利玛窦中国札记》，与徐光启合译有《几何原本》等。

汤若望（1592～1666-08-15）

旅居中国的德国耶稣会传教士。1619年受耶稣会派遣到中国澳门。明天启二年（1622）进入广东，不到北京。七年，到西安管理陕西教务。崇祯三年（1630），回京供职于钦天监。七年，协助**徐光启**、李天经编成《崇祯历书》。又受明廷之命以西法督造战炮，口述有关大炮制造、

保管、运输、演放及火药配制、炮弹制造等的原理和技术，由焦勖整理成《火攻挈要》和《火攻秘要》。明亡后，汤若望受清廷之命继续修正历法。他用西法修订的历书被清廷定名为《时宪历》，颁行天下。顺治三年（1646），他以《崇祯历书》为基础，纂成《西洋新法历书》。汤若望对朝政得失多有建言，先后上奏章300余封。康熙三年（1664），他被在历法上主张守旧的杨光先控告，被捕入狱。四年，大赦获释。次年病逝。

清 中国历史上最后一个封建王朝（1644～1911）。1616年努尔哈赤称汗，国号大金（史称后金），建都赫图阿拉（今辽宁新宾）。后迁都盛京（今沈阳）。1636年其子皇太极改国号为大清。1644年明朝覆亡，清军入关，迁都北京，逐步确立对全国的统治。自世祖以下，共历十帝，存在268年。全盛时疆域西至巴尔喀什湖；东至海，包括台湾和澎湖列岛；北至唐努乌梁海，与俄国接壤；南达南沙群岛。

清朝在政治、经济制度上多沿袭明制，但也有一些不同，如设立内务府管理宫廷事务，设理藩院管理少数民族事务等。雍正时设立的军机处总揽政务，成为中枢。地方设巡抚、总督管辖一省或数省的军政。清朝前半期，在更名田、摊丁入地等政策的刺激下，经济迅速发展。手工业的发展颇为引人注目。商业的发展也达到空前的高度。康熙、雍正和乾隆时期，清帝国达到鼎盛。嘉庆、道光时期，封建统治逐渐衰落。鸦片战

《乾隆南巡图》卷九中所绘当年的盛况

争后，中国沦为半殖民地半封建社会。

在思想、文化方面，出现了黄宗羲、顾炎武、王夫之、颜元等思想家，他们趋向经世致用，反对专制政治。清朝统治逐步稳定后，大兴文字狱，对思想文化加强控制。但在目录版本、校勘辨伪、音韵训诂、辑佚补遗、天文历算、金石、地理、文学方面，都取得了很大成就。以书画、戏剧、小说的成就最为突出。

清太祖努尔哈赤（1559～1626-09-03）

中国大金（后金）的创建者、清朝奠基人。爱新觉罗氏。满族。他的祖父与父亲被明军误杀，于是他打起为祖、父报仇的旗号，以"遗甲十三副"起兵，开始了统一女真各部的事业。他用三十多年的时间，统一了建州女真和海西女真的全部，以及"野人"女真的大部。万历二十七年（1599），他命人创制满文（老满文）。四十三年，建立八旗制度。次年，努尔哈赤在赫图阿拉称汗，建立大金（史称后金），改元天命，自此公开与明抗衡。天命三年（1618），努尔哈赤统兵攻陷明抚顺、清河等地。六年，他率领大军相继攻占沈阳、辽阳等七十余城。迁都沈阳。努尔哈赤进入辽沈地区以后，先后实行计丁授田和编丁立庄。这些政策使汉人遭到残酷的剥削，加深了民族矛盾。十一年，他统率大军进攻宁远（今辽宁兴城），被宁远守将袁崇焕击败。不久病死。葬沈阳福陵。

八旗制度

中国清代满族社会"兵民合一"的特殊组织形式。从牛录制演变发展而来。万历二十九年（1601），努尔哈赤建立黄、白、红、蓝四旗，称为正黄旗、正白旗、正红旗、正蓝旗。四十三年，努尔哈赤为适应满族社会发展的需要，在原有牛录制的基础上创建八旗制度，即在原有的四旗之外，增编镶（俗写亦作"厢"）黄旗、镶白旗、镶红旗、镶蓝旗四旗。旗制规定：每三百人为一牛录（后定汉称为佐领，牛录额真亦称佐领），设牛录额真一人；五牛录为一甲喇，设甲喇额真一人；五甲喇为一固山，设固山额真一人。八旗制度建立后，每旗所辖的牛录数和牛录下的丁数时有变化，但旗制终清未改。清太宗时，又建立蒙古八旗和汉军八旗，旗制与满洲八旗同。八旗制度共存在296年，它与清朝的命运紧密联系在一起，经历了由盛而衰、由衰而亡的整个历史过程。

清太宗皇太极（1592-11-28～1643-09-21）

中国清朝的创建者。爱新觉罗氏。满族。努尔哈赤第八子，在位17年。天命十一年（1626）在沈阳即后金汗位。天聪十年（1636）在沈阳称帝，改国号为大清。

皇太极努力整顿内部，建立内三院和六部，设立蒙古八旗和汉军八旗，任用汉族的官员将领，大力加强皇权，削弱满族皇室诸大贝勒的权力。他提出"治国之要，莫先安民"的方针，改革制度，使大量汉族奴隶取得民户地位；注意体恤民力，凡有妨农务的工程一律不兴筑。

在其治下，农业有了较大发展，社会矛盾得到缓和。

在位期间，继续对外扩张。他攻灭蒙古察哈尔部林丹汗，统一漠南蒙古；又两次进军朝鲜，切断明廷与朝鲜的长期联盟。崇德五年（1640）始，清军进攻松山、锦州地区。皇太极亲临前线指挥作战，大败明军。明朝在山海关外的要隘尽失。

崇德八年，皇太极猝然病死。葬沈阳昭陵。

孝庄文皇后（1613～1688-01-27） 中国清太宗皇太极的皇后。博尔济吉特氏。蒙古科尔沁部贝勒寨桑之女。后金天命十年（1625），皇太极娶她为妻。

崇德三年（1638），她生育皇九子福临。5年后福临即位为帝，她被尊为皇太后；18年后，其孙玄烨即位，她被尊为太皇太后。她聪明能干，颇有谋略，一生经历了清初三朝政局的变化，精心扶立了两朝幼帝执政。顺治帝的一生得益于孝庄的扶持和教育，康熙帝在孝庄的教养下长大成人。葬昭西陵。

剃发令 中国清朝初年强迫汉人仿照满人习惯剃发的法令。满族男子将前额和四周头发剃去，留存头发编成辫子垂于脑后。清在关外时，汉族及其他各族人投降归顺或被掳去的，都以剃发作为标志。顺治元年（1644）多尔衮进入北京后，即宣布京城内外军民人等尽行剃发以示归顺。剃发令遭到北京人民的强烈反对，不久被迫停止。二年南明弘光政权灭亡，清廷再次颁布剃发令。规定京城内外以十日为限，各省地方在接到命令后十日之内，所有文武官民都要剃发，衣冠服饰也要遵从清制，违抗者杀无赦。剃发令的颁布及强制执行加剧了清初的民族矛盾，遭到广大汉族人民的反对，触发了江南地区江阴、嘉定、苏州等地的抗清斗争。

清世祖福临（1638-03-15～1661-02-05） 中国清朝入主中原以后的第一代皇帝。全名爱新觉罗·福临。满族。皇太极第九子。6岁即位，年号顺治，习称顺治帝。即位之后，实权由多尔衮控制。顺治七年（1650）冬多尔衮卒，次年福临亲政。他颇信用汉官，提升汉官地位。编制《赋役全书》，除前明苛政。惩治贪污，赃十两即重处。继续进行统一全国的战争，在位期间基本统一了大

陆地区。与天主教传教士*汤若望*接触频繁，颇受其影响。后又崇信佛教。十七年（1660），宠妃栋鄂氏病逝，福临痛不欲生，决心削发出家，几经劝阻乃止。次年正月病卒。葬清孝陵。

清圣祖玄烨（1654-05-04～1722-11-13）

中国清朝皇帝。爱新觉罗氏。满族。*清世祖福临*第三子。顺治十八年（1661）继承皇位，改次年为康熙元年，习称康熙帝。八年（1669），清除鳌拜及其同党，掌握实权。

玄烨亲政后，先后平定三藩，统一台湾，并粉碎了西北厄鲁特蒙古准噶尔部上层分子的分裂阴谋，基本实现了国家的统一。二十四年至二十六年，组织了两次收复雅克萨之战。中俄两国通过平等谈判，于二十八年正式签订*《尼布楚条约》*，从法律上确定了中俄东段边界。

玄烨十分注意恢复和发展生产，下令停止清初圈地弊政。实行更名田，将明藩王土地给予原种之人，使耕种藩田的农民成为自耕农。实行蠲免政策，以鼓励农业生产。经过几十年的努力，全国垦田面积大大增加，人口迅速增长，出现了所谓康乾盛世。

玄烨对汉族官吏、名士及一般士子，分别采取不同措施，罗致了封建统治所需要的人才。设置南书房，命翰林院詹事府、国子监官员轮流入值，以笼络汉官。命开博学鸿儒科，以网罗硕彦鸿儒入史馆纂修明史。又吸收大量学者编纂各种图书，著名的有《古今图书集成》。玄烨对程朱理学尤其提倡，大批信奉程朱的理学名臣如李光地、汤斌等受到重用。清代严酷的文字狱也是从康熙时期开始的。

玄烨统治时期，中国成为疆域辽阔、统一繁盛的国家，经济、文化得到发展，伸向中国的西方早期殖民势力受到遏制，封建社会进入新的相对稳定时期。

三藩

清初*吴三桂*、尚可喜、耿精忠三支割据势力所辖藩镇。三藩都是降清的明将。吴三桂封平西王，留镇云南；尚可喜封平南王，留镇广东；耿仲明及其子死后，其孙耿精忠袭靖南王爵，留镇福建。各拥重兵，势力坐大，严重威胁清朝的统治。康熙十二年（1673），*清圣祖玄烨*下令撤藩，令三藩各率所部归辽东。吴三桂抗拒，率先举兵叛乱。尚之信（尚可喜子）、耿精忠、广西将军孙延龄起兵响应。圣祖命将出师，进行征讨。经八年平乱战争，至二十年平定吴三桂之乱，三藩遂撤。

清政府统一台湾

中国清康熙年间发生的一次重大政治事件。康熙初年，全国大规模的抗清斗争已经基本结束，唯郑成功子郑经占据台湾，仍奉明正朔。康熙二十一年（1682），郑经病死，郑克塽继立。清政府以形势有利，决定统一台湾，任命内大臣施琅为福建水师提督，赴福建筹备一切事宜。

二十二年六月，施琅率领水师2万余人、大小战舰200余艘，一举攻占澎湖。

台湾失去屏障，郑氏军事力量损失惨重。施琅派人前去招抚。七月，郑克塽派人到澎湖奉表归降。八月，施琅率领清军抵达台湾。清政府决定设置台湾府，隶福建。于台湾置总兵一员，澎湖设副将一员，领兵镇守。台湾自此统一于清朝中央政府的管辖之下。

雅克萨之战 清康熙二十四至二十六年（1685～1687），中国军民驱逐沙俄侵略军、收复领土雅克萨的两次重要作战。明末清初，沙俄开始侵入中国黑龙江流域，先后强占雅克萨和尼布楚（今俄罗斯境内）两城，残杀中国居民。清廷多次要求其退出，均遭拒绝，遂决定以武力予以驱逐。二十四年，康熙帝派都统彭春、副都统班达尔善率八旗兵和福建藤牌兵组成的水陆军队，会同黑龙江将军萨布素围攻雅克萨。清军击退沙俄援军，用火炮攻城，沙俄军投降，清军毁城还师。不久，沙俄军再度侵入雅克萨旧址，筑城盘踞。次年，清军再围雅克萨。经长期围困，沙俄军弹尽粮绝，沙俄政府被迫同意谈判。二十六年，清军撤围，雅克萨之战结束。战后，中俄双方签订《尼布楚条约》，从法律上确定了中俄东段边界。

《尼布楚条约》 中俄两国缔结的第一个条约。正式名称是中俄《尼布楚议界条约》。康熙二十八年七月二十四日（1689年9月7日）由清政府全权使臣索额图和沙俄全权使臣F.A.戈洛文签订于尼布楚（今俄罗斯涅尔琴斯克）。共分6款。条约明确规定了中俄两国的东段边界——以流入黑龙江之额尔古纳河、格尔必齐河为界，从法律上肯定了黑龙江、乌苏里江流域的广大地区是中国的领土。俄国通过条约，将中国让予的贝加尔湖以东尼布楚一带纳入其版图，将乌第河与外兴安岭之间的地方划为待议地区，并获得重大的通商利益。条约的订立为中俄两国关系的正常化奠定了基础，使中国东北边疆获得了比较长久的安宁。

平定噶尔丹 清朝康熙年间平定噶尔丹武装叛乱的战役。噶尔丹是清朝卫拉特蒙古准噶尔部首领。康熙二十七年（1688），噶尔丹引兵三万越杭爱山向喀尔喀蒙古土谢图汗部发动进攻，喀尔喀各部败溃。二十九年，举兵追击喀尔喀部众，于乌尔会河（今内蒙古乌兰浩特西）击败清理藩院尚书阿剌尼部。清圣祖玄烨为确保边疆安定，三次亲征漠北。二十九年，经乌兰布通之战，清军大破噶尔丹以万余头骆驼组成

《北征督运图册》局部

的防御营地（驼城），噶尔丹败归科布多。三十五年，经昭莫多之战，清军击溃噶尔丹主力军队，噶尔丹众叛亲离。三十六年三月，在清军追击下，噶尔丹势穷自杀（一说暴病卒）。

清世宗胤禛（1678～1735） 中国清朝皇帝。爱新觉罗氏。满族。清圣祖玄烨第四子。康熙六十一年（1722）即位，年号雍正，习称雍正帝。在位13年。清圣祖亲征噶尔丹时，从征掌正红旗大营。圣祖死后，他在步军统领隆科多帮助下继承帝位。世传他篡改遗诏，学者意见不一。

即位后，他在政治上采取多种措施以巩固自己的皇位。消除异己，分化瓦解诸皇子集团；创立秘密立储制度。施行耗羡归公和养廉银的措施；严格清查各地亏空钱粮，对贪官污吏即行抄家追赃，对民间拖欠责令短期内分年带征。大兴文字狱。设军机房（后改军机处）。在题本、奏本之外，命督抚布按等地方大员密折奏事。大规模推行改土归流政策。

他在经济上采取了一些旨在发展农业生产的措施。实行摊丁入地的赋役制度；更加严格地执行传统的重农抑末方针；兴修水利；实行社会改革，打击残存的蓄奴制度。

雍正五年（1727），清廷同俄国订立了《布连斯奇条约》和《恰克图条约》，划定中俄中段边界及确定两国通商问题。

军机处 中国清代秉承皇帝意旨办理机要政事的中枢机构。全称办理军机事务处。雍正七年（1729）初设军机房，十年改为军机处。职掌主要是：掌书谕旨，参赞军国机务，参议重要政务及刑狱；用兵时则考其山川道里、兵马钱粮之数，以备顾问；文武官员的简放、换防、引见、记名、赐予，以及拟定对外藩朝觐者的颁赐等。办公处所设于内廷隆宗门内。全部工作由军机大臣主持，设军机章京办理一切事务。宣统三年（1911）清廷宣布成立责任内阁时废止。军机处的设立，进一步加强了清朝封建君主专制制度。

秘密立储 中国清代雍正以后皇位继承的制度。中国历代王朝基本上采取公开建储，即预先公开册立皇太子，以备承嗣皇位。皇太子的选择遵循立嫡立长，即嫡长继承制。清朝不立皇太子，因此多次发生诸皇子争夺储位事件。雍正帝即位后，确立了秘密立储制度，夺嫡斗争才不复出现。其具体做法是皇帝生前不公开册立皇太子，而是将被立为储君的皇子的名字亲笔书于纸上，一式两份，一份放在乾清宫"正大光明"匾额之后，另一份由皇帝亲自保存。待皇帝驾崩，两份验明后，即可确立新皇帝。秘密立储避免了历史上经常出现的诸皇子争储位、储君与皇帝争权、储贰骄纵等弊病。嗣后乾隆、嘉庆、道光、咸丰各帝，均按这一制度继承皇位。同治、光绪两帝均无子嗣。宣统帝未及亲政，清朝即被推翻，秘密立储制度遂自然废止。

改土归流 中国清代雍正以后在西南一些少数民族地区废除土司制，实行流官制的政治改革。为了解决土司割据的积弊，雍正四年（1726），云贵总督鄂尔泰建议取消土司世袭制度，设立府、厅、州、县，派遣有一定任期的流官进行管理。雍正帝令其悉心办理。六年，又命贵州按察使张广泗在黔东南推行改土归流政策。清政府在改土归流地区设立府州县的同时，添设军事机构；清查户口，丈量土地，征收赋税，建城池，设学校。改土归流的地区包括滇、黔、桂、川、湘、鄂六省，所涉及的民族有苗族、彝族、布依族、侗族、瑶族、水族等。

雍正朝的改土归流只在西南部分少数民族地区实行，未实行的地方还不少。乾隆以后，改土归流仍在某些地区继续实行。改土归流废除了土司制度，减少了叛乱因素，加强了政府对边疆的统治，有利于少数民族地区社会经济的发展。

年羹尧（？～1726） 中国清代康熙、雍正时名将。字亮工，号双峰。汉军镶黄旗人。康熙三十九年（1700）中进士。历任四川巡抚、四川总督、川陕总督。蒙古准噶尔部的策妄阿拉布坦攻袭西藏，年羹尧以定西将军衔率军征剿，平定西藏。雍正元年（1723）授抚远大将军，奉命进讨青海蒙古和硕特部首领罗卜藏丹津叛乱，督军至西宁，以功加太保，封公爵。次年，朝廷从年羹尧议，以岳钟琪等率兵进剿，大破叛军，平定青海。

年羹尧与雍正帝关系甚密，参与雍正帝在诸皇子争位过程中的许多活动。后恃功骄纵，遭雍正帝猜忌，被调任杭州将军。又受众官弹劾，被罢将军任，尽削官职和爵位。是年十二月（1726年1月），以92款罪被勒令自尽。

清高宗弘历（1711-09-25～1799-02-07） 中国清朝皇帝。爱新觉罗氏。满族。<u>清世宗胤禛</u>第四子。雍正十一年（1733）封和硕宝亲王，十三年即帝位，年号乾隆，习称乾隆帝。在位60年。传位嘉庆帝后，为太上皇帝，仍掌军国大政，直至去世。实际统治63年，是中国历史上掌权时间最长的皇帝。

在位期间，多次用兵统一疆土，使统一的多民族国家得到巩固发展。同时，加强了对西藏的管辖。由于西方殖民势力对中国不断进行试探，乾隆帝采取限制贸易、减少接触政策，规定只留广州一口通商，其他海口一律禁止贸易。他拒绝英国<u>马夏尔尼使团</u>来华提出的各项有损中国主权的要求，对沙俄也坚持原定条约的规定。

乾隆帝十分重视文化事业，以国家财力纂修书籍甚多。乾隆三十八年（1773）更开馆编纂《**四库全书**》。他又喜爱书法、绘画、古砚，命臣下搜罗进献，对古代珍贵文物的保存颇有贡献。但他对稍涉辽事或认为于其统治不利的古籍多加禁毁，造成文化上的重大损失。又迭兴文字狱。

乾隆帝一生武功显赫，自诩**十全武功**。他六下江南，繁兴土木，耗费大量人力财力。中期任用于敏中，晚年又宠信**和珅**，吏治渐趋败坏，大贪污案层出不穷。加之土地高度集中，人口增长过快，阶级矛盾日渐尖锐。自乾隆三十九年山东王伦起义以后，连续发生多次起义。

十全武功 中国清代乾隆时期的十次重大军事行动。乾隆帝称之为"十全武功"，并因此自号十全老人。十次重大军事行动指：乾隆十二年（1747）至十四年大金川之役，二十年平定准噶尔达瓦齐之役，二十年至二十二年平定阿睦尔撒纳之役，二十三年至二十四年平定南疆大小和卓叛乱，三十年至三十四年缅甸之役，三十六年至四十一年大小金川之役，五十一年至五十三年镇压台湾林爽文起义，五十三年至五十四年安南之役，五十五年和五十六年至五十七年两次抗击廓尔喀（今尼泊尔）侵扰西藏的战争。其中有加强国家统一、抵御外来侵略的战争，也有对内镇压人民起义与对邻国扩张之役。性质各不相同，战争也有胜有败。

大小和卓之乱 中国清代乾隆时期，新疆回部伊斯兰教封建主霍集占兄弟发动的叛乱。清军平定准噶尔达瓦齐割据势力后，留霍集占管理伊犁地区伊斯兰教教务。乾隆二十二年（1757），霍集占兄弟杀清政府派往南疆的使臣阿敏道，霍集占自称巴图尔汗，发动武装叛乱。清政府命雅尔哈善统兵征讨。雅尔哈善指挥不力，致霍集占逃脱。清政府另派兆惠率军南下进剿。霍集占逃归叶尔羌，其兄波罗尼都则返回喀什噶尔（今喀什）。二十四年夏，清军分两路出击，兆惠统军进攻喀什噶尔，富德领兵直取叶尔羌。霍集占兄弟弃城逃走，至巴达克山，被当地部落首领擒杀，尸首被送交清军。

土尔扈特部回归 中国清代乾隆时期少数民族返回祖国的事件。土尔扈特部是中国明清时期厄鲁特蒙古四部之一，原游牧于塔尔巴哈台附近的雅尔地区。17世纪30年代，土尔扈特部首领率其所部及部分杜尔伯特部、和硕特部牧民西迁至额济勒河（伏尔加河）下游，但仍保持与厄鲁特各部的联系。

土尔扈特人自西迁后，不断反抗沙皇俄国的侵略与奴役。乾隆三十六年（1771），土尔扈特部首领渥巴锡为摆脱沙俄压迫、维护民族独立，率领部众发动武装起义，并冲破沙俄重重截击，历经千辛万苦，胜利返回祖国。

清廷对土尔扈特部返回祖国的爱国正义行动十分重视。乾隆帝多次接见、宴请渥巴锡等首领，封渥巴锡为卓哩克图汗，授予其余大小首领爵位，并对土尔扈特部的牧地作了妥善安置。他还亲撰《土尔扈特全部归顺记》《优恤土尔扈特部众记》碑文两篇，立碑于承德普陀宗乘庙内。

御制土尔扈特全部归顺记碑（立于河北承德普陀宗乘庙内）

马戛尔尼使团 中国清代乾隆时英国派遣来华的官方代表团。由前驻俄公使、孟加拉总督 G.马戛尔尼任全权大使。使团带有英王庆贺乾隆帝83岁寿辰的信函和国书。英国政府训令使团向清政

马戛尔尼

府提出"改善"贸易条件、互换常驻使节等要求。

1792年（清乾隆五十七年）9月14日，马戛尔尼在热河避暑山庄觐见乾隆帝，正式递交国书并参加万寿节活动。马戛尔尼多次想与和珅讨论两国贸易和建交问题，均无结果。10月3日，英使提出六点书面要求，乾隆帝以所请与"天朝体例"不合，一一驳回。马戛尔尼的使命归于失败。

马戛尔尼使团来华，是为本国商品打开中国市场的一次尝试。清政府严正拒绝了英国的无理要求，维护了中国主权，但同时又坚持闭关自守，反对扩大两国正当贸易，不利于中国社会经济的发展。

刘墉（1719～1804） 中国清朝大臣、书法家。字崇如，号石庵、青原。山东诸城人。刘统勋之子。乾隆十六年（1751）中进士，授翰林院编修，后升翰林院侍讲。不久因受父亲连累，被夺官下狱。事解后，历任吏部、礼部、兵部尚书。嘉庆二年（1797）授体仁阁大学士。卒后赠太子太保。

刘墉擅长楷书、行书，同时也能写榜书和小楷。他喜用硬笔短毫，书法丰腴淳厚、落落大度。一生书法曾经数度变化，年轻时珠圆玉润，中年笔力雄健，晚年则趋于平淡。与翁方纲、梁同书、王文治并称"清四大家"。

小楷《七言诗》局部

纪昀（1724～1805） 中国清朝大臣、学者。字晓岚，一字春帆，晚号石云。直隶献县（今属河北）人。乾隆十九年（1754）中进士，官至翰林院侍读学士。三十三年，因给以贪污获罪的两淮盐运使卢见曾通报消息，被谪戍乌鲁木齐。三十五年放归。历任左都御史，兵部、礼部尚书，协办大学士。

纪昀学宗汉儒，博览群书，工诗及骈文，尤长于考据。以学问文章名重朝野。他胸怀坦率，性好滑稽。先后参与《热河志》《历代职官表》《河源纪略》《八旗通志》等书的编纂。任《四库全书》总纂官。他主持写定的《四库全书总目》，为代表清代目录学成就的巨著。他的诗文，经后人搜集编为《纪文达公遗集》。其他著述有《阅微草堂笔记》等。

和珅（1750～1799） 中国清代乾隆时权臣。满洲正红旗人。钮祜禄氏，字致斋。乾隆三十四年（1769），袭三等轻车都尉世职。因机灵善辩、仪表俊伟，受乾隆帝赏识。历任显官，居军机大臣之位达24年。他还兼任多种文武官职，累封至一等公。他精明敏捷、办事

干练，被乾隆帝倚为心腹。乾隆后期，政令传宣多由他手书口传，各省奏折皆用副折送他先阅，各地进贡珍品也多入他家。他广收贿赂，致府库空虚，吏治进一步腐败。嘉庆四年（1799），乾隆帝死，嘉庆帝立即数其二十大罪，责令自尽。从他家查抄的金银珍宝相当于国家一年财政收入的一半。故民间有"和珅跌倒，嘉庆吃饱"的谚语。

达赖喇嘛 中国藏传佛教格鲁派两大活佛转世系统之一的称号。达赖为蒙古语音译，意为"大海"；喇嘛为藏语音译，意为"上师"。达赖喇嘛意为"德智广深如海无所不纳之上师"。明万历六年（1578），蒙古土默特部首领俺答汗邀请索朗嘉措前去传法，特赠他"圣识一切瓦齐尔达喇达赖喇嘛"的称号。后格鲁派徒众以索朗嘉措为三世达赖，并追认根敦珠巴为一世，根敦嘉措为二世，建立了达赖喇嘛活佛转世制度。代代相传，皆以"嘉措"为名。教徒尊其为观音菩萨化身。五世达赖罗桑嘉措广结善缘，于清顺治九年（1652）亲赴北京觐见，被顺治帝册封为"西天大善自在佛所领天下释教普通瓦赤喇怛喇达赖喇嘛"。返藏后移驻布达拉宫，大兴土木，刻意经营，形成西藏最大的政教一体势力。其后，历代达赖喇嘛更迭例由中央政府册封，遂成定制。今已传至十四世。

班禅额尔德尼 中国藏传佛教格鲁派两大活佛转世系统之一的称号。"班"为梵文"班智达"的略称，意为"学者"；"禅"为藏语"禅保"的略称，意为"大"。班禅即大学者。额尔德尼为满语音译，意为"珍宝"。1645年，

清朝中央政府授予班禅的金印

《五世达赖觐见顺治帝图》（布达拉宫壁画）

罗桑确吉坚赞因帮助青海蒙古和硕特部顾实汗征服西藏有功，获"班禅博克多"称号。博克多为蒙古语音译，意为"睿智英武"。清顺治帝亦封他为金刚上师，令主持后藏扎什伦布寺，并划后藏部分地区归其统辖。罗桑确吉坚赞圆寂后，其徒众追认克主杰、索南乔朗、罗桑顿珠为前三世班禅，罗桑确吉坚赞为四世班禅，遂形成班禅活佛转世系统。清康熙五十二年（1713），清廷加封五世班

禅罗桑意希"额尔德尼"称号，颁赐金册金印，正式确认其在藏传佛教中的重要地位。班禅额尔德尼被认为是无量光佛的化身。已传至十一世。

转世灵童 中国藏传佛教中活佛的转世。佛教灵魂转世和轮回受生的思想认为，大乘圣者（如活佛）已经除妄证真，不为业转而能自主生死，自在转生，随缘度众。活佛圆寂后，寺院上层通过占卜、降神等仪式，寻觅活佛圆寂的同时出生的婴童若干名，从中选出一个灵童作为他的转世，继承其地位。这个灵童就叫转世灵童，是已故活佛的转世。后因人选时被操纵，清乾隆五十七年（1792）规定用金瓶掣签法选定在理藩院注册的大活佛的转世，以防舞弊。

金瓶掣签 中国用掣签于金瓶以确定藏传佛教大活佛转世人选的制度。始自清乾隆五十七年（1792）。金瓶，藏语音译为"金奔巴"或"金本巴"。在此之前，确定活佛转世中有串通妄指之弊。为防止大贵族势力操纵其间，加强中央政府对西藏政教的控制，乾隆五十七年清廷颁发两只金瓶，并将金瓶分贮于北京雍和宫及拉萨大昭寺内。雍和宫的金瓶例由理藩院尚书监临，用于掣签拈定章嘉呼图克图与哲布尊丹巴呼图克图的转世灵童。大昭寺的金瓶例由驻藏大臣监临，用于掣签拈定达赖喇嘛与班禅额尔德尼及大呼图克图的转世灵童。遇有大活佛转世之时，先行呈报所选灵童数人姓名、出生日期，用满、汉、藏三种文字缮写于象牙签上，放入金瓶中，供于释迦佛像前，传唤喇嘛齐集大昭寺，诵经七日。届期由驻藏大臣亲临大昭寺焚香顶礼，从瓶内掣签。掣得者即为转世活佛，由驻藏大臣申报朝廷请封。

金奔巴瓶

驻藏大臣 中国清朝中央政府派驻西藏地方的行政长官。全称钦差驻藏办事大臣，又称钦命总理西藏事务大臣。设正、副职各一员，副职称帮办大臣。雍正五年（1727）至宣统三年（1911）的184年间，驻藏大臣共83任，帮办大臣共52任。驻藏大臣代表中央政府会同达赖喇嘛监理西藏地方事务，诸如任免高级僧俗官员，稽核财政收支，指挥地方军队，处理涉外事务，督察司法、户口、差役等项政务等。乾隆末年以后，还专司监督有关达赖喇嘛、班禅额尔德尼及其他大呼图克图转世的金瓶掣签、拈定灵童、坐床典礼等事宜。

驻藏大臣之设立是自唐宋以来中央政府对西藏地方管理制度的重大发展。这一制度对于加强祖国统一、巩固边防、促进民族团结均起过积极作用。

晋商 中国古代商人集团。指明清时期以善于经商而著称于世的山西商人。山西简称晋，故名。宋时，晋商已与徽商并称，成为当时中国商业的中坚力量。明清晋商经营的行业很广泛，有"上自绸缎，下至葱蒜，无所不包"之说。其活动范围遍及华北、华中、江南、西南、西北、东北各地。晋商还积极开展国际贸易。在清代长达两个多世纪的恰克图对俄贸易中，主要是晋商在经营。清后期，山西平遥出现了中国历史上第一家票号——日升昌。日升昌生意的成功，吸引其他商人纷纷投资票号，从而形成了著名的山西票号。山西票号除专门经营汇兑业务外，还兼营存款、放款业务，并把汇兑、存款和放款结合起来，利用承兑汇票期限，占用客户的现金放高利贷，获取高额利润。太平天国起义后，票号商人在国外设立分支机构，开始了国际汇兑业务。

晋商资本的发展，不仅使晋商聚集了大量的货币资财，而且促进了山西手工业的发展和全国商品物资的交流，加快了中国自然经济解体和商品经济发展的进程。清末，晋商随着清朝的灭亡而衰败。

徽商 中国古代商人集团。以居于徽州（明清的徽州府辖歙县、休宁、祁门、绩溪、婺源等县）而得名。又名新安商人、歙商、休宁商、黟商、婺源商等。起源于宋代，明清时期发展成为当时主要的商业资本集团之一。

徽商的主要活动范围在长江流域。经营的行业十分广泛，以盐业为最重要。明清时期两淮、两浙食盐的贩卖，几为徽商所垄断。因此，从明中叶起，他们已成为豪富特权商人，与官府关系密切。徽商带有浓厚的地域性和家族性。其资本活动往往是全乡经营、集团移徙。徽商热衷于创办同乡会或会馆等，以保护本地区商人的利益。其积蓄往往用于乡里的慈善事业。徽州商业资本还带有严重的寄生性和野蛮性。他们广泛经营典当业，发放子母钱，进行高利贷盘剥。

清中后期，随着清朝政治和财政危机的加深，徽州缙绅势力减弱，徽商因失去政治庇护而逐渐衰落。

闭关政策 中国清政府在对外关系中所执行的控制贸易及隔绝与外国交往的政策。清建立全国政权之后，厉行闭关政策。以乾隆二十二年（1757）为界，大体可分为前后两个不同时期。前期禁海的目的主要在于隔绝大陆人民与台湾郑氏抗清力量交通，防范人民集聚海上；后期则着重防禁"民夷交错"，针对外国商人，以条规立法形式，严加限制对外贸易。乾隆二十二年，清廷针对外国资本主义势力而厉行闭关政策，只准在广州一口贸易。在对外贸易中，清政府又实行商行制度，即设广州十三行以进行垄断。清政府只允许少数殷实富商设立"公行"，负责与外商从事进出口贸易，并代表清政府与洋商交涉。同时，清政府对出洋贸易的国人也有种种严格限制。1840年，英国用大炮轰开了中国的大门。

广州十三行 中国清朝设立于广州的经营对外贸易的专业商行。又称洋货行、洋行、外洋行、洋货十三行。康熙二十五年（1686）四月始创。名义上虽称"十三"，其实并无定数。它由封建官府势力"招商承充"并加以扶植，具有官商的社会身份。

乾隆时期的广州十三行

十三行作为清朝官设的对外贸易特许商，要代海关征收进出口洋船各项税饷，并代官府管理外商和执行外事任务。为了整顿洋行制度，进一步加强对外商的直接管理，清廷于乾隆十年（1745）从广州二十多家行商中选择殷实者五家为保商，建立保商制度。保商的责任是承保外国商船到广州贸易和纳税等事，承销进口洋货，采办出口丝茶，为外商提供仓库住房，代雇通商工役。凡外商有向官府交涉禀报的事，责令保商通事代为转递，并负责约束外商的不法行为。广州十三行建立有同业商人行会组织，即所谓洋行会馆（公行）。公行议定行规，对货物实施公行垄断，以便按照行会的利益自行调整价格。

鸦片战争以后，《南京条约》规定，废除中国对外贸易中的公行制度。咸丰六年（1856），十三行毁于广州西关大火。

买办　受雇于外商并协助其在中国进行贸易活动的中间人和经纪人。近代中国，鸦片战争前，买办由中国行商选派和管理，仅充当外商的助手。鸦片战争后，买办由外商自由雇用，逐渐在经济上完全依附于外国资本家并获利，成为替外国资本家效劳的对中国进行经济侵略的工具。在中国社会半殖民地化的过程中，买办起着重要的作用。

《四库全书》　中国清代官修大型手写本综合性丛书。始纂于乾隆三十七年（1772），完成于四十六年十二月（1782年1月）。纪昀、陆锡熊、孙士毅为总纂官。先后动用近4000人。按经、史、子、集四部分类，故名。共收书3503种79337卷，约9.97亿字，装订成3.6万册6700余函。《四库全书》基本上将乾隆中期以前，特别是元代以前的重要著作包括在内，在一定程度上起了保存、整理和传播中国古代文献的作用。但其编纂宗旨在于维护清朝的专制统治，凡被认为不利于其统治的图书，则加以抽毁、窜改，或斥之不录，禁毁书达3000余种。共缮写7部，分藏于北京等6个城市的7幢专用建筑物内。

《四库全书》封面（文津阁本）

天地会　中国清代秘密结社。又名洪门，俗称洪帮。关于天地会的创立，一说为郑成功部下陈永华所创，一说起于康熙十三年（1674），一说起于雍正年间，又有起于乾隆二十六年（1761）、三十二年的说法。乾隆中期以后，开始广泛传播，组织多次起义，均遭到清政府的严厉镇压。

天地会的成员以下层穷苦人民为主。天地会没有明确的政治纲领与政治目的。"忠心义气"是会内最高的道德规范。按会内规矩，凡属同会，即使素不相识，遇事也要互相帮助。为了便于同会者互相识别，逐渐形成了一套独特的隐语、暗号。

天地会最初主要在福建、粤东及台湾一带流传，稍后发展至广东全省及江西、广西、贵州、云南和湖南等省。鸦片战争后，又传至四川、湖北、安徽及江浙等省，成为中国南方最大的秘密结社。清前期除了天地会本名外，还有添弟、小刀、双刀、父母、三点、三合等十余种名目。鸦片战争后又出现了哥老会等大量分支（哥老会后发展为独立的秘密结社）。各地山堂林立，互不统属。

天地会曾多次举行武装反抗斗争。辛亥革命时期，天地会及其分支积极参加和支持革命党人领导的武装起义。进入民国以后，国内的天地会组织大多成为少数人争权夺利的工具。海外的洪门组织，则大多数仍继续作为团结华侨的重要纽带而存在，只有少数成了黑社会组织。

清仁宗颙琰（1760-11-13 ~ 1820-09-02） 中国清朝皇帝。爱新觉罗氏。满族。高宗弘历第十五子。1796 ~ 1820年在位，年号嘉庆，习称嘉庆帝。即位初，政事仍由乾隆帝主持。嘉庆四年（1799）亲政后，诛杀权臣和珅，力图整顿财政，未见成效。当时吏治腐败，武备废弛，各地起义接连不断。嘉庆元年爆发的白莲教起义，波及五省，历时九年，清政府所耗军费达2亿两。十八年李文成、林清领导的天理教起义，甚至一度攻入紫禁城。加之黄河连年决口，漕、盐之弊积重难返，清政权日趋衰落。二十五年暴卒于热河避暑山庄。

清宣宗旻宁（1782-09-16 ~ 1850-02-25） 中国清朝皇帝。爱新觉罗氏。满族。名旻宁，原名绵宁。清朝唯一一位以嫡长子身份即位的皇帝。嘉庆二十五年（1820）即位，年号道光，习称道光帝。一生比较朴素节俭，然昧于形势，暗于知人，又优柔寡断，是一个平庸之人，导致清朝国势更加衰弱。曾支持林则徐禁烟。之后鸦片战争爆发，清朝战败于英国。道光帝罢免林则徐，并与英人求和，签订近代第一个不平等条约——《南京条约》。自始，开启中国五千年未遇之大变。在位30年。

虎门销烟 1839年6月3 ~ 25日湖广总督林则徐率广州地方官吏在虎门海滩销毁鸦片的事件。19世纪初，鸦片开始大量输入中国，不仅损害吸食者的健康，而且造成白银外流，使清廷财政陷入困境。清廷命林则徐为钦差大臣，前往广东禁烟。林则徐会同两广总督邓廷桢等传讯洋商，令外国烟贩限期交

广东东莞虎门林则徐销烟池旧址

出鸦片,采取撤买办工役、封闭商馆等措施,收缴英国趸船上的全部鸦片。道光十九年四月二十二日(1839年6月3日)起在虎门海滩销烟,20天销毁鸦片共计237万余斤。虎门销烟打击了外国侵略者的气焰,维护了中华民族的尊严。

鸦片战争 1840～1842年(道光二十年至二十二年)英国发动的侵略中国的战争。清政府以鸦片危害至深至重,遂决定禁烟,派林则徐赴广州全权主持其事。英国以此为借口,悍然发动侵华战争。1840年6月,英国船舰及士兵到达中国海面,第一次鸦片战争正式开始。清政府中主和派掌握实权,排挤林则徐等主战派;道光帝在战争中和战不定。英军相继攻陷厦门、定海、镇海、宁波、镇江等地,1842年8月初英舰直抵南京江面,清钦差大臣耆英等赶到南京议和。鸦片战争至此结束。清政府被迫签订中国历史上第一个不平等条约——《南京条约》。从此,中国由封建社会逐步变为半殖民地半封建社会。

《南京条约》 中国清朝钦差大臣耆英与英国全权代表璞鼎查于1842年8月29日在南京签订的结束鸦片战争的条约。又称《江宁条约》。为中国近代史上外国侵略者强迫清政府订立的第一批不平等条约之一。共13款。主要内容为:①中国割让香港;②向英国赔款2100万银元;③开放广州、福州、厦门、宁波、上海五口对外通商,英国可派驻领事;④废除公行制度,英商可以与中国商人自由进行贸易;⑤中国抽收进出口货的税率由中英共同议定。从此,中国的社会性质开始发生根本性的变化,由一个封建社会逐步变为半殖民地半封建社会。

三元里抗英斗争 鸦片战争时期广州人民自发的武装抗英斗争。1841年5月25日(道光二十一年四月初五),英军攻陷广州城北诸炮台,设司令部于永康台。英军窜扰西北郊三元里等村庄,抢掠烧杀,奸淫妇女。29日,三元里村民击退来犯小股英军。30日,百余村团练群起围困永康台,并诱敌至牛栏冈。

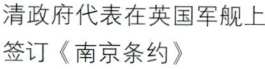

清政府代表在英国军舰上签订《南京条约》

这时大雨骤至，英军火枪受潮不能发射，团练民众冒雨反击，几乎全歼英军一个连队。翌日，广州手工业工人及附近州县团练陆续赶来，数万人相约饿死英军。英军不敢再战，转而威胁官府，广州知府向团练中士绅施加压力，团练逐渐散去，台围遂解。

林则徐（1785-08-30～1850-11-22）

中国清代鸦片战争时期主张严禁鸦片、抵抗西方侵略的爱国政治家。史学界称之为近代中国"开眼看世界的第一人"。字元抚，又字少穆、石麟。福建侯官（今福州）人。嘉庆十六年（1811）中进士。历任江苏巡抚、湖广总督等职。道光十八年（1838）受命为钦差大臣，前往广东禁烟。次年主持虎门销烟。组织翻译西文书报，主持编译的《四洲志》《华事夷言》等是中国近代最早介绍外国的文献。大力整顿海防，积极备战；组织地方团练，招募水勇。九龙炮战和穿鼻洋海战中，亲赴虎门布防，数败英军。鸦片战争开始后，林则徐被革职，后被充军伊犁。二十五年被重新起用，历任陕西巡抚、云贵总督等职。平生爱好诗词书法。

关天培（1781～1841）

中国鸦片战争中抗英名将。字仲因，号滋圃。江苏山阳（今淮安市楚州区）人。出身行伍。道光十四年（1834），擢广东水师提督，驻师虎门寨。十九年，林则徐到广东查禁鸦片，关天培大力配合。奉林则徐之命，整顿海防，操练水师，巡逻海口洋面，多次挫败英军挑衅。鸦片战争爆发后，关天培反对对英妥协。二十年十二月（1841年1月），英军攻陷沙角、大角炮台，虎门危急。关天培请求琦善增派援军，琦善不许。二十一年二月上旬（1841年2月末），英军进攻虎门，关天培率兵坚守炮台，昼夜督战，负伤数十处，壮烈牺牲。

魏源（1794～1857）

中国晚清思想家、经史学者、诗人。原名远达，字默深。湖南邵阳县金潭（今属隆回县）人。曾先后任江苏布政使、巡抚幕僚，主持《皇朝经世文编》纂辑事宜。后入京任内阁中书，与龚自珍以讲求匡时救弊之学而齐名，有"龚魏"之称。鸦片战争爆发，魏源一度入浙江参赞军务。他根据林则徐主持译编的《四洲志》，参考历代史志及西人记录，辑成《海国图志》。《海国图志》共100卷，介绍西方各国历史地理状况，主张学习西方的先进科学技术，"师夷长技以制夷"。道光二十五年（1845）中进士。官至高邮知州，后辞官归隐。一生著述甚丰。

清文宗奕詝（1831-07-17～1861-08）

中国清朝皇帝。爱新觉罗氏。满族。宣宗旻宁第四子。道光三十年（1850）即位，年号咸丰，习称咸丰帝。时政治腐败，内忧外患交困。1853年太平天国定都南京，出师北伐，直逼京师。清廷集八旗、绿营兵主力及湘军与太平军作战。1856

年第二次鸦片战争爆发。1858年英法联军攻占大沽炮台,咸丰帝派桂良等与英、法、俄、美分别签订《天津条约》。1860年英法联军攻入北京,焚毁圆明园,咸丰帝逃往热河承德,命弟奕䜣留京求和,同英、法分别签订《北京条约》。第二次鸦片战争中清政府又被迫签订中俄《瑷珲条约》和中俄《北京条约》。1861年病死于热河行宫。

太平天国 中国近代反对清朝封建统治和外国资本主义侵略的农民战争及其所建立的政权。嘉庆以后,清朝封建政权腐朽无力。而西方资本主义国家对中国的经济侵略,加剧了广大人民的生活贫困和社会动乱。1844年(道光二十四年)初夏,洪秀全以传教为掩护,向农民宣传反清思想,吸收农民参加拜上帝会。1851年1月11日,洪秀全在广西桂平县金田村领导起义,建号太平天国,称天王。1853年3月19日攻克南京。旋即定都南京,号称天京。不久出师北伐、西征,之后进行了东征,在军事上达到全盛。1856年9月,太平天国发生严重的领导集团内讧,实力大受损伤。1864年7月(同治三年六月),在外国侵略者和清政府的联合绞杀下,天京失陷,太平天国中央政权覆亡。

太平天国沉重打击了清朝的封建统治,为辛亥革命的胜利铺平了道路。

洪秀全(1814-01-01 ~ 1864-06-03)

太平天国的创始人和思想指导者。中国广东花县(今花都区)人。屡试不中。1843年阅读了基督教布道书《劝世良言》后,开始传教活动。后成为拜上帝会的首领。1851

年1月11日,洪秀全在广西桂平县金田村领导信徒起义,建号太平天国,称天王。1853年3月19日,率太平军攻克南京并定都,号称天京。其后洪秀全在太平天国中致力宗教甚于实际政务。他与其他领导人的矛盾也日渐加深。1856年9月,太平天国发生内乱,从此由盛转衰。1863年,太平天国统治区相继失陷,洪秀全坚持死守天京。1864年6月3日,他因病去世。一个半月后,清军攻破天京,太平天国中央政权灭亡。

太平军作战图

李秀成（1823～1864） 太平军后期统帅。原名以文。广西藤县人。早年加入拜上帝会，1851年参加太平军。1856年上半年，随燕王秦日纲大破清军江北、江南大营。1857年夏秋之交，石达开分裂出走，李秀成拒不附和。后与陈玉成等同主军政。1858年9月，与陈玉成合力，再破清军江北大营。次年秋，被封为忠王。1863年，太平天国统治区相继失陷，天京形势日岌。李秀成虽率军民奋力固守天京，终于1864年7月19日失城。城破时，保护幼天王洪天贵福突围，混乱中失散被俘。不久被曾国藩杀害。

湘军 中国晚清时期曾国藩以湘乡练勇为基础，在湖南创建的一支军队。又称湘勇。湘军将领主要是湘乡人，大多是封建儒生，士兵则招募湘乡一带农民。湘军的士兵由营官自招，并只服从营官，上下层层隶属，全军只服从曾国藩一人。湘军分陆军、水师两种，于1854年初在衡州（今衡阳）编练建成，共1.7万余人。是年夏，出省作战。以后几年间，与太平军在湖北、江西的沿江地区争夺。1860年曾国藩任钦差大臣、两江总督后，湘军成为镇压太平天国的清军主力。1864年7月，湘军攻破天京。之后声势愈大。曾国藩为避免清廷疑虑，又因湘军暮气日深，大量裁撤直系部队，其支系仍在安徽、湖北、河南、山东、江苏等地镇压捻军。湘军水师则改建为长江水师。以后，湘军不再是国家的主要军队。

捻军 中国近代太平天国时期北方的农民起义军。源于捻子（一称捻党）。"捻"为淮北方言，意即一股、一伙。捻子是民间的一个秘密组织，成员主要为农民和手工业者，早期活动于皖北泗水和涡河流域。1853年（咸丰三年），捻子在太平天国影响下发动大规模起义。起义后的"捻"，史学界称捻军。捻军起义从1853年至1868年，分为两个阶段。自1853年春至1863年3月为前期捻军，领袖为张乐行（张洛行）；自1863年4月至1868年8月为后期捻军，领袖为张宗禹、任柱和赖文光等。1864年7月天京陷落后，太平军余部和捻军合并为联军。1866年10月起，联军分为东西两军。东捻军于1868年1月在江苏扬州覆没，西捻军于同年8月在山东茌平覆没。至此，捻军起义失败。

第二次鸦片战争 1856～1860年（咸丰六年至十年）英、法在俄、美支持下联合发动的侵华战争。因其实质是鸦片战争的继续和扩大而得名。又称英法联军之役。为攫取更多的权利，1856年10月，英国利用"亚罗"号事件制造借口，悍然挑起侵略战争。1857年，法国政府将马神父事件作为侵略中国的借口，出兵来华协同英军行动。清政府对外国侵略者采取"息兵为要"的方针。美、俄两国假装调停，实则乘机捞取权益。1858年6月，清政府被迫与英、法、美、俄分别签订了《天津条约》。

1858年中英签订《天津条约》

次年6月，英、法利用到北京交换条约文本的机会，再次挑起战争。1860年10月英法联军攻占北京，焚毁圆明园。清政府被迫签订中英、中法《北京条约》。中国社会进一步半殖民地化。

《瑷珲条约》 第二次鸦片战争期间俄国强迫中国清政府签订的不平等条约。又称《中俄瑷珲条约》。1858年5月（咸丰八年四月），乘英法联军进犯天津、威胁北京之际，俄国派兵船多艘驶至瑷珲，以武力相威胁，迫使黑龙江将军奕山签订《瑷珲条约》。条约共3款，主要内容为：中俄以黑龙江为界；乌苏里河（今乌苏里江）以东至海所有土地由两国共管；黑龙江、乌苏里河只准中、俄行船，黑龙江左岸、由精奇里河（今结雅河）以南至豁尔莫勒津屯（后称江东六十四屯）仍保留中方的永久居住权和管辖权。清政府最初没有批准《瑷珲条约》，至1860年订立中俄《北京条约》时，始予承认。

《天津条约》 第二次鸦片战争期间，中国清政府与英、法、俄、美签订的条约。中英《天津条约》共56款，附约1款；中法《天津条约》共42款，附约6款。主要内容是：①公使常驻北京；②增开牛庄（后改营口）、登州（后改烟台）、台湾（后定为台南）、淡水、潮州（后改汕头）、琼州、汉口、九江、南京、镇江为通商口岸；③外籍传教士可入内地自由传教；④外国人可往内地游历、通商；⑤外国商船可在长江各口岸往来；⑥修改税则，减轻商船吨税；⑦对英赔款银400万两，对法赔款银200万两。俄、美与清政府签订中俄《天津条约》12款、中美《天津条约》30款，攫取了除赔款外与英、法所得几乎一样的侵略特权。

《北京条约》 中国清政府与英、法、俄在北京签订的结束第二次鸦片战争的条约。中英、中法《北京条约》的主要内容有：①开天津为商埠。②准许英、法招募华工出国。③割让九龙司给英国。④退还以前没收的天主教资产。法方还擅自在中文约本上增加"并任法国传教士在各省租买田地，建造自便"的条款。⑤赔偿英、法军费各增至800万两，恤金英国50万两，法国20万两。俄国自以"调停"有功，逼迫清政府订立了中俄《北京条约》，割占乌苏里江以东约40万平方千米的中国领土。条约的签订，不仅使外国资本主义的侵略势力由东南沿海进入中国内地，而且使中国社会进一步半殖民地化。

租界 帝国主义列强根据和清政府缔结的不平等条约，以居住和经商为名，在中国一些通商口岸和城市永久或长期占用的地段。其领土主权仍属中国。由于领事裁判权的不断扩大，租界内相继设立警察、法院、市政管理和税收机关。外国人不仅开设商行、建筑栈房、码头、工厂，走私贩毒等活动亦时有发生，以致租界成为"国中之国"及帝国主义势力侵略中国的重要据点。

1845年11月，英国最早在上海

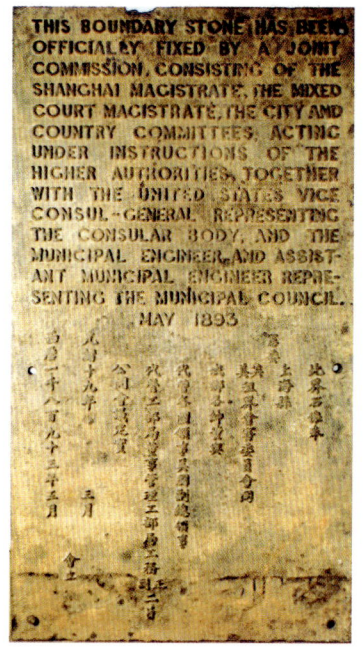

上海英美租界碑

取得租界。其后列强纷纷在上海和中国其他城市划定租界。到清朝末年，散布在沿海、沿江16个商埠的租界共43处，其中以英租界最多，计11处。1919～1947年，经过长期斗争，中国陆续收回各国租界。

慈禧太后（1835-11-29～1908-11-15）中国清朝咸丰帝之妃，同治、光绪两朝实际最高统治者。那拉氏，祖居叶赫，故称叶赫那拉。满洲镶蓝旗人。1852年（咸丰二年）被选入宫，1856年生皇长子载淳。在宫中的地位仅次于皇后钮祜禄氏。

1861年，6岁的载淳即位，年号祺祥。她和钮祜禄氏被尊为皇太后，徽号分别为慈禧、慈安，俗称西太后、东太后。她与恭亲王奕䜣等贵族官僚发动辛酉政变，实行垂帘听政，自己掌握实权。慈禧太后依靠曾国藩、李鸿章等组织的汉族地主武装，先后镇压了太平天国、捻军等农民起义。她一方面支持洋务运动，另一方面又支持顽固派对洋务派进行牵制。

1875年(同治十三年)，同治帝病死。她立4岁的载湉为帝，年号光绪，继续垂帘听政。1887年，改垂帘听政为训政。1889年，名义上归政于光绪帝，实际仍操纵内政和外交大权。1894年中日甲午战争中，她支持李鸿章避战静守的方针，以致战败，与日本签订丧权辱国的《马关条约》。1898年，光绪帝实行变法。慈禧太后发动政变，幽禁光绪帝，废除全部维新措施，捕杀维新派。之后宣布重新训政。对义和团的反帝斗争先是利用，后又血腥屠杀。1901年，与十一国签订空前屈辱的《辛丑条约》。此后，为缓和国内外矛盾，陆续推行"新政"。1906年又宣布"预备立宪"。

1908年，光绪帝死。她命立年仅3岁的溥仪为帝，年号宣统。次日病死，结束对清朝长达47年的统治。

清穆宗载淳（1856-04-27～1875-01-12） 中国清朝皇帝。爱新觉罗氏。满族。文宗奕詝长子。咸丰十一年（1861）即帝位，年号祺祥，由肃顺等顾命八大臣辅佐。同年其生母慈禧太后、恭亲王奕䜣等发动政变后，改年号为同治，习称同治帝。即位后由慈禧太后掌权。在位期间依靠湘军、淮军，并借助外国军队平定太平军、捻军、回民和苗民起义；在洋务派支持下推行自强、求富的新政，创办工矿企业；接见西方使节，维持中外和好局面。这一时期被旧史家称为同治中兴。

总理各国事务衙门 中国清末主管外交事务、派出驻外国使节，并兼管通商、海防、关税、路矿、邮电、军工、同文馆、派遣留学生等事务的中央机构。简称总理衙门、总署或译署。1861年（咸丰十一年），恭亲王奕䜣等奏请设立总理各国事务衙门。1862年3月（同治元年二月）成立。

总理衙门由王大臣或军机大臣兼领，设大臣、章京两级职官。编制设置分英国股、法国股、俄国股、美国股、海防股、清档房和银库。直属机构有同文馆和海关总税务司署。此外，其下还设南、北洋通商大臣。1901年改为外务部，为六部之首。

淮军 中国晚清在曾国藩支持下由李鸿章招募淮勇编练的一支军队。又称淮勇。出于湘军。1862年3月在安庆编成。成立时有6500人，以后扩编部队。至1864年，淮军先与英、法侵略军和常胜军相勾结，在上海附近对抗太平军；后配合湘军在苏、浙等地进攻太平天国。1865～1868年，先后在曾国藩、李鸿章率领下，在安徽、湖北、河南、山东、江苏、直隶（约今河北）等地作为清军主力与捻军作战。捻军被镇压后，淮军担负北自天津、保定，南迄上海、吴淞，南北数千里江海要地的防守。李鸿章以淮军成为晚清政局中的重要人物。淮军主要将领刘铭传、丁汝昌、聂士成等形成淮系军阀，是统治阶层中一个重要的武装政治集团。

常胜军 中国太平天国时期清政府联合外国势力组成的一支以近代武器装备的雇佣军。始名洋枪队，后经扩充改组为中外混合编制，易名常胜军。1860年（咸丰十年）6月2日，洋枪队成立，有百余人。美国冒险家F.T.华尔为统领。1862年2月（同治元年一月），洋枪队改名常胜军。杨坊会同华尔为管带。常胜军人数达5000人。9月，华尔在慈溪毙命。次年3月，英国少校C.G.戈登继任管带。常胜军主要配合清军在苏南战场上镇压太平军。1864年5月，清军在苏南的胜利已成定局，常胜军即在昆山解散。

清德宗载湉（1871-08-14～1908-11-14） 中国清朝皇帝。爱新觉罗氏。满族。道光帝第七子醇亲王奕譞之子。1875年，同治帝病故，慈禧太后指定他入承大统。即位时年仅4岁，由慈禧、慈安两太后垂帘听政，年号光绪，习称光绪帝。1887年光绪帝亲政，慈禧太后以"训政"名义掌握清廷最高权力。至1889年始正式亲政，但一切用人行政皆仍出慈禧太后之手。1894年日本挑起中日甲午战争，光绪帝倾向主战。次年因战争失败，签订《马关条约》。光绪帝不甘为亡国之君，于1898年6月11日颁诏推行一系列除旧布新的变法措施，引起慈禧太后及顽固派的不满。9月21日，光绪帝被囚禁于南海瀛台，慈禧太后重新训政。义和团运动中，光绪帝力主剿杀义和团，反对围攻外国使馆及对列强宣战。八国联军攻入北京时，随慈禧太后逃往西安。后与慈禧太后等回銮北京。在清廷"新政"和"筹备立宪"期间，毫无作为。先慈禧太后一日死于瀛台。

戈登，C.G.（1833～1885-01-26） 英国军官和殖民官员。毕业于英国军官学校。1860年参加英法联军进攻天津和北京。1862年到上海对太平军作战。1863年，在英国驻华公使指使下接任常胜军统领。1864年5月，配合清军攻陷常州，清政府提升其为提督。同年11月，戈登返回英国，后任苏丹总督。1885年1月，戈登被苏丹马赫迪领导的起义军击毙。

阿古柏事件 19世纪70年代中亚浩罕汗国阿古柏入侵中国新疆的事件。1864年（同治三年），新疆各族人民发动的大规模反清运动遍及天山南北。1865年春，浩罕军事头目阿古柏乘机进入南疆。1867年阿古柏建立哲德沙尔（"七城"之意）政权，自立为汗。1870年控制天山南路和天山北路部分地区，并同英、俄两国侵略势力进行勾结。

1875年（光绪元年），清政府派军进入新疆。清军于1876年收复天山北路，次年进入南疆。阿古柏服毒自杀，其汗国亦随之覆灭。至此，中国新疆地区除伊犁仍被俄国侵占外，天山南、北两路全部收复。

洋务运动 中国清朝政府于19世纪60年代初到90年代中期，为了维护封建统治，引进和学习西方科学技术，兴办近代军事工业和民用工业，并相应地改革军事、外交、文化教育和某些政府机构等的活动。

洋务运动是清朝统治阶级内部一部分当权的官僚所采取的自强措施。主张办洋务的这些贵族和官僚，被称为洋务派。主要有奕䜣、文祥、曾国藩、李鸿章、左宗棠等。洋务运动以19世纪70年代初为界，分两个阶段。第一阶段以购置洋枪洋炮，建立军事工业为主；第二阶段重点是筹建海军和建立民用企业。此外，还开办了同文馆等培养洋务人才的学堂，派出一批出国留学人员。洋务企业的创办，在一定程度上抵制了外国资本的渗透，刺激了民族工业的发展。但在腐朽的封建制度没有根本改变的情况下，洋务运动不能使中国走上富强的道路。1895年清政府在中日甲午战争中战败和《马关条约》的签订，标志着洋务运动的失败。

曾国藩（1811-11-26 ~ 1872-03-12）中国晚清重臣，湘军创立者、统帅。初名子城，字居武，号涤生。湖南湘乡人。道光十八年（1838）中进士。累迁内阁学士、礼部侍郎等。

1852年，奉旨帮同湖南巡抚办理团练，遂组建湘军。1854年初湘军练成，以后几年间与太平军在湖北、江西的沿江地区争夺。1860年曾国藩任两江总督，督办江南军务。次年，奉命统辖江苏、安徽、江西、浙江四省军务。1862年始，组织对太平天国实行战略包围。至1864年7月，完成对太平天国起义的镇压。被封为一等毅勇侯。1865年，他奉命督办直隶（约今河北）、山东、河南三省军务，镇压捻军，无功。1870年6月，天津发生教案，他奉命前往查办，屈从于法国势力，处决、遣戍官民数十人，受到社会舆论谴责。

曾国藩主张"师夷智以造炮制船"。设立安庆内军械所；建造"黄鹄"号轮船；与李鸿章在上海创办江南机器制造总局等军事工业；筹措经费，派遣学童赴美留学。

他于古文、诗词很有造诣，被奉为桐城派后期领袖、湘乡派创始者。

左宗棠（1812-11-10 ~ 1885-09-05）中国清末重臣、湘军重要统帅、洋务派

首领。字季高。湖南湘阴人。道光十二年（1832）中举人。长于"义理经世"之学，对兵法和地舆有研究。1860年由曾国藩保举襄办皖南军务。1862年初任浙江巡抚，率湘军入浙江，镇压太平军。1864年授闽浙总督，伙同法国人组成中法混合军——常捷军。同年追击太平军余部李世贤、汪海洋部，至1866年2月消灭太平军。1866年创办福州船政局，成为洋务派首领之一。1867年任陕甘总督，率湘军镇压西捻军和陕甘回民起义。继在西安、兰州两地创办机器局。1875年任钦差大臣，督办新疆军务。次年率军讨伐俄、英支持的阿古柏侵略军，先后收复除伊犁外的天山南北各地。1881年升任军机大臣，调任两江总督兼南洋通商事务大臣。中法战争中为主战派，督办福建军务。

李鸿章（1823～1901-11） 中国晚清军政重臣，淮军创始人、统帅，洋务运动的主要倡导者。字子黻、渐甫，号少荃、仪叟。安徽合肥人。道光二十七年（1847）中进士。1858年冬入曾国藩幕府襄办营务。1861年经曾国藩推荐，回皖北编练淮军。次年率淮军赴上海与太平军作战。不久出任江苏巡抚。因镇压苏南太平军有功，被封为一等肃毅伯。

1865年就任两江总督，参与镇压捻军。1870年任直隶总督兼北洋通商大臣，从此控制北洋达25年之久。

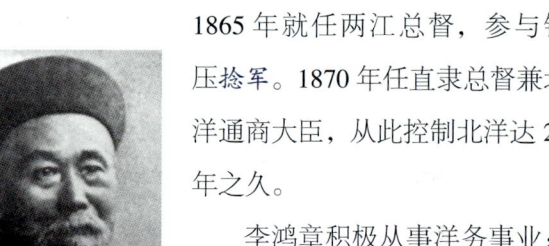

李鸿章积极从事洋务事业：创立江南机器制造总局和金陵机器制造局；以"官督商办"的形式创办一系列民用企业；建成北洋海军；创办各类新式学堂，并派人赴欧美留学。

他在对外交涉中始终抱定"委曲求全"的方针，与外国侵略者签订了《烟台条约》《中法新约》《马关条约》《中俄密约》《辛丑条约》等条约。

张之洞（1837～1909） 中国清末重臣、后期洋务派首领。字孝达，号香涛，又号香严。直隶南皮（今属河北）人。同治二年（1863）中进士。1881年授山西巡抚后，大力从事洋务活动。1884年授两广总督。中法战争爆发后，力主抗法。1889年调任湖广总督。建立湖北铁路局、湖北枪炮厂、湖北纺织官局；

开办大冶铁矿、内河船运和电信事业；力促修建芦汉铁路；编练新军；设新式学堂，派遣学生出国留学。戊戌变法时期，起先支持维新活动，后提出"旧学为体，新学为用"，维护封建纲常，反对变法维新。义和团运动爆发后，主张严加镇压。八国联军进逼京津，他联络东南各省督抚，组织"东南互保"。镇压自立军起义。1901年，与刘坤一联衔合上三疏，为清政府"新政"活动提供蓝本。1907年调任军机大臣，兼管学部。次年任督办粤汉铁路大臣。

清末幼童留美 中国近代派遣官费留学生的开端。1870年，根据容闳的建议，曾国藩、李鸿章联名上奏，请求

容闳（1828～1912-04） 中国近代改良主义者。原名光照，族名达萌，号纯甫。广东香山南屏镇（今属珠海）人。1847年初赴美学习，1854年毕业于耶鲁大学。1855年回国，曾在广州美国公使馆、香港高等审判厅、上海海关等处任职。后在洋行任职，不久投入洋务运动。1863年向曾国藩建议创办机器厂，并受曾的委托筹建江南机器制造局。1870年任留学事务局副监督，并于次年率第一批留学生赴美。此后长期驻美，专管留美学生事务。戊戌变法时期，与维新派来往密切。1900年唐才常的自立会改称中国国会，他被推为会长。自立军起义被镇压后，他遭清政府通缉，辗转流亡美国。著有回忆录《西学东渐记》。

选派学童去美国留学。经过短期筹备，1872～1875年，每年派遣30名学童（年龄规定为12～16岁，个别年仅10岁）。计划学习15年，由小学、中学到大学，"学习军政、船政、步算、制造诸学"。到1881年，在守旧派官僚的攻击下，清政府下令留美学生全部撤回。除病故和"告长假不归"者外，归国留美学生94人，只有詹天佑等二人完成学业，获得学士学位。

中法战争 1883年12月至1885年4月，由于法国侵略越南并进而侵略中国而引起的一次战争。1883年12月，法军进攻驻扎在越南山西的清军，中法战争爆发。1884年7月，法国舰队闯入福建马尾军港；8月23日，法军发动进攻，福建水师全军覆没。1885年2月，法军直逼广西门户镇南关。3月，在冯子材的指挥下，清军取得镇南关大捷。同时，刘永福的黑旗军亦在临洮等地大败法军。法军节节败退。但清政府决定"乘胜即收"，和法国签订《中法新约》。中法战争后，中国西南逐渐变成法国的势力范围。

中法战争中，刘永福率黑旗军、岑毓英率云南军共同抵御法国军队（绘画）

黑旗军 中国清咸丰年间的农民起义军。因以七星黑旗为战旗，故称。太平天国失败后，在刘永福率领下转移到中越边境。1873年，法军进占越南河内，越南朝廷向黑旗军求助，刘永福便率黑旗军奔赴前线。1883年5月19日，黑旗军在河内城西的纸桥与法军展开激战，击毙法军舰队司令H.里维埃等人。这一仗震动中、越、法朝野，鼓舞了中越人民的抗法士气。河内战役后，黑旗军控制着红河上游地区，成为法国侵略者通过红河入侵中国的屏障。后清政府向法国政府妥协，迫使黑旗军回国。但其中一些人坚持留在越南，与越南人民共同坚持抗法斗争。

法国画家笔下的黑旗军士兵

北洋水师 中国清末建立的新式海军。1875年，清廷命北洋大臣**李鸿章**创设北洋水师。先后向英国、德国订造巡洋舰"扬威""超勇"和铁甲舰"定远""镇远"等舰船。1880年清廷在天津设立负责海军事务的机构——海军营务处。次年，派丁汝昌统领北洋海军。又设立北洋水师学堂，修筑旅顺和威海卫军港。北洋水师各主要战舰舰长及高级军官多曾到英国海军学院留学实习。1885年设立总理海军事务衙门。1888年12月17日，北洋水师正式成军。共有军舰25艘，官兵4000余人。以后，舰队经费大幅减少，多被政府挪作他用。中日甲午战争中，北洋水师全军覆没。

中日甲午战争 1894～1895年中国军民抗击日本侵略的战争。因1894年为农历甲午年，故名。1894年7月25日，日本海军在丰岛海面突然袭击中国护航军舰和运兵船。8月1日，清政府被迫宣战。由于慈禧太后、李鸿章等在战前寄希望于英、俄等国的调停，不认真备战，清军接连受挫。9月中旬，日军占领朝鲜平壤。9月17日，中日海军在黄海激战，双方互有损失，但清军损失稍重。因李鸿章下令不准出海作战，日军获取了黄海制海权。10月下旬，日军分两路入侵中国，很快占领大连（旧称青泥洼）、旅顺、海城等战略要地。1895年2月，日军占领威海卫，北洋舰队全军覆没。4月17日，清政府被迫与日本签订丧权失地的《马关条约》。

黄海海战 中日甲午战争中，双方海军主力在黄海北部海域进行的战役。又称大东沟海战。1894年9月17日，北洋水师提督丁汝昌率18艘舰艇为运兵船护航后准备返航时，在鸭绿江口大东沟附近海域与日本联合舰队相遇。丁汝昌下令迎敌。日方凭借指挥灵活、舰艇航速高、舰炮射速快等优势，掌握了战场主动权。日方"松岛"等5艘舰艇被击伤，官兵死伤290余人。中方战术运用不当，战场指挥中断。"致远"等5艘舰艇沉毁，"定远"等4艘舰艇受伤，管带邓世昌、林永升等约千名官兵伤亡。战后，黄海制海权落入日本联合舰队手中。

《马关条约》 日本强迫清政府订立的关于结束中日甲午战争的不平等条约。原名《马关新约》，又名《春帆楼条约》。由李鸿章与日本全权代表伊藤博文、陆奥宗光于1895年4月17日在日本马关（今下关）签订。通过条约，

中日签订《马关条约》（绘画）

日本从中国割取辽东半岛（后被迫归还）、台湾岛及其附属各岛屿和澎湖列岛，索取赔款2.3亿两（含"赎辽费"3000万两）白银，并在中国获得一系列特权。条约的签订，使中国社会的半殖民地化程度大大加深。

邓世昌（1849～1894-09-17） 中国晚清北洋海军爱国将领。字正卿。广东

番禺人。1867年考入福建船政学堂学习舰船驾驶。1879年调北洋水师任职。先后赴英国驾驶"扬威"和"致远"巡洋舰回国。北洋水师成军后，任中军中营副将、"致远"舰管带。以治军严格、忠勇刚正闻名。1894年9月17日黄海海战中，指挥"致远"舰英勇战斗。在战舰受重创侧倾的情况下，邓世昌下令全速撞向日舰"吉野"号，决心与敌同归于尽。战舰不幸被击中沉没，邓世昌同全舰200余名官兵一起壮烈殉国。

公车上书 中国清末在北京应试的举人发起的上书请愿活动。1895年4月，清政府因战败，被迫与日本签订《马关条约》。消息传到北京，康有为联合各省应试举人，讨论上书请愿。会后由康有为起草万言书（即《上清帝第二书》），提出拒签和约、迁都抗战和变法图强三项建议，以及富国、养民、教民等变法图强的具体措施。万言书征集到1300余名举人的签名，于5月2日被呈递至都察院，都察院拒绝代呈。公车上书是资产阶级改良思潮发展为政治运动的起点。

戊戌变法 中国清末资产阶级改良政治运动。发生于1898年，因此年为戊戌年，故名。又称戊戌维新。中日甲午战争后，康有为组织发动公车上书，维新思潮发展为一场政治运动。维新派组织学会，创办报刊，开办学堂，宣扬变法主张。1897年，德国强占胶州湾，康有为上书光绪帝，痛陈局势的严重性和变法的紧迫性。1898年6月11日，光绪帝发布《明定国是诏》，变法从此正式开始。光绪帝根据康有为等人的建议，颁布了几十道新政诏令。新政有利于民族资本主义经济的发展和资产阶级文化思想的传播，但危及封建守旧分子的利益，遭到他们的抵制和反对。9月21日，慈禧太后发动戊戌政变，捕杀维新派，新政几乎全部被废。变法持续共103天，史称"百日维新"。

戊戌变法是一次爱国救亡运动，也是一次进步的政治改良运动和思想启蒙运动。

戊戌六君子 戊戌政变后被捕牺牲的维新志士。1898年9月21日，慈禧太后发动政变，对维新派残酷镇压。谭嗣同拒绝出走，矢志为变法献身，24日被逮下狱。28日，谭嗣同、杨深秀、杨锐、林旭、刘光第、康广仁被杀害，世称戊戌六君子。

康有为（1858-03-19～1927-03-31）中国近代政治家、思想家。又名祖诒，字广厦，号长素、更生。广东南海人。光绪二十一年（1895）中进士。少时学习传统儒学，后接触到西方资本主义思想和当时的改良思潮。

1888年10月，康有为第一次上书光绪帝，提出变法主张。1891年，刊印《新学伪经考》，继又编纂《孔子改制考》，用孔教名义提出变法要求。1895年，他组织发动公车上书。创办《万国公报》，创立强学会，宣传变法维新。1898年6月11日光绪帝下诏变法，康有为深得倚重。戊戌政变后，他逃亡海外。创设保皇会，成为保皇派首领。辛亥革命成功后，他鼓吹君主立宪制。1917年参与张勋复辟。

梁启超（1873-02-23～1929-01-19）

中国近代思想家、学者，戊戌维新运动领袖之一。字卓如，号任公，别号饮冰室主人。广东新会人。自幼接受传统教育，光绪十五年（1889）中举人。后投入康有为门下。

1895年，他协助康有为组织发动公车上书。维新运动期间，主笔《万国公报》和《时务报》。

他的许多政论在社会上有很大影响。戊戌政变后，梁启超逃亡日本。他创办报纸，鼓吹改良，反对革命；同时大量介绍西方社会政治学说。武昌起义后，他一度宣扬君主立宪制。梁启超反对袁世凯称帝，积极组织反袁护国斗争。1917年11月，他辞去北洋政府财政总长之职，从此退出政坛。

他学识渊博，著作等身，在文学、史学、哲学、佛学等领域都有较深的造诣。

京师大学堂

中国近代最早的国立大学。1898年创立于北京。为戊戌变法的新政措施之一。1900年八国联军入侵北京，京师大学堂遭到破坏，校务停顿。1902年学堂恢复（同年京师同文馆被并入京师大学堂），设速成、预备两科。速成科分仕学、师范两馆，预备科分政科及艺科。1903年增设进士馆、译学馆及医学实业馆。1910年发展为设有经、法、文、格致、农、工、商七科的大学。1912年始更名为北京大学。

荣禄（1836～1903）

中国清末大臣。字仲华，号略园。瓜尔佳氏。满洲正白旗人。历任工部侍郎、户部侍郎、总管内务府大臣等职。1878年，擢工部尚书。1891年底，任西安将军。中日甲午战争中，授步军统领，会办军务。战后，授总理各国事务大臣、兵部尚书，督练北洋新建陆军。百日维新期间，授直隶总督兼北洋大臣，为慈禧太后发动戊戌政变的得力人物。之后，授军机大臣，管理兵部事务。

策划立端王载漪之子溥儁为大阿哥（皇储），谋划废黜光绪帝。义和团运动中，主张保护各国驻京使馆，镇压义和团。

义和团运动

中国清末群众性的反帝爱国运动。义和团原称义和拳，是长期流行于山东、直隶（约今河北）等地的民间秘密结社。以"扶清灭洋"相号召。1899年10月，朱红灯、本明和尚领导义和团在山东平原县与地方营队战斗，促使山东、直隶的反侵略斗争迅速发展。义和团不断壮大，进入京津地区。1900年6月，为镇压义和团运动，英、美、德、法、俄、日、意、奥8个国家组成侵略中国的联军。清政府决定对外宣战，利用义和团抗击联军。八国联军持续增兵，最后侵入北京。慈禧太后仓皇出逃，并下令镇压义和团运动。在国内外敌人的联合镇压下，义和团运动失败。

义和团团旗

八国联军

帝国主义为镇压中国义和团运动而组成的侵华联军。主要由英、美、德、法、俄、日、意、奥8个国家的军队组成。19世纪末20世纪初，义和团运动爆发，帝国主义列强见清政府在义和团问题上"剿""抚"不定，遂决定用武力胁迫清政府就范。1900年5～6月，多国联军2000余人从天津进犯北京，在落垡、廊坊一带遭到义和团和清军的痛击。同时，列强海军联合夺占了大沽炮台，清政府被迫宣战。随后八国联军攻陷天津。8月14日，联军攻陷北京，疯狂进行烧杀抢掠。此后各国来华侵略军陆续增至10万人。1901年9月7日签订《辛丑条约》后，八国联军除留一部常驻京津、津榆铁路线外，其余撤兵回国。

《辛丑条约》 帝国主义强迫清政府签订的不平等条约。又称《北京议定书》。1900年12月24日，除了参加武装侵略中国的英、美、德、法、俄、日、意、奥8个国家以外，又加上比利时、西班牙和荷兰，向清政府共同提出"议和大纲十二条"。1901年9月7日，条约正式签订。规定：中国向各国赔偿白银4.5亿两，连利息在内，共约9.82亿两；北京设使馆区；北京到山海关铁路沿线12处驻扎外国军队；惩办支持义和团运动的官吏，禁止中国人加入反帝组织，对镇压人民反抗不力的官员即行革职；改总理各国事务衙门为外务部，班列各部之首；等等。《辛丑条约》使清政府完全丧失独立地位。

清末"新政" 中国清朝政府在义和团运动后十年间推行的一系列政治、经济、文化、军事措施。当时习惯称为"新政"。1901年1月29日，清政府颁发上谕，开始实行"新政"。4月21日，又命成立督办政务处，作为推动"新政"的专门机构。以后陆续颁布各种章程命令推行"新政"，直至清朝灭亡。"新政"主要包括：编练新军，筹饷；废科举，办学堂，奖游学；改革官制；振兴商务，奖励实业。清末"新政"是清政府为维护其封建统治，迫于国内外形势而采取的措施。其中一些措施对传播文化和民主革命思想、发展工商业起了一定作用；而有些措施则激起人民的反抗，促进了辛亥革命的到来。

新军 中国清朝末年编练的新式陆军。用西方营制编成，以洋操训练，使用洋枪洋炮。要求士兵具有一定的文化，军官多由国内外近代军事学堂毕业生充任。中日甲午战争爆发后始编练，此后主要由袁世凯主其事。1907年，新军编练在全国铺开。辛亥革命爆发后，大量新军走向革命，成为清朝的掘墓人。

盛宣怀（1844-11-04～1916-04-27）中国晚清官僚、企业家。字杏荪，号愚斋。江苏武进人。1870年入李鸿章幕府。1872年，参加创办轮船招商局。1875～1896年，先后任湖北开采煤铁督办、天津电报总局总办、上海华盛纺织总厂督办等职。中日甲午战争后，他控制了更多的近代化大企业。1896年，他接办汉阳铁厂和大冶铁矿、萍乡煤矿。同年，

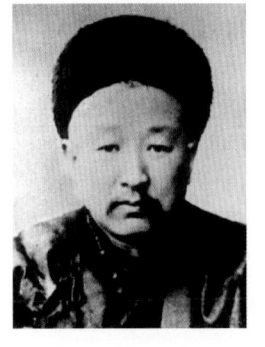

受清政府委任督办中国铁路总公司，创办中国通商银行。1911年初授邮传部尚书。是年，清政府宣布"铁路国有"命令。他即以此与英、法、德、美四国银行团签订湖广铁路借款合同，把原来已允商办的川汉、粤汉铁路权交与外国资本作抵，激起全国性人民保路运动。武昌起义后，被革职。

张謇（1853-07-01～1926-08-24） 中国清末民初实业家、教育家，立宪派首领。字季直，号啬庵。原籍江苏通州（今南通），生于江苏海门。光绪二十年（1894）中状元。先后创办通州师范、女子师范等学校，开全国风气之先；创办大生纱厂、通海垦牧公司、大达外江轮步公司，形成齐备的纺织业体系。

1906年参与组织预备立宪公会。1909年当选为江苏咨议局议长，积极推动国会请愿运动。武昌起义爆发后，转而拥护共和。1913年9月出任袁世凯政府农商总长兼全国水利局总裁。1915年辞职返乡，继续从事教育、实业事业。

严复（1854-01-08～1921-10-27） 中国近代启蒙思想家、翻译家。初名传初，又名宗光，字几道，又字又陵。福建侯官（今福州）人。1877年被选送英国学习海军驾驶。1879年归国后任教于福州船政学堂，次年调任北洋水师学堂总教习。中日甲午战争后，他参与创办《国闻报》，积极倡导变法维新；同时开始致力于翻译学术名著。

严复是中国近代翻译、介绍西方学术名著的先驱。其影响最大的译作是《天演论》。《天演论》的出版使进化论的新思想在中国传播开来。

1905年，他参与创办复旦公学，并于次年任校长。1912年京师大学堂改名北京大学后，严复被荐为首任校长。

王国维（1877-12-03～1927-06-02）中国近代史学家、语言文字学家、文学家。字伯隅，又字静安，号观堂，又号永观。浙江海宁人。1898年入上海东文学社半工半读。1901年秋，得罗振玉资助赴日留学。不久，以病归，相继在南通师范学堂、江苏师范学堂任教，并编译《农学报》与《教育世界》杂志。1907年任学部总务司行走。这期间，他潜心词曲，作有《人间词话》。辛亥革命爆发后，随罗振玉逃亡日本，专事甲骨文及汉简的研究。

1916年回到上海。他创立的二重证据法，对近代史学的进步颇有影响。1923年在废帝溥仪左右任"南书房行走"。1925年被聘为清华研究院导师。1927年在颐和园投昆明湖而死。其主要著作结集为《海宁王静安先生遗书》。

敦煌遗书 中国甘肃敦煌莫高窟发现的5～11世纪的多种文字的写本和印本文献。1900年由道士王圆箓发现于敦煌莫高窟第17窟藏经洞。1907

年，英籍匈牙利人A.斯坦因盗走遗书24箱，运回英国。遗书在西方引起轰动，引来各国"探险家"的掠夺，迅速流散到世界各地。1944年、1965年和1988～1995年，陆续又有发现。据统计，总数超过4万件，其中汉文写本3万多件。遗书被分藏于英、法、中、俄、日及其他一些国家的图书馆、博物馆等处。敦煌遗书的发现，推进了同中古时期中国和中亚相关的历史学、考古学、语言学、文字学、民族学、宗教学、文学等的研究。

争。1922年，新军阀陈炯明叛变，孙中山被迫离开广州赴上海。在孙中山革命事业最艰难的时刻，他得到了来自共产国际和中国共产党的帮助，完成了一生中最伟大的转折。1924年他改组中国国民党，重新阐释了三民主义，提出了联俄、联共、扶助农工三大政策，实现第一次国共合作。中国民主革命就此进入一个新高潮。1925年3月12日，孙中山因患肝癌在北京逝世。

孙中山（1866-11-12～1925-03-12）

中国近代民主革命的先行者。名文，字德明，号逸仙；在日本从事革命活动时曾化名中山樵。广东香山（今中山）人。青少年时期比较系统地接受了西方式的近代教育。1892年毕业于香港西医书院。1894年，他上书李鸿章，提出改革主张，但未被接受。11月，他在檀香山组织兴中会。次年，兴中会密谋起义，事泄失败。孙中山被迫流亡海外。1905年8月，孙中山与黄兴等人在日本东京创建全国性的资产阶级革命党——中国同盟会，孙中山被推举为总理。在同盟会机关报《民报》发刊词中，孙中山首次提出了以民族、民权、民生为核心内容的三民主义。1906～1911年，同盟会在华南各地组织多次武装起义。1911年10月武昌起义获得成功。孙中山被推举为中华民国临时大总统。袁世凯窃取革命成果后，孙中山组织了二次革命、护法战争等，为捍卫共和制度而斗争。1921年，孙中山就任非常大总统，组织第二次护法战

宋庆龄（1893-01-27～1981-05-29）

中国近现代革命家、伟大的爱国主义者、中华人民共和国名誉主席。广东文昌（今属海南）人。1913年从美国的韦尔斯利学院毕业。1915年与孙中山结婚。孙中山逝世后，她坚持"联俄、联共、扶助农工"三大政策，同背叛革命的国民党右派进行坚决的斗争。1932年，她发起

成立中国民权保障同盟，保护并营救了大批共产党员和爱国人士。全面抗战时期，致力于战时医药及儿童保育工作。1948年任中国国民党革命委员会名誉主席。中华人民共和国成立后，先后任中央人民政府副主席、国家副主席等职。1981年5月15日被接纳为中国共产党党员。16日，第五届全国人大常委会决定授予她"中华人民共和国名誉主席"称号。29日因病逝世。

中国同盟会 中国清末全国性的民族

民主革命政党。简称同盟会。1905年8月20日，孙中山联合黄兴、宋教仁等人，以兴中会和华兴会为基础，在日本东京组成同盟会。同盟会以"驱除鞑虏，恢复中华，创立民国，平均地权"为革命纲领。推举孙中山为总理，黄兴为执行部庶务。以《民报》为机关刊物。在辛亥革命准备时期，同盟会举行了多次武装起义。1912年8月25日，同盟会改组为中国国民党。

黄花岗七十二烈士 1911年4月27日广州起义牺牲后葬于广州东北郊黄花岗（原名红花岗）的革命党人。1910年秋，同盟会决定在广州发动起义。由于情势变化，起义日期一再变动。举义时实际只有黄兴率领的一支队伍直扑两广总督衙门，孤军转战。起义最终失败。喻培伦、方声洞、陈更新、林觉民等百余人死难。后收殓烈士遗骸72具，史称"黄花岗七十二烈士"。这次起义极大地振奋了广大群众的斗志，成为辛亥革命的前奏。

武昌起义 引发中国辛亥革命的武装起义。1911年6月，四川保路运动兴起，清政府调湖北新军入川镇压。早已在湖北新军和会党中积蓄力量的文学社和共进会决定在武汉发动起义。10月10日，起义爆发。次日，革命军占领武昌。各省闻讯响应，形成全国规模的辛亥革命。

辛亥革命 爆发于1911年的中国资产阶级民主革命。因当年为辛亥年，故名。1894年，孙中山创建兴中会。1905年，中国同盟会在东京成立。同盟会先后发动了萍浏醴、黄冈、防城、镇南关、河口、广州等起义。1911年的四川保路运动成为辛亥革命的导火线。10月10日，武昌起义爆发。次日，起义胜利，各省纷纷响应，宣布独立。独立各省的代表集会，推举孙中山为临时大总统。1912年1月1日，孙中山在南京就职，宣布成立中华民国。2月12日清宣统帝退位。4月1日，孙中山正式解除临时大总统的职务。辛亥革命的成果被袁世凯所篡夺。辛亥革命失败。

辛亥革命结束了中国长达两千年之久的君主专制制度，促进了民主精神在中国的高涨，是中国历史上一次伟大的革命运动。

中华民国 中国从清朝灭亡到中华人民共和国成立期间的国家名称和年号。简称民国。1912年1月1日，孙中山在南京就任临时大总统，定国号为中华民国。1912年3月，袁世凯窃取辛亥革命的成果，开始了北洋军阀的统治。1915年，袁世凯复辟帝制，次年病死，北洋军阀分裂，中国形成军阀割据混战局面。

1912年1月24日中华民国临时大总统孙中山召开第一次内阁会议

1924年,国共合作,共同完成反帝反封建任务。1926年7月,广东国民政府出兵北伐,迅速击溃北洋军阀主力。后蒋介石发动反革命政变,在南京另建国民政府,并继续"北伐"。1928年,张学良宣布东北易帜,全国实现形式上的统一。九一八事变后,蒋介石奉行"攘外必先安内"的政策。1936年,西安事变发生,蒋介石被迫接受中国共产党的抗日主张。1937年,全面抗战爆发,国民政府对日宣战,国民党军队经过初期的积极抵抗后,奉行消极抗战、积极反共的政策。1945年,抗日战争胜利。1946年7月,国民党发动全面内战。经过三年的战争,中国共产党领导全国人民打败了国民党的数百万军队,实现了新民主主义革命的胜利。1949年,蒋介石带领余部逃往台湾省,仍沿用"中华民国"。1949年10月1日,中华人民共和国宣告成立。中华民国结束。

北洋军阀 中国近代以袁世凯为首领,段祺瑞、冯国璋等人为主将的政治军事集团。1895年,清政府命袁世凯在天津小站编练新建陆军。新建陆军隶属北洋大臣,为"北洋三军"之一,"北洋军阀"的称谓由此而来。1901年,袁世凯任北洋大臣。次年在保定编练北洋常备军(简称北洋军)。1905年,北洋六镇编练成军。1911年武昌起义后,袁世凯凭借北洋军实力,窃取辛亥革命的成果,建立了北洋军阀在中国的统治。1916年袁世凯死后,北洋军阀分裂为皖系、直系、奉系三大派系,彼此混战。1926年,国民革命军进行北伐战争,北洋军阀遭到毁灭性打击。1928年,国民党各军事实力派再次北伐。奉系军阀张作霖退据东北,在皇姑屯被日本关东军炸死。北洋军阀的统治结束。

袁世凯(1859-09-16 ~ 1916-06-06)
北洋军阀首领、中华民国大总统。字慰庭,号容庵。河南项城人。年轻时两次乡试未中,遂弃文就武。1895年,在天津小站训练新建陆军。戊戌变法中,出卖维新派,取得慈禧太后信任。1901年,任直隶总督兼北洋大臣。1902年,在保定编练北洋常备军(简称北洋军)。1905年,扩编北洋军为六镇,成为北洋军阀首领。1911年武昌起义后,他凭借北洋军实

力,窃取辛亥革命的成果,当上中华民国大总统。之后,实行专制独裁统治。他派人暗杀宋教仁,向帝国主义进行善后大借款,并镇压二次革命。1915年5月,他接受日本提出的"二十一条"中的大部分条款,以换取帝国主义的支持。同年12月,袁世凯公然宣布复辟帝制,激起全国各阶层的义愤。护国战争随之爆发。1916年3月22日,袁世凯被迫宣布取消帝制。不久,忧惧而死。

袁世凯(前排左三)在北京就任临时大总统后,与北洋将领合影

新文化运动 五四运动前后,中国思想文化领域发生的启蒙运动。运动以1915年9月5日陈独秀创办《青年杂志》(从第2卷起改名为《新青年》)为起点。陈独秀、李大钊、鲁迅是新文化运动的主要倡导者。运动的基本内容是提倡"民主"与"科学"。其中的"民主"就是资产阶级民主政治,"科学"就是自然科学和看待客观事物的科学观点。随着新文化运动的发展,《新青年》从1917年起提出倡导"文学革命",提倡白话文、新文学。北京大学成为新文化运动的重要阵地。

新文化运动为马克思列宁主义在中国的传播创造了有利条件。但是,新文化运动也有严重的缺点。

蔡元培(1868-01-11 ~ 1940-03-05) 中国民主革命家、教育家、科学家。字鹤卿,号子民。浙江绍兴人。青年时期,连续中举人、取进士、点翰林、授编修。

1898年,弃官从教。1902年,组织中国教育会,创立爱国学社、爱国女学。1904年组织光复会,1905年参加同盟会。1907年赴德国留学。武昌起义后回国。1912年1月就任南京临时政府教育总长。不久辞职,再赴德、法等国学习和考察。1916年回国。次年任北京大学校长,改革教学,网罗人才,使北京大学面目焕然一新。1927年,参加国民党南京政府。1928年,任国立中央研究院院长。1932年,同宋庆龄、杨杏佛等在上海组织中国民权保障同盟。晚年为抗日救亡事业奔波,努力促成国共合作。1938年,被推为国际反侵略运动大会名誉主席。

胡适(1891-12-17 ~ 1962-02-24) 中国现代学者、诗人。五四文学革命的倡导者。字适之,原名胡洪骍。安徽绩溪人。1910年考取庚子赔款官费生赴美国,先后就读于康奈尔大学和哥伦比亚大学。1914年就学于哲学家J.杜威,深受其实用主义哲学的影响。

1917年初在《新青年》杂志上发表的《文学改良刍议》,对新文化运动起了积极的作用。同年夏回国,受聘为北京大学教授。7月发表《多研究些问题,少谈些主义》,主张对一切社会问题进行"一点一滴的改良"。1918年加入《新青年》编辑部。后参与创办《努力周报》《独立评论》等。1938 ~ 1942年出任国民政府驻美大使。1946 ~ 1948年任北京大学校长。1949年去美国,后返台湾。1957年11月任台湾"中央研究院"院长。

胡适的学术活动主要集中在史学、文学和哲学方面,著有《中国哲学史大纲》(上)、《白话文学史》(上)等。他在学术上影响最大的是提倡"大胆假设,小心求证"的治学方法。

新民主主义革命 在帝国主义和无产阶级革命时代,殖民地半殖民地国家中的无产阶级领导的资产阶级民主革命。中国的新民主主义革命是从1919

年五四运动开始的，在此之前的近代以来的资产阶级民主革命为中国的旧民主主义革命。中国新民主主义革命是中国无产阶级领导的，以工农联盟为基础的，人民大众的，反对帝国主义、封建主义、官僚资本主义的革命。1949 年中华人民共和国的成立标志着中国新民主主义革命的基本结束和社会主义革命的开始。

五四运动 1919 年 5 月 4 日在北京爆发的中国人民反对帝国主义、封建主义的爱国运动。1919 年 1 月，巴黎和会决定把第一次世界大战前德国在山东的权益转让给日本，北洋政府准备在"和约"上签字，从而激起中国人民的强烈反对。5 月 4 日下午，北京 13 所学校的学生举行集会演讲和游行示威，要求拒签和约，遭到军警镇压。北京学生实行罢课。全国各地纷纷举行游行示威，以为声援。6 月 3 日和 4 日，北京各校学生分组到街头进行宣传，遭到逮捕。之后多地学生罢课，工人罢工，商人罢市，形成全国性的爱国运动。28 日，中国代表团拒绝在对德和约上签字。五四运动取得胜利。

五四运动是中国旧民主主义革命的结束和新民主主义革命的开端，中国革命从此进入一个新的历史时期。

1919 年 5 月 4 日北京数千学生在天安门前举行集会，遭军警镇压

黄埔军校 第一次国共合作时期，孙中山在苏联和中国共产党帮助下创办的培训陆军初级军官的学校。正式名称为中国国民党陆军军官学校。因创办时校址选在广州黄埔长洲岛，通称黄埔军校。

黄埔军校旧址

1924 年 6 月 16 日举行开学典礼，孙中山任军校总理，蒋介石任校长，廖仲恺任党代表。周恩来等共产党人在校内任职。军校学制三年，实际为半年至两年半不等。从第二期起分步、炮、工、辎重和宪兵科（第四期以后增设政治、骑兵、交通和无线电等科），从第三期起实行入伍生制度。其军事教育分学科（步兵操典、射击教范、战术学、兵器学、交通学、筑城学、军制学等）和术科（制式教练、战斗教练、实弹射击、野外演习等）两大类。从 1925 年起，先后在潮州、南宁、武汉、长沙设立分校。1926 年 3 月改组为中央军事政治学校。1930 年 9 月停办。黄埔军校共招收 7 期学生，有毕业生 8783 人，培养出大批军事、政治人才，在中国现代军事史上占有重要地位。

北伐战争 中国国民党与中国共产党合作，为推翻帝国主义支持的北洋军阀的统治，领导国民革命军于1926～1927年进行的革命战争。

1924年，国共两党建立统一战线。1926年7月9日，国民革命军在广州誓师，标志着北伐战争正式开始。在苏联军事顾问的帮助下，北伐军首先向盘踞在两湖的军阀吴佩孚进攻，8月下旬击溃其主力，并在10月10日攻占武昌。与此同时，北伐军向江西进军，于11月一举歼灭军阀孙传芳的主力，控制了南方大部分省区。国民革命军冯玉祥部也控制了西北地区。

1927年4月和7月，蒋介石和汪精卫先后在上海和武汉发动反革命政变。第一次国共合作破裂，国共两党合作进行的北伐战争中途夭折。

四一二政变 1927年4月12日，蒋介石在上海发动的"清党"反共、残杀革命民众的事件。4月11日，蒋介石密令东南各省"一致实行清党"。12日晨，大批中华共进会成员冒充工人自租界冲出，袭击工人纠察队。国民党军队随即借口"调解工人内讧"，将2700名工人纠察队员全部解除武装。13日，上海总工会在闸北召开工人群众大会，10万余人到会。会后举行游行请愿，行至宝山路时，遭到国民党军队机枪扫射，死伤百余人。南市游行工人也遭袭击。接着，大批工人和共产党员被捕杀。

四一二政变，标志着第一次国共合作的结束，中国革命从此进入一个由中国共产党独立领导的新阶段。

四一二政变后，国民党在上海大肆捕杀共产党人和革命人士

南昌起义 土地革命战争时期，中国共产党领导部分国民革命军在江西南昌举行的武装起义。1927年8月1日2时，在周恩来、贺龙、叶挺、朱德、刘伯承

《南昌起义》（黎冰鸿）

的组织领导下，起义开始，起义军拂晓控制了南昌城。3日，起义军开始撤离南昌，南下广东。8月25日至9月2日，起义军在瑞金、会昌地区遭到国民党军截击。此后，起义军取道闽西长汀进入广东东江地区。一部分起义军转移到海陆丰地区，继续坚持斗争；另一部分起义军在朱德、陈毅的率领下于1928年4月下旬到达井冈山，与毛泽东领导的秋收起义部队会合。

南昌起义标志着中国共产党独立领

导人民创建军队、开展武装斗争的开始。南昌起义保存下来的部队，成为中国工农红军的骨干之一。

8月1日后来成为中国工农红军和中国人民解放军的建军节。

秋收起义 土地革命战争时期，中国共产党领导一部分工人、农民和革命军人在湖南、江西两省边界地区举行的武装起义。又称湘赣边界秋收起义。毛泽东任中共湖南省委前敌委员会书记，卢德铭任起义军总指挥。1927年9月9日，中共湖南省委行动委员会组织部分农民开始破坏长沙至岳阳和长沙至株洲的铁路。11日，毛泽东率领工农革命军起义。起义军分三路向长沙进攻，进入湘东北后均受挫。19日，毛泽东在湖南浏阳文家市召开前敌委员会会议，决定放弃进攻长沙的计划。29日，起义部队约1000人到达江西永新三湾村。毛泽东主持召开前敌委员会会议，决定对部队进行改编。10月下旬，毛泽东率部到达井冈山茨坪。此后，在井冈山地区开展游击战争，创建革命根据地。

秋收起义首次公开打出中国共产党的旗帜。这次起义保存的力量，后来成为中国工农红军的骨干之一。

中国工农红军 土地革命战争时期，中国共产党领导的人民军队。其前身为中国工农革命军。1928年5月25日，全国各地工农革命军正式定名为红军。1930年后，又改称中国工农红军。土地革命战争时期，中国工农红军先后组成第一方面军（曾称中央红军）、第四方面军、第二方面军和西北红军等红军部队。全国红军最多时约30万人。1934年10月，中央红军撤离中央革命根据地，进行长征。其他红军主力也从各苏区转移，于1935～1936年先后到达陕甘革命根据地。全面抗战时期，主力红军被改编为国民革命军第八路军（简称八路军）；在南方八省（琼崖地区除外）坚持斗争的红军和游击队被改编为国民革命军陆军新编第四军（简称新四军）。

中国工农红军长征 土地革命战争时期，中国工农红军主力从长江南北各苏区向陕甘苏区的战略转移。1934年夏，中央苏区红军的第五次反"围剿"作战在王明"左"倾教条主义指导下，屡战失利。10月10日，中央红军主力及中央、军委机关直属队8.6万余人，从江西瑞金、古城等地出发，开始长征。10～12月，中央红军先后突破国民党军四道封锁线。12月18日黎平会议后，中央红军改向贵州进发。1935年1月遵义会议后，中央红军在毛泽东等人的指

参加秋收起义的部分人员1937年在延安合影

《红军过雪山》（艾中信）

挥下，四渡赤水河，机动作战，取得了战略转移中具有决定意义的胜利。中央红军强渡大渡河，夺占泸定桥，翻越夹金山，于6月18日与红四方面军会师。8月，左、右两路军经草地北上。10月19日，中央红军主力到达陕甘苏区的吴起镇（今吴起县城）。1936年10月9日和22日，红四、红二方面军先后在甘肃会宁县城和静宁县的将台堡（今属宁夏）同红一方面军会师。至此，中国工农红军长征全部胜利结束。

南方八省红军三年游击战争　土地革命战争时期，坚持在南方八省15个地区的红军和游击队，同国民党军队进行的游击战争。

1934年秋冬，中国工农红军主力进行长征后，留在江西、福建、浙江、安徽、河南、湖北、湖南和广东八省的红军和地方部队共4.5万人，在国民党军连续进攻下多数遭受损失，余部共万余人，分散在赣粤边、闽赣边、闽西、闽粤边、皖浙赣边、浙南、闽北、闽东、闽中、湘鄂赣边、湘赣边、湘南、鄂豫皖边、鄂豫边和琼崖（今海南）15个地区，继续独立坚持斗争。蒋介石向各游击区进行了长期、反复的"围剿"和"清剿"。至1937年7月，各游击区的红军和游击队，坚持了三年的游击战争，牵制了大量国民党军，在战略上配合了主力红军行动，为中国革命作出了重要贡献。这些红军和游击队后来成为华中、华南地区抗战的骨干力量。

遵义会议　中国共产党六届中央政治局1935年1月15～17日在长征途中于贵州遵义举行的扩大会议。毛泽东在会上着重批评了"左"倾冒险主义在军事指挥上的错误。会议通过《中央关于反对敌人五次"围剿"的总结决议》，肯定了毛泽东积极防御的战略方针和红军作战的基本原则，推选毛泽东为政治局常委；取消博古、李德的最高军事指挥权。会后由张闻天代替博古负总责；

《遵义会议》（沈尧伊）

由毛泽东、周恩来、王稼祥三人组成军事指挥小组，负责指挥军事。遵义会议确立了毛泽东在中共中央和红军的领导地位，使红军能够战胜国民党军队的围剿堵击，并克服党内张国焘的分裂主义，胜利完成长征。这次会议开始克服以王明、博古为代表的"左"倾教条主义、冒险主义的错误领导，成为中共历史上的一个转折点。

中原大战 1930年4～11月，蒋介石同阎锡山、冯玉祥、李宗仁等在中国河南、山东、湖南等省进行的大规模新军阀混战。1930年2月，阎锡山通电要求蒋下野，得到冯、李、阎各部多数将领的响应，被推举为中华民国陆海空军总司令。4月，双方集结了约100万军队，在豫东、皖北、鲁西三角地带展开激战。因主要战场位于中原地区，故称中原大战。初期，阎方军事进展顺利。但反蒋军各派各怀异志，保存实力，缺乏统一的组织指挥，最终被击败。9月18日，张学良通电拥蒋，随即派兵入关"武装调停"。11月4日，阎锡山、冯玉祥通电下野。混战使双方官兵共伤亡30余万人，也给人民造成深重的灾难。

冯玉祥（1882-11-06 ～ 1948-09-01）中国民主爱国将领。原名基善，字焕章。安徽巢县（今巢湖市）人。早年入淮军，后投北洋军。1924年发动北京政变，推翻曹锟政权。1926年秋就任国民军联军总司令，参加北伐战争。1927年一度参与蒋介石、汪精卫"清党"反共活动。1930年4月联合阎锡山、李宗仁举兵反蒋，兵败后下野。1933年5月，组织察哈尔民众抗日同盟军。全面抗战时期，相继任第三、第六战区司令长官，不久离职。1946年以水利考察专使名义出访美国。次年5月发表《告全国同胞书》，要求立即停止内战，组织真正的联合政府。1948年1月，当选为国民党革命委员会中央常委兼政治委员会主席。7月应中国共产党邀请，回国参加政治协商会议筹备工作。9月1日因所乘轮船失火遇难。

阎锡山（1883-10-08 ～ 1960-05-23）中华民国时期晋系军阀首领、南京国民政府军政要员。字百川。山西五台河边村（今属定襄）人。1904年赴日学习军事。次年加入同盟会。武昌起义后，率部占领巡抚衙门，任都督。后依附北洋政权，长期盘踞山西。四一二政变后，追随蒋介石在山西"清党"反共。1930年联合冯玉祥等反蒋，兵败后潜逃大连。1932年回晋，任太原绥靖公署主任。全面抗战时期，任第二战区司令长官，组织忻口会战，重创日军。此后投机于降日、抗日之间。抗战胜利后，参加蒋介石发动的反共内战。1947年，任太原绥靖公署主任兼山西省政府主席。1949年6月，在广州就任国民党政府行政院院长兼国防部部长。12月逃往台湾。1950年3月任台湾当局"总统府"资政兼国民党中央评议委员。

抗日战争 1931年9月至1945年9月，中国人民抗击日本侵略的民族解放战争。为世界反法西斯战争的重要组成部分。1931年九一八事变后，中国人民就开始了武装反抗日本帝国主义的斗争。1937年7月7日，日本帝国主义制造卢沟桥事变，发动全面侵华战争。国共两党再次合作，共同抗日。抗日战争有两个战场：国民党军队在正面战场作战，消耗了日军大量兵力，对抗战的胜利起了重大作用；中国共产党领导八路军、新四军及其他人民军队开辟敌后战场，建立抗日根据地，后来成为抗战的中流砥柱。

全面抗战分为三个阶段：1937年7月至1938年10月为战略防御阶段，1938年11月至1943年12月为战略相持阶段，1944年1月至1945年8月为战略反攻阶段。1945年9月2日，日本正式签订投降书；9月3日成为中国抗日战争胜利纪念日。中国军民在14年抗战中承受了巨大的民族牺牲。据不完全统计，中国军民伤亡3500余万人，财产损失和战争消耗5600多亿美元。据日本方面统计，日军被中国军队歼灭133万余人。

抗日战争是中国人民近百年反抗外国侵略第一次取得完全胜利的战争。

九一八事变 1931年9月18日，日本驻华关东军突然袭击沈阳，武力侵占东三省的事件。9月18日晚，日本关东军自行炸毁沈阳北郊柳条湖附近一段南满铁路，反诬系中国军队所为，制造所谓"柳条湖事件"。在此借口下突袭中国军队驻守的北大营和沈阳内城。蒋介石执行"攘外必先安内"的政策，对日本侵略者妥协退让，东北军也未进行有组织的抵抗。1932年2月5日，日军占领哈尔滨，东北三省全部沦陷。九一八事变是日本企图变中国为其独占殖民地的开始，也是中国各阶层人民掀起空前规模的抗日救国高潮的开始。

九一八事变中，日军装甲车进入沈阳城

"满洲国" 在日本关东军的策划和操纵下，张景惠等人拥清废帝溥仪在东北地区建立的所谓"独立国"。1932年3月1日，"满洲国"正式成立，溥仪为"执政"，"年号"大同，定都长春（后改名新京）。溥仪与日本签订密约，规定"满洲国"的国防、治安、铁路、港湾、航空等由日本管理；日本所需设施由"满洲国"援助；日本人得充任"满洲国"官吏；"满洲国"官吏的任职、解职，由关东军司令部决定。"满洲国"成为日本的傀儡政权。1934年3月，"满

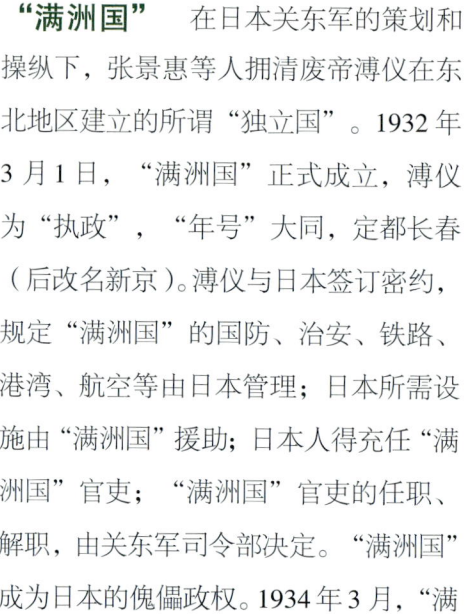

1932年3月1日"满洲国"成立，伪满执政溥仪与关东军司令官本庄繁等人合影

洲国"改为"满洲帝国",溥仪改称"皇帝","年号"改为康德。

自"满洲国"成立之日起,中国共产党、中国政府即表示强烈反对。1945年8月,日本宣布无条件投降,"满洲帝国"宣告解散。

一·二八抗战 1932年1月28日至3月3日,中国军队抗击侵华日军进犯上海的作战。又称一·二八淞沪抗战、一·二八事变。1932年1月18日,日军以日僧被殴为借口,向上海市政当局发出通牒。南京国民党政府令上海市市长于28日全部接受日方提出的解散反

十九路军在上海闸北抗击日军

日团体等无理要求。日军仍于当晚突袭闸北。担负沪宁地区卫戍任务的十九路军在总指挥蒋光鼐、军长蔡廷锴的指挥下,奋起抵抗。蒋介石派张治中率第5军驰援。中国共产党领导上海人民组织救护队、义勇军等积极支援抗战。由于日军不断增兵,3月2日淞沪陷落,3日战事结束。是役,中国军队浴血奋战,使日军三易主将,伤亡逾万,受到沉重打击。但南京国民党政府妥协退让,于5月5日与日本签订丧权辱国的《淞沪停战协定》。

东北抗日义勇军 九一八事变后,中国东北军民在中共满洲省委的号召和组织下,为抵抗日本侵略、收复失地而成立的抗日武装的总称。比较著名的有以马占山为总司令的黑龙江抗日救国军、以王德林为总指挥的吉林中国国民救国军、以李杜为总司令的吉林自卫军、以邓铁梅为总司令的东北民众自卫军、以耿继周为首领的东北民众抗日义勇军、以苏炳文为总司令的东北民众救国军等。参加者既有工人、农民、学生、知识分子、东北军官兵、地方官吏和士绅,也有遍布东北各地的绿林武装及民间团体红枪会、大刀会等。1932年夏发展到30余万人,活动遍及东北三省及热河省的102个县。1933年下半年,在日军强大兵力的进攻下,大部瓦解。少部分继续坚持战斗,成为后来东北抗日联军的一部分。

长城抗战 中国军队在长城沿线抗击日军的局部战争。1933年初,日军侵占山海关、热河后,趁势进犯长城各口。3月9日起,第29军在喜峰口以近战肉搏和大刀队包抄敌后等战术,给日军以沉重打击,迫使日军于14日后撤。第17军三个师也在古北口轮番御敌,血战三天,双方成胶着状态。16日起攻喜峰口的日军改攻罗文峪,企图包抄喜峰口左侧背,经第29军官兵顽强抵抗,日

防守喜峰口附近罗文峪的中国军队

军未得逞。中国守军在冷口、界岭口等处也进行了英勇抵抗，粉碎了日军三日内占领长城各口的计划。由于蒋介石谋求对日妥协，4月中旬后长城各口相继失守。5月31日双方签订《塘沽协定》，日军撤往长城外。

东北抗日联军 中国共产党创建和领导的活动于辽宁、吉林、黑龙江三省的人民抗日武装。简称抗联。1935年8月1日，中共中央发表《八一宣言》，呼吁全国停止内战，成立国防政府，组织抗日联军，一致抗日。1936年2月20日，中共满洲省委在东北各地相继建立的东北人民革命军、东北抗日同盟军、东北反日联合军一律改称东北抗日联军，实行统一建制，分编为三路军。次年，抗联队伍发展到3万余人，先后开辟了东南满、吉东和北满三大游击区。全面抗战时期，日军对抗联发动疯狂的进攻。抗联在极其艰难的条件下，顽强战斗，战绩卓著，但自身损失也甚为惨重。除小部队外，大部被迫转入苏联境内整训。1945年8月8日苏联对日宣战后，抗联配合苏军大举反攻。1945年东北抗日联军与挺进东北的八路军、新四军合并为东北人民自治军。东北抗日联军为抗战的胜利作出了不可磨灭的贡献。

一二·九运动 1935年12月9日在北平（今北京）爆发的中国共产党领导的学生抗日救亡运动。12月9日晨，北平爱国学生在中共中央"停止内战，一致抗日"的号召下，结队前往行政院驻北平办事处吁请办事处长官何应钦宣布抗日，何避而不见，学生们遂愤而改请愿为示威游行。队伍增至二三千人。在王府井南口，学生们遭到军警袭击，不少学生受伤、被捕。各校学生自10日起实行总罢课。16日，万余学生齐集天桥广场，举行市民大会，随后高呼"打倒日本帝国主义"等口号，整队向前门进发。在宣武门一带为进内城与军警展开搏斗，被捕学生总计二三十人，受伤近400人。北平学生的爱国行动，得到全国各界和海外侨胞的广泛响应和支持，掀起了中国革命运动的新高潮。

西安事变 1936年12月12日，中国东北军领导人张学良和西北军（十七路军）领导人杨虎城，为迫使蒋介石答应停止内战、联共抗日，在西安发动兵谏，扣留蒋介石的事件。在全国抗日运动高潮的推动下和中国共产党抗日统一战线政策的影响下，1936年12月12日，张、杨借蒋介石飞抵西安督促"剿共"之机，发动兵谏，扣押蒋介石及其随从，并通电全国提出改组南京政府、停止一切内战等八项主张。事变发生后，中共中央

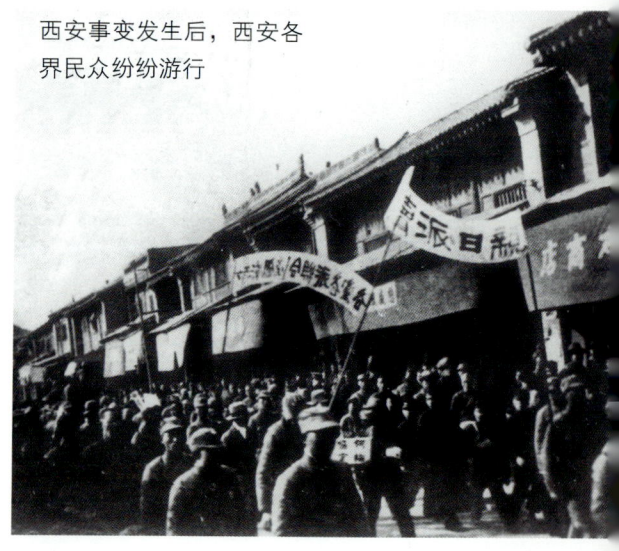

西安事变发生后，西安各界民众纷纷游行

八女投江 东北抗日联军妇女团指导员冷云率领班长胡秀芝、杨贵珍和战士郭桂琴、黄桂清、王惠民、李凤善及被服厂厂长安顺福，于1938年10月下旬随东北抗日联军第5军一部西进，在乌斯浑河岸与日伪军遭遇。为掩护部队突围，她们主动吸引日伪军火力，战至弹尽，宁死不屈，砸毁枪支后，毅然走下乌斯浑河，壮烈殉国。

派以周恩来为首的中共代表团到达西安，坚决主张和平解决这次事变。22日，宋美龄、宋子文亲赴西安与张、杨谈判，并会见周恩来。25日，达成改组国民政府、驱逐亲日派和联共抗日等协议。25日下午，张学良护送蒋介石飞离西安。事变的和平解决，推动了国共两党再次合作。中国由此实现了从国内战争到全国抗战的伟大转变。但蒋介石背信弃义，将张学良长期监禁，杨虎城惨遭杀害。

张学良（1901-06-03 ～ 2001-10-15）中华民国时期民主爱国将领、西安事变发动者。字汉卿，号毅庵。辽宁海城人。

1919年东三省陆军讲武堂毕业后，加入奉军。1928年6月其父张作霖被炸身亡，张学良继任为东三省保安总司令。12月，宣布服从南京国民政府。1930年9月，派兵入关支持蒋介石赢得中原大战的胜利。九一八事变时，奉行不抵抗政策，导致东三省迅速失陷于日本。1934年自海外考察回国后，先后被派往鄂豫皖、西北等地"剿共"。1936年4月，与中共代表周恩来达成停战抗日共识。同年12月12日，联合杨虎城发动西安事变。事变和平解决后，亲送蒋介石回南京，随即被扣押，并被处有期徒刑10年。次年1月虽获"特赦"，但仍被软禁50多年，直至1993年才得以移居美国。

杨虎城（1893-11-26 ～ 1949-09-17）中华民国时期民主爱国将领、西安事变发动者。原名忠祥，字虎城。陕西蒲城人。1916年参加陕西护国军，随后加入靖国军。1925年任国民军第3军第3师师长，一度与中国共产党合作。1927年6月，随冯玉祥参加北伐战争。1929年率部投蒋介石。次年参

加讨伐阎锡山、冯玉祥、李宗仁等反蒋派作战，胜利后被任命为陕西省政府主席，不到三年因与蒋矛盾日深而被免职。1935年在陕南阻击红军北上，屡遭重创。1936年12月12日，与张学良发动西安事变。1937年4月，为蒋所迫，宣布辞职，随即"出洋考察"。卢沟桥事变爆发后，要求回国抗日，被蒋骗至南昌拘押。遭囚禁12年后被蒋残杀。

卢沟桥事变 1937年7月7日，日本帝国主义为发动全面侵华战争，在中国北平西南宛平县卢沟桥（今属北京丰台区）附近制造的一起军事冲突。又称七七事变。1937年7月7日晚，日军在卢沟桥进行挑衅性的军事演习，夜10

驻宛平城的中国军队紧急开赴卢沟桥头

时 40 分诡称一士兵失踪，强行要求进入宛平城搜查，被中国驻军拒绝。中日双方约定派员前往调查。8 日晨 4 时许，双方代表正交涉时，日军开枪射击，并炮轰宛平城。中国军队奋起还击，至 9 日凌晨，不但挫败了日军迅速占领宛平城的企图，且夺回了一度被日军占领的卢沟桥铁路桥和龙王庙。中国人民从此开始了八年艰苦卓绝的全面抗战。

佟麟阁（1892-10-29～1937-07-28）中国抗日将领。直隶高阳(今属河北)人。原名凌阁，字捷三。1925 年任冯玉祥部第 11 师师长。1931 年任第 29 军教导团团长兼张家口警备司令。1933 年任察哈尔省政府代理主席、察哈尔民众抗日同盟军第 1 军军长。1935 年冬，华北局势恶化，中央军退出华北，冀察两省的中国军队仅剩下第 29 军。佟麟阁出任第 29 军副军长，驻北平（今北京）南苑。1937 年卢沟桥事变爆发后，日军向南苑一带发动猛烈进攻。在日军密集的炮火下，佟麟阁指挥部队英勇抗击。7 月 28 日，在组织部队突击时身负重伤，壮烈殉国。他是抗日战争中殉国的第一位高级将领。31 日，被国民政府追赠为陆军上将。中华人民共和国成立后，被追认为革命烈士。

淞沪会战 1937 年 8 月 13 日至 11 月 12 日，中国军队抗击日军进攻上海的战役。又称八一三上海抗战。8 月 9 日，驻上海日军官兵两人闯进虹桥机场挑衅，被机场保安部队击毙。日军以此为借口，向上海增兵。11 日，中国政府令京沪警备司令张治中率部立即开赴上海组织防御。13 日凌晨，日军突然向中国守军进攻。14 日拂晓，中国军队予以还击。同日，国民政府发表《自卫抗战声明书》。15 日，国民政府下达总动员令。11 月 5 日，日军在金山卫登陆，从南面对上海实施迂回，企图对上海守军施行战略包围。中国守军因后方受到威胁，乃全线撤退。12 日，日军占领上海，淞沪会战结束。

淞沪会战是全面抗战中最为激烈的战役：日军参战兵力 22 万余人，伤亡 9 万余人；中国军队参战兵力共 70 余万人，伤亡 25 万余人。淞沪守军浴血奋战，打破了日军三个月灭亡中国的迷梦，为中国沿海工业的内迁赢得了时间，激发了中国军民的抗战热忱。

八路军 抗日战争时期，中国共产党领导的在华北坚持抗战的人民军队。全称国民革命军第八路军。根据国共两党谈判达成的协议，1937 年 8 月 22 日，国民政府军事委员会宣布，将中国工农红军主力部队改编为国民革命军第八路军。8 月 25 日，中共中央军委发布命令，将驻陕甘宁边区的红军第一、第二、第四方面军和西北红军改编为国民革命军第八路军。朱德任总指挥，彭德怀任副总指挥；叶剑英任参谋长，左权任副参谋长。从 9 月 11 日起，按战斗序列又称第 18 集团军，朱德、彭德怀改称正、副总司令。下辖三个师：第 115 师，林彪任师长，聂荣臻任副师长；第 120 师，贺龙任师长，萧克任副师长；第 129 师，刘伯承任师长，徐向前任副师长。全军

八百壮士 淞沪会战中英勇抗击日军的国民革命军第 88 师第 524 团四百多人的通称。1937 年 10 月 27 日晚，中国守军第 88 师第 524 团团副谢晋元，奉令率部"八百壮士"（实际仅四百余人）坚守苏州河北岸的四行仓库，掩护主力撤退。谢晋元率孤军沉着应战，打退了敌人数次进攻，坚持四昼夜后奉命突围撤退至租界。"八百壮士"的英勇事迹，赢得了国际舆论的广泛同情和赞扬。

狼牙山五壮士 抗日战争时期，在狼牙山战斗中英勇抗击日伪军的八路军五位英雄的通称。1941年9月25日，3500多名日伪军包围了河北易县西南的狼牙山地区。八路军晋察冀军区第1军分区第1团第7连第6班班长马宝玉，副班长葛振林，战士胡德林、胡福才和宋学义奉命担负后卫阻击，掩护连队转移。为了不让日伪军发现连队转移的方向，五名战士于26日将日伪军引向狼牙山棋盘陀峰顶绝路，弹药用完就以石块还击，面对敌人步步逼近，宁死不屈，砸烂武器，纵身跳下数十丈深的悬崖。马宝玉、胡德林和胡福才壮烈牺牲，葛振林和宋学义被山腰树枝挂住带伤脱险。五名战士战后被誉为"狼牙山五壮士"。

共4.6万人。改编后，主力开赴华北前线作战。八路军共歼灭日伪军125万余人，光复大片国土，为抗战的胜利作出了巨大贡献。抗战结束时，八路军发展到100余万人。解放战争时期，八路军成为中国人民解放军的主要组成部分。

新四军 抗日战争时期，中国共产党领导的在华中坚持抗战的人民军队。全称国民革命军陆军新编第四军。根据国共两党谈判达成的协议，国民政府当局于1937年10月12日宣布，将中国共产党领导的在南方八省（琼崖地区除外）境内的中国工农红军和游击队改编为国民革命军陆军新编第四军。叶挺任军长，项英任政治委员兼副军长。12月14日，中共中央决定成立中央革命军事委员会新四军分会，项英任书记，陈毅任副书记。下辖四个支队和一个特务营，共1万余人。新四军深入敌后，开展游击战，创建了华中敌后抗日根据地。1941年1月国民党制造皖南事变，新四军损失惨重。此后中共中央重建新四军，任命陈毅为代理军长，刘少奇为政治委员。部队被扩编为七个师和一个独立旅，继续坚持抗战，创建了苏南、苏中、苏北等敌后抗日根据地。新四军歼灭日伪军31.7万余人。抗战胜利时，新四军已发展到30余万人。解放战争时期，新四军成为中国人民解放军的重要组成部分。

彭雪枫（1907-09-09 ～ 1944-09-11）中国工农红军和新四军高级指挥员、军事家。原名彭修道。河南镇平人。1925年加入中国共产主义青年团。次年加入中国共产党。1927年参加北平（今北京）南苑农民暴动。

1930年参加红军。1934年10月参加长征，任红3军团第5师师长、第13团团长。1936年秋被派往太原等地，从事统一战线工作。全面抗战时期，任八路军总部参谋处处长兼驻晋办事处主任。1938年任中共河南省委军事部部长。同年9月组建新四军游击支队，任司令员兼政治委员，领导开辟豫皖苏边区抗日根据地。后任新四军第6支队司令员兼政治委员、八路军第4纵队司令员。皖南事变后，任新四军第4师师长兼政治委员、淮北军区司令员，领导根据地军民巩固和发展了淮北抗日根据地。1944年9月11日在河南夏邑八里庄指挥作战时牺牲。

平型关战斗 抗日战争时期，八路军第115师在山西东北部平型关地区对日军进行的伏击战。1937年9月23日，

新四军军部成立初期部分领导人合影（左起：陈毅、项英、袁国平、李一氓、朱克靖、粟裕、叶挺）

八路军第115师在师长林彪、副师长聂荣臻率领下，隐蔽进至平型关以东的冉庄和东长城村。25日拂晓前完成各项战斗准备。当日，日军第5师团第21旅团一部和大批辎重车辆沿灵丘至平型关公路并进，7时许，全部进入八路军的设伏地区。八路军突然开火，给日军以重大杀伤，并乘其慌乱之际发起冲击。13时许，战斗结束。八路军歼灭日军1000余人，缴获大量武器、物资，击毁汽车百余辆、大车约200辆。这一胜利打破了"日军不可战胜"的神话，也为后来在这一地区创建敌后抗日根据地奠定了广泛的群众基础。

南京大屠杀　抗日战争时期日军对中国实施的一次规模最大、持续时间最长的烧杀淫掠暴行。又称南京惨案。

1937年12月13日，日军侵占南京。在日本华中方面军司令松井石根和第6师团师团长谷寿夫的指挥下，日军对中国军民进行了长达40多天的大规模屠杀，杀害无辜市民和已放下武器的士兵共30万人以上。据中国审判战犯军事法庭查证，集体屠杀并毁尸灭迹的，共28案，被害人数达19万多人。日军还普遍地分散进行屠杀，经慈善团体掩埋的尸体达15万余具。日军还灭绝人性地奸淫妇女。在日军占领南京的一个月中，市内就发生2万余起强奸妇女的暴行。此外，日军所到之处，均遭大规模的抢劫，十室九空。抢劫之后，日军更纵火焚烧，全市被烧毁的房屋达1/3以上。

抗日战争胜利后，侵华日军在南京犯下的血腥暴行得到清算，松井石根被远东国际军事法庭处以绞刑，谷寿夫被引渡给中国政府处死。

日本731部队　1936年春，日本为实施细菌战在黑龙江哈尔滨平房地区建立的以石井四郎为部队长的侵华秘密部队。原称关东军防疫给水部本部，1941年6月后正式改称关东军第731部队。通称石井部队，又称加茂部队、东乡部队、奈良部队。下设细菌研究、细菌生产、细菌实战研究等八个部，在海林、林口、孙吴、海拉尔建有四个支队，在安达建有一个野外特别实验场，总计3000人。731部队采用活人试验、活人解剖的方法，以中国、苏联、蒙古等国战俘、抗日民众甚至无辜百姓为试验对象，进行各种细菌、毒剂和冷冻试验，先后残杀3000余人；研制出多种细菌武器，多次前往中国抗日战场实施细菌战。1945年8月日本战败前夕，731部队奉命炸毁了所有建筑设施，处决了全部用作细菌试验的活人。大部分人员撤回日本国内，仅小部分被中苏军队俘虏。

日军集体屠杀中国人

徐州会战 1938年1～6月，中国军队在以徐州为中心的广大地区抗击日军进攻的战役。日军为打通津浦铁路，先后集中8个师团、5个旅团（支队）约24万人，于1938年1月下旬开始南北夹击华东战略要地徐州。中国第五战区司令长官李宗仁指挥约60万人防守徐州地区：集中主力于徐州以北，抗击北线日军南犯；部署一部兵力于津浦铁路南段，阻止南线日军北进。南线日军沿津浦铁路北上强渡淮河。北线日军以两个师团分路南下：一路从潍县（今潍坊）南犯，直扑临沂；另一路沿津浦铁路南下，于3月24日进攻台儿庄。守军组织大规模反击，取得台儿庄会战的胜利。5月16日，南北日军会师砀山，对徐州形成包围之势。守军向皖豫边界山区突围，19日徐州陷落。日军沿陇海铁路向西追击，进至商丘、开封。6月9日，蒋介石令河南守军于郑县（今郑州）东北花园口掘开黄河堤岸，河水经中牟、尉氏沿贾鲁河南泛，日军退至黄泛区以东，会战结束。

李宗仁（1891-08-13～1969-01-30）中华民国时期爱国将领，新桂系首领，南京国民政府副总统、代总统。字德邻。广西临桂人。早年就读于广西陆军小学堂、广西陆军速成学校。1910年加入中国同盟会。1917年参加护法战争。1922年任广西自治军第二路总司令，后改所部为定桂军。1923年冬加入中国国民党。1924年11月，被孙中山任命为广西陆军第1军军长。他率部统一广西，成为新桂系首领。1926年7月，率部参加北伐战争。后参与发动四一二政变。桂系在1929年的蒋桂战争和1930年的中原大战中，均被蒋介石击败。全面抗战时期，先后任第五战区司令长官、汉中行营主任，指挥徐州会战诸役，获台儿庄大捷。抗战胜利后任北平行辕主任、国民政府副总统。1949年1月蒋介石"引退"后任代总统，4月派代表团到北平（今北京）与中国共产党进行和平谈判，12月去美国。1955年提出反对"台湾托管"和"台湾独立"。1965年毅然回国。

武汉保卫战 1938年6～10月，中国军队为保卫武汉，在安徽、江西、河南、湖北等省抗击侵华日军进攻的作战。又称武汉会战。

1938年6月，日军25万人在华中派遣军司令官畑俊六的指挥下，沿长江南北两岸和大别山北麓合围武汉。国民政府军事委员会先后调集130个师和海、空军各一部约100万人组织防御，保卫武汉。中国将士舍生忘死，前仆后继，伤亡37万余人，毙伤日寇12万人，消耗日军大量人力、物力。在日军已达成对武汉包围的情况下，为保存力量，中国军队不得不于10月25日弃守武汉。日军于26日占领武昌、汉口，27日占领汉阳。

武汉保卫战是抗日战争战略防御阶段规模最大的一次战役，此后日军不得不停止战略进攻，转入保守占领区。中日战争进入战略相持阶段。

张自忠（1891-08-11 ~ 1940-05-16）
中国抗日名将。字荩忱。山东临清人。
1914 年在奉天（今沈阳）从军，参加过国民军起义及北伐诸战役。1933 年长城抗战时，任前敌总指挥，在喜峰口抗击日军。1935 年任察哈尔省主席，次年任天津市市长。卢沟桥事变后，留北平（今北京）与日军周旋，代理第 59 军军长。1938 年率部参加徐州会战，粉碎板垣、矶谷两师团会师台儿庄的计划。9 月参加武汉保卫战，在潢川阻击日军 12 天。后任第 33 集团军总司令，转战豫南鄂北。1940 年 5 月兼任第五战区右翼兵团总司令。日军集重兵由信阳、随县、钟祥三路进攻襄樊（今湖北襄阳），张亲率三个团由宜城渡过襄河（汉水），与日军奋战九昼夜，在追击中陷入重围，身负重伤，仍坚持作战，在宜城南瓜店壮烈殉国。被追晋为陆军上将。

长沙会战　1939 年 9 月至 1942 年 1 月，中国军队与侵华日军在湖南长沙地区进行的三次会战。1939 年 9 月，日军分路进占湘北岳阳东南地区、鄂南通城地区、赣北奉新和靖安地区；1941 年 9 月初，日军进占岳阳、临湘一带；1941 年 12 月中旬，日军分兵两路进攻长沙。当时先后任第九战区副司令长官、司令长官的薛岳，指挥大兵团与日军进行了三次长沙会战。由于动员民众破坏交通，派兵在敌后袭击其补给线，利用地形部署兵力节节抗击，集中兵力适时反击，广大官兵英勇作战，三次均击退了日军的进攻。

百团大战　抗日战争时期，八路军在华北地区使用 105 个团的兵力，向日伪军发动的大规模进攻战役。自 1940 年 8 月 20 日开始，至 1941 年 1 月下旬结束。战役从破击正太铁路开始，随即扩大到冀中、冀南、冀热察、晋绥、太岳等地区。八路军参战兵力，从开始时的 20 多个团迅速增至 105 个团，共 20 余万人。此外，还有许多地方游击队和民兵参加作战。据前 3 个半月的不完全统计，八路军共作战 1824 次，毙伤日军 2 万余人、伪军 5000 余人，破坏铁路 474 千米、公路 1500 余千米，缴获各种炮 50 余门、各种枪 5800 余支（挺）。八路军伤亡 1.7 万余人。

百团大战沉重地打击了日军的侵略气焰，有力地配合了正面战场国民党军作战，增强了全国人民夺取抗战胜利的信心。

左权（1905-03-15 ~ 1942-05-25）　中国无产阶级革命家、军事家，中国工农红军和八路军高级指挥员。原名纪权。湖南醴陵人。黄埔军校第一期毕业生。曾参加两次东征。1925 年 2 月加入中国共产党。1925 年底赴苏联学习，先后在莫斯科中山大学、伏龙芝军事学院学习。1930 年回国，历任新 12 军军长、红 5 军团第 15 军军长兼政委、红 1 军团参谋长等职，参加中央苏区反"围剿"作战。1934 年参加长征。全面抗战时期，任八路军副参谋长，后

兼八路军第2纵队司令员。曾参与组织指挥晋东南反"九路围攻"、百团大战、黄崖关保卫战等战役战斗，协助朱德、彭德怀开展游击战争，开辟和扩大抗日根据地。1942年5月25日在山西辽县（今左权县）率八路军突破日军包围时牺牲。

皖南事变 1941年1月中国国民党当局在安徽茂林地区围歼中国共产党领导的抗日武装新四军皖南部队的事件。1940年12月7日，蒋介石下达《黄河以南剿灭共军作战计划》，计划"肃清"江南、苏北及黄河以南的新四军。中共中央指示皖南部队转移。但东南局书记兼副军长项英迟疑不决，拖延北移。1941年1月4日，新四军军部及在皖南的部队9000余人从泾县云岭出发，6日到达茂林地区，突然遭到预先埋伏的国民党军7个师8万余人的包围和袭击。新四军伤亡惨重。军长叶挺前去谈判，被无理扣押。14日，新四军阵地被占领。除2000余人突围外，大部被俘、失散或牺牲。项英遇害。17日，蒋介石称新四军"叛变"，宣布取消其番号。皖南事变是国民党第二次反共高潮的最高峰。

叶挺（1896-09-10～1946-04-08） 中国人民解放军创建人和新四军领导人、军事家。字希夷。广东归善（今惠州惠阳区）人。先后就读于广东陆军小学、湖北陆军第二预备学校和保定陆军军官学校。1919年加入中国国民党。1921年任孙中山陆海军大元帅府警卫团第2营营长。1924年赴苏联学习。同年加入中国共产党。1925年9月回国。1926年参加北伐战争，屡建战功。1927年8月参加领导南昌起义。同年12月参加领导广州起义。全面抗战时期，出任新四军军长，指挥部队挺进华中敌后，开展游击战争。1939年5月，在皖中主持成立新四军江北指挥部，指挥部队在津浦铁路东西两侧建立抗日根据地。1941年1月皖南事变中被国民党扣押。1946年3月4日获释。4月8日因飞机失事遇难。

1939年叶挺在新四军军部

项英（1898～1941-03-14） 中国工农红军和新四军领导人。原名德隆。湖北武昌人。1922年4月加入中国共产党。长期在武汉、上海等地从事工人运动和党的工作。1934年10月中央红军主力长征后，留在赣粤边地区继续战斗，任中央军区司令员兼政治委员。在极端困难的条件下，领导了艰苦卓绝的三年游击战争。全面抗战时期，

任新四军副军长、中共中央东南分局（后改为东南局）书记、中央军委新四军分会书记。1940年4月在皖南指挥春季反"扫荡"，10月参与指挥秋季反"扫荡"。在1941年1月转移中犹豫动摇，处置失当，对新四军在皖南事变中遭受严重损失负有责任。事变后，率军部十余人隐蔽于附近山区，3月14日凌晨在泾县

蜜蜂洞被叛徒杀害。

冀中区五一反"扫荡" 抗日战争时期,八路军第3纵队兼冀中军区在河北省中部地区粉碎日军大规模"扫荡"的作战。太平洋战争爆发后,日军为使中国华北地区成为其扩大侵略战争的"兵站基地",对各抗日根据地加紧进行所谓"治安肃正"作战。

1942年5月上旬至7月上旬,华北方面军司令官冈村宁次指挥第41师团主力等部队连同伪军共5万余人,采取铁壁合围、反复合击、分区清剿和辗转抉剔等战术,并以派遣特务队、使用快速部队相配合,对冀中抗日根据地进行大"扫荡"。八路军第3纵队兼冀中军区司令员吕正操、政治委员程子华和冀中区党委书记黄敬,指挥主力部队15个团、地方武装15个支队共3万余人,采取以主力一部同地方部队、民兵相结合在内线坚持斗争,主力大部适时转移至外线寻机歼敌的作战方针,展开反"扫荡"作战。7月初,日军收缩于主要城镇,反"扫荡"作战结束。

日军的残酷"扫荡",使冀中抗日根据地遭到严重摧残,冀中军区部队遭受较大损失,人民群众被杀、被捕5万余人,根据地绝大部分变为游击区。但是,冀中区军民在反"扫荡"中英勇奋战,共歼日伪军1.1万余人,使日伪军聚歼冀中区八路军和完全控制冀中地区的企图未能实现。

冈村宁次(1884-05-15～1966-09-02)第二次世界大战时期日本陆军大将、中国派遣军总司令官。生于东京。1923年任日本驻上海总领事馆武官。不久,被孙传芳聘为高等军事顾问。1927年任日军步兵联队联队长。次年5月,蓄意制造济南惨案。1932年任上海派遣军副参谋长,参与指挥一·二八上海作战。

1941年任华北方面军司令官,发动五次"治安强化运动",对抗日军民实施烧光、杀光、抢光的"三光"政策。1944年发起豫湘桂战役。11月升任中国派遣军总司令官。国共内战期间,成为蒋介石的秘密军事顾问。1949年1月,被南京国民政府法庭宣判"无罪"释放。

豫湘桂战役 1944年4～12月日本侵略军为打通中国华北到华南以至印度支那的大陆交通线而发动的一次大规模战略进攻。1943年,美军在太平洋战场上展开反攻,日本与南洋的海上交通线被切断。日本侵略者决定发动豫湘桂战役,企图打通平汉、粤汉、湘桂铁路,掌握一条陆上交通线。日军从本土及中国东北调集了各兵种部队总计约51万人。战役分河南会战、湘桂作战、桂柳作战三个阶段展开。在短短的八个月中,中国军队在豫湘桂战场上损兵六七十万人,丧失国土20余万平方千米,丢掉城市146座,失去空军基地7个、飞机场36个,人民生命财产损失更是不计其数。日军在付出重大代价之后,虽然打通了大陆交通线,但始终也没能加以利用,更未能挽救日本军国主义败亡的厄运。

中国远征军 第二次世界大战中在缅甸境内及滇西中缅边境地区作战的一支中国抗日部队。

日军于1942年1月发动侵缅战争。中国政府应英国政府请求，以第5、第6、第66军共十万余人组成远征军。由远征军第一路司令长官罗卓英和同盟国中国战区参谋长J.W.史迪威指挥，于1942年2月先后入缅作战。远征军在缅北给日军以沉重打击。但由于中、英、美战略目标的不一致，远征军陷于被动态势，至4月底被迫后撤。8月，远征军大部退至怒江东岸，一部西撤印度。退入印度的部队改称中国驻印军，由史迪威任总指挥，罗卓英任副总指挥。退入滇西的部队连同后续部队，于1943年春重新成立中国远征军司令长官部，陈诚任司令长官（同年冬由卫立煌接任），黄琪翔任副司令长官。1943年10月起，中国驻印军沿中印公路向缅北推进；1944年5月，滇西中国远征军强渡怒江，沿滇缅路向缅北实施反攻。1945年1月27日，滇西中国远征军与中国驻印军会师于缅甸芒友，打通中印公路。至3月，将日军全部赶出缅北和滇西。此后，中国远征军返回国内。

中国远征军入缅作战重新打通了中国西南的国际运输线，有力地配合了盟军在太平洋的反攻，为盟军在缅甸的最后胜利作出了贡献。

史迪威，J.W.（1883-03-19～1946-10-12） 美国陆军上将。生于佛罗里达州帕拉特卡。1904年毕业于西点军校。第一次世界大战期间参加美国赴欧洲远征军。1925～1929年在驻中国天津美海军中服役。1935～1939年为美驻华使馆武官。太平洋战争爆发后，美国陆军部委派他担任中国–缅甸–印度战区陆军司令、中国战区参谋长等职。曾指挥两次缅甸战役。1945年领导建成全长769千米的"史迪威公路"。在昆明、桂林及印度兰伽设立三个训练中心，对国民党军进行训练，为中国人民的抗日事业作出贡献。他主张联合中国共产党积极抗日，反对美国海军情报系统与国民党军统局设立的"中美合作所"。在蒋介石的反复要求下，于1944年10月19日被召回国。1945年6月，史迪威任美国第10军军长，指挥冲绳战役。8月，在琉球群岛接受十多万日军的投降。1946年3月，任美军第6军军长。

戴安澜（1904-11-21～1942-05-26） 中国抗日将领。原名衍功，号海鸥。安徽无为人。1926年毕业于黄埔军校。曾

1945年1月27日滇西中国远征军与中国驻印军会师于缅甸芒友

参加长城抗战。卢沟桥事变后，任国民革命军第13军第73旅旅长。1938年徐州会战中，参加台儿庄会战，指挥所部顽强抗击日军。1939年任第5军第200师师长，率部参加桂南会战，收复昆仑关口。1942年2月参加中国远征军，出师缅甸支援盟军作战。在坚守东吁的战斗中，鏖战十二昼夜，完成防御任务后奉命撤离。5月18日在北撤途中遭日军伏击，身负重伤，在缅北殉国。10月16日被国民政府追晋为陆军中将。29日美国政府授予他懋绩勋章。中华人民共和国成立后，被追认为革命烈士。

陈纳德航空队 中国美籍空军顾问陈纳德为援助中国抗日，于1941年8月在缅甸东吁组建的美国志愿航空队。1940年11月，陈纳德奉蒋介石之命，返美争取美国空军援助。次年8月，购得美国新型战机百余架，招募美国预备役、退役空地勤人员270余人，按中国空军建制在缅甸东吁组成美国志愿航空队。12月20日，陈纳德航空队首战昆明，击落日机6架。至1942年6月，先后在仰光、泰国、缅北、云南地区作战约120次，击毁日机290余架，被中国民众誉为"飞虎队"。7月被改编为美国驻华空军特遣队。1943年3月，被扩编为第14航空队，主要负责保卫驼峰运输线。10月，第14航空队和中国空军被合编为中美空军混合团，对日军展开空中战略打击，取得显赫战绩。1944年

1943年停在中国某基地待命的两架P-40驱逐机

12月后，第14航空队主要转向破坏日军长江水路和平汉、粤汉铁路等后方供给线，迫使日军北撤，为中国军队反攻创造条件。1945年7月，陈纳德因反对美国军方重组驻华空军被召回国，为中国抗日事业作出重要贡献的陈纳德航空队至此宣告结束。

南京受降 1945年蒋介石指派中国陆军总司令何应钦代表中国战区最高统帅在南京接受侵华日军投降。1945年8月15日，日本天皇裕仁正式宣告日本无条件投降。当日，国民政府主席蒋介石在重庆中央广播电台发表《对日抗战胜

中国战区日军投降签字仪式

利告全国军民及世界人士书》，说明胜利的意义及"以德报怨"政策。同日，蒋介石以中国战区最高统帅的名义，致电南京日本中国派遣军总司令官冈村宁次，指示投降原则。9月8日，中国陆军总司令何应钦飞抵南京。9月9日上午9时，何应钦在南京陆军总部大礼堂主持受降典礼，冈村宁次在日本投降书上签字。

南京受降后，中国各战区受降主官及其部队亦分别到达指定地点受降，共接受日军投降官兵124万人，伪军95万人。

台湾光复 1945年中国人民抗日战争胜利后台湾重归中国版图。1943年12月1日公布的《开罗宣言》规定，日本所窃取于中国之领土，例如满洲、台湾、澎湖列岛等，归还中国。1945年7月26日发表的《波茨坦公告》重申"开罗宣言之条件必将实施"。1945年8月15日，日本宣布接受《波茨坦公告》，无条件投降。10月25日，同盟国中国战区台湾省受降仪式在台北市公会堂（今中山堂）举行。日本原台湾总督兼第十方面军司令官安藤利吉向台湾受降主官递呈投降书，受降主官代表中国政府宣告：自即日起台湾及澎湖列岛已正式重入中国版图，所有一切土地、人民、政事皆已置于中国主权之下。至此，台湾光复。

斯特朗，A.L.（1885-11-24～1970-03-29） 美国记者、作家。生于内布拉斯加州弗伦德城。1908年毕业于芝加哥大学，获哲学博士学位。1921年访苏，旅居苏联20余年，向美国和世界广泛介绍苏联的革命成就。1949年被苏联政府指控为"间谍"，遭拘捕，并被驱逐出境。1955年苏联政府为她平反。

斯特朗和中国有着长期密切的关系。她于1925年、1927年、1938年、1940年、1946年和1958年六次访问中国，报道各个历史时期的中国革命。第六次来华后定居北京。编有70期《中国通讯》，向世界人民宣传中国社会主义革命和建设的成就。

主要著作还有《战斗中的西班牙》《斯大林时代》等。

史沫特莱，A.（1892-02-23～1950-05-06） 美国记者、作家。生于密苏里州奥斯古德。1911年起在坦佩师范学校、圣迭戈师范学校学习。1918年到社会党的《召唤报》工作。1929年初以德国《法兰克福报》记者身份来华，与宋庆龄、鲁迅等人建立了亲密友谊和合作关系。20世纪30年代初曾协助"左联"开展活动。1936年西安事变时及时报道事变真相。1937年1月赴延安，广泛访问了中国共产党和中国工农红军的领袖人物。1938年成为中国红十字会志愿人员，动员并组织H.N.白求恩、柯棣华等来华支援中国抗战。1941年9月返回美国后写作、演讲、募捐，继续支援中国抗战。1949年2月被美国当局指控为"苏联间谍"而遭受迫害。同年秋流亡英国。著述甚多，主要有《大地的女儿》《中国红军在前进》等。

白求恩，H.N.（1890-03-03～1939-11-12） 加拿大医生，国际主义战士。生于加拿大安大略省。多伦多大学医科毕业。第一次世界大战期间应征入伍，在欧洲前线服役。战后，在美国底特律和加拿大蒙特利尔等地行医。为皇家外科学会会员、自治领养老金及国家健康部顾问、美国胸外科协会理事。

1936年德、意法西斯武装干涉西班牙革命时，他随加拿大志愿军赴欧，为反法西斯的西班牙人民服务。1937年，他受加拿大共产党和美国共产党的派遣，率领由加拿大人和美国人组成的医疗队赴中国解放区，于1938年3～4月间到达延安，不久又转赴晋察冀边区工作。他随军转战前线，奋力抢救伤病员，培养了大批医务干部，为中国人民的解放事业作出卓越贡献。因抢救伤员时感染病毒而不幸逝世。

斯诺，E.（1905-07-19～1972-02-15） 美国记者、作家。生于密苏里州堪萨斯。1928年毕业于密苏里大学。同年到中国，在上海多家英文报刊任编辑、记者。

1933～1935年在燕京大学新闻系任教。1936年6月，进入陕北革命根据地采访。次年出版《西行漫记》（又译《红星照耀中国》），向世界介绍中国共产党领导的革命运动和工农红军长征。1939年再访延安。1941年回到美国后任《星期六晚邮报》副主编，以战地记者的名义赴苏、美、法、德等国采访。1960年、1964年、1970年三次访问中国，写了大量反映中华人民共和国取得的成就的报道。1970年12月他与毛泽东的长谈在《生活》杂志刊登后，促进了R.M.尼克松访华和中美关系的恢复。著有《远东前线》《大河彼岸：今日红色中国》等。

解放战争 1946～1950年，中国人民在中国共产党领导下，为推翻国民党的反动统治、解放全中国而进行的革命战争。又称第三次国内革命战争。

抗日战争胜利后，蒋介石于1945年8月中下旬邀请毛泽东赴重庆共商"国家大计"。国共两党于10月10日签订《双十协定》，并在美国的"调处"下达成停战协定，召开政治协商会议。在完成军事部署后，国民党撕毁停战协定和政协决议，向解放区发动全面进攻。

1946年6月26日，国民党以30万人的兵力围攻中原解放区，并相继向华东、晋冀鲁豫、晋绥、晋察冀、东北等解放区进攻，自此全面内战爆发。中国共产党领导的人民革命武装先后粉碎了国民党军队的全面进攻和重点进攻，进行了规模空前的**辽沈战役、淮海战役、平津战役和渡江战役**等。1949年4月23日解放南京。随后各路解放军解放了除西藏、台湾、澎湖、金门、马祖、南海诸岛及香港、澳门以外的全部国土。解放战争历时三年零九个月，中国人民解放军经过艰苦奋战，共歼灭国民党军807万人。

这场战争最终结束了代表帝国主义、封建主义、官僚资本主义的国民党政权在中国的统治，改变了世界政治力量格局。

反饥饿、反内战、反迫害运动
中国1947年5~6月国民党统治区爆发的学生民主爱国运动。1947年2月，国民党统治区爆发严重经济危机。5月4日，上海一些院校的学生上街宣传反对内战，遭到军警镇压，引起各校学生罢课抗议。15日，南京学生3000余人前往教育部请愿，要求解决"饥饿"问题。16日，北大院系联合会首先提出"反饥饿、反内战"的口号。20日，沪宁苏杭各校学生6000余人在南京举行"挽救教育危机联合请愿游行"，遭到宪兵、警察、特务殴打，百余人被打伤，20多人被抓。同日，天津各校也有50余人学生在"反饥饿、反内战"的游行中被军警殴伤，造成震惊全国的"五二〇"血案。随后，全国60多个大中城市的学生纷纷举行罢课和游行示威。学生运动与工人、农民、市民的斗争结合在一起，形成了反对国民党统治的第二条战线，有力地配合了人民解放军的作战。

辽沈战役 解放战争时期，中国人民解放军东北野战军在辽宁西部和沈阳、长春地区对国民党军队进行的一次战略决战性战役。

1948年9月12日，东北野战军70万人在司令员林彪、政治委员罗荣桓指挥下，发动辽沈战役。东北野战军首先以主力南下包围锦州，10月15日攻克锦州。17日，长春国民党军第60军军长曾泽生率部起义。19日，新编第7军军长李鸿率部投诚。21日，东北"剿总"副总司令郑洞国率直属队放下武器，长春宣告和平解放。26~28日，东北野战军在黑山、大虎山及其以东地区围歼廖耀湘兵团。11月2日攻占沈阳。同日攻占营口。至此，辽沈战役结束。

此役共歼灭国民党军47.2万人，解放全东北，为解放平津和全华北创造了有利条件。

淮海战役 解放战争时期，中国人民解放军在以徐州为中心，东起江苏海州（今属连云港）、西至河南商丘，北起山东临城（今属枣庄）、南抵淮河的广大区域内对国民党军进行的战略决战性战役。

华东野战军、中原野战军和地方部队共60万人参战。刘伯承、陈毅、邓小平、粟裕、谭震林等组成总前敌委员会。战役分三个阶段。第一阶段，1948年11月6~22日，解放军在徐州以东碾庄圩地区全歼黄百韬兵团。第二阶段，1948年11月23日至12月15日，解放军在徐州南双堆集地区歼灭黄维兵团。同时，将杜聿明部三个兵团包围，并将其中单独突围的孙元良兵团歼灭。第三阶段，1949年1月6~10日，解放军在青龙集、陈官庄地区全歼杜聿明部，淮海战役结束。

此役共歼灭国民党军55.5万人，解放长江中下游以北广大地区，使国民党军在华东、中原战场的主力丧失殆尽。

平津战役 解放战争时期，中国人民解放军东北野战军和华北军区部队将国民党军傅作义集团抑留于北平（今北京）、天津、张家口地区，予以各个歼灭的战略性决战战役。

遂行平津战役的人民解放军总计100余万人。林彪、罗荣桓和聂荣臻组成总前敌委员会。战役分三个阶段。第一阶段，1948年11月29日至12月20日，人民解放军对傅作义集团实行战略包围，将其分割包围在张家口、新保安、北平、天津、塘沽地区，封闭其西逃和南逃的道路。第二阶段，1948年12月22日至1949年1月17日，先后解放新保安、张家口、天津和塘沽。第三阶段，1949年1月21日，与傅作义达成和平解放北平的协议。31日，人民解放军入城，北平宣告和平解放，平津战役结束。

此役共歼灭和改编国民党军52万余人，基本上解放华北地区。

渡江战役 解放战争时期，中国人民解放军第二、第三野战军和第四野战军一部，在长江中、下游地区对国民党军进行的规模巨大的强渡江河战役。

刘伯承、邓小平、陈毅、粟裕、谭震林组成总前敌委员会。1949年4月20日，国民党政府拒绝在《国内和平协定（最后修正案）》上签字。人民解放军于当日午夜首先在裕溪口发起渡江作战。次日，百万大军实施有重点的多路突击，一举越过湖口至江阴间的千里长江防线，登上滩头阵地，并向纵深发展。23日占领国民党统治中心南京。5月3日解放杭州。14日，人民解放军一部在团风至田家镇间南渡长江，16～17日解放武汉三镇。27日解放上海。6月2日，解放崇明岛，渡江战役结束。

此役共歼灭国民党军43万余人，为解放华东全境和向中南、西南地区进攻创造了有利条件。

开国大典 庆祝中华人民共和国成立的盛大典礼。1949年10月1日下午3时整，中央人民政府全体委员和中国人民政治协商会议第一届全体会议代表齐集天安门城楼，与首都30万群众共同

《开国大典》（董希文）

举行开国大典。中华人民共和国第一面国旗徐徐升起，54门礼炮齐鸣。中央人民政府主席毛泽东庄严宣告：中华人民共和国中央人民政府成立了。他宣读了《中央人民政府公告》。在天安门广场举行的阅兵式上，朱德检阅了中国人民解放军各兵种。典礼结束后，首都和各地群众举行了盛大的游行和通宵达旦的庆祝活动。

新疆和平解放 中国人民解放军第一野战军解放陕、甘、宁、青4省后，国民党军新疆警备总司令陶峙岳和省主席鲍尔汉，接受中国共产党提出的8项和平条件，率领所部7万余人于1949年9月25日和26日在迪化（今乌鲁木齐）分别通电起义，新疆宣告和平解放。第一野战军奉中共中央军委命令，以第1兵团司令员兼政治委员王震率领第2军和第6军进驻新疆。第1兵团领导机关于11月6日到达迪化；至1950年3月底，所属部队先后完成进军任务。新疆和平解放，对于维护祖国统一和民族团结具有重大意义。

进军西南 1949年11月至1950年4月，中国人民解放军第二野战军主力在第一、第四野战军各一部配合下，追歼西南地区的国民党军，解放四川、云南、贵州三省及西康省（今分属四川和西藏）大部的重要战略行动。

1949年11月1日，人民解放军在第二野战军司令员刘伯承、政治委员邓小平和西北军区司令员贺龙指挥下，开始向西南进军，发起川、黔作战。15日解放贵阳，30日解放重庆。12月，胡宗南集团南撤至成都地区。通过军事打击和政治争取，西南国民党上层军政人员多人率部起义和投诚。被困成都的胡宗南于12月23日乘飞机逃走。人民解放军发起成都战役，于30日进驻成都。1950年2月解放云南全省。4月初解放西康省大部。

进军西南共歼灭国民党军约90万人（其中起义40余万人，投诚10余万人），彻底粉碎了蒋介石割据西南、卷土重来的企图。

西藏和平解放 1951年底根据中国中央人民政府和西藏地方政府谈判达成的协议，中国人民解放军和平进驻拉萨等地，西藏实现全境解放。

1950年，西藏地方政府上层分裂分子以摄政达扎·阿旺松绕为首，在外国势力的指使下策划西藏独立，极力抗拒人民解放军解放西藏。10月，人民解放军发起昌都战役，消灭藏军主力。11月14日，达扎下台，十四世达赖丹增嘉措亲政。在中央人民政府的一再号召和西藏广大爱国僧俗的敦促下，十四世达赖于1951年2月20日作出决定，派西藏地方政府代表团赴京就和平解放西藏事宜同中央人民政府进行谈判。双方经过充分协商，于5月23日共同签署《中央人民政府和西藏地方政府关于和平解放西藏办法的协议》（简称《十七条协议》）。根据这一协议，中国人民解放军和平进驻西藏各地，西藏宣告和平解放。

埃及卢克索帝王谷

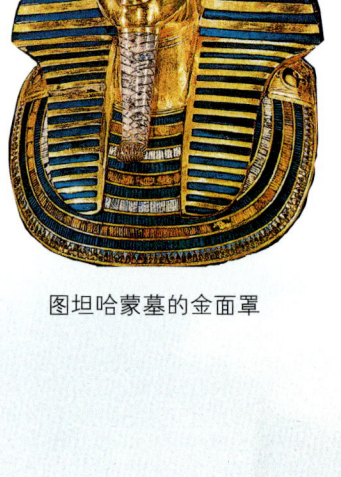

图坦哈蒙墓的金面罩

埃及第18王朝法老
图坦哈蒙的金棺

尼罗河文明 即古埃及文明。尼罗河流域的古埃及文明至少可追溯到公元前50世纪。古埃及人在前43世纪创造了一年365天的太阳历。在前30世纪亚麻纺织技术已经相当高超,并开始建造大水坝和制作木乃伊。前27世纪,开始建造金字塔,并发明象形文字和用于书写文字的纸草纸;已经懂得四则运算、分数、比例,以及简单的几何形体面积和体积的计算。前16世纪的一部纸草医书表明,那时的古埃及人已经掌握许多病状及其治疗方法,并懂得一些解剖学、生理学和病理学的知识。古埃及的神庙、殿堂等建筑也颇为宏伟壮观:建造于前13世纪的卡纳克的阿蒙神庙多柱厅,有134根大石柱,其中最大的12根为直径3.6米、高21米的巨柱。古埃及人的发明创造,使尼罗河流域成为世界文明的摇篮之一。

卢克索神庙远眺

天地之间

亡灵书（部分）

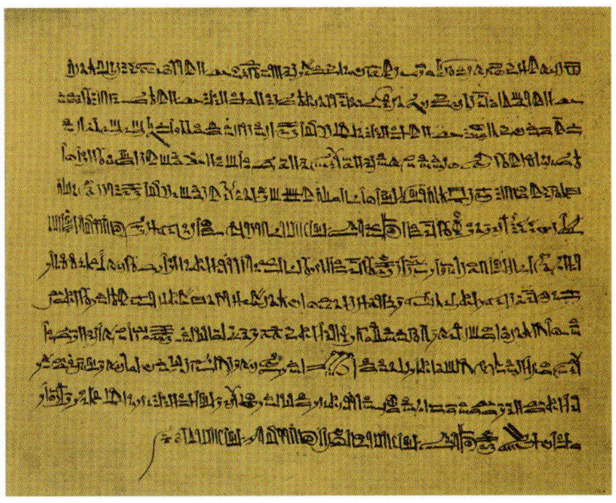

埃及圣书字（僧侣体）

埃及第25王朝的神牛石碑

图坦哈蒙王座

法老 古埃及君主的尊称。法老是埃及语 Per-'o 的希伯来文音译,意为"大房屋",在古王国时代(约前2686～前2181)仅指王宫。从新王国第18王朝图特摩斯三世(约前1504～前1450年在位)起,逐渐演变成对国王的一种尊称。第22王朝(前945～前730)以后,成为国王的正式头衔。现在,习惯上把古埃及的国王通称为法老。法老自称是太阳神之子,掌握全国的军政、司法、宗教大权,是古埃及的最高统治者。

木乃伊 在人工或自然条件下长久保存的干尸。"木乃伊"一词源自波斯语,原意为"蜡"。古埃及宗教习俗极重视遗体保存,在第2王朝即开始制作木乃伊。方法是先将尸体内脏挖出,在腹腔填以乳香、桂皮等香料,缝合后把尸体浸入特制的防腐液中,70天后取出,再裹上麻布,填以香料,涂上树脂。木乃伊的制作表明,古埃及人已掌握医学、生理学、化学和解剖学等方面的知识。类似埃及木乃伊的干尸在其他民族的墓葬中亦有发现。

孟菲斯 埃及文化古城。又译孟斐斯。位于尼罗河三角洲南端西岸。据传为法老美尼斯于约公元前3100年所建。曾为埃及古王国(前27世纪～前22世纪)都城。孟菲斯的墓地保留有古埃及著名的金字塔、狮身人面像,以及反映当时宫廷文化和日常生活状况的浮雕,弥足珍贵。新王国时期(约前1567～前1085),孟菲斯是重要的商业中心。孟菲斯的衰落始于基督教兴起之后。城市毁于7世纪。古城唯一的遗迹是巨大的拉美西斯二世雕像。

商博良,J.-F.(1790-12-23～1832-03-04) 法国埃及学家、语言学家,埃及学的奠基人。生于洛特省的菲雅克。1808年获格勒诺布尔大学语言学博士学位。1809～1816年在母校任教授时,已通晓拉丁语、希腊语和6种古代东方语言,并着手释读埃及罗塞塔石碑的象形文字。1821～1822年间发表有关罗塞塔石碑所用象形文字和僧侣体的研究论文,接着制订出完整的象形文字符号与希腊字母的对照表。后赴埃及发掘、收集古物,摹画和抄录铭文。归国后主持卢浮宫博物馆埃及部。著有《法老时期的埃及》《古埃及象形文字体系纲要》等。

古代两河流域文明 西亚两河流域文明始创于苏美尔人。公元前65世纪,苏美尔人开始牧养牛、羊;前43世纪开始农耕;前40世纪开始在泥板上刻画图形文字;前35世纪已经掌握人工灌溉技术和拥有金属工具,并建造塔

巴比伦空中花园

式神庙；前30世纪开始大规模水利建设，并已使用两轮车；前27世纪已能制造47米长的大木船；前25世纪建立度量衡标准；前20世纪建造砖木结构的多层神庙，并发明畜力牵引的播种机和轮制陶器。阿摩利人建立的古巴比伦帝国使两河流域文明极盛300多年，著名遗物有汉穆拉比法典碑和几万块泥板书。从中可知，古巴比伦人已有把一年365天分为12个月，并以闰月调整的历法；已知几百种动植物，并发明人工授粉方法；已发明制造铜铅釉料的方法；已运用六十进位值制记数法，掌握四则运算，能解多元高次方程，能计算各种形体的面积和体积。古代两河流域的科学、文化、艺术均已达到较高水平，对古代希腊、罗马及波斯的文化发展均有重大影响。

泥板书 古代中东地区用楔形文字刻在泥板上制成的最原始的一种图书。又称泥版书。制作时，用黏土制成每块重约1000克的软泥板，然后用斜尖的木制笔在软泥板上刻画文字，之后将软泥板置于阳光下晒干，再放入火中烘烤。一部泥板书包括若干块刻有楔形文字的泥板和带有标记可容纳这些泥板的容器。已发现的泥板书内容与法律有关的约占3/4。泥板书使用至公元1世纪，后被羊皮书取代。

楔形文字 古代两河流域的苏美尔人创造的文字。又称钉头字和箭头字。因其笔画总是由粗到细，形如木楔，故名。

楔形文字泥板书

泥板书出土现场

苏美尔人创造了楔形文字，巴比伦人、亚述人、阿拉米人对其进行改造，使其成为一种半音节文字。楔形文字在不同时代用于书写不同的语言。原为从上而下直行书写，后来改为从左而右横行书写。苏美尔楔形文字有意符和音符，在字母的发展史上有很大影响。19世纪以来，楔形文字已能被解读。

苏美尔 今幼发拉底河和底格里斯河冲积平原南部地区的古地名。约在公元前4500年，苏美尔人到达这里。约前2900年，苏美尔城邦国家形成。主要城邦有乌鲁克、拉格什、乌尔、基什等。约前2340年阿卡德王国建立后，苏美尔北部地区被称为阿卡德地区，后二者

描绘战争与和平场面的乌尔军旗

合称为巴比伦尼亚地区。巴比伦尼亚地区与其北方的亚述地区是古代两河流域文明的核心地区。

古巴比伦王国 古代两河流域国家。公元前19世纪初，阿摩利人的一支在巴比伦城建立国家。这就是著名的古巴比伦王国，又称古巴比伦第一王朝。第六代国王汉穆拉比（约前1792～前1750年在位）开创了古巴比伦王朝统治的黄金时代。他先后征服伊新、乌鲁克、拉尔沙等国，并占据亚述南部，建立起从波斯湾至地中海沿岸的中央集权奴隶制帝国，自称"世界四方之王"。汉穆拉比逝世后，古巴比伦王国迅速衰落。前1595年，古巴比伦王国被赫梯所灭。

古巴比伦王国时，发展了苏美尔-阿卡德文化，其中楔形文字、天文、文学等方面有更好的发展。

《汉穆拉比法典》 古巴比伦王国国王汉穆拉比颁布的法律。是古代两河流域及其邻近地区楔形文字法中具有代表性的一部法典，也是世界上迄今完整保存下来的最早的一部法典。因法典原文刻在一座黑色玄武岩石柱上，故又名石柱法。由序言、本文和结语三部分组成。其中本文部分共282条，涉及当时社会生活的许多方面。法典在古巴比伦王国长期有效，反映了该地区社会的进一步发展。

《汉穆拉比法典》石刻

亚述帝国 古代西亚奴隶制国家。公元前第3千纪中叶，在底格里斯河中游，一支叫亚述人的部落兴起，之后形成了国家。前19世纪末期，亚述向地中海地区扩张。后来衰落，先后沦为古巴比伦王国和米坦尼王国之藩属。前14世纪中叶，亚述王建立强大的亚述帝国。此后亚述统治者向外扩张，击败赫梯帝国和巴比伦，占领整个两河流域。之后，亚述衰落、复兴、再衰落。至前10世纪，亚述再度复兴。前8世纪中叶，重新开始大规模扩张。

巴比伦城伊丝塔尔门

亚述的守护神

经过不断征服，亚述变为地跨亚、非两洲的奴隶制大帝国。前612年，亚述帝国灭亡，其地为米底和巴比伦所分。

亚述文化博采西亚各国之长，且具有自己的特色。其军事技术长期领先于西亚各国。亚述时期的建筑有很高的艺术水平。

赫梯帝国 古代西亚奴隶制国家。由小亚细亚赫梯古王国发展、扩张而形成。约始于公元前14世纪初，前12世纪瓦解。

前第3千纪后期至前第2千纪初，赫梯人越过博斯普鲁斯海峡进入小亚细亚。前17世纪，以库萨尔为中心，建立了统一的国家。约前1595年，进入两河流域，灭古巴比伦王国。前14世纪国势日盛，进行对外征服战争，势力波及整个西亚地区。后来和埃及争夺叙利亚地区的统治权，通过和约取得叙利亚北方大部分领土。前13世纪末开始衰落。前8世纪，残存的各赫梯小国被亚述帝国所灭。

赫梯文明具有多元特点，表现在宗教、语言文字、政治制度等各个领域。赫梯人在科技发展史中也占据重要地位，他们最早发明了炼铁技术。

印度河文明 南亚次大陆的青铜时代文明。从公元前2350年或更早，到前1750年。因分布中心在印度河流域而得名。因主要城市遗址位于哈拉帕和摩亨佐达罗，又称哈拉帕文化。一般认为文明创造者是达罗毗荼人。居民主要从事农业和家畜饲养业，还从事渔猎和各种手工业。对外贸易发达，通过陆路和海路与中亚、伊朗、两河流域和埃及等地进行交往。当时已使用文字，制作有精美的青铜雕像。印度河文明大约从前1750年起逐渐衰落。

摩亨佐达罗浴池遗迹

赫梯首都哈吐沙城门

印度-雅利安人 古代印度的主要居民。"雅利安"一词源于古波斯语Ariya，意为"有信仰的人"。雅利安人最初生活在南俄草原，后来从这个地区向亚洲和欧洲迁徙。约公元前14世纪早期，其中一支进入南亚次大陆，称印度-雅利安人；另一支进入伊朗，称伊朗-雅利安人。印度-雅利安人最初定居在印度河上游的七河流域（或称五河流域），以后向恒河流域发展，进而扩张到南印度的部分地区。约前第1千纪初期,少数部落开始过渡到国家。至前6世纪,在恒河流域、印度河流域和南印度部分地区形成20多个小国。印度-雅利安人成为古代印度次大陆上的主要居民。

印度种姓制度 一种彼此严格区分的社会等级或集团制度。种姓制度出现在印度-雅利安人向阶级社会过渡的过程中,主要用来把雅利安人和其他被征服地区的人群区分开。它按照肤色和出身,把社会划分为四个等级:婆罗门、刹帝利、吠舍和首陀罗。婆罗门地位最高,是掌握神权的祭司,多为白种人;刹帝利地位次之,为武士,包括国王和官吏;吠舍为第三等级,主要为农民、手工业者和商人,有纳税义务;首陀罗为被征服的从事低下工作的居民。等级之间贵贱分明,形成森严的种姓制度。

在南亚各国印度教居民中,都曾存在种姓制度。种姓问题至今仍然是印度重要的社会问题之一。

阿育王(前304~前238/前232) 印度孔雀王朝国王。又称无忧王。频头娑罗王之子。约公元前273年频头娑罗王逝世,阿育王在大臣成护的帮助下,与其兄修私摩争夺王位取胜。约前269年阿育王即位后,继续向外扩张。曾征服过湿婆萨国。前262年,征服位于孟加拉湾沿岸的羯陵伽。阿育王时的国家疆域,在古代印度史上是空前的,阿育王在位期间是孔雀王朝的极盛时代。征服羯陵伽的战争后,阿育王笃信佛教,大力宣扬佛法。在他即位第17年,在华氏城举行第三次佛教结集,国内信教者日众。他还向周邻诸国派出许多传教使团,使佛教开始成为世界性的宗教。据传说,阿育王在位期间,曾建造8.4万座佛塔。

笈多王朝 中世纪统一印度的第一个封建王朝。疆域包括印度北部、中部及西部部分地区。4世纪初,北印度小国

阿旃陀石窟1号窟笈多王朝菩萨像

林立,摩揭陀国王旃陀罗·笈多一世(约320~330年在位)据华氏城(今巴特那)为首都,建立笈多王朝。笈多王朝是中世纪印度的黄金时代。当时,农业生产有了相当的发展。手工业的进步表现在炼铁、棉纺织业和造船上。对外贸易比较活跃。大乘佛教盛行,印度教兴起。在梵文文学、绘画、雕刻、建筑艺术等方面取得显著成就。

德里苏丹国 1206~1526年间突厥-阿富汗军事贵族统治北印度的伊斯兰教区域性封建国家的统称。因建都德里,

阿育王石柱头

故名。1206年，阿富汗廓尔王朝的德里总督库特布－乌德－丁·艾巴克自立为印度苏丹，开始对印度的统治。此后经历了奴隶王朝、卡尔吉王朝、图格鲁克王朝、赛义德王朝和洛迪王朝。图格鲁克王朝时期，多次远征南印度，领土扩大到科佛里河以南，德里苏丹国达到极盛时代。此后，逐渐走向衰落。1398年，帖木儿入侵印度并占领德里，各省总督趁机纷纷独立。1526年为莫卧儿王朝所灭。

德里苏丹国兴建了许多水利工程，农业生产有很大发展；形成了工商业和外贸中心。

帖木儿（1336～1405-02-18/-01-19）

中亚帖木儿王朝的奠基人。或称为跛子帖木儿。其父塔拉盖为突厥化的蒙古巴鲁拉思部首领。1360年蒙兀儿斯坦平定河中（中亚锡尔河与阿姆河之间地区），帖木儿为参赞。不久，帖木儿同其姻兄忽辛共同举兵，驱逐河中的蒙兀儿统治者。1370年，帖木儿杀其同盟者忽辛，灭西察合台汗国，成为河中的最高统治者。之后进一步向周边地区扩张：东攻察合台汗国，征服花剌子模，征服伊儿汗王朝和阿富汗；北上进攻金帐汗国；南侵印度；西征小亚细亚，大败奥斯曼帝国。终于建立一个仅次于蒙古的大帝国。

帖木儿晚年又企图征服中国，于1404年11月27日从撒马尔罕出发东进，在进军途中病死。

莫卧儿王朝

1526～1858年统治南亚次大陆绝大部分地区的伊斯兰教封建王朝。"莫卧儿"一词系"蒙古"的转音。因王朝建立者自称为蒙古人，故名。

1526年，中亚封建主蒙古－突厥族后裔巴布尔入侵印度，建立莫卧儿王朝。1527年、1529年通过两次战役，统一北印度。1556年，阿克巴继位。他改革内政，建立中央集权制，开疆拓土，统一了南亚次大陆的广大地区。奥朗则布统治时期，王朝版图几乎囊括了整个南亚次大陆。奥朗则布死后，各省纷纷独立。1740～1761年，莫卧儿皇帝成为入侵者的傀儡，莫卧儿王朝名存实亡。1764年，沙·拉姆二世在布克萨尔战役中投降英国东印度公司，莫卧儿王朝沦为英国殖民者的附庸，名义上存在到1858年。

莫卧儿社会仍以农业经济为主，农业中商品生产扩大，产品远销欧亚市场。手工业十分发达。

阿克巴（1542-10-15～1605-10-17）

印度莫卧儿王朝开明专制君主（1556～1605年在位）、政治改革家。生于信德省乌马尔科特（今属巴基斯坦）。1555年任旁遮普总督。1556年在宰相拜拉姆汗辅佐下登上王位，并由拜拉姆汗摄政。1560年，铲除专权的拜拉姆汗，亲掌政权。1562年开始开疆拓土，至1601年统一印度。

1574年后，阿克巴进行了一系列内

帖木儿（左）及其大臣（绘画）

阿克巴的宫廷（绘画）

政改革。他实行"普遍宽容"的宗教政策；以伊斯兰教为基础，糅合印度教、耆那教等宗教的教义，创立"一神教"。改革军事官僚制度、田赋制度。此外，他还下令取缔"萨蒂"（寡妇自焚殉夫）、杀女婴、童婚等印度教陋习。阿克巴的改革，为印度的政治统一和社会、经济、文化的进步作出了划时代的贡献。

吴哥王朝 柬埔寨真腊王国兴盛时期的王朝。因其王都建于今暹粒省吴哥地区，故名。802年，阇耶跋摩二世（802～869年在位）驱逐爪哇势力，重新统一真腊，开创吴哥王朝。12世纪上半叶国势兴盛，成为中南半岛的强大国家。12世纪中叶，占婆入侵，王朝曾一度衰落。阇耶跋摩七世（1181～1225年在位）击败占婆军，并对外扩张领土，王朝臻于鼎盛。13世纪初至15世纪，领土缩小，日趋衰落。1432年，暹罗攻陷吴哥，王朝被迫迁都。1434年，因洪水泛滥再次迁都至湄公河与洞里萨湖交汇处的扎多木（今金边）。吴哥王朝至此结束。

吴哥及其附近地区兴建有大型水利灌溉工程，农业发达；手工业和商业亦颇繁荣。历代国王修建的吴哥古迹群，以其雄伟优美的建筑艺术闻名于世。

安息 伊朗古代王国。位于伊朗高原东北、里海东南一带。中国史籍称之为安息，西方史家称之为帕提亚。公元前247年，阿萨息斯建立安息王朝。前2世纪中叶，国势日盛，成为一个疆域辽阔的帝国。前90年，达到鼎盛。在前64年罗马灭掉塞琉西王国后的近三个世纪中，安息与罗马帝国战事频仍。公元1世纪中叶后，随着王权的衰落，各省总督和部落首领纷纷独立。224年，安息的最后一位王——阿尔达班五世在与萨珊家族的作战中战死，安息遂亡。

安息是丝绸之路的必经之地，经济上因过境贸易而获益。为此，安息一直与中国保持友好关系。

大夏 中亚古国名。公元前140年左右，塞种诸部自锡尔河南下，灭了巴克特里亚王国。中国史籍将主要由塞种诸部控制的巴克特里亚地区称为大夏。据《史记》记载，大夏国都是蓝市城（今阿富汗巴尔赫附近），居民100多万人，以务农为生，善于经商，兵力薄弱。约前139～前129年，伊犁河、楚河流域的大月氏人西迁，大夏遂臣服于大月氏。后大月氏越过妫水（今阿姆河）南下，占领蓝市城。大夏退至妫水上游之南，分为休密、双靡、贵霜、肸顿、高附（或都密）5个翕侯。公元1世纪时，贵霜翕侯攻灭其他4个翕侯，建立贵霜王国。

大宛 中亚古国名。位于帕米尔高原西麓，今费尔干纳盆地。居民以塞种人为主，首都贵山城。西汉武帝时，张骞西使大月氏，首先到达大宛。时大宛有大小属邑70余城，人口数十万，农业和畜牧业兴盛，出产汗血马。太初元年（前104），汉武帝派李广利率兵远征大宛。四年，大宛求和。此后，大宛服属汉。东汉时，大宛一度臣服于莎车。太康六年（285），晋武帝司马炎使杨颢拜其王蓝庚为大宛王。南北朝称之为破洛那等，唐朝则称之为宁远或拔汗那。

撒马尔罕 中亚著名古城、乌兹别克斯坦撒马尔罕州首府。位于泽拉夫尚河畔。原名马拉坎达，公元前4世纪时是粟特都城。前329年被亚历山大大帝攻占。公元8世纪被阿拉伯人占领。13世纪初成为花剌子模首都。1220年被成吉思汗摧毁。1370年帖木儿定都于此。1501年被乌兹别克人征服，成为布哈拉汗国的一部分。18世纪逐渐衰落，几成废墟。1888年铁路通车后，经济逐步恢复。1938年起为撒马尔罕州首府。

撒马尔罕自古就是丝绸之路的要站和东西方文化交流枢纽，老城的主要建筑多建于帖木儿帝国时期。2001年，撒马尔罕文化中心作为文化遗产被列入《世界遗产名录》。

阿拉伯帝国 阿拉伯人建立的伊斯兰哈里发国家。中国史书称为大食。西方史籍称为萨拉森帝国。610年，穆罕默德在麦加创立伊斯兰教。632年，建立以伊斯兰教为信仰的国家。穆罕默德之后，阿拉伯国家的首脑称为哈里发。阿拉伯帝国经历了四大哈里发时期（632～661）、倭马亚王朝时期（661～750）和阿拔斯王朝时期（750～1258）。最初国土限于阿拉伯半岛。至倭马亚王朝后期，成为地跨亚、非、欧三大洲的庞大帝国。阿拔斯王朝建立后最初的近百年，是阿拉伯帝国的极盛时代。阿拉伯商人的足迹遍布亚、非、欧三大洲。巴格达成为著名的世界商业和贸易中心之一。各族人民共同努力，创造出了光辉灿烂的阿拉伯文化。9世纪中叶后，帝国进入分裂和衰落时期。1258年成吉思汗之孙旭烈兀攻陷巴格达，阿拉伯帝国灭亡。

位于撒马尔罕市中心的中世纪伊斯兰神学院

阿拔斯王朝第五任哈里发哈伦·拉西德（中）及其大臣

哈里发 历史上伊斯兰国家的统治者。为阿拉伯语的音译，意为"继承者、代理者"。穆罕默德去世后，继任者艾布·伯克尔称"真主使者的哈里发"。大约在第二任哈里发欧麦尔时期，哈里发演变为伊斯兰国家政教首脑的称号。四大哈里发之后，哈里发改为世袭制。倭马亚王朝有14任哈里发，阿拔斯王朝有38任哈里发。10世纪中叶后，哈里发失去所有世俗权力，只保有宗教领袖的地位。1258年蒙古军队攻陷巴格达，杀死哈里发。埃及马木鲁克王朝扶植幸存的阿拔斯人为新哈里发。1543年，哈里发穆台瓦基勒被迫将哈里发职权移交给奥斯曼统治者。1924年3月土耳其共和国大国民议会通过法案，废除哈里发制。

拉齐（864~924） 穆斯林哲学家、医学家、物理学家。欧洲人称拉齐斯。生于波斯赖伊（今译腊季）。30岁到巴格达。曾先后任赖伊和巴格达医院院长。外科临床经验丰富，被尊为"阿拉伯的伽伦"。晚年从事哲学研究。

哲学上，他认为造物主、宇宙的灵魂、原质、绝对的时间、绝对的空间是世界的五种本原；他认为安拉是万物之本，由他流出万有；他认为感觉是认识的基础，以此为据，肯定物质世界的存在。医学上，他吸收和总结古代希腊、印度、波斯和阿拉伯医学的成果，创立新的医疗体系和方法，发明外科串线法和精神治疗法。他还从事物理学、化学、数学等自然科学的研究。一生著书131部。其中大半为医学论著，代表作有《医学集成》和《天花与麻疹》；其他著作有《形而上学》《哲学上的途径》《精神物理学》等。

阿维森纳（980~1037-06） 阿拉伯医学家、哲学家。原名伊本·西拿。西方人习称阿维森纳。生于中亚布哈拉城附近的阿夫沙纳镇（今属乌兹别克斯坦）。早年接受多方面教育，医学造诣尤深。18岁成为名医。后被萨曼王朝埃米尔聘为御医。其间亦从政，官至大臣，但仕途坎坷。一生著作等身，多涉及哲学与医学。现存著作130多部，其中最有影响的是《治疗论》和《医典》。

哲学著作《治疗论》分为四部分，分别论及治疗、逻辑、肉体、数学和形而上学。该书泛论哲学，思想核心是关于存在的本体论。西方很多基督教思想家和哲学家深受其影响。医学巨著《医典》代表了当时阿拉伯医学的最高成就，长期被阿拉伯语国家和欧洲医校采用为教材。

三韩 朝鲜半岛南部古代居民的总称。包括马韩、辰韩和弁韩三支。中国三国时期，三韩族仍处在部落联盟阶段。当时马韩居于主体地位，辰韩在马韩东，弁韩在辰韩之南。三韩各有酋长，各部落首领原先都是马韩人。三韩都从事种稻、养蚕、织布等生产。先受制于汉朝乐浪、带方郡，后二郡势衰，马韩发展为**百济**，辰韩发展为**新罗**，弁韩发展为六伽耶联盟。660年，三韩之地为新罗统一。

新罗 朝鲜古代国家。初名徐罗伐，又名斯罗斯卢。公元4世纪由三韩的辰韩斯卢部所建。首都金城（今韩国庆州）。4世纪中叶起，王位由金姓世袭，王权逐渐得到加强。505年，实行州郡县制。520年，颁布律令，进一步完善国家体制。532年起扩张领土，陆续占有洛东江流域、汉江地区，势力伸延到今咸镜南道的利原。后新罗因扩张招致高句丽和百济的进攻，吁请唐朝出兵干预。唐朝在新罗的配合下，于660年灭百济，再于668年灭高句丽。之后，新罗统一大同江以南地区。后期王国内部纷乱，935年被高丽所灭。新罗从4世纪末起，大力吸收中国文化。

百济 朝鲜三国时期国家。统治范围在朝鲜半岛西南部。北境先与汉朝乐浪郡接壤，后与高句丽接壤；东与新罗为邻。百济原为马韩诸部之一，公元前1世纪形成奴隶制国家。传说前18年，高句丽王子温祚在慰礼（今韩国首尔附近）定都称王，号百济。后迁都至汉山城（今属京畿道）。313年，高句丽占据乐浪郡后，朝鲜半岛形成三国鼎峙的局面。百济国力弱小，在高句丽和新罗的夹缝中求生存。660年被唐与新罗联军所灭。百济灭亡后，其领土被并入新罗。百济农业较发达，对外贸易也较发达。使用汉字。4世纪时建立儒学教育制度。同南朝有密切的文化联系。

高丽 朝鲜封建王朝。疆土基本在今朝鲜半岛。首都开城。918年，泰封国将领王建杀统治者弓裔自立，改国号为高丽。935年灭新罗，936年灭后百济，统一朝鲜半岛。10世纪末至11世纪初，高丽同契丹进行了三次较大规模的战争。12世纪初，与女真人进行了长达数年的战争。13世纪中叶后被蒙古征服，元朝灭亡后摆脱蒙古的控制。1388年，左军都统使李成桂发动政变，夺取政权。1392年，李成桂废高丽末代王恭让王而自立，高丽王朝遂亡。

高丽以佛教为国教。儒学很兴盛。958年开始实行科举制度。学术方面比较突出的是史书编纂。在中国活字印刷技术的基础上，发明了金属活字。

李氏朝鲜 朝鲜封建王朝。以其创建者李成桂而得名。又称朝鲜王朝，简称李朝。1392年李成桂废恭让王自立，定国号为朝鲜。1394年将都城从开城迁至汉城（今韩国首尔）。1443年制定自己的文字——训民正音。1469年颁布《经国大典》。以儒家朱子学为国教。1592年，日本入侵朝鲜，壬辰卫国战争爆发。在明朝援军的帮助下，朝鲜于次年击败日本侵略军。1876年，日本再次入侵，与朝鲜签订《江华条约》。1882年后，日本取得在朝驻军的权利。甲午农民战争爆发后，日本乘机出兵干涉，成立亲日政府。日俄战争中，朝鲜沦为日本的保护国。1910年日本通过《日韩合并条约》吞并朝鲜，李朝灭亡。

壬辰卫国战争 李朝时期朝鲜军民抗击日本入侵的卫国战争。又称壬辰丁酉之役。因在农历壬辰年爆发，故名。1592年4月，日本丰臣秀吉派15万大军由釜山登陆。至6月，日军已占领汉

装备龟船的朝鲜水师

城（今韩国首尔）、开城和平壤三京。李朝遣使向明朝求援。与此同时，以李舜臣部为主力的朝鲜水军连获大捷。12月，明朝派李如松等率军4万到达朝鲜。1593年初收复平壤、开城，4月收复汉城。日军被迫与朝鲜和中国谈判。1597年初和谈破裂，日本对朝鲜进行新的侵略。李舜臣率军取得鸣梁海战大捷。1598年7月，杨镐等率明军到达朝鲜，取得稷山等战役的胜利。不久，丰臣秀吉病死，遗命撤军。同年12月15日，朝中水军在露梁海上截击日军援军，大胜。战争结束。

甲午农民起义　朝鲜农民反对封建统治和外国侵略的武装起义。因爆发于农历甲午年，故名。又名东学党起义。1893年全罗道古阜郡一带歉收，郡守仍强征水税，引起农民义愤。1894年2月15日（农历甲午年正月初十），古阜地区东学教接主全琫准率上千名教徒和农民起义。起义后来发展成为全国性的农民战争。起义军在全罗道建立农民自治机关"执纲所"，掌握地方实权。同年6月，清朝政府和日本先后出兵朝鲜。日本以保护使馆和侨民为名，挑起中日甲午战争。9月下旬日本取胜后，开始把矛头转向农民军。12月，全琫准被捕，农民起义最后失败。这次农民起义是朝鲜历史上规模最大的农民起义。

三一运动　朝鲜人民反对日本殖民统治、争取民族独立自由的爱国运动。因爆发于1919年3月1日，故名。1919年1月，李氏朝鲜废帝高宗李熙暴卒，传为日本人所害，激起朝鲜人民多年的积愤。3月1日，学生和市民等纷纷涌上街头，当众宣读《独立宣言书》，举行声势浩大的游行，参加人数达30多万。3月中旬，斗争浪潮迅速推向全国城乡，工农大众成为主力。全国有11个府、206个郡共200多万人举行示威和暴动。海外侨民也举行示威游行，响应国内的斗争。这一运动也得到中国和世界许多国家人民的支援。6月底，运动被日本殖民当局镇压。

邪马台国　日本弥生时代后期的倭人国家。存在于公元2～3世纪。所在位置有九州和畿内大和两说。早期的邪马台国以男子为王。2世纪末发生内乱，乃共立女子为王，名为卑弥呼。此时的邪马台国实际是30余个倭人国家的盟主。卑弥呼女王国对其他诸国有相对统治权。卑弥呼死（约248）后，又立男王，但因国中不服而复立卑弥呼之女为王。邪马台国与中国三国时期魏国通好。在中国文化的影响下，邪马台国时期的社会、经济、文化都有较大发展，且出现了文字的雏形。

大和国 存在于 4～7 世纪的日本奴隶制国家。又称倭国、大倭国。这一时期在考古学上被称为古坟时代。大和国形成初期，以近畿大和地方为中心。倭王名为大王。以倭王为首，畿内豪族葛城臣、平群臣、苏我臣、大伴连、物部连等联合组成统治机构，臣、连等豪族分掌国家的祭祀、军事、外交、财政等。国家的经济基础是大王的直辖领地和部民制。592 年，圣德太子摄政，公布 17 条宪法，巩固了倭王政权。圣德太子死后，外戚苏我氏专权。645 年，中大兄皇子等灭苏我氏，另立天皇，迁都难波（今大阪），开始推行大化改新。大化改新后天皇执政，大和时期结束。

古坟时代终末期的高松冢古坟人物壁画

大化改新 日本的社会政治变革运动。发生于 645 年，因此年为大化元年，故名。645 年 6 月，中大兄皇子等人发动乙巳之变。政变后，孝德天皇即位，建元大化，迁都难波（今大阪）。新政府以唐朝律令制度为蓝本，规定了中央集权的封建国家体制。646 年元月以诏书形式公布改新的主要内容：①废止私有土地、部民，行公地公民制。②确定中央、地方的行政区划和组织。废除世袭制，官吏由国家任免。③编制户籍、计账（规定赋役的登记），行班田收授法。④废旧贡纳制，实行租庸调的新税法及向皇室献纳仕丁（夫役）、采女（宫女）的制度。701 年编成《大宝律令》，确立了天皇制国家。大化改新是日本进入封建社会的起点。

天皇制 日本以天皇为最高统治者的专制统治制度。大化改新后，确立天皇是国家元首。1192～1868 年，日本实际控制者是幕府。1868 年明治维新后，天皇掌握国家权力。1890 年实施的《明治宪法》规定，国家权力集于天皇，天皇总揽立法、行政、军事、外交等。第二次世界大战后，日本实行议会内阁制，保留天皇制。1947 年开始实施的《日本国宪法》规定，天皇乃日本国之象征，没有干预国政之权能，行使礼仪性的国事。这些国事也须得到内阁的建议和承认，并由内阁负责。天皇皇位世袭。

平城京 日本奈良时代（710～784）都城。遗址位于奈良盆地北部，大部分在今奈良市境内。708 年元明天皇下令在此营建新都，至 784 年桓武天皇迁都长冈京，以平城京为都 70 余年。形制主要仿唐长安城，也受唐洛阳城的影响。东西约 5.9 千米，南北约 4.8 千米。平面呈长方形，宫城在北部中央。城周无城墙。长 3.8 千米的朱雀大路纵贯南北，将全城分为左、右京。平城宫是天皇居处和政府衙署。平城京内外多建佛寺，这些佛寺有的保存至今。

幕府政治 日本封建武士通过幕府实行的政治统治。又称武家政治。"幕府"一词始自古代汉语，指出征时将军的府署。在日本，最初指近卫大将住所，转指武士首脑征夷大将军（简称将军）府邸，以后又称将军为首的中央政权为幕府。幕府政治始于1192年镰仓幕府建立，中经室町幕府，终于1867年江户幕府的德川庆喜还政于天皇。

丰臣秀吉（1537～1598-08-18）

日本战国时代末期封建领主。生于尾张中村（在今名古屋）的一个下级武士家庭。1558年为织田信长仆从，称木下藤吉郎，深得信长的信任。

屡立战功，为信长部下大将。1573年改名羽柴秀吉。同年成为一国的大名领主。1582年本能寺之变后，秀吉诛灭明智光秀，成为信长的后继者。1584年与德川家康结盟。在击灭信长部下诸将之后，相继征服四国、九州和奥羽等地的领主。1585年由天皇授予关白之职，翌年兼太政大臣，并被赐姓丰臣。后逐步平定九州。1590年灭关东北条氏，统一全国。1598年，因侵略朝鲜的战争未达目的，在焦虑不安中死去。

武士道

武士的道德规范和行动准则。日本武士又名武者、侍，是以武艺为专业的社会阶层，日本封建社会平安时代中期以后统治阶级的忠实仆从。武士曾先后建立镰仓幕府、室町幕府、江户幕府等武家政权。为加强战斗力，武士团以忠节、武勇、孝行、廉耻、无欲等要求武士。自镰仓幕府起，这些要求以法规形式成为武士必须遵守的封建伦理。江户幕府建立后，武士对五伦、五常非常信仰。山鹿素行将这一时期的武士言行与信仰理论化、系统化，定名为"武士道"。

武士道的主要内容是：①强调主从关系中的"忠节"，武士必须无条件绝对效忠主君，为主君坚持节操。一旦有事，以为主君献身为荣。②强调武勇，以杀伐为荣，勇于为主君卖命殉死，勇于切腹自杀。③强调崇拜日本刀，宣扬刀不见血，不算武士。④强调敬神信佛。⑤强调礼仪。要遵守各项清规戒律，甚至是黑社会式的严密纪律。

明治维新后，武士作为阶层不复存在，但武士道精神仍有很大影响。日本军国主义者在军内外大力宣扬武士道，使之成为整个社会的伦理观念。后来武士道与法西斯主义相结合，形成现代的法西斯武士道精神。

日本开国

西方列强以武力强制日本放弃锁国政策，对外实行开放政策。17世纪中叶至19世纪中叶，日本推行锁国政策。从18世纪末起，俄、英、美等国不断向日本叩关，要求建交和开港通商，均遭拒绝。1853年7月8日，美国东印度舰队驶抵江户湾的浦贺，要求日本开国。1854年3月31日，德川幕府被迫签订《日美和好条约》（通称《神奈川条

日本武士画像

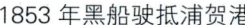

1853年黑船驶抵浦贺港

约》）。条约规定，日本开放下田、箱馆（今函馆）两港作为美国来往船只的停泊港，并给予美国最惠国待遇等优惠。1858年（安政五年），日本又被迫与美国、荷兰、俄国、英国、法国分别签订通商条约，这些条约总称《安政条约》。日本开国标志着资本主义世界市场的形成。

明治维新 19世纪下半叶日本发生的政治、经济和社会的变革运动。时值明治天皇在位（1867～1912），故名。19世纪中叶日本开国后，面临严重的民族危机，社会矛盾更加激化。1867年睦仁即位。次年下令废除幕府，发布《五条誓文》，改元明治。随后，新政府着手实行一系列资产阶级改革：取消武士特权；发布地税改革法令，殖产兴业，发展近代工业；文明开化，学习西方；颁布《明治宪法》，确立专制主义君主立宪制。随着国力日渐充实，日本不断要求各国修改不平等条约并发动侵略战争。19世纪80年代末，以侵略中国和朝鲜为主要目标的"大陆政策"基本形成。日本由此进入资本主义发展阶段。

明治天皇发布《五条誓文》

明治天皇（1852-09-22～1912-07-30）近代日本天皇（1867～1912年在位）。生于京都。孝明天皇的第二子。1860年被立为太子，名睦仁。1867年1月9日睦仁即位。次年废除幕府，改元明治。明治政府成立后，开始进行政治、经济、军事、文化教育等方面的改革，史称**明治维新**。睦仁在位期间，大力推行富国强兵政策，并力主对外扩张。1894年发动**中日甲午战争**，1895年夺取中国领土台湾和澎湖列岛，1904年发动日俄战争，1910年吞并朝鲜。

伊藤博文（1841-10-16～1909-10-26）日本近代政治家、内阁总理大臣（1885～1888，1892～1896，1898，1900～1901）。生于长州藩（今山口县）。1862年参加倒幕运动。1886年6月起，主持起草和领导审议《明治宪法》及有关法案。1894年，制定并推行侵略中国和朝鲜的政策。同年7月发动**中日甲午战争**。1895年4月17日，强迫中国清政府签订《**马关条约**》。1906年他到朝鲜任首任统监，对朝鲜人民实行残酷的殖民统治。1909年10月26日，在中国哈尔滨车站被朝鲜爱国志士安重根击毙。

黑绘陶《阿基琉斯和埃阿斯玩骰子》

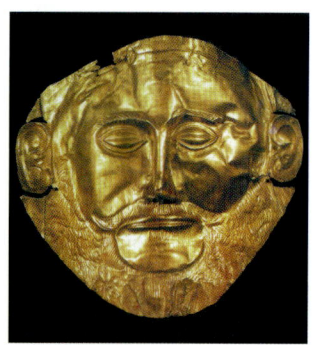

阿伽门农金面具

古代希腊 从公元前2000年左右到前30年,古代希腊人以巴尔干半岛、爱琴海诸岛和小亚细亚沿岸为中心,在包括北非、西亚和意大利半岛南部及西西里岛的整个地中海地区建立的一系列奴隶占有制国家。克里特岛约于前第3千纪末出现青铜文化,前第2千纪初出现国家和文字。前2000年左右,一些讲希腊语的部落开始在希腊半岛定居。

《尼凯女神像》(萨莫色雷斯的)

雅典卫城

前第 2 千纪的中、后期，希腊人创造了灿烂的**迈锡尼文明**。迈锡尼文明衰落后，继之而来的是**荷马时代**。从前 8 世纪起，在希腊半岛、爱琴海诸岛及小亚细亚沿岸出现了很多城邦。其中最著名的是雅典和斯巴达。前 338 年后，希腊的大部分城邦沦于马其顿王国的统治之下。前 323 年后，希腊历史进入希腊化时代。前 30 年，罗马灭最后一个希腊化国家——托勒密王朝，古代希腊的历史终结。

古代希腊人在包括数学、天文、医学、建筑、雕刻、戏剧、诗歌、哲学、历史、演说术等领域作出了富有创造性的贡献。古代希腊文化对古代罗马及后世欧洲具有重大影响。

古代希腊陶器

古代希腊银币

埃皮扎夫罗斯剧场遗址（建于公元前 4 世纪的后 25 年间）

爱琴文明 欧洲青铜时代文化。分布于爱琴海克里特岛及其周围地区，以及希腊半岛。年代为公元前3500～前1100年。依地区分为克里特岛的米诺斯文明、希腊半岛的迈锡尼文明和爱琴海诸岛的基克拉泽斯文明。约在前3500～前2600年，爱琴地区先后进入青铜时代，其中爱琴诸岛约自前3500年开始，克里特岛约自前3000年开始，希腊半岛约自前2600年开始。爱琴地区进入铁器时代后，欧洲其他地区才进入文明时代。

迈锡尼狮子门遗址

米诺斯文明 希腊克里特岛的青铜时代中、晚期文化。又称克里特文化或克里特文明。是爱琴文明的重要组成部分。公元前第3千纪末，克里特岛过渡到青铜文化时期。前1900年左右，克里特岛上建立起奴隶制国家，米诺斯文明形成。前1450年左右，克里特岛为迈锡尼人占领，米诺斯文明被迈锡尼文明所取代。一般认为米诺斯人属于地中海本地居民。米诺斯人创造了自己的文字，包括象形文字和线形文字A。米诺斯文明以精美的王宫建筑、壁画及陶器、工艺品等著称于世。

《巴黎女郎》（约公元前1500年，克诺索斯王宫壁画）

迈锡尼文明 希腊地区的青铜时代文明。因最早发掘的遗址在迈锡尼而得名。它继承米诺斯文明，是爱琴文明的后期阶段。年代约为公元前1600～前1100年。以希腊半岛南部为中心，达于半岛中、北部及爱琴海区域。它衰亡后，希腊历史进入荷马时代。

迈锡尼人属于印欧语族的希腊人，使用线形文字B。迈锡尼文明的青铜工艺水平很高，航海贸易发达；广泛养马，盛行马车战术；城堡、宫殿皆严密设防，建筑上继承巨石建筑的传统，城墙宏伟；陶器和工艺品具有强劲粗放的特色。

荷马时代 公元前11～前9世纪古代希腊氏族制度解体的历史阶段。因反映该时期社会情况的主要史料是荷马史诗，故名。因史诗描述的是神话中英雄的故事，又称英雄时代。荷马时代为氏族社会末期，已有阶级萌芽，在社会发展阶段上属于军事民主制时期。掌握冶铁技术，普遍使用铁制工具；农业、畜牧业是主要的生产部门；贫富分化日趋严重，开始出现私有制和奴隶制；战争中氏族贵族起重要作用。前9～前8世纪第一批希腊城邦产生，荷马时代告终。

特洛伊战争 公元前1193～前1184年希腊和特洛伊之间进行的战争。关于战争的起因，古代希腊神话传说是为了争夺美女海伦。特洛伊国王次子帕里斯访问斯巴达城邦时，拐走斯巴达国王墨涅拉奥斯的妻子海伦，并将其带回特洛伊的王都伊利昂城。墨涅拉奥斯遣使交

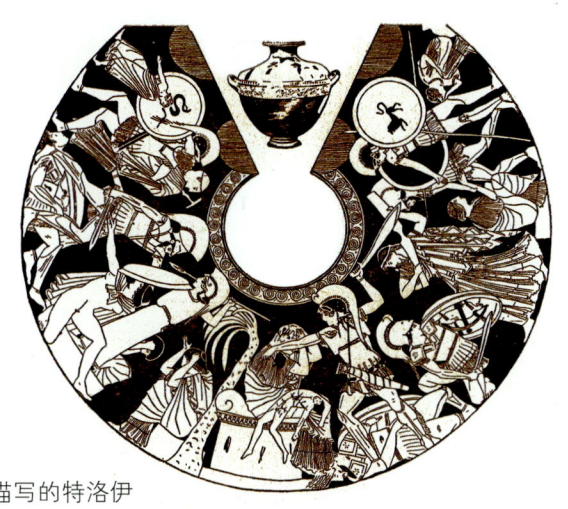

荷马史诗中描写的特洛伊的毁灭（瓶画）

涉未果，于是邀集希腊各城邦组成庞大的联军，由阿伽门农统率，攻打伊利昂城。战争进行到第10年时，希腊人终于用木马计攻陷伊利昂城，结束了这场战争。现代很多历史学家认为战争的最终原因还是希腊人和小亚细亚人为了商业利益而开战。

雅典城邦 古代希腊的重要城邦。位于希腊中部。公元前700年左右已经形成以雅典城为中心的国家。前7世纪，由9名执政官分别掌管国家事务。前594年，梭伦实行改革，奠定了雅典民主政治的基础。前5世纪上半叶，雅典成为提洛同盟的首领。在伯里克利当政时期（前443～前429），雅典在经济、政治和文化方面臻于极盛，成为左右希腊世界局势的霸国和主要文化中心。前431年雅典及其同盟者与以斯巴达为首的伯罗奔尼撒同盟之间爆发战争，前404年战争以雅典失败告终。前323～前322年雅典与马其顿战于拉米亚，结果失败，丧失政治独立。前2世纪中叶被并入罗马版图。

雅典在文化、科学上的成就，不仅对当时的希腊世界，而且对古罗马和后世的欧洲都有深远的影响。

伯里克利（约前495～前429） 古代雅典政治家。公元前5世纪60年代，他和厄菲阿尔特一道扩大雅典民主机构——公民大会和民众法庭的权力，积极反对贵族派首领，剥夺贵族会议的许多特权，成为民主派的领袖。前

443年起当选为将军，之后15年在雅典内政、外交等方面起了决定性作用。前429年因染瘟疫病逝。当政期间，雅典民主政治达到极盛，经济、文化高度繁荣。

伯里克利竭力维护雅典对提洛同盟各城邦的控制和剥削，领兵镇压萨摩斯岛的起义；利用提洛同盟贡金大力扩建舰队，并率舰队远航黑海。在伯罗奔尼撒战争爆发前后，拟定和执行反斯巴达战略。因战事不利，前430年一度落选将军。前429年再度当选。伯里克利还大兴土木修建雅典城，执行发展工商业和文化的政策。

斯巴达城邦 古代希腊的重要城邦。史称拉塞达伊蒙。位于今伯罗奔尼撒半岛南部的拉科尼亚。公元前9世纪，斯巴达人建立城邦。前7世纪末创立斯巴达国家。其政体属贵族共和政体。城邦规定了严格的公民军事训练制度。前6世纪中叶起，斯巴达逐步与伯罗奔尼撒

古代希腊城邦 公元前8～前6世纪，希腊地区建立了许多以城市为中心的奴隶制小国——城邦。居民分三类：有公民权的自由人、没有公民权的自由人和处于被剥削地位的奴隶。城邦居民主要从事农业生产，发达的城邦出现了手工业、航海业和商业。每个城邦都有三种政治机构：公民大会、议事会和公职人员。城邦制度发达时期，以共和政体居多。最主要的城邦是雅典和斯巴达。前5世纪为城邦繁荣时期。从前4世纪起，城邦逐渐衰落。

留克特拉会战纪念碑

半岛大多数城邦组成伯罗奔尼撒同盟，并成为同盟领袖。前404年，在波斯的帮助下，斯巴达打败雅典，成为伯罗奔尼撒战争的胜利者和全希腊的霸主。前4～前3世纪与雅典、忒拜、科林斯长期角逐，渐失优势。公元396年，斯巴达城为哥特人所毁。继而拜占廷居民移入。

伯罗奔尼撒战争 公元前431～前404年雅典及其同盟者与以斯巴达为首的伯罗奔尼撒同盟之间的战争。由于城邦之间的矛盾，前431年5月，伯罗奔尼撒同盟对雅典宣战。战争的头十年史称阿希达穆斯战争。双方各有胜负。前421年，双方签订为期50年的《尼西亚斯和约》。其基本内容是大体维持战前状况。战争的第二阶段史称西西里战役。前404年，在波斯的帮助下，斯巴达打败雅典，双方签订和约。和约规定，雅典解散提洛同盟，参加伯罗奔尼撒同盟。胜利者斯巴达成为希腊的霸主。

希罗多德（约前484～约前425）古代希腊历史学家。生于小亚细亚的哈利卡纳苏斯城。因参加当地反对僭主统治的斗争被迫离开故乡。在雅典居留期

间，他和伯里克利、索福克勒斯等人交往甚密。公元前443年，雅典在意大利南部建立图里城，希罗多德成为这里的公民，并在这里度过晚年。他在欧洲史坛最先对史料采取一定程度的分析批判态度，而不是盲目相信一切传闻。他创造了叙述历史的新方法，奠定了西方记叙体史学的基础。在古罗马时代，希罗多德就被誉为"历史之父"。著有《历史》（又称《希腊波斯战争史》）。

柏拉图（前427～前347）古代希腊唯心主义哲学家。出身于雅典的名门望族。曾师从苏格拉底，深受其影响。青壮年时期游历地中海周围的许多地区，其中包括埃及和西西里岛。公元前386年前后在雅典近郊开设哲学学园（阿卡德米），从此边执教边著述，直到病逝。

柏拉图把古代希腊哲学发展到了一个新的高峰。他建立了以理念论为核心的客观唯心主义哲学体系；在理念论的基础上，区别了真知与意见；认为辩证

马赛克镶嵌画《柏拉图在学园》

法是最高级的认识，并将它提到哲学的高度；从理念论哲学出发，对宇宙的产生和各种自然现象作出了自己的解释；主张建立具有空想色彩的理想国；建立"善的理念"的道德理论体系。主要著作有《理想国》《巴门尼德篇》《智者篇》等。柏拉图的哲学思想对后来的各种哲学和宗教产生了重大影响。

亚里士多德（前384～前322） 古代希腊哲学家、逻辑学家、科学家。生于斯塔吉拉城。公元前367年到雅典，师事柏拉图，凡20年。后应召任马其顿王子亚历山大（后来的亚历山大大帝）的教师。前335年在雅典郊外的吕克昂开设学园，从事教育和学术研究。

他总结了古代希腊哲学发展的成果，在哲学上动摇于唯心主义与唯物主义、形而上学与辩证法之间。首次将哲学与其他科学区别开来，开创了逻辑学、伦理学、政治学、物理学和生物学等学科的独立研究。亚里士多德的哲学对以后的西方哲学产生了重大影响。现代西方以至世界各地哲学中有许多词汇都来源于亚里士多德。亚里士多德的思想在西方的社会科学和自然科学领域中，均产生过方向性的引导作用。主要著作有《工具论》《物理学》《形而上学》《尼各马可伦理学》等。

阿拉伯人描绘的《亚里士多德授课图》

阿基米德（约前287～前212） 古代希腊力学家和数学家。生于西西里岛的叙拉古（今意大利锡拉库萨）。其父是天文学家和数学家。他11岁到亚历山大里亚城学习数学、力学和天文学。公元前240年回到叙拉古，成为国王的顾问。叙拉古城失陷时被罗马士兵杀害。

阿基米德系统研究了物体的重心和杠杆原理，为静力学奠定了基础；发现阿基米德原理，从而奠定了流体静力学的基础；确定了各种几何图形的面积和物体的表面积、体积的计算方法；精确测定了二至（夏至、冬至）点。流传下来的阿基米德的著述主要有《论平面板的平衡或平面的重心》《论浮体》《圆的测定》《论抛物线面积的求法》《论球和圆柱》等。

波斯帝国 古代伊朗以波斯人为中心形成的帝国（前550～前330）。又称阿契美尼德波斯帝国。公元前550年，居鲁士二世建立波斯帝国。继而灭掉小亚细亚的吕底亚王国，征服西部沿海各希腊城邦。前539年，灭新巴比伦王国。前525年，冈比西斯二世征服埃及。大

波斯波利斯王宫遗迹

流士一世即位后进入印度河流域，前490年又派兵入侵希腊，发动**希波战争**，但在**马拉松战役**中失败。薛西斯一世时，和希腊多次进行战争，最终遭到失败，国势渐趋衰落。前330年，马其顿攻陷波斯都城波斯波利斯，波斯帝国灭亡。波斯文化受两河流域文化影响，使用楔形文字。波斯的建筑具有独特的雄伟壮丽的风格。

希波战争 公元前5世纪上半叶希腊诸城邦反抗波斯侵略和压迫的战争。约前500年，希腊城邦米利都出现反波斯起义，战争爆发。前492年，波斯陆海军进犯希腊遇阻。两年后波斯军队横渡爱琴海，攻陷埃雷特里亚，在雅典马拉松登陆，被雅典军队击败。前480年，波斯军队再次进犯希腊。8月中旬在温泉关战役中，希腊军队失败。9月下旬，以雅典为主力的希腊海军在萨拉米斯海战中大败波斯。次年，希腊联军在普拉蒂亚打败波斯。前468年、前449年，雅典军队两败波斯军，取得战争的最后胜利。雅典与波斯签订和约，和约规定，波斯放弃对小亚细亚诸希腊城邦的统治。

马拉松战役 公元前490年，雅典城邦和波斯军队在雅典东北马拉松平原进行的一次战役。是年夏，波斯10万军队进犯希腊，先攻占并破坏了埃雷特里亚城，继而南进，在距雅典城东北约40千米的马拉松平原登陆。米太亚得（小）统率万余雅典军队赴马拉松应战。9月12日晨，马拉松战役打响。希腊步兵占据有利地形，主力分置于两翼，佯作正面进攻。波斯军取中央突破战术。希

萨拉米斯海战

腊中军且战且退，波斯军步步进逼。希腊军突然发起两翼攻击，波斯军溃败。马拉松战役是历史上以少胜多的著名战例，极大地鼓舞了雅典及其他希腊城邦人民与波斯人斗争的勇气。

古代马其顿 公元前5～前2世纪的奴隶占有制国家。位于巴尔干半岛北部。居民主要为希腊人、色雷斯人和伊利里亚人。前5世纪中叶出现国家。前495～前450年当政的亚历山大一世统一下马其顿。前413～前399年在位的国王阿尔赫拉奥斯进行了旨在加强王权的军事和币制改革，把首都从阿伊格迁到培拉。腓力二世（前359～前336年在位）最终统一上、下马其顿。前338年，腓力二世在喀罗尼亚战役中战胜希腊联军，从而成为希腊诸城邦的主宰。前330年亚历山大大帝灭波斯帝国，不久建立起一个地跨欧、亚、非三洲的庞大帝国。前215～前168年，与罗马进行了三次马其顿战争，罗马取得决定性胜利。此后，马其顿被划分为四个彼此分离但仍保持一定自治权的地区。前148年，马其顿成为罗马的一个行省。

伊苏斯之战（油画）

亚历山大大帝（前356～前323）古代马其顿国王、卓越的军事统帅。又称亚历山大三世。生于培拉。早年曾师事亚里士多德。公元前336年继承王位。前334年发动侵略亚洲和非洲的远征。同年春，在格拉尼科斯河畔击败波斯大军。前333年，在伊苏斯战役中彻底击溃波斯军队。继而入侵北非，前332年到达埃及。前330年灭波斯帝国。前327～前325年远征印度，占领印度西北部。前324年回到巴比伦。前323年染疾死于巴比伦。

通过十年的征战，他建立起一个地跨欧、亚、非三洲的庞大帝国，领土大体包括巴尔干半岛、埃及、印度西北部、中亚和西亚。他采用波斯中央集权的专制体制，在战略要地建立起一批以马其顿人和希腊人为主的要塞和城市。他死后，帝国解体，形成了以托勒密王国、塞琉西王国和马其顿王国为主体的一批希腊化国家。

亚历山大大帝率军同波斯军激战（油画）

《荷拉斯兄弟之誓》（法国，J.-L. 大卫）

古代罗马 公元前 10 世纪至公元 1453 年，罗马奴隶制城邦、共和国、帝国和封建国家等几个发展阶段的统称。罗马起源于意大利拉提乌姆平原台伯河左岸。前 1000 年左右，属印欧语系的拉丁人进入拉丁平原。约前 800 年，其中一支移至后来罗马古城所在地，前 7 世纪形成罗马人公社。前 8～前 6 世纪为王政时代。前 6 世纪中叶的塞尔维乌斯·图利乌斯改革，标志着罗马国家的产生。前 509～前 27 年为罗马共和时代。自前 5 世纪初至前 3 世纪上半叶，罗马通过战争先后控制意大利中部和南部。前 146 年，罗马势力扩及整个地中海西部。与此同时，罗马征服马其顿并控制整个希腊，又控制西亚的部分地区。至前 2 世纪下半叶，罗马扩张成为地跨欧、亚、非三洲的庞然大国。前 27 年进入奴隶制帝国时代。公元 395 年，**罗马帝国**分裂为东西两部。476 年西罗马帝国灭亡。东罗马帝国（又称拜占廷帝国）逐渐演化为封建制国家，1453 年被奥斯曼帝国所灭。

古代罗马是地中海文明的重要代表。罗马文化特别是政治、法学及建筑艺术对后世有很大影响。拉丁文字母成为许多民族创造文字的基础。

天地之间

罗马帝国时期的高架水道

提图斯凯旋门

古罗马石棺上的浮雕

罗马竞技场内景

古罗马水壶

罗马古城 古罗马时代都城。得名于传说中的建城者罗慕卢斯。存在年代为公元前7世纪至公元5世纪。前1世纪后，罗马成为古代最大的城市之一。3世纪时，有人口80万~120万。遗址位于今意大利罗马市区内，濒临台伯河。城市核心部分在中世纪时逐渐荒废，文艺复兴后得到保护清理，但相当部分仍被压在今日罗马街区之下。现存的主要建筑遗迹有罗马广场及卡皮托利诺山建筑群、帕拉蒂诺皇宫、罗马竞技场、万神庙、引水道、皇帝广场群、道路、浴室、体育场、图书馆、剧场等。罗马城的建筑宏伟壮丽，具有极高的科学水平。1980年，包括罗马古城在内的罗马历史中心作为文化遗产被列入《世界遗产名录》。

罗马共和国 公元前509年建立的由罗马贵族掌权的共和国。至前3世纪上半叶，罗马共和国统一了除波河流域外的意大利半岛。之后向海外扩张，至前2世纪下半叶，已经扩张成为地跨欧、亚、非三洲的庞然大国。前2世纪30年代至前1世纪30年代，是罗马的内战时代。前137（一说前138）年爆发第一次西西里奴隶起义；前104~前101（一说前99）年，西西里奴隶再度起义。前90年，意大利人起义，史称同盟者战争。前73~前71年，斯巴达克领导了奴隶大起义。前60年开始，进入三头政治时期。前27年元老院授予G.屋大维"奥古斯都"的尊号，共和国宣告覆亡。古罗马进入帝国时代。

斯巴达克起义 古代罗马共和末期由斯巴达克领导的大规模奴隶起义。斯巴达克是色雷斯人，被罗马军队俘虏沦为角斗士。公元前73年，因密谋暴动事泄，他和70多名角斗士逃往维苏威山。逃亡奴隶纷纷来归，起义队伍迅速扩大，发展到12万人。起义军屡败罗马军，活动范围几乎遍及意大利南部。前72年，罗马执政官率军镇压。斯巴达克率军北上，频频取胜。曾计划北越阿尔卑斯山，未能如愿。后南下想渡海到西西里，未成。前71年，在阿普利亚决战中，起义军遭到惨败，斯巴达克牺牲。

> **三头政治** 古代罗马共和末期前后两次由三个权势人物联合执掌国家最高权力的政治体制。又称三头同盟。公元前60年，在罗马拥有巨大势力和影响的凯撒、庞培、克拉苏·迪弗斯三人秘密结盟，通过各种手段共同控制罗马政权，史称"前三头政治"。前43年，凯撒派的屋大维、安东尼和李必达三人公开结盟，由元老院授予共同统治国家五年的权力，史称"后三头政治"。

罗马古城广场遗址

斯巴达克（执斧者）率军同罗马军团激战

迦太基 古代非洲北部以迦太基城（遗址在今突尼斯湾）为中心的奴隶占有制国家。一般认为，迦太基城建于公元前814年。在前8～前6世纪，迦太基逐渐向非洲内地扩张，成为当时地中海西部最强大的国家。迦太基长期为中介贸易中心，拥有庞大的船队，居民善航海。手工业很发达。内地巴格拉达斯河谷很早就出现了奴隶占有制庄园。军队主要由雇佣兵组成。前264～前146年，

汉尼拔及其士兵

迦太基古城半圆形剧场

迦太基与罗马发生了三次战争，史称布匿战争，结果迦太基被灭，迦太基城也被夷为平地，其领土成为罗马统治下的阿非利加省。一百多年后，迦太基作为一个城市得到重建，并成为**罗马帝国**在北非的重要政治、经济、文化和宗教中心。

汉尼拔（前247～前183/前182）迦太基军事家、政治家。自幼随父研习战法。公元前216年8月，迦太基统帅汉尼拔在坎尼战役中以4万步兵、1万骑兵击败8万多人的罗马军队，创造了古代战争史上以少胜多的战例。前218年，他率领迦太基远征军从西班牙出发，穿过高卢，翻越阿尔卑斯山突入意大利。之后两年在特拉西梅诺湖和坎尼战役中两败罗马军队。前204年罗马军队在迦太基登陆。前203年汉尼拔被召回国。次年在扎马败于罗马。前195年被迫出走。前183（一说前182）年服毒自杀。

罗马帝国 公元前1世纪至公元5世纪占据整个地中海地区的古代罗马国家。前27年元老院授予屋大维"奥古斯都"的尊号，罗马从此进入奴隶制帝国时代。前期帝国包括三个王朝：克劳狄王朝（前27～公元68）、弗拉维王朝（69～96）和安东尼王朝（96～192）。前期帝国的社会经济空前繁荣，对外贸易远达中国。193年塞维鲁王朝（193～235）建立后，进入后期帝国时期。3世纪，外患四起，内乱不已，帝国逐渐衰落。330年君士坦丁一世迁都拜占廷，将拜占廷更名为君士坦丁堡。395年罗马帝国分裂为东西两部。476年西罗马帝国灭亡。1453年东罗马帝国（又称**拜占廷帝国**）为奥斯曼帝国所灭。

罗马军团 罗马共和时代军队的基本战术单位。通常由4500人组成，包括3000名重装步兵、1200名轻装步兵和300名骑兵。重装步兵为军团的主力，配备投枪、短剑、大盾、金属头盔、胸铠和胫甲。每个军团分为30个中队，每个中队又分为两个森图里亚（又译百人队）。中队按士兵年龄和经验分成三类：由年轻人和由成年人组成的中队，各有120名重装步兵；由老兵组成的中队，只有60名重装步兵。战斗时，年轻人组成的中队居前，称为枪兵；成年人中队居中，称为主力兵；老兵中队居后，称为后备兵。这就是著名的罗马军团三列队法。轻装步兵和骑兵又分为小队，战斗中轻装步兵通常配置于军团前面，骑兵则掩护两翼。最高军事指挥权掌握在执政官手中。军团的指挥官是6名军事保民官，系由公民大会推举或由执政官委任。

庞贝 意大利坎帕尼亚区那波利省古城。地处维苏威火山东南麓，西北距那不勒斯市23千米。公元前310年始见于历史记载，原系希腊人的移民地。前80年被罗马征服后，开始罗马化。公元79年8月24日维苏威火山大爆发，庞贝顷刻间被埋于厚6～7米的火山喷发物之下。当时庞贝有人口2.5万，是手工业和商业发达的海港，又是贵族和富人的避暑地。古城废墟于16世纪末被发现，从1748年起，考古发掘持续至今。

古城呈椭圆形，东西长约1200米，南北宽约700米。纵横4条大街，呈"井"字形，将全城分为9个地块。城西南的

庞贝城废墟

长方形中心广场为全城宗教、经济和市政活动中心，向东有神庙、神殿、大会堂、大市场等公共建筑。城东南的圆形露天竞技场长122米、宽38米。北端立朱比特庙，其余为民宅及公共澡堂、剧场、手工作坊、商店等。均保存完好。

民族大迁徙 376～568年，散居罗马帝国境外以日耳曼人为主的诸"蛮族"部落大举强行移居帝国境内，并各自建立国家的历史过程。

376年，日耳曼人的一支西哥特人遭到匈奴人袭击，移居巴尔干半岛北部的色雷斯。377年，西哥特人起义，次年在亚得里亚堡大败罗马军队，罗马被迫准许西哥特人定居巴尔干半岛。395年西哥特人南下希腊，西进意大利，410年攻陷罗马城。后回师北上，进占高卢西南部。418年以土鲁斯为中心建立西哥特王国。

继之而来的是日耳曼族的苏维汇人、汪达尔人和非日耳曼族的阿兰人。他们越过莱茵河，经高卢于409年秋进入西班牙。苏维汇人在伊比利亚半岛西北部建立苏维汇王国。汪达尔人和阿兰

人于429年进入北非，439年攻陷迦太基，建立汪达尔-阿兰王国。455年，攻陷罗马城。

紧接着越过莱茵河涌入罗马帝国的是日耳曼族的勃艮第人和法兰克人。5世纪初，他们占据高卢。约457年，勃艮第人在高卢东南部建立勃艮第王国。486年法兰克人击败罗马军队，占据高卢北部，建立法兰克王国。6世纪起，法兰克王国西南逐西哥特王国，东南并勃艮第王国，逐渐成为日耳曼诸王国中力量最强的国家。

5世纪中叶，日耳曼人盎格鲁、撒克逊和裘特各部落进入不列颠，占据该岛的东部和南部，建立了许多小王国。7世纪初，这些小王国合并为7个王国。

至此，西罗马帝国已名存实亡。476年日耳曼人奥多亚克废黜西罗马末帝罗慕卢斯·奥古斯图卢斯，西罗马帝国灭亡。488年东哥特人入侵意大利，493年征服意大利，建立东哥特王国。568年，日耳曼族伦巴德人占领意大利北部，建立伦巴德王国。

历时约两个世纪的日耳曼民族大迁徙，导致了罗马古典奴隶制的灭亡和西欧封建社会的开始。

匈奴 中国古代北方游牧民族。又称胡。匈奴的主体为广义古突厥人。战国末期，匈奴经常侵扰赵秦燕边郡，赵秦燕皆筑长城以拒之。至秦末汉初冒顿单于时，匈奴建国。冒顿率部东破东胡；西逐月氏；南并楼烦、白羊两部，侵及燕、代；北服丁零等部族。公元前200年，围汉高祖刘邦于白登山（今山西大同东北）。次年，汉与匈奴结和亲之约。自前133年起，汉兵多次出击匈奴，匈奴势力渐衰。公元48年，匈奴分裂为南北两部。南匈奴转向农耕生活，相继建立了汉、北凉、夏。随着这些政权先后被消灭，"匈奴"之名逐渐消失，匈奴后裔逐渐与汉族融合。北匈奴在公元91年战败后部分西迁，其余归附于鲜卑。西迁的匈奴直接导致了欧洲民族大迁徙。

"汉匈奴栗借温禺鞮"铜印

法兰克王国 5世纪末至10世纪末由法兰克人在西欧建立的封建王国。法兰克人是日耳曼人的一支，3世纪定居于莱茵河下游地区。481年开始，其首领克洛维向高卢扩张，486年占领高卢大部分地区，建立墨洛温王朝，定都巴黎。496年统治阶层皈依基督教。8世纪前半期，王国推行军事采邑制。732年击败阿拉伯人，次年迫使勃艮第称臣，后又征服弗里西亚人。751年，查理·马特之子矮子丕平废墨洛温王朝国王自立，建立加洛林王朝。查理大帝统治期

法兰克军队攻入帕维亚城

间（768～814），法兰克王国成为控制西欧大部分地区的大帝国。他死后帝国出现内乱。843年签订《凡尔登条约》后，帝国分裂为东、西、中三个王国，三国分别于911年、987年、887年覆灭。法兰克王国对封建制度的发展和教会统治地位的巩固起了重大作用。

查理大帝（约742～814-01-28）

法兰克王国加洛林王朝国王（768～814）和查理曼帝国皇帝（800～814）。又译查理曼大帝。西欧中世纪初期最强大的统治者。矮子丕平之子。768年继承王位。774年攻占意大利北部的伦巴德王国，进军罗马，控制意大利半岛大部分地区。后相继征服萨克森和其他中欧地区，夺得埃布罗河以北的土地，合并巴伐利亚，占领多瑙河下游，臣服易北河地区的斯拉夫人部落，使法兰克王国成为控制西欧大部分地区的大帝国。查理于800年圣诞节被罗马教皇加冕为罗马人的皇帝，史称查理大帝。法兰克王国遂被称为查理曼帝国。查理大帝死后不久，帝国即告分裂。

查理大帝加冕（绘画）

骑士制度

西欧封建主阶级享有特权的一种等级制度。骑士最初指受过正式训练的骑马作战的战士，后成为贵族阶级的独有称号。自11世纪起，西欧各地相继确立骑士制度。到了13世纪，更发展出骑士之子方可为骑士的原则。骑士为职业战士，从小即被要求学习骑士七技——骑马、游泳、投枪、击剑、打猎、弈棋和吟诗，在经过家庭教育、礼文教育和侍从教育三个阶段的训练后，于21岁举行特定仪式，由老骑士授予武器，从而正式取得骑士称号。骑士除拥有终身享用乃至世袭的采邑外，还享有一定的特权。14世纪末起，由于火炮和射击武器的应用，骑士不再是主要的军事力量。到了16世纪，骑士变为可由君主随意授予的荣誉爵位。

十字军东征

1096～1291年西欧天主教会、世俗封建主和意大利富商对地中海东岸国家进行的侵略战争。侵略军身缀十字标记，故称十字军。为了掠夺东方的土地和财富，教俗封建主共发动了八次东征。第一次东征（1096～1099），十字军占领地中海东

十字军攻打耶路撒冷

部，建立耶路撒冷王国。为了巩固和扩大侵略成果，此后又陆续发动了七次东征：第二次东征（1147～1149），第三次东征（1189～1192），第四次东征（1202～1204），第五次东征（1218～1221），第六次东征（1228～1229），第七次东征（1248～1254），第八次东征（1270）。13世纪中叶后，埃及陆续攻克十字军领地，十字军国家灭亡。

神圣罗马帝国 中世纪欧洲封建帝国。962年,德意志国王、萨克森王朝的奥托一世在罗马由教皇加冕称帝,成为罗马的监护人和罗马天主教世界的最高统治者。1157年起帝国被称为神圣罗马帝国。帝国大肆扩张,多次入侵意大利。极盛时期的疆域包括近代的德意志、奥地利、意大利北部和中部、捷克斯洛伐克、法国东部、荷兰和瑞士。15世纪下半叶,勃艮第和意大利脱离帝国。1474年起,帝国被称为德意志民族神圣罗马帝国。16世纪初爆发宗教改革运动,

神圣罗马帝国皇帝奥托一世的王冠

其后帝国分裂为北部、西南部和东南部。后来荷兰和瑞士相继脱离。1806年7月拿破仑一世建立莱茵联邦,迫使弗兰茨二世于同年8月6日放弃神圣罗马帝国皇帝称号,帝国彻底瓦解。

宗教改革 16世纪欧洲诸国反对罗马天主教会的社会运动。中世纪后期的欧洲,各阶层民众对教廷和教会日益不满。1517年10月31日,德国维登堡大学神学教授马丁·路德发表《九十五条论纲》,抨击罗马教廷出售赎罪券,拉开宗教改革的序幕。1520年,路德又发表《致德意志基督教贵族公开书》,敦促教廷和教会恢复使徒时代的廉洁和简朴。此后宗教改革运动迅速在欧洲展开。在德国,出现了一批支持路德主张的封建主和民众;在瑞士,出现了激进改革;在英国,开始了自上而下的宗教改革。宗教改革的主要内容有:反对罗马教会对各国教会的控制;反对教会占有土地,出售赎罪券;不承认教会有解释《圣经》的绝对权威;要求用民族语言举行宗教仪式。宗教改革之后,西欧、北欧各国摆脱了罗马教廷的控制,产生了新教各宗派。宗教改革为后来的资产阶级革命扫清了道路。

马丁·路德在莱比锡神学论战中抨击教皇

德意志农民战争 1524～1525年德意志农民大规模的反封建起义。领导人有T.闵采尔等。这次起义是宗教改革的顶点,在德意志历史上有深远的意义。

1524年5月,起义最先爆发于施瓦本南部的黑森林地区。随即迅速扩展,形成施瓦本、弗兰肯和图林根三个中心。参加战争的农民和其他阶层的民众达10万以上。起义农民在战争中提出许多纲领性的条款,其中主要的是《十二条款》和《书简》。起义农民在德国西南部和中部的广阔地区建立起自己的政权。但在联合起来的诸侯军队镇压下,各地的农民军被逐一击破,闵采尔牺牲。1526年7月,萨尔茨堡农民军退到威尼斯,

农民战争失败。

北欧海盗时代 8世纪末至11世纪中，斯堪的纳维亚海盗对欧洲各国进行海上贸易与抢劫商船活动的时期。北欧海盗活动分东西两路。西路的丹麦和挪威海盗主要向不列颠诸岛扩张，东路的瑞典海盗主要向罗斯发展。

北欧海盗古船

793年，丹麦人袭击英格兰东北部沿海的林第斯法恩岛，北欧海盗时代开始。其后丹麦人在英格兰东北部建立了移民区。1028年，克努特大帝创建疆域包括丹麦、挪威、英格兰、瑞典南部和苏格兰大部在内的北海大帝国。1041年克努特死后帝国崩溃。丹麦人和挪威人还单独或联合入侵欧洲大陆。911年，丹麦人和少数挪威人在塞纳河口建立诺曼底公国。

从550年到9世纪，瑞典人向东扩展，在芬兰和波罗的海建立据点，到达巴格达、里海、伏尔加河流域、中亚和黑海等地区。

8世纪末，挪威海盗占领赫布里底、法罗、设得兰和奥克尼等群岛，入侵爱尔兰。812年攻占都柏林。挪威人在航海中发现冰岛和格陵兰岛，一度到达北美大陆。1066年，挪威海盗远征英格兰失败。北欧海盗时代宣告结束。

盎格鲁－撒克逊人 欧洲古代日耳曼人的一支。盎格鲁人原居住在日德兰半岛南部，撒克逊人居住在莱茵河下游与易北河之间的地区。5～6世纪，盎格鲁人、朱特人和撒克逊人的一部分，跨海侵入不列颠岛。此后，盎格鲁人、撒克逊人和朱特人与不列颠岛上的凯尔特部落逐渐发生融合，形成盎格鲁－撒克逊人，成为后来英格兰人的主要成分。

七国时代 7世纪初叶至9世纪中叶不列颠岛上七国并立的时代。从5世纪中叶起，欧洲大陆上的盎格鲁人、撒克逊人和朱特人跨北海侵入不列颠岛。在征服当地凯尔特人的过程中，许多小国逐渐合并为7个王国。南部有威塞克斯、苏塞克斯和埃塞克斯，东北部和中部有麦西亚、诺森伯里亚和东盎格里亚，东南部有肯特。七国相互争雄，战乱不已。827年，威塞克斯国王埃格伯特（约802～839年在位）兼并六国，建立统一的英格兰王国，七国时代结束。

《大宪章》 1215年6月15日（一说19日）英王约翰被迫签署的宪法性文件。又称《自由大宪章》。其宗旨为保障封建贵族的政治独立与经济权益，不利于加强王权。不久教皇应约翰请求宣告作废。因为《大宪章》有着限制王权的作用，后来封建贵族在和国王的斗争中曾一再强迫国王重新颁布《大宪章》。英国资产阶级革命时，资产阶级赋予《大宪章》以新的意义，用以反对封建专制王权。今天它仍是英国宪法的重要组成部分。美国的联邦宪法和各州宪法也都包含有《大宪章》的思想。

黑死病 14世纪在欧洲大范围流行的

鼠疫传染病。源于亚洲。1347年，金帐汗国军队将鼠疫病人的尸体弹射进克里米亚热那亚共和国的贸易商埠，引发大面积鼠疫流行。先是在地中海各港口传播，后传入西西里，1348年传入北非、意大利大陆、西班牙、英国和法国，1349年传至奥地利、瑞士、德意志和尼德兰（今荷兰、比利时、卢森堡和法国北部），1350年传至斯堪的纳维亚和波罗的海地区。在1361～1363年、1369～1371年、1374～1375年、1390年、1400年又几度流行。估计各地区的死亡率在1/8～2/3，欧洲近1/3的人口（约2500万）死亡。瘟疫流行导致人口锐减，使经济严重衰退。

百年战争 英法两国1337～1453年断续进行百余年的战争。英法两国封建主争夺领地是导致战争发生的基本原因。1328年，法国卡佩王朝绝嗣，支裔的腓力六世继位，英王爱德华三世以法王腓力四世外孙的资格与腓力六世争夺王位。1337年11月爱德华三世率英军进攻法国，战争开始。初期英军节节胜利。1360年双方签订《布勒丁尼和约》，法国将加来及西南部大片领土割让给英国。1369年法国几乎收复全部失地。1396年，双方缔结20年停战协定。1415年8月，英王领兵进攻法国。1420年双方签订《特鲁瓦条约》，条约实际上将法国分为三部分。1428年10月英军围攻奥尔良城。翌年法国民族英雄贞德率军击退英军。1435年勃艮第公爵臣服于法王。1453年驻波尔多英军投降，法国收复英国在法国境内的全部领地。百年战争以法国的胜利而结束。

贞 德（1412-01-06～1431-05-30）英法百年战争时期法国民族英雄。生于法

国东北部香槟与洛林交界处的巴尔河畔的栋雷米村。1428年10月英军围攻奥尔良城。1429年4月22日，查理任命贞德为军事行动指挥驰救奥尔良城。5月初，贞德击败英军，解奥尔良之围。1430年春，兰斯西北的军事重镇贡比涅告急，贞德前往救援。5月23日傍晚，贞德被勃艮第军俘虏。勃艮第人把贞德卖给英国人。贞德被异端裁判所判为女巫，处以火刑。1431年5月30日，贞德在鲁昂广场英勇就义。1456年，罗马教廷撤销对她的判决。1920年被列为圣女。

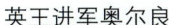
英王进军奥尔良

玫瑰战争 1455～1485年英国两大封建主集团为争夺王位进行的内战。战争一方兰开斯特家族以红玫瑰为族徽，另一方约克家族以白玫瑰为族徽，故称玫瑰战争。又称蔷薇战争。

1455年约克公爵理查举兵，反对兰开斯特家族的亨利六世，战争开始。1461年理查之子爱德华占领伦敦，废黜亨利六世自立，称爱德华四世，建立约克王朝。1483年4月，爱德华四世去世，其弟理查篡位，称理查三世。1485年理查三世战败被杀。兰开斯特家族远亲里士满伯爵亨利·都铎即王位，为亨利七世，建立都铎王朝。他娶爱德华四世之女为妻，并以红白玫瑰为徽，以示和解，玫瑰战争结束。

玫瑰战争使老封建世家自相残杀殆尽。这有利于都铎王朝加强专制统治，也有利于新贵族和资产阶级势力的兴起。

亨利八世（1491-06-28～1547-01-28）英国都铎王朝第二代国王（1509～1547年在位）。生于格林尼治。在位初年，重用大主教，加强专制统治。后由于个人婚姻和政治需要，自上而下推行宗教改革。1534年促使英国国会通过《至尊法案》，使英国教会脱离罗马教廷，英王成为英国国教的最高首脑。他改进政府财政机构；扩大疆土，建立海军。1536年合并威尔士。在镇压爱尔兰叛乱之后，兼爱尔兰国王。作为专制君主，亨利八世

推行的政策客观上有利于英国资本主义因素的发展。

伊丽莎白一世（1533～1603）英国都铎王朝女王（1558～1603年在位）。亨利八世之女。生于格林尼治。受过良好教育，通晓拉丁语、法语、意大利语等语言，信仰新教。

即位后推行一系列有利于国家富强和资本原始积累的政策。在政治上，强化专制王权，1559年利用议会通过法令重立英国国教。在经济上，实行重商主义政策，保护和发展本国新兴工场手工业；鼓励造船和航海业，鼓励建立各类海外贸易公司；继续鼓励圈地运动，颁布济贫法等。在外交政策上，她使英国一度较少卷入欧洲大陆纠纷。1585年她派兵援助尼德兰反抗西班牙的统治。1588年英国在英吉利海峡击败西班牙无敌舰队，开始跨入海上强国的行列。她终身未婚无嗣，卒后由苏格兰国王詹姆斯·斯图亚特继承王位。都铎王朝为斯图亚特王朝所取代。

伊丽莎白一世执政期间，英国的资本原始积累迅速发展，初步夺取了西班牙的海上霸权。这些对英国历史产生了深远影响。

拜占廷帝国 罗马帝国的后继者东罗马帝国的别称。中国史籍称大秦或拂菻。395年，罗马帝国分裂，东罗马帝国建都君士坦丁堡，因此又称拜占廷帝国。帝国领土以巴尔干半岛和小亚细亚为中心，包括亚美尼亚、叙利亚、巴勒斯坦、

拜占廷帝国皇帝查士丁尼一世（左五）及其大臣们

美索不达米亚和埃及。帝国实行君主专制，共历107位皇帝。5世纪，帝国自上而下进行改革，逐渐演变为封建制国家。查士丁尼一世在位时（527～565），他革新内政，对外扩张，使帝国的疆域空前扩大。之后，帝国历经希拉克略、伊苏里亚、阿摩里亚、马其顿、杜卡斯、科穆宁和巴列奥略等王朝。马其顿王朝是拜占廷帝国的繁荣强盛时期。科穆宁王朝建立后，已完全确立封建制度。1453年5月29日，奥斯曼苏丹穆罕默德二世攻陷君士坦丁堡，拜占廷帝国灭亡。

拜占廷文化风格独特。拜占廷建筑，如圣索菲亚大教堂，尤以雄伟庄严著称。从4世纪起，拜占廷与中国有贸易、文化联系。

查士丁尼一世（483～565） 拜占廷帝国皇帝（527～565年在位）。生于马其顿。518年被指定为皇位继承人，527年即位。532年镇压尼卡起义，重建圣索菲亚大教堂。为恢复对西罗马故土的统治，查士丁尼一世长期与波斯萨珊王朝进行战争。534年灭汪达尔－阿兰王国，554年灭东哥特王国。他去世后不久，征服地区大都丧失。

查士丁尼一世非常重视法律文献的整理和汇编。528年下令编纂法典，529年编成《查士丁尼法典》，533年辑成《法学汇纂》及《法学阶梯》，565年汇编成《新律》。这四部法典后被统称为《查士丁尼民法大全》，对后世西方各国法律有重大影响。

君士坦丁堡战役 1453年奥斯曼帝国军队攻陷拜占廷帝国首都君士坦丁堡的决战。15世纪初，奥斯曼帝国已侵蚀拜占廷大部领土，对君士坦丁堡（后改称伊斯坦布尔）形成包围之势。1453年初，奥斯曼帝国苏丹穆罕默德二世率约10万军队、320艘战船，从海陆两面包围君士坦丁堡。城内军民在皇帝君士坦丁十一世率领下顽强抵抗。穆罕默德二世假道热那亚人控制的加拉太地区，潜入城北的金角湾；在博斯普鲁斯海峡和金角湾之间铺设长约1.5千米的涂油圆木滑道，利用夜暗，将80艘轻便帆船从海峡拖入金角湾。5月29日，奥斯曼军队从海陆两面发起总攻，攻陷君士坦丁堡。拜占廷帝国灭亡。

奥斯曼帝国军队围攻君士坦丁堡

奥斯曼帝国 奥斯曼土耳其人建立的军事封建帝国。以伊斯兰教为国教。11世纪下半叶,中亚西突厥的一支征服并迁居小亚细亚半岛,与当地居民融合形成土耳其人。13世纪末,奥斯曼一世蚕食拜占廷领土,建立奥斯曼国家。1453年穆罕默德二世(1451~1481年在位)攻陷君士坦丁堡,灭拜占廷帝国。君士坦丁堡(后改称伊斯坦布尔)成为奥斯曼帝国的新都。谢利姆一世在位时(1512~1520),奥斯曼苏丹成为伊斯兰世界的首脑——哈里发。苏莱曼一世在位期间(1520~1566),帝国处于鼎盛时期,领土横跨欧、亚、非三洲。16世纪中叶以后,帝国开始由盛转衰。从17世纪末期起,帝国屡遭败绩,国土日蹙。19世纪初,巴尔干诸国先后独立。第一次世界大战中,帝国战败,在欧洲的领土只剩下伊斯坦布尔及色雷斯的一部分。1921年改国名为土耳其。1922年废除苏丹制,帝国告终。1923年建立土耳其共和国。

1683年奥斯曼帝国军队攻打维也纳

蒙古军西征 13世纪前半叶,蒙古军远征西域花剌子模、钦察、斡罗思、木剌夷等国的三次大规模战争。

1219~1224年成吉思汗西征,蒙古军灭花剌子模(在今中亚锡尔河和阿姆河流域),攻破阿塞拜疆、谷儿只(今格鲁吉亚),大败斡罗思(俄罗斯)、钦察(里海、黑海以北的突厥语部族)联军。1235~1242年拔都西

征战中的蒙古军

征,蒙古军大败钦察军队,征服大部分斡罗思公国,入侵孛烈儿(今波兰)、马札儿(今匈牙利);建立金帐汗国。1252~1260年旭烈兀西征,蒙古军灭木剌夷(亦思马因派王国,在今里海南)、阿拔斯王朝(黑衣大食),攻入叙利亚,后被密昔儿(今埃及)军队打败;建立伊利汗国。

蒙古军西征给被征服各国的经济、文化造成破坏,但客观上对东西方交往也起了一定的促进作用。

金帐汗国 13世纪上半叶蒙古人建立的封建国家。因汗国统治者的帐顶为金色,故名。又称钦察汗国。由成吉思汗

之孙拔都汗（1243～1255年在位）创建。版图东起鄂毕河下游和额尔齐斯河，西迄多瑙河下游，南临黑海、里海和咸海，北到诺夫哥罗德地区。首都萨莱－拔都（今阿斯特拉罕附近），后迁往萨莱－贝尔克（今伏尔加格勒附近）。主要宗教是伊斯兰教。乌兹别克汗统治时期（1313～1342）国势最盛。15世纪上半叶，金帐汗国因内讧解体为喀山汗国、诺盖汗国、阿斯特拉罕汗国、克里木汗国、西伯利亚汗国。1480年俄罗斯人民摆脱蒙古贵族统治后获得独立。15世纪末，统一的金帐汗国已不复存在。喀山汗国、阿斯特拉罕汗国、西伯利亚汗国等于16世纪下半叶被俄国吞并。

基辅罗斯 9世纪中叶至12世纪初在东欧平原上建立的以基辅为首都的早期封建国家。又称古罗斯、罗斯公国，或罗斯国。862年瓦朗几亚人军事首领留里克在诺夫哥罗德建立第一个罗斯王国。882年罗斯王公奥列格占领基辅城并迁都于此，开始了基辅罗斯公国时期。882～911年奥列格又征服周围的部落，形成以东斯拉夫人为主体的国家。弗拉基米尔一世统治时期（980～1015），基辅罗斯达到鼎盛，成为东欧强国，基督教成为国教。在智者雅罗斯拉夫统治时期（1015～1054），封建大土地所有制有所发展。以后，统一的国家政权日趋瓦解。12世纪30年代后，罗斯历史进入封建割据时期。13世纪初臣服于金帐汗国。1478年为莫斯科公国所灭。

莫斯科公国 13世纪至17世纪末罗斯最大的封建国家。首都为莫斯科，故名。13世纪从弗拉基米尔－苏兹达尔公国分裂出来，14～15世纪逐渐成为东北罗斯的中心。伊凡一世·达尼洛维奇（1325～1340年在位）从金帐汗国取得弗拉基米尔大公的封号，并把东正教罗斯教区总主教驻地迁到莫斯科。后来几任大公逐渐兼并附近公国。1480年，公国脱离鞑靼蒙古的统治。1485年，伊凡三世兼并特维尔公国，称全罗斯大公。瓦西里三世在位时（1505～1533）统一东北罗斯。1721年，以莫斯科公国为核心建立了俄罗斯帝国。

基辅罗斯对保加尔人的战争

莫斯科城（13世纪）

彼得一世（1672-06-09～1725-02-08）俄国沙皇（1682～1721）和皇帝（1721～1725）。又称彼得大帝。生于莫斯科。1682年彼得与其兄并立为沙皇。1689年8月推翻异母姐姐索菲娅的摄政统治。1696年成为唯一君主。1695～1696年，两次进攻土耳其，占领亚速。1697年，彼得化名米哈依洛夫下士参加"彼得大使团"，赴荷兰、英国和奥地利等西欧国家考察。

1700～1721年向瑞典发动北方战争，夺得波罗的海出海口。1721年10月，参政院封彼得为"皇帝"和"祖国之父"。从此，俄国改称俄罗斯帝国。1722～1723年，出征波斯，夺取里海西岸和南岸广大地区。

彼得仿效西欧国家，进行了以军事改革为中心的多方面改革：建立了一支强大的陆海军；建立了参政院和陆军、海军、外交、税务、司法等11个委员会；建设新都圣彼得堡；实行重商主义政策，鼓励开办工场，发展工商业；开设算术、造船、航海等学校，培养人才。彼得一世的改革在一定程度上改变了俄国在政治、军事、经济和文化教育方面的落后状态，使俄国进入欧洲强国之列。

叶卡捷琳娜二世（1729-05-02～1796-11-17） 俄国女皇（1762～1796）。原名索菲娅·弗里德里克·奥古斯特。生于奥得河畔的施泰丁（今波兰什切青）。1745年她与俄国皇位继承人彼得大公即后来的彼得三世结婚，1762年通过宫廷政变登上皇位。在对内政策方面，她扩大贵族特权，维护和发展农奴制，镇压普加乔夫起义。在对外政策方面，1768～1774年和1787～1791年两次对土耳其发动战争，夺取黑海出海口；1772年、1793年和1795年三次参与瓜分波兰，建立起庞大的俄罗斯帝国。

俄国农奴制度 15世纪下半叶至19世纪上半叶，俄国在以劳役制为主要剥削形式的地主庄园经济基础上建立的经济、法律制度。1497年，封建农奴制开始在全国范围内确立。1649年颁布的《法律大全》使得农民被完全束缚在地主的土地上，在人身、财产和司法上绝对受地主支配。《法律大全》的颁布标志着俄国农奴制度最后确立。叶卡捷琳娜二世统治时期，农奴制发展到顶峰。由于俄国资本主义的发展、克里木战争的失败，以及农奴制危机加深和国内革命运动的发展，沙皇政府被迫于1861年废除农奴制度，但农奴制残余直到1917年俄国十月社会主义革命后才被彻底消灭。

俄国农民反抗地主欺压

哥萨克 俄国历史上的特殊社会阶层。"哥萨克"一词源于突厥语,意为"自由人"。原指从中亚突厥国家逃到黑海北部从事游牧的人。后泛称15～17世纪从俄国农奴制压迫下出逃的农民、家奴和城市贫民所组成的"自由人"。最初聚居在顿河沿岸和第聂伯河下游,后相继出现在乌拉尔、伏尔加河下游、中亚细亚、高加索、西伯利亚等地。他们以勇猛善战著称,是沙俄兵力的重要来源,18世纪成为特殊的军人阶层。沙皇政府用各种办法收买哥萨克的上层分子。苏维埃政府成立后,对哥萨克地主、富农和上层军官进行打击镇压,同时把哥萨克贫农和普通士兵吸引到苏维埃政权方面来。苏俄国内战争后,作为社会阶层的哥萨克已不复存在。

普加乔夫起义 1773年9月至1774年9月Ye.I.普加乔夫领导的俄国农民起义。俄国农民处于无权的农奴地位,遭受贵族地主的剥削压迫。1773年9月,顿河哥萨克Ye.I.普加乔夫集结80名哥萨克在乌拉尔河西岸起义。他僭称彼得三世,宣布废除农奴制度,受到群众拥护。1774年初,起义波及乌拉尔大部地区,起义军发展到5万余人。后起义军被迫转移到乌拉尔南部、伏尔加河西岸地区。9月在察里津附近被政府军所败。9月25日,普加乔夫因叛徒出卖被捕,并于1775年1月在莫斯科沼泽广场就义。其余部于同年8月被镇压。普加乔夫起义沉重打击了俄国农奴制度。

俄国1812年卫国战争 1812年俄国人民反对拿破仑侵略的自卫战争。1812年6月24日,拿破仑一世率61万大军对俄国不宣而战。俄军约24万人,采取有步骤的撤退战略,打乱了拿破仑一世的计划。俄军退到莫斯科郊区,在博罗季诺村附近同法军进行决战,重创法军。之后俄军撤离莫斯科,在博罗季诺村附近展开运动战,并从侧面威胁法军,切断其同后方的联系。法军处于四面受敌、弹尽粮绝的境地。这时严冬逼近,拿破仑一世被迫于10月19日放弃莫斯科,残部离开俄国边境时只剩下3万人。

这次战争的胜利,保卫了俄国的独立,鼓舞了欧洲各国人民反对拿破仑统

博罗季诺战役

治的民族解放斗争。

十二月党人起义

1825 年俄国贵族革命家发动的反对农奴制度和沙皇专制制度的武装起义。起义发生在 12 月，领导这次起义的贵族革命家在俄国历史上被称为"十二月党人"。在 1812 年卫国战争中，一些俄国贵族军官受西欧

沙皇军队镇压十二月党人起义

民主思想的影响，对国内的农奴制度和专制制度极为不满。他们组织秘密的革命团体——北方协会和南方协会。1825 年 11 月 19 日，沙皇亚历山大一世突然去世。十二月党人决定提前在尼古拉一世继位之日发动起义。12 月 26 日（俄历 14 日），北方协会的一群官兵在圣彼得堡举行起义。次年 1 月，南方协会也在乌克兰发动起义。这是俄国历史上第一次有组织、有纲领的武装起义，起义虽被残酷镇压，但它促进了俄国人民的觉醒。

俄土战争

17～19 世纪俄国为向黑海和巴尔干地区扩张而同土耳其发生的一系列战争。初期，战争限于俄土两国之间，战区集中在巴尔干、克里木、高加索等地。19 世纪后，引起欧洲一些国家干预。俄土战争多次发生，其中最重要的有 10 次。1681 年俄国把边界推进到第聂伯河。1774 年，俄国打通黑海出海口；克里木汗国宣告"独立"，并于 1783 年被并入俄国版图。1792 年，黑海北岸全部处在俄国统治之下。1853～1856 年克里木战争失败后，俄国把比萨拉比亚南部归还摩尔多瓦，实行黑海中立化。1878 年，俄国重新获得比萨拉比亚南部。战争最后的结局是俄国扩大了疆域，南部边界伸展到黑海，西部边界推进到普鲁特河，东部边界越过高加索山脉，在东南欧迫使土耳其人从巴尔干后撤。

克里木战争

英、法与俄国争夺近东霸权所导致的俄国与英国、法国、土耳其、撒丁王国之间的战争。又称东方战争、克里米亚战争。战争主要在俄国的克里木半岛进行，故名。1853 年，俄国入侵奥斯曼帝国，奥斯曼军队惨败。1854 年 3 月，英、法先后对俄宣战。撒丁王国也于 1855 年 1 月参战。1854 年 9 月，联军南攻俄国黑海舰队根据地塞瓦斯托波尔港，包围塞港。次年 9 月，塞港陷落，俄国败局已定。1856 年 2 月，俄国被迫签订《巴黎和约》。和约规定，黑海及黑海海峡中立，对各国商船开放，不准俄国在黑海保留舰队及在黑海沿岸设立要塞。

在克里木战争中，俄军死亡 30 万人，法军死亡 10 万人，英军死亡 6 万人。战后，俄国的国际地位大为低落。

俄国 1861 年改革

俄国沙皇亚历山大二世于 1861 年进行的自上而下废除

农奴制度的改革。19世纪前期，俄国资本主义发展受农奴制束缚。1858～1860年自下而上消灭农奴制的农民运动和革命民主运动都失败了，但却推动沙皇政府走向自上而下的改革之路。1861年3月3日，亚历山大二世签署废除农奴制度的宣言和法令。法令包括17个文件，其中最重要的是《关于农民脱离农奴依附地位的总法令》。它规定：农民有人身自由和一般公民权；全部土地归地主所有，农民可以用高昂的赎金赎买一小块土地；农民由地方贵族控制的村社管理。1861年改革解放了农民，促进了资本主义的发展，但保存了大量的农奴制残余。

亚历山大二世（1818-04-29～1881-03-13） 俄国沙皇（1855～1881年在位）。生于莫斯科。尼古拉一世长子。19世纪上半期，俄国农奴制危机日益加深。克里木战争失败和国内的革命形势迫使亚历山大二世实行一系列资产阶级改革。1861年3月3日，他宣布废除农奴制度。

接着，又实行地方自治局、市杜马、司法、军事的改革。这标志着俄国从封建君主制向资产阶级君主制的转变。沙皇不断加强对反对者特别是民粹派的迫害，残酷镇压1863～1864年波兰起义。在对外政策方面，极力向亚洲、高加索、巴尔干扩张。1881年3月13日在圣彼得堡被民意党人刺杀。

俄国征服中亚 19世纪下半叶，中亚的浩罕、布哈拉、希瓦三个独立汗国被俄国先后征服。俄国对中亚诸汗国垂涎已久。19世纪上半叶，俄国对中亚诸汗国发动新的攻势。1853年形成锡尔河碉堡线；1854年形成另一条包抄哈萨克草原、进攻中亚诸汗国的碉堡线，即西伯利亚线。1867年，以塔什干为中心的土耳其斯坦总督区成立。1868年2月，俄国强迫浩罕签署不平等的"通商条约"，浩罕实际上变成俄国的附庸。同年6月，俄军击败布哈拉军队，布哈拉沦为俄国的附庸。1873年，俄军分四路对希瓦发动强大攻势，占领希瓦城，希瓦汗国沦为俄国的保护国。1876年，沙皇政府镇压浩罕的民族大起义后，正式吞并浩罕汗国，完成对中亚三汗国的征服。1885年，俄国占领土库曼，实现对整个中亚的征服。

俄国1905年革命 1905年俄国发生的资产阶级民主革命。1905年初，圣彼得堡15万工人举行罢工。1月22日（俄历1月9日，星期日），成千上万名工人及其家属前往冬宫广场，准备向沙皇呈递请愿书，遭到军警的野蛮枪杀，史称流血的星期日。野蛮屠杀激起各地罢工运动蓬勃发展。10月20日起，革命发展为全俄政治罢工。沙皇被迫于10月30日（俄历10月17日）颁布诏书，答应召集具有立法权的国家杜马。12月，莫斯科工人举行武装起义，被沙皇政府残酷镇压。之后，革命逐渐走向低潮。1906～1907年，召开了两届国家杜马。1907年6月16日（俄历6月3日），沙皇宣布解散第二届国家杜马。俄国第一次民主革命结束。

文艺复兴 14～16世纪反映西欧各国正在形成中的资产阶级要求的思想、文化运动。其主要中心最初在意大利，16世纪扩及德意志、尼德兰、英国、法国和西班牙等地。文艺复兴着重表明了新文化以古典为师的一面，但它实际上是反封建的新文化的创造。文艺复兴宣扬个性解放、尊重人、爱人等人文主义思想，用资产阶级的"人道"反对封建阶级的"神道"，用资产阶级的纵欲主义反对封建阶级的禁欲主义。文艺复兴主要表现在科学、文学和艺术的普遍高涨方面。

《西斯廷圣母》（意大利，拉斐尔）

《垂死的奴隶》
（意大利，米开朗琪罗）

W. 莎士比亚的剧作《罗密欧与朱丽叶》插图

《堂吉诃德》插图（西班牙，毕加索）

《神曲》地狱篇插图

《蒙娜丽莎》（意大利，达·芬奇）

　　意大利的佛罗伦萨、热那亚、威尼斯是意大利乃至整个欧洲文艺复兴的发源地和最大中心。意大利文艺复兴最早的两位代表人物是诗人但丁和画家乔托。14世纪后半期又出现了两位新文化的代表人物——F.彼特拉克和G.薄伽丘。16世纪是意大利文艺复兴特别繁荣的时期，产生了达·芬奇、米开朗琪罗和拉斐尔这样伟大的艺术家。

　　德意志的人文主义代表人物是鹿特丹的D.伊拉斯谟。德意志文艺复兴在艺术方面的突出代表有艺术家A.丢勒。英国文艺复兴的代表人物是人文主义者和空想社会主义者T.莫尔。他的名著《乌托邦》对后世影响很大。进步哲学家F.培根提倡"知识就是力量"。戏剧家W.莎士比亚则是文艺复兴文学的巨人之一。法国文学家F.拉伯雷以长篇小说《巨人传》在欧洲获得崇高声誉。西班牙文学巨匠M.de塞万提斯的小说《堂吉诃德》，是可与莎士比亚的戏剧并列的世界文化宝库中的瑰宝。

　　文艺复兴是欧洲从中世纪封建社会向近代资本主义社会转变时期的一场伟大的反封建、反教会神权的思想解放运动，代表欧洲近代资本主义文明的最初发展阶段。

地理大发现　西方对 15～17 世纪欧洲一些国家的航海家和探险家另辟直达东方的新航路，探察当时欧洲人不曾到过的海域和陆地的一系列航海活动的通称。15 世纪中叶以后，西欧通往东方的商路分别被土耳其人和阿拉伯人所控制。于是西欧各国的商人、航海家和探险家都急于探寻一条不经地中海东部地区而直达东方的航线。

"地理大发现"纪念碑

1487 年，B. 迪亚士率船队沿非洲西海岸南下，1488 年最先到达非洲南端的风暴角（后改称好望角）。1497 年达·伽马沿迪亚士开辟的航道继续前进，次年最终到达印度。1492 年，在西班牙王室的支持下，C. 哥伦布率船队横渡大西洋，到达美洲，成为西方第一个发现美洲新大陆的人。1519 年，F.de 麦哲伦奉西班牙国王之命率领船队从西班牙西航，横渡大西洋，沿巴西和阿根廷海岸南下，通过南美大陆与火地岛之间的海峡（后称麦哲伦海峡）进入太平洋。船员于 1522 年返回西班牙，在人类历史上第一次实现了环球航行。1642～1643 年，荷兰人 A.J. 塔斯曼航行至澳大利亚、新西兰和塔斯马尼亚。1728 年受命于俄皇的丹麦航海家 V.J. 白令穿越亚洲与美洲大陆之间的海峡（后称白令海峡）。

地理大发现改变了世界各大陆和各大洋的分割孤立状态，加强了世界范围的联系，为世界市场的形成准备了条件。地理大发现也是充满血腥的近代殖民地掠夺和殖民地瓜分的开始。

迪亚士，B.（约 1450～1500-05-29）葡萄牙航海家。1487 年 8 月奉葡王之命，率三艘船沿非洲西海岸南下，绕过非洲大陆南端，至大菲希河口附近。返航途中于 1488 年抵风暴角（后改称好望角）。1500 年随 P.Á. 卡布拉尔远航印度，在好望角附近遭遇风暴，罹难。迪亚士被认为是 15 世纪葡萄牙人探险大西洋的最重要的先驱。

哥伦布，C.（1451-06-26～1506-05-21）　意大利航海家、美洲发现者。生于意大利热那亚。一生从事航海活动。先后移居葡萄牙和西班牙。深信地圆说，认为从欧洲西航可达东方的印度和中国。在西班牙国王的支持下，先后

四次出海远航（1492～1493，1493～1496，1498～1500，1502～1504）。他开辟横渡大西洋到美洲的航路，在帕里亚湾南岸首次登上美洲大陆；考察了中美洲洪都拉斯至达连湾2000多千米长的海岸线；认识了巴拿马地峡；发现和利用了大西洋低纬度吹东风、较高纬度吹西风的风向变化。他的航行证明了地圆说的正确性，促进了旧大陆与新大陆的联系。他误认为到达的新大陆是印度，并称当地人为印第安人。

达·伽马（约1460～1524-12-24） 葡萄牙航海家。又译伽马。生于锡尼什城贵族家庭，年轻时曾在宫廷任职。1497年7月受葡萄牙国王的派遣，率领帆船4艘、船员约150人从里斯本出发，寻找通往印度的航线。1499年9月回到里斯本。这次航行历时26个月，

开辟了从欧洲西部出发向南绕过非洲南端的好望角，穿越印度洋通往印度的航线。在1869年苏伊士运河通航前，欧洲对印度洋沿岸各国和中国的贸易，主要通过这条航路。它亦为葡萄牙取得了海上霸权。

麦哲伦，F.de（约1480～1521-04-27） 葡萄牙航海家。生于葡萄牙波尔图。早年参加葡萄牙远征队，后移民西班牙。在西班牙国王支持下，向西作环球航行。1519年9月率船队从西班牙起航，横渡大西洋，沿巴西和阿根廷海岸南下，通过南美大陆与火地岛之间的海峡（后称麦哲伦海峡）进入太平洋。1521年3月16日到达菲律宾群岛，4月27日在马克坦岛被当地人杀死。1522年9月8日船队中的"维多利亚"号回到出发地。这次航行是人类历史上第一次环球航行，以实践证明了地圆说的正确性。

谷登堡，J.（1390/1400～约1468-02-03） 德国金银匠、印刷商，欧洲活版印刷术发明者。生于美因茨。1438年同几名金银匠订立研究活版印刷术的合同，秘密制作金属活字。1448年对自己研制的字模浇铸铅合金活字加以改进。从1450年起，与人合伙经营印刷所。1452年开始四十二行本《圣经》的印制工作，1455年完成。他的发明包括铸字盒、冲压字模、铸造活字的铅合金、木制印刷机、印刷油墨和一整套印刷工艺。

三十年战争 17世纪上半叶以德意志为主要战场的一次席卷欧洲的战争。德意志新教诸侯和丹麦、瑞典、法国为一方，得到荷兰、英国、俄国的支持；神圣罗马帝国皇帝、德意志天主教诸侯和西班牙为另一方，得到教皇和波兰的支持。1618年5月23日，武装群众冲进王宫，把神圣罗马帝国皇帝的钦差

掷出窗外事件

从窗口抛入壕沟,史称"掷出窗外事件",它成为三十年战争的开端。战争大致分为四个阶段:捷克-普法尔茨时期(1618～1624),丹麦时期(1625～1629),瑞典时期(1630～1635),法兰西-瑞典时期(1635～1648)。长期战争使双方都有极大的消耗,神圣罗马帝国方面的困难更为突出,被迫求和,战争结束。1648年10月,参战各方签署《威斯特伐利亚和约》。

三十年战争和《威斯特伐利亚和约》削弱了神圣罗马帝国的统治地位,加深了德意志境内分裂割据的局面;为法国称霸欧洲准备了条件;使瑞典成为北欧强国。

圈地运动 15世纪末叶至19世纪中叶,西欧新兴资产阶级和新贵族用强制手段圈围农民土地和村社公用地的过程。为资本原始积累的最重要手段之一。圈地运动在英、德、法、荷、丹等国都曾出现,而以英国最为典型。

15世纪末叶和16世纪初叶,英国圈地运动从工商业较发达的东南部农村开始。圈地运动引发大规模的农民起义,在起义的打击下,有所收敛。16世纪末叶和17世纪初叶,英国城市人口日益增多,工场手工业迅速发展,圈地运动又重新加强。从1688年起,政府公开支持圈地。1845年以后,圈地运动基本结束。

欧洲大陆的圈地运动主要发生在18～19世纪。德意志、法国、俄国和丹麦的圈地运动主要是通过政府法令实行的。捷克和波兰在1918年以后也出现过圈地运动。

圈地运动为产业革命提供了廉价劳动力,以农民的血肉和尸骨换来了农业资本主义的大发展。

英国资产阶级革命 17世纪中期英国推翻斯图亚特王朝封建专制统治并导致资本主义制度在英国确立的一次革命。又称英国内战或清教徒革命。这次革命对英国和整个欧洲都产生了重大影

查理一世被处死

响。一般把革命开始的1640年作为世界近代史的开端。

17世纪30年代苏格兰人民起义。国王查理一世为筹措军费，于1640年4月召集议会，并于5月解散议会。11月，被迫重开议会，史称这届议会为长期议会。长期议会成为反对以查理一世为首的王党的领导中心，它的召开是革命开始的标志。1642年8月，查理一世挑起内战。1646年6月，T.费尔法克斯和O.克伦威尔指挥的新模范军攻克王党的大本营牛津，第一次内战结束。1648年春，南威尔士、肯特、埃塞克斯等地的王党暴动，并与苏格兰军队勾结，挑起第二次内战。8月克伦威尔击溃苏格兰军队，第二次内战结束。1649年1月30日，查理一世被斩首。5月19日，议会正式宣布英国为共和国和自由邦。共和国的领导权落入克伦威尔等高级军官手中。1653年12月，克伦威尔被宣布为护国公，集立法、行政及军事大权于一身，共和国名存实亡。1658年9月克伦威尔去世。1660年5月，斯图亚特王朝复辟。1688年辉格党和托利党联合发动光荣革命，废黜国王詹姆斯二世，迎接其女儿玛丽和女婿荷兰执政威廉到英国来，尊为英国女王及国王，并确立了君主立宪制。

查理一世（1600-11-19～1649-01-30）英国斯图亚特王朝国王（1625～1649年在位）。詹姆斯一世之子。生于苏格兰法夫郡。1637年6月苏格兰人民起义。查理一世为筹集镇压起义的经费于1640年4月召集议会，议会拒绝其要求，被解散。此届议会仅存在三个星期，史称短期议会。同年11月，查理一世被迫重开议会，史称这届议会为长期议会。长期议会反对以国王为首的王党。1642年8月22日查理一世发动内战，失败。根据议会设立的高等法庭的判决，1649年1月30日查理一世在伦敦白厅前被斩首。

克伦威尔，O.（1599-04-25～1658-09-03）英国资产阶级革命时期的主要军事、政治领导人，独立派领袖。生于英国亨廷登郡。1640年先后被选入短期议会和长期议会。第一次内战期间，他指挥议会军取得马斯顿荒原、纳西比等战役的胜利。第二次内战中，他取得普雷斯顿战役的胜利。之后，克伦威尔放弃同国王妥协的主张，转而赞成判处国王死刑。1649年共和国成立后，以克伦威尔为首的独立派高级军官掌握政权。他镇压平等派起义，后又扼杀掘土派运动。随后，率军征讨爱尔兰和苏格兰。1653年12月克伦威尔就任护国公，进一步加强军事专政。

光荣革命 1688～1689年英国资产阶级和新贵族发动的推翻詹姆斯二世的统治、防止天主教复辟的政变。西方资产阶级历史学家传统上将这次事件称为不流血的光荣革命。

詹姆斯二世（1685～1688年在位）即位后采取的政策危害了资产阶级和新贵族的利益。1688年，辉格党和托利党的七位名人出面邀请詹姆斯二世的女儿玛丽和女婿荷兰执政威廉来英国。1688年12月，威廉兵不血刃进入伦敦。1689年1月召开的议会全体会议宣布，詹姆斯二世逊位，威廉和玛丽共同统治英国。同时议会向威廉提出《权利宣言》。该宣言于当年10月经议会正式批准为法律，即《**权利法案**》。政变之后，英国逐渐建立起**君主立宪制**。

《权利法案》 英国光荣革命后，巩固资产阶级与封建贵族联合专政、确立君主立宪政体的宪法性文件之一。全文14段，主要内容为：国王未经议会同意而废止法律或征收赋税，以及在和平时期招募和维持常备军，均属非法；议会经自由选举产生，经常集会，议员有议事自由；国王不得擅设审理宗教事务的钦差法庭，不得苛处罚金、索取过分保释金和判处酷刑；臣民享有请愿权。

君主立宪制 国家元首由世袭的君主担任，君主的权力受到宪法和议会制约的君主制政体。分为二元制君主立宪制和议会制君主立宪制。二元制君主立宪制国家中，名义上国家存在君主和议会两个权力中心，但君主真正掌握着国家的最高统治权。议会制君主立宪制国家中，君主是"虚位元首"，是国家和民族的象征，按照内阁的意志行使形式上的权力，主要代表国家进行礼仪及荣典活动。

维多利亚女王（1819-05-24～1901-01-22） 英国历史上在位时间最长的国王（1837～1901）。生于伦敦肯辛顿宫。早年受到自由主义思想熏陶。1837年即位。即位初年，积极参与朝政，同首相、墨尔本子爵W.拉姆配合默契，倾向于辉格党，与托利党人格格不入。在位后期，政治态度及同内阁的关系有很大变化，转向保守党并同B.迪斯累里结为至交，积极支持他的殖民侵略政策。女王的态度深受资产阶级赞许。1876年成为印度女皇。

女王统治时期，特别是1851年以后，在英国历史上被称为维多利亚时代。她在位的60余年正值英国自由资本主义由方兴未艾到鼎盛、进而过渡到垄断资本主义的转变时期，经济空前繁荣，君主立宪制得到充分发展，女王成为英国和平与繁荣的象征。

英布战争 英国同荷兰裔布尔人建立的南非共和国和奥兰治自由邦之间的战争。又称南非战争、布尔战争。19世纪末在德兰士瓦发现丰富金矿，英国力图直接控制南非金矿。德国人也在布尔人治地建立日益强大的政治和经济势力。

英布战争中的布尔人武装力量

英、德两国展开激烈的角逐。布尔人靠拢德国，对抗英国。1899年10月11日战争爆发。英国动用44万军队，布尔人有8.8万人参战。在英军残暴的战争政策面前，布尔人终于屈服。1902年5月31日，布尔人被迫签订《弗里尼欣和约》，同意把德兰士瓦共和国和奥兰治自由邦并入英帝国。

启蒙运动　17～18世纪欧洲资产阶级和人民大众反封建的思想文化运动。是文艺复兴之后近代人类的第二次思想解放运动。兴起于西欧，很快波及欧洲大多数国家，并影响全世界，但其中心在法国。

启蒙运动思想家们首先把矛头指向宗教神学，而荷兰的思想家则为这一运动铺平了道路。其代表人物是自然法学说的创立者H.格劳秀斯和唯物主义哲学家B.斯宾诺莎。英国学者在启蒙运动中占有重要地位。唯物主义哲学家F.培根反对中世纪的经院哲学，肯定世界是物质的。机械唯物主义经验论创始人J.洛克对启蒙运动的发展作出过重大贡献。法国启蒙运动的先驱是P.培尔。紧随其后的有启蒙思想家伏尔泰、C.-L.de S.孟德斯鸠，经济学家A.-R.-J.杜尔哥，启蒙哲学家M.-J.-A.-N.de孔多塞等。法国启蒙运动最突出的代表是以百科全书派为中心的一批唯物主义思想家。法国启蒙运动小资产阶级民主派的代表人物是J.-J.卢梭。

启蒙运动波及德国和俄国。德国启蒙运动的代表人物是C.沃尔弗。俄国的启蒙思想家有A.I.波列诺夫等。启蒙运动越过大西洋，在英属北美殖民地得到传播。美国《独立宣言》起草人T.杰斐逊和著名思想家、科学家B.富兰克林，都属于启蒙学者之列。启蒙运动扩展到亚洲、非洲、拉丁美洲为时较晚。19世纪末20世纪初，中国出现一批以严复为代表的启蒙学者。

启蒙运动为摧毁腐朽的封建制度、确立资本主义制度作了思想上和理论上的准备。启蒙思想家所宣传的自由、平等、民主和法制的思想，对1775～1783年的美国独立战争、1789年的法国大革命，以及19世纪欧洲爆发的一系列资产阶级革命都产生了极大的影响。

孟德斯鸠，C.-L.de S.（1689-01-18～1755-02-10）　法国启蒙思想家、哲学家。出身于波尔多附近拉布雷德城堡。1721年匿名发表《波斯人信札》，讽刺路易十四及1715～1723年摄政时期的法国专制制度，嘲笑上流社会的恶习和荒淫无耻，谴责宗教迫害。1734年发表《罗马盛衰原因论》一书。他认为罗马之所以兴盛是因为实行共和制，之所以衰败则是因为实行专制暴政。1748年他的名作《论法的精神》问世，书中提出的三权分立理论成为现代国家宪政的理论基础。

伏尔泰（1694-11-21～1778-05-30）法国资产阶级启蒙思想家，18世纪法国启蒙运动的领袖、导师。原名F.M.阿鲁埃。生于巴黎。求学时受到自由主义

思潮的影响。中学毕业后因发表揭露宫廷腐败和教会专横的讽刺诗，两次被投入巴士底狱。后旅居英国。回国后积极开展启蒙宣传活动。1734年发表《哲学通信》。该书出版后，立即遭到查禁，伏尔泰被迫逃亡到洛兰省边境的西雷城堡。他在这里住了15年，完成了大量著述。主要哲学专著有《形而上学论》《牛顿哲学原理》等。1750年，伏尔泰应腓特烈二世之邀，怀着劝说这位普鲁士王推行开明政治的幻想来到柏林，在德国逗留了四五年。这期间他出版了重要史学专著《路易十四时代》，系统论述了他关于实行开明君主制度的政治主张。1755年不辞而别，到法国与瑞士边境的费尔奈庄园定居下来。他利用各种形式抨击宗教狂热和封建王朝的罪行；继续创作，完成历史著作《彼得大帝统治时代的俄国史》等。

卢梭，J.-J.（1712-06-28～1778-07-02） 18世纪法国启蒙思想家、哲学家、教育家和文学家。生于瑞士日内瓦。家境贫寒，从事过多种职业，后定居巴黎。1750年发表《论科学与艺术的进步是否有助于敦风化俗》。1755年4月发表《论人类不平等的起源和基础》。1756年4月，卢梭因厌倦巴黎生活而隐居。其后六年，他构思写作了《社会契约论》《爱弥儿》《新爱洛伊丝》《感性伦理学或智者的唯物主义》。他为D.狄德罗主编的《百科全书》写的条目《论政治经济学》也在这期间出了单行本。1762年6月，法国政教当局下令查禁《爱弥儿》和逮捕卢梭，卢梭匆匆逃出巴黎。曾流亡瑞士和英国，1770年重返巴黎。1778年5月移居埃默农维尔。晚年写成自传体小说《忏悔录》。

百科全书派 18世纪法国启蒙思想家在编纂《百科全书》的过程中形成的派别。核心是以主编D.狄德罗为首的一批唯物论者、无神论者、民主主义者。他们反对封建特权制度与天主教会的教权统治和宗教迷信，向往合理的社会，认为迷信、成见、愚昧无知是人类的大敌，主张一切制度和观念要在理性的审判庭上衡量并受到批判。他们推崇机械工艺，崇尚资产阶级谋利务实的精神。当时参加撰稿的有160多人，大多是思

百科全书派的学者们（绘画）

想开明的改革者。其中最为著名的有狄德罗、J.le R. 达朗贝尔、C.-A. 爱尔维修、P.-H.D. 霍尔巴赫、C.-L.de S. 孟德斯鸠、F. 魁奈、A.-R.-J. 杜尔哥、伏尔泰、J.-J. 卢梭、G.-L.L.de 布丰等。

狄德罗，D.（1713-10-05～1784-07-31） 18世纪法国唯物主义哲学家、美学家，百科全书派的主要代表，第一部法国《百科全书》主编。生于郎格里。1732年获得巴黎大学文科硕士学位。狄德罗在主编《百科全书》的25年中，

深受 F. 培根、T. 霍布斯和 J. 洛克等人思想的影响。他还撰写了大量著作，在《哲学思想录》《对自然的解释》《怀疑者漫步》《论盲人书简》《生理学的基础》《拉摩的侄儿》等著作中，表述了他的唯物主义哲学思想；在《美之根源及性质的哲学的研究》《论戏剧艺术》《谈演员》《绘画论》《天才》等著作中，表述了他的"美在关系"的美学思想。

英属北美殖民地 1607～1775年英国在北美东起大西洋沿岸、西迄阿巴拉契亚山脉的狭长地带建立的13个殖民地。1606年，伦敦的弗吉尼亚公司组织首批移民迁往北美。1607年5月在詹姆斯河口处建立定居点，定名为詹姆斯敦。史称此次行动为英国建立北美殖民地的开端。殖民地最初分4种类型：公司特许殖民地、业主殖民地、英王直辖殖民地和自治殖民地。为加强控制，1752年后，13个殖民地中的8个成为英王直辖殖民地。殖民地最高行政首脑称总督，代表英王进行统治；下设参事会协助总督管理。殖民地的民族成分十分复杂，除印第安人、黑人外，还有法国人、荷兰人、德意志人和英国人等，其中英国移民最多。殖民地的阶级结构也很复杂，顶端是大商人和大种植园主，中间是小土地所有者、小工厂主等，再下面是佃农、雇农、渔民、工匠等，最底层是契约奴、黑人。印第安人则是被屠杀与剿灭的对象。殖民地人民反抗英国殖民统治和压迫的斗争与反对殖民地剥削者的斗争交织在一起，贯穿于这一时期的始终。1765年反对《印花税条例》的斗争、1770年波士顿人民反抗英国殖民当局制造波士顿惨案的斗争、1773年波士顿的"倾茶事件"等，把反抗英国殖民统治的斗争推向高潮，终于导致1775年北美独立战争的爆发。

印第安人 美洲土著居民（不包括北极附近的因纽特人和阿留申群岛的阿留申人）。因意大利航海家 C. 哥伦布误将美洲土著视为"印度人（Indians）"而得名。中译者为与真正的印度人相区别，译为"印第安人"。包括众多支系和部落，广泛分布于南北美洲。一般认为，印第安人的祖先于二三万年前从亚洲迁移到美

身着传统服饰的印第安人

洲，绝大部分从亚洲东北部经白令海峡进入北美洲，而后逐渐向南扩散；另有一小部分可能在比较晚近的时期由南太平洋群岛到达南美洲西部海岸。在欧洲人殖民以前，印第安人大多处在氏族公社制的不同阶段。从16世纪起，欧洲殖民者的入侵改变了印第安人的自然发展状况。北美洲的印第安人大多被殖民者消灭，幸存者被迫住进保留地；中、南美洲的印第安人大多沦为农奴。现代印第安人绝大多数受其所在国语言文化的同化。

印第安人对世界文化有显著贡献。他们最先栽培了玉米、马铃薯、向日葵、木薯、可可、烟草等农作物。独具一格的印第安艺术至今仍是现代美洲人民艺术发展的基础。

"五月花"号 英国移民驶往北美的一艘船只。载重约180吨，长27米。以运载一批分离派清教徒到北美建立普利茅斯殖民地和在该船上制定《"五月花"号公约》而闻名。

分离派是英国清教中比较激进的一派，由于受英国国教的残酷迫害，1608年8月离开英国到荷兰。其中一部分教徒决定迁居北美，并与弗吉尼亚公司签订移民合同。1620年9月23日，在牧师布莱斯特率领下乘"五月花"号前往北美。全船乘客102名，其中分离派教徒35名，其余为工匠、渔民、贫苦农民及14名契约奴。11月21日到达科德角（今马萨诸塞州普罗文斯敦），于圣诞节后第一天在普利茅斯上岸。11月21日，分离派领袖在船舱内主持制定了共同遵守的《"五月花"号公约》，41名自由的成年男子在上面签字。其内容为：组织公民团体，拟定公正的法律、法令、规章和条例。此公约奠定了新英格兰诸州自治政府的基础。

波士顿惨案 1770年3月英国殖民当局屠杀北美殖民地波士顿人的流血事件。1765年，驻营条例颁布后，英国政府派遣军队驻扎北美。驻扎在波士顿的英军胡作非为，引起当地人的强烈反抗。1770年3月5日，英军侮辱学徒，冲突再起。晚8时，钟声大作，人们手持棍棒走上街头，高呼赶走可恶的"红虾兵"（蔑称身着红色军服的英国军队）。聚集在英王街税关周围的人情绪更为激昂。英军前来镇压，当场打死3人，伤6人（其中2人因伤势过重，次日死去）。第一个被打死的是种植园奴隶出身的黑人群众领袖C.阿塔克斯。波士顿惨案的消

息很快传到其他城市，人们纷纷起来抗议英军驻扎。英国军队被迫撤出波士顿。

北美独立战争 1775～1783年英属北美13个殖民地反对英国殖民统治、争取民族独立的革命战争。七年战争结束后，英国加强对北美殖民地的统治和掠夺，宗主国与殖民地之间的矛盾日益尖锐。1775年4月列克星敦和康科德的战斗揭开了独立战争的序幕。5月，第二届大陆会议在费城召开，决定组成大陆军，任命G.华盛顿为总司令。北美独立战争全面展开。1776年7月4日，大陆会议通过了《独立宣言》，正式宣布13个殖民地独立。战争初期，英军处于优势。1777年10月，大陆军取得萨拉

北美大陆会议通过《独立宣言》

资产阶级民主派T.杰斐逊是宣言的主要起草人。宣言宣布，一切人生而平等，上帝赋予他们诸如生存、自由和追求幸福等不可让与的权利。宣言向全世界庄严宣告，北美殖民地脱离英国，自由独立的美利坚合众国正式成立。宣言的发表对发动群众进行独立战争起了重大作用。宣言还对推动后来的欧洲各国资产阶级革命，特别是法国大革命及其《人权宣言》产生了积极影响。7月4日后来被定为美国国庆日。

华盛顿在新泽西检阅大陆军

托加大捷，扭转了战局。1781年10月，英军主力在约克镇投降。1783年9月，美英签订《巴黎条约》，英国正式承认美国独立。独立战争的胜利为美国资本主义的发展扫清了道路，也推动了18世纪后期欧洲各国的资产阶级革命。

《独立宣言》 英属北美殖民地人民宣布独立的纲领性文件。1776年7月4日第二届大陆会议通过了《独立宣言》。

《美利坚合众国宪法》 世界上第一部成文宪法。1787年制定，1788年6月21日生效。它奠定了美国政治制度的法律基础。由序言和7条正文组成。序言说明制定宪法的目的：建立更完善的联邦，树立正义，保障国内安宁，提供共同防务，促进公共福利，使人民及其后代享受自由民主的幸福。宪法正文规定，实行联邦和州分权的联邦制，建立立法、行政、司法三权分立相互制衡的资产阶级民主共和政体。这部宪法使美国成为一个具有全国统一的中央政权的联邦制国家。这种政治体制和国家结

构形式后来为许多国家所仿效。后宪法又增加了27条修正案,迄今继续生效。

华盛顿,G.(1732-02-22~1799-12-14) 美国首任总统(1789~1797)、北美独立战争大陆军总司令。祖籍英国。生于弗吉尼亚州。18世纪50年代,曾参加英法七年战争。1774年和1775年,先后出席第一届、第二届大陆会议。

1775年6月15日,当选为大陆军总司令。华盛顿卓有成效地领导了北美独立战争。战争结束后,他解散了大陆军,解甲归田。1789年当选为美国第一任总统,1793年再度当选为总统。1796年9月17日,华盛顿发表"告别词",表示不再出任总统,从而开创美国历史上摒弃终身总统、和平转移权力的范例。因对美国独立作出重大贡献,被尊为美国国父。

富兰克林,B.(1706-01-17~1790-04-17) 美国资产阶级政治家、思想家和科学家。生于波士顿的手工业者家庭。自学成才。1757~1775年几次代表殖民地赴英谈判。北美独立战争爆发后,毅然归国参战,并出席第二届大陆会议,参加起草《独立宣言》。1776年出任驻法商谈协议特派员,促使美法于1778年签订《法美同盟条约》和《法美友好通商条约》,并促使法国、西班牙、荷兰先后参战,加速了北美独立战争的胜利。是年,他被委任为驻法大使。1783年9月作为美国代表团成员与英签订《巴黎条约》。1785年归国担任宾夕法尼亚州州长。1787年参加制宪会议。

富兰克林是研究电学的先驱。1752年进行震惊世界的用风筝吸引天电的实验,并发明避雷针。在光学、化学、热学、声学等方面也作出了重要贡献。在文学方面造诣很深。

法国大革命 1789年在法国爆发的资产阶级革命。18世纪末,特权等级与第三等级之间的矛盾日益尖锐。1789年7月14日,巴黎人民发动武装起义,攻占巴士底狱。资产阶级代表取得政权,维护君主立宪政体。8月26日通过《人权宣言》,确立人权、法制、公民自由和私有财产权等资本主义的基本原则。1792年8月10日,巴黎人民发动第二次武装起义,打倒波旁王朝,推翻立宪派的统治。吉伦特派取得政权。9月成立法兰西第一共和国。1793年1月处死国王路易十六。5月31日至6月2日,巴黎人民发动第三次武装起义,推翻吉伦特派的统治,建立起雅各宾派专政。

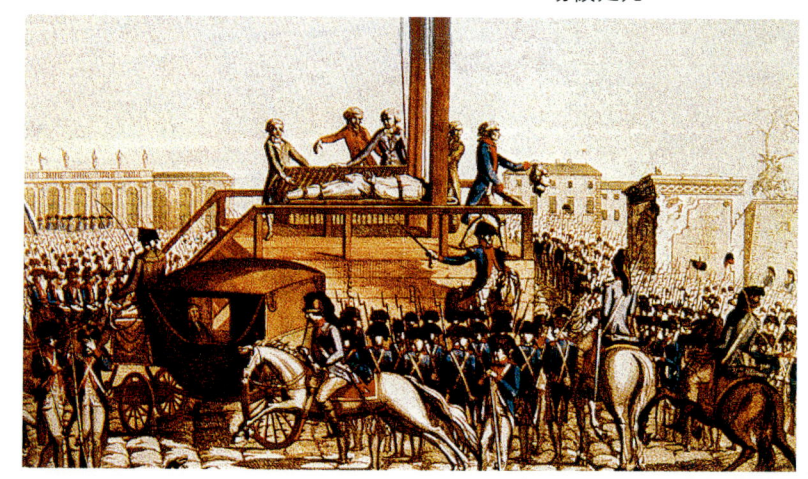

路易十六在巴黎革命广场被处死

以 M.-F.-M.-I.de 罗伯斯比尔为首的雅各宾派为了保卫革命的胜利果实，实行恐怖统治，把革命推向高潮。1794年7月27日，反对罗伯斯比尔的势力联合发动热月政变，雅各宾派专政被颠覆，法国革命的上升阶段结束。1795年10月，热月党人建立督政府。1799年11月9日，拿破仑·波拿巴将军发动政变，建立起临时执政府。

路易十六（1754-08-23～1793-01-21）法国波旁王朝国王（1774～1792年在位）。王储路易之子。生于凡尔赛。1765年成为王位继承人，1774年即王位。即位后企图进行改革，但遭到特权等级反对。为征收新税，于1789年5月召开三级会议。由于路易十六拒绝第三等级的改革要求，并企图用武力威胁第三等级代表，7月14日巴黎人民攻陷巴士底狱。7月17日，路易十六被迫接受象征革命的蓝白红三色徽记。1791年6月化装出逃未遂被扣。9月路易十六向宪法宣誓，称法兰西人的国王。1792年4月法奥战争开始后，路易十六勾结外敌和逃亡贵族，企图镇压革命。8月10日巴黎人民起义，推翻王政。路易十六被捕，于1793年1月21日在巴黎革命广场被处死。

《人权宣言》 18世纪法国资产阶级革命的政治纲领。全称《人权与公民权宣言》。1789年8月26日由制宪会议通过。作为序言被列入1791年宪法中。为资产阶级代议民主制国家所仿效。

全文除序言外共17条，主要规定：人生而平等，享有自由、财产、安全和反抗压迫的权利；自由包括言论、著述和出版等自由；财产神圣不可侵犯；主权属于国民；实行分权原则；任何团体或个人不得行使主权所未明确授予的权力；法律为公共意志的体现，公民均有权亲自或通过其代表参与制定；公民在法律面前人人平等，任何人非于法定情况下并经法定程序不受控告、逮捕或监禁；动议、发布、执行或指示他人执行专断命令者应受惩罚，但抗拒合法的传唤或扣押者构成犯罪；承认法律不溯既往和无罪推定的原则；等等。

1789年法国制宪会议通过的《人权宣言》

雅各宾派 法国大革命时期参加雅各宾俱乐部的资产阶级激进派政治团体。雅各宾俱乐部的正式名称为"宪法之友社"，其前身是三级会议期间的布列塔尼俱乐部。1789年10月迁到巴黎后在雅各宾修道院集会，故名。雅各宾派的成员以小业主为最多，也包括许多富有的资产者。1793年6月雅各宾派推翻吉伦特派统治，取得政权。当时的主要领导人有 M.-F.-M.-I.de 罗伯斯比尔等。在内忧外患异常严重的形势下，雅各宾派政府实行恐怖统治，赢得革命的胜利。1794年7月27日，热月政变结束了雅各宾派政权。11月热月党封闭了雅各宾俱乐部。1799年7月雅各宾派成员和拥护者重建俱乐部，但仅维持一个月即告失败。

罗伯斯比尔，M.-F.-M.-I.de（1758-05-06～1794-07-28） 法国政治家、法国大革命时期雅各宾派专政革命政府首脑。生于阿拉斯城。出身于律师家庭。1789年出席三级会议。1790年3月成为雅各宾俱乐部主席。1792年8月巴黎人民起义后，参与领导对路易十六的诉讼，极力主张处死国王。1793年6月，雅各宾派推翻吉伦特派统治。之后他领导雅各宾派政权实行恐怖统治，在保卫和推动法国资产阶级革命发展的过程中起过很大作用。1794年7月27日，在反罗伯斯比尔势力发动的热月政变中被捕，次日被处死。

拿破仑战争 拿破仑一世指挥法国军队对抗反法联盟的一系列战争。战场主要在欧洲大陆。法国大革命开始后，欧洲各君主国企图对法国实行武装干涉。拿破仑奉命远征在奥地利统治下的意大利北部，1797年1月在利沃利大败奥军，10月迫使奥地利签订和约，粉碎第一次反法联盟。1799年11月拿破仑发动政变，组成执政府，任第一执政。1800年，拿破仑在与第二次反法联盟的战争中取得马伦戈战役的胜利。1804年拿破仑称帝，为拿破仑一世。1805年，拿破仑一世在同第三次反法联盟作战时又取得奥斯特利茨战役的胜利。1806年和1807年他通过耶拿－奥尔施泰特战役、弗里德兰战役等打败第四次反法联盟。随后拿破仑又征服了葡萄牙、西班牙，并于1809年打败第五次反法联盟，法兰西帝国盛极一时。1812年，拿破仑远征俄国，惨败。1813年第六次反法联盟在莱比锡会战中打败拿破仑，法兰西帝国开始瓦解。1814年反法联军进入巴黎，拿破仑退位，被流放于厄尔巴岛。法兰西帝国覆灭，波旁王朝复辟。1815年"百日"统治期间，拿破仑在滑铁卢大败于第七次反法联盟，之后第二次退位，被囚禁于圣赫勒拿岛。

拿破仑一世（1769-08-15～1821-05-05） 法国政治家、军事家，法兰西共和国第一执政（1799～1804），法兰西人皇帝（1804～1814，1815）。即拿破仑·波拿巴。习称拿破仑。生于科

拿破仑一世在奥斯特利茨战场

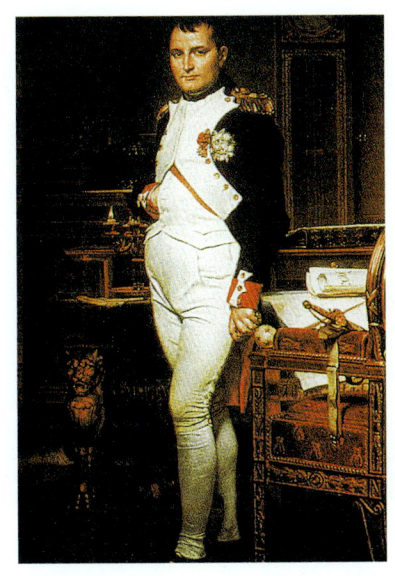

西嘉岛。早年就学于巴黎军事学校，接受了启蒙主义思想。法国资产阶级革命时期，他参加革命军，对革命持拥护态度。1793年在土伦战役中击败英军，被破格擢升为准将，并于翌年2月接任意大利军团炮兵指挥。1795年在镇压王党暴乱中赢得声誉，随即被擢升为少将。1796年3月，督政府任命他为意大利军团司令。1797年进军维也纳，粉碎第一次反法联盟。1798年远征埃及。1799年11月发动雾月政变，组成执政府，自任第一执政。1804年11月，公民投票通过《共和十二年宪法》，法兰西共和国改为法兰西帝国，拿破仑·波拿巴为法兰西人皇帝。之后他相继颁布民法典、商法典、刑法典，建立资产阶级法律规范。

在发出和平呼吁遭到拒绝后，拿破仑进行了马伦戈、奥斯特利茨、耶拿－奥尔施泰特、弗里德兰等战役并取得重大胜利，粉碎了第二、第三、第四次反法联盟，确立了法国在欧洲大陆的霸主地位。1812年拿破仑进攻俄国惨败。1814年3月30日，第六次反法联盟攻陷巴黎。4月拿破仑被迫退位，被流放于厄尔巴岛。1815年3月他潜回巴黎，建立"百日"王朝。6月18日在滑铁卢之战中再次失败，之后第二次退位，被囚禁于圣赫勒拿岛。

《拿破仑法典》 资产阶级国家最早的一部民法典。1804年颁布，经过多次修订，现仍在法国施行。最初称《法国民法典》，1807年改称《拿破仑法典》，1816年恢复原名，1852年又改称为《拿破仑法典》，1870年以后习惯上通称《法国民法典》。

除总则外，分为三编，共2281条。第一编是人法，包含关于个人和亲属法的规定。第二编是物法，包含关于各种财产和所有权及其他物权的规定。第三编为"取得所有权的各种方法"编。首先规定了继承、赠予、遗嘱和夫妻财产制；其次规定了债法，附以质权和抵押权法；最后还规定了取得时效和消灭时效。

《拿破仑法典》封面

这部法典表达了资产阶级关于民事立法的基本原则，即自由和平等原则、所有权原则、契约自治原则，在世界上有颇大的影响。

滑铁卢之战 拿破仑战争期间，法军同反法联盟军队在布鲁塞尔以南滑铁卢地区进行的决战。1815年3月，拿破仑一世从被流放的厄尔巴岛回到法国再登帝位并重建军队。英、俄、普、奥等国立即组成第七次反法联盟。英荷联军和普军率先进驻比利时。拿

滑铁卢之战中战败的拿破仑一世及其军队

破仑于6月15日率军进入比利时，16日在利尼之战中打败普军，随即分兵追击，主力则转向英荷联军。18日，A.W.威灵顿率英荷联军6.8万人在滑铁卢附近依托圣让安山阻击法军。拿破仑于正午前以7.3万人的优势兵力发起进攻，未能达成突破。傍晚，普军主力赶到战场。入夜，联军发起全面反击，迫使法军全线崩溃。拿破仑率随从逃离战场。此战，法军损失3.4万人，联军损失2.3万人。战后，拿破仑再次退位，被囚禁于圣赫勒拿岛。

维也纳会议 欧洲第六次反法联盟打败拿破仑一世后举行的一次国际会议。1814年9月，欧洲15个王室的重要人物、200多个公侯，以及各国外交大臣在维也纳聚会。会议由俄、英、普、奥四个同盟国操纵。经过激烈争吵，于1815年6月9日签订由121条条款和17条单独附带条款构成的《最后议定书》。此后欧洲所有其他未与会国家尽皆加入。该议定书的主要内容是：俄国夺得华沙大公国大部分领土；英国占有马耳他及多巴哥、圣卢西亚和毛里求斯；比利时与荷兰组成尼德兰王国；瑞士定为永久中立的联邦国家；奥地利获得伦巴第和威尼斯；普鲁士获得2/5的萨克森、吕根岛和波美拉尼亚，以及莱茵-威斯特伐利亚地区；德意志邦联由34个君主国和4个自由市组成；瑞典取得挪威；法国、西班牙、葡萄牙、德意志和意大利境内各邦的旧王朝复辟；罗马教皇恢复教皇领地。维也纳会议仅仅建立了短暂的和平。

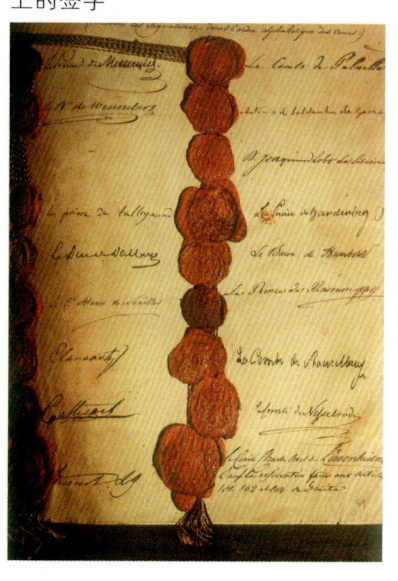

各国代表在《最后议定书》上的签字

普法战争 1870年7月19日至1871年5月10日法国同普鲁士王国之间的一场重大战争。1870年7月13日，法国要求普鲁士国王作出永久不让霍亨索伦家族继承西班牙王位的保证，普鲁士国王同意，并电告普鲁士王国首相O.von俾斯麦。俾斯麦篡改国王电文并公之于众，使法国蒙受耻辱。7月19日法国向普鲁士宣战。法军屡败。1871年1月18日，普鲁士国王威廉一世在巴黎凡尔赛宫宣布成立德意志帝国，即德意志皇帝位。28日法德签订停战协定。3月1日法国议会批准条约草案。5月10日法德正式签订对法苛刻的《法兰克福条约》。

普法战争改变了欧洲政治军事格局。法国受到削弱,国际地位下降。普鲁士支配全德意志,成为强国,开始在欧洲拥有优势。

德意志帝国 以普鲁士王国为中心,通过王朝战争建立的君主立宪制的德意志联邦国家。包括22个德意志邦、3个自由市(汉堡、不来梅、吕贝克)及帝国行省阿尔萨斯-洛林。

1871年1月18日,普鲁士国王威廉一世在巴黎凡尔赛宫宣布成立德意志帝国,即德意志皇帝位,普鲁士通过王朝战争最终实现德意志的统一。德意志帝国是容克-资产阶级专政的国家。帝国前期,内外政策的实际制订者是宰相O.von俾斯麦。其对内政策的出发点是维护普鲁士和容克的特权,照顾大资产阶级的利益;外交政策是以争夺欧洲霸权为目标的大陆政策。19世纪90年代完成工业革命。20世纪初,国内矛盾加剧,与英、俄、法等老牌帝国主义之间的矛盾也日趋激化,终于导致第一次世界大战。德国在战争中失败。1918年的德国十一月革命推翻霍亨索伦家族的统治,德意志帝国终结。

俾斯麦,O.von(1815-04-01～1898-07-30) 普鲁士王国首相(1862～1890)、德意志帝国宰相(1871～1890)。执政期间采取"铁血政策",故又有"铁血宰相"之称。生于施滕达尔附近的申豪森庄园。1847年任普鲁士联合邦议会议员。1862年9月被普鲁士国王威廉一世任命为首相,10月又被任命为外交大臣。俾斯麦执政后进行大规模军事改革。主张通过王朝战争"自上"实现德意志统一。在1864年的普丹战争、1866年的普奥战争、1870～1871年的普法战争中,他施展各种手腕,造成有利于普鲁士的国际局面,然后各个击破对手,建立起统一的德意志帝国。

1871～1890年,俾斯麦是德意志帝国的实际领导人。在内政上,一方面加强普鲁士和帝国政府的权力,促进容克和资产阶级的联盟;另一方面大肆镇压工人运动。外交方面推行大陆政策,以争夺欧洲霸权。1890年3月被威廉二世解职。下台时被封为劳恩堡公爵。

七年战争 1756～1763年欧洲主要国家组成的两大交战集团在欧洲、美洲和印度等广大地域和海域进行的争夺殖

威廉一世在凡尔赛宫镜廊加冕

民地和领土的战争。奥地利、法国、俄国、萨克森、瑞典和西班牙为一方,英国、普鲁士、汉诺威选侯国为另一方。最后,普鲁士军队击退法奥联军,取得胜利。1763年2月15日,普鲁士、奥地利和萨克森签订《胡贝图斯堡条约》,欧洲战事结束。与此同时,英、法在美洲、印度等地继续争夺殖民地。1763年2月10日英、法签订《巴黎条约》,欧洲以外的战事结束。

七年战争是普鲁士走向强盛的转折点,也是英国建立海上霸权和殖民帝国的标志。

英帝国和英联邦 英帝国是英国及其控制下的海外属地和自治领的总称。英联邦是由英国与原来英帝国的自治领及英属殖民地取得独立后的国家组成的国家联盟,它是由英帝国演变而来的。

英国从1497年开始海外殖民活动。1607年在北美建立第一个永久殖民地,稍后在印度和非洲也建立商站并取得立足点。到1763年,已建成一个以奴隶贸易和掠夺殖民地为基础的第一帝国。1931年的《威斯敏斯特法》确认了自治领与英国的平等地位。此后联合王国和自治领组成为英联邦。印度虽非自治领,但因地位特殊,也参加了英联邦。1949年的英联邦总理会议上,一致同意英王为联邦元首。20世纪50～60年代殖民地纷纷独立,大多数加入英联邦。英联邦有53个成员国(包括联合王国)。每年4月27日为英联邦日。

英联邦是个松散的政治联盟。各成员国的内外政策各自独立,也可以与英联邦以外的国家组成联邦。英联邦成员国政府间最高级别的会议为英联邦政府首脑会议。

英国征服印度的战争 1757～1849年英国政府通过东印度公司进行的一系列侵略印度的战争。结局是印度最终沦为英国的殖民地。1757年6月的普拉西之战是英国东印度公司征服印度的第一次重要战役。通过此战,英军侵占孟加拉。1767～1799年,英国对迈索尔发动四次侵略战争,取得迈索尔土邦部分土地。1776～1818年,英国向西印度的马拉提联邦发动三次侵略战争,取得马拉提联邦大部分土地。19世纪40年代,英国向旁遮普发动两次侵略战争。1849年3月,旁遮普被并入英属印度领地。旁遮普被吞并,标志着英国基本完成对印度的征服。

英国东印度公司 17世纪至19世纪中期英国对东方(主要是印度和中国)进行商业垄断贸易和殖民扩张的组织。全称对东印度群岛贸易的英国商人联合公司。总部设在伦敦。成立于1600年。它得到英国女王伊丽莎白一世的特许状,有好望角以东各国的贸易垄断权。

1689年,东印度公司董事会决定在印度增加税收、扩大贸易、保持武力、建立国家。18世纪中期,英国东印度公司通过战争排挤法国势力。它向印度发动一系列殖民侵略战争,至19世纪中期,侵占整个印度。此外,它还进行罪恶的鸦片贸易,攫取巨额利润。这些财富源源不断地流入英国,为工业革命准备了重要的前提。英国政府先后于1813年和1833年取消东印度公司对印度和中国的贸易垄断权。1858年撤销东印度公司。

印度民族大起义 19世纪中期印度封建主领导、以印度雇佣兵为骨干的反抗英国殖民统治和争取民族独立的起义。又称印度雇佣军兵变、土兵起义。印度完全沦为英国殖民地后，英国官兵对印度雇佣兵实行种族歧视和压迫，不尊重他们的宗教习俗。1857年2~4月，军队哗变事件不断发生。5月11日，密拉特的起义者进入德里，拥立莫卧儿逊帝巴哈杜尔·沙二世恢复莫卧儿王朝，并成立领导机构——军政管理委员会。各地起义迅速发展。起义波及北印度和中印度的广大地区，中心是德里、坎普尔、勒克瑙。但各地起义军缺乏统一领导，从而使英印当局逐渐稳住阵脚并伺机反扑。从1857年6月上旬至1858年4月，起义军相继进行了德里、勒克瑙和占西保卫战，均告失败。1858年6月占西女王牺牲后，各地起义军放弃了阵地战，活跃在罗希尔坎德、戈腊克普尔、班德尔坎德、杰格迪斯布尔和中印度西部许多地方。由于内部争执，起义军无法协同作战；英国殖民者又实行收买政策，许多封建主叛变。1859年底，零星的游击战最后停止。

大起义是印度历史的转折点，加速了印度民族的觉醒，最终导致了印度的政治独立，因而在亚洲近代史上占有重要的地位。

印度土兵 英国殖民者以当地人对付当地人的方式进行殖民统治。在侵略印度的过程中，雇佣了许多印度人在殖民军队中当兵，这些人被称为土兵。19世纪中期，英国驻印度24万殖民军队中，印度土兵有20万人。印度民族大起义中，土兵成为先锋和军事骨干力量。

占西女王（1825~1858-06-18） 印度民族大起义领导人之一。又译詹西女王、章西女王。原名拉克希米·巴伊。1842年嫁给占西王，为王后。1853年丈夫去世后，因无子嗣，以养子监护人的身份登基。1854年，英国殖民当局兼并占西王国。1857年印度民族大起义爆发后，占西女王于6月4日在占西发动起义。1858年3~4月指挥起义军保卫占西。6月17~18日在瓜廖尔指挥起义军抗击英军进攻，身负重伤仍坚持指挥战斗，直至阵亡。

阿富汗抗英战争 19世纪30年代至20世纪初，阿富汗人民抗击英国殖民入侵的战争。亦称三次英阿战争。

阿富汗战略地位十分重要。19世纪初，阿富汗成为英、俄两国激烈争夺的对象。1838年11月，英军开始向阿富汗推进，第一次抗英战争爆发。次年4月英军进逼喀布尔。1841年11月，被称为"阿富汗之星"的阿克巴尔领导喀布尔人民起义。英国侵略军陷入绝境，于1842年撤离阿富汗。不久，英军再度占领喀布尔，随后再次撤出。1878年11月，英军再次入侵阿富汗，第二次抗英战争爆发。统治者放弃抵抗，于1879年5月与英国签订《冈达马克条约》。9月，喀布尔人民起义。由于统治者妥协，英国得以利用条约控制阿富汗的对外关系。1919年5月，第三次抗英战争爆发。阿富汗军民在大部分战线上取得胜利。8月，双方在拉瓦尔品第签订和约，英国正式承认阿富汗独立。

印第安人古代文明 大约在公元前 3000～前 2000 年，美洲印第安人开始定居并从事农业种植。文化发展程度最高的地区有两个：一个在中部美洲墨西哥高原至危地马拉一带，那里形成了中部美洲文明，最早兴起的是奥尔梅克文化，其后兴起的有特奥蒂瓦坎文化、萨波特克文化和托尔特克文化等；另一个在南美安第斯高原及太平洋沿岸一带，那里形成了安第斯文明，最早出现的是查文文化，其后兴起的有帕拉卡斯文化、纳斯卡文化、莫奇卡文化等。在上述古代文明的基础上最后形成了玛雅文明、阿兹特克文明和印加文明三大文明。玛雅人创造了象形文字，在天文历法和数学方面取得惊人成就。印加人和阿兹特克人是巨石建筑的能工巧匠，所建宫殿、庙宇、堡垒和道路宏伟壮丽，独具特色的巨大金字塔式台庙更成为印第安古文化的标志性建筑。在农业上，印第安人培植了玉米、马铃薯、番茄、花生、甘薯、木薯、向日葵、可可、龙舌兰、南瓜、辣椒和烟草等作物。

印第安文明是独立发展起来的。由于与亚、欧、非洲的大陆古代文明隔绝，社会和文化发展相对比较缓慢。

特奥蒂瓦坎古城的羽蛇雕像

博南帕克玛雅文化壁画（部分）

天地之间

阿兹特克人的第五太阳石

玛雅文明中与膜拜太阳有关的圆盘（由木材、绿松石、贝壳、黄铁矿制成）

奇琴伊察的金字塔式台庙

印加文明的双联陶屋

特奥蒂瓦坎古城大道北端的月亮金字塔

玛雅文明 中美洲古代印第安人文明的代表性文化。得名于创造这一文明的玛雅人。主要分布在今墨西哥、危地马拉、伯利兹、洪都拉斯、萨尔瓦多等中美洲国家。分前古典期（公元前2500~公元250）、古典期（约250~900）和后古典期（900~1520）。其中古典期是玛雅文明的繁盛时期。1520年后，玛雅文明被西班牙人彻底摧毁。

玛雅文明基本上属新石器时代。居民主要从事刀耕火种的农业，作物以玉米、豆类和块茎类植物为主，善修梯田。手工制品有各种陶器、棉纺织品等。玛雅人使用二十进位制，并且使用"零"的概念；创立了圣年历和太阳历两种纪年方法。图画式的象形文字是玛雅文明的杰出成果。玛雅人的建筑以布局严谨、结构宏伟著称，其金字塔式台庙内以碎石和泥土堆成，外铺石板或泥砖，设有石砌梯道通往塔顶庙宇。雕刻、彩陶、壁画等皆有很高的艺术价值，著名的博南帕克壁画是世界壁画艺术的宝藏之一。

阿兹特克文明 中部美洲古代印第安人文明。因阿兹特克人而得名。主要分布在墨西哥中部和南部。形成于14世纪初，1521年为西班牙人所毁灭。

阿兹特克文明有发达的农业，主要作物有玉米、南瓜、马铃薯、棉花、龙舌兰等。饲养火鸡、鸭、狗等禽畜。手工业相当发达，有金、银、铜、宝石、皮革、纺织、羽毛、陶器等工艺品。阿兹特克文明在发展过程中吸收了托尔特克文化和玛雅文明的许多成就。阿兹特克人的陶器和绘画均极精致，建筑和艺术也达到相当高的水平。首都特诺奇蒂特兰的公共建筑物多以白石砌成，十分瑰丽壮观。1790年在墨西哥城中心广场发现的第五太阳石，代表了阿兹特克人的石雕艺术水平。

印加文明 南美安第斯地区印加帝国时期古代文明。印加意为"太阳之子"。印加文明主要分布在南美洲厄瓜多尔、秘鲁、玻利维亚、智利北部和阿根廷西北部，文化中心位于印加帝国首都库斯科（今属秘鲁）。存在年代为15世纪至16世纪早期。

印加文明留下了许多著名的石构建筑，如库斯科古城的太阳神庙等。马丘比丘古城中的因蒂瓦塔纳神庙和三窗神庙是现存的最能展示印加建筑艺术的代表性遗迹。道路网络发达，纵横南北。在山区，农业占有重要地位，人们开辟梯田，并修筑了复杂的灌溉工程。主要种植玉米和马铃薯。在沿海和靠近河谷的地方，以渔业为主。制陶业、纺织业和金属加工业发达，青铜器制造和黄金饰品的加工都具备很高的水平。印加人

萨克赛瓦曼古堡城墙遗迹

使用太阳年和太阴月来计算年月。已能制作木乃伊。

皮萨罗，F.（约1475～1541-06-26）

西班牙征服秘鲁的殖民军首领。生于西班牙特鲁希略。1509年参加到今巴拿马达连地区的探险、殖民活动。1519年成为巴拿马城市政会委员和地方法官。1529年西班牙国王授权他"征服秘鲁"。1532年5月在秘鲁建立第一个殖民点——圣米格尔。11月设计擒获印加帝国国王阿塔瓦尔帕，勒索巨额黄金、白银为赎金，并将其处死。1533年11月攻入库斯科（今属秘鲁）。而后自任印加帝国最高行政长官。先后派兵征服今厄瓜多尔、玻利维亚，下令建利马城。1537年与另一军事首领发生内讧，1541年被刺杀。

西班牙美洲独立战争

1810～1826年西班牙美洲殖民地人民争取独立解放的民族革命战争。1789年爆发的海地革命，揭开了美洲殖民地独立革命的序幕。1810年，西班牙本土大部分地区被拿破仑军队占领。美洲殖民地独立战争普遍展开。

委内瑞拉于1811年7月宣布独立，建立共和国。1812年西班牙殖民者反扑，革命失败。此后，人民在S.玻利瓦尔领导下，经过长期武装斗争，于1818年重建委内瑞拉共和国。1819年12月，玻利瓦尔领导建立哥伦比亚共和国。至1822年5月，南美北部的独立战争基本结束。

1810年5月，阿根廷爆发五月革命，成立拉普拉塔临时政府。次年巴拉圭爆发起义，成立以J.G.R.de弗朗西亚为首的临时政府。1816年，拉普拉塔联合省成立，宣布脱离西班牙独立。1817年2月，J.de圣马丁率远征军解放圣地亚哥，1818年智利宣布独立。1821年，圣马丁率军进占利马，宣告秘鲁独立。之后在玻利瓦尔的领导下，秘鲁全境解放。1826年1月，西班牙残军撤离秘鲁，南美独立战争结束。到1830年乌拉圭共和国宣布成立，西属南美殖民地全部独立。

1810年9月，墨西哥M.伊达尔戈-科斯蒂利亚神父率众发动独立战争。1821年9月，墨西哥宣布独立。1824年10月，墨西哥合众国成立。中美地区也于1821年宣布独立。

独立战争使拉丁美洲摆脱了西班牙的殖民统治，建立起一系列民族独立国家。

玻利瓦尔，S.（1783-07-24～1830-12-17）

委内瑞拉民族英雄，19世纪初南美独立运动领导人、军事家。生于加拉加斯城。1810年加拉加斯人民起义，玻利瓦尔被委派出使英国争取援助。1811年7月委内瑞拉共和国成立后，他任卡贝略港要塞司令。1812年7月，流亡到新格拉纳达。1813年率领远征军解放加拉加斯，重建共和国，任最高执政者。1815年流亡牙买加，发表《牙买加来信》，号召爱国者再接再厉，战胜殖民势力。1818年再次建立共和国，被选为总统。1819年8月解放波哥大。12月当选为哥伦比亚共和国总统。1824年解放秘鲁。1826年在巴拿马召开美洲国家国际会议。1830年4月，辞去总统职务。玻利瓦尔的革命业绩和资产阶级民主思想对拉丁美洲有深远的影响。

圣马丁，J.de（1778-02-25～1850-08-17） 阿根廷民族英雄、南美南部独立战争领导人。生于科连特斯省亚佩尤镇。

8岁随父母到西班牙马德里。1808年以后，在西班牙抗击拿破仑侵略的民族战争中屡建功勋，被晋升为少校。1811年底脱离西班牙军队，1812年3月抵达布宜诺斯艾利斯。1814年，他被任命为北方军司令。1816年底，建成远征军，任总司令。1817年2月率军解放圣地亚哥。1821年7月，圣马丁率军进占利马，宣告秘鲁独立，被推举为秘鲁"护国者"。1822年7月，圣马丁与S.玻利瓦尔在瓜亚基尔秘密会晤。因意见分歧，返回秘鲁。9月辞去"护国者"职务。后寄居法国，直至病逝。

空想社会主义 建立在唯心史观基础上的向往理想社会的社会主义学说。它批判资本主义制度，企图在脱离现实的情况下建立一个没有阶级对立的新社会。又称乌托邦社会主义。是马克思主义的三大来源之一。产生于16世纪。主要代表人物有19世纪法国的C.-H.de圣西门、C.傅立叶和英国的R.欧文等。广义的空想社会主义包括空想共产主义和空想社会主义两个部分。空想社会主义是资本主义生产方式产生和成长时期剥削者与被剥削者之间对立的反映。

圣西门，C.-H.de（1760-10-17～1825-05-19） 法国哲学家、经济学家、空想社会主义者。生于巴黎。早年受启蒙运动影响，曾参加北美人民反对英国殖民统治的独立战争。他拥护法国大革命，主动放弃伯爵爵位。1805年圣西门开始著书立说。他设想的未来的理想制度是一种"实业制度"：由实业者和

学者掌握社会政治、经济、文化各方面的权力；社会的唯一目的应当是尽善尽美地运用科学、艺术和手工业的知识来满足人们的需要；人人都要劳动，经济按计划发展。主要论著有《寓言》《论实业制度》《实业家问答》等。

傅立叶，C.（1772-04-07～1837-10-10） 法国哲学家、经济学家、空想社会主义者。生于贝桑松。自学成才。1793年参加里昂联邦派起义，一度被捕。1809年后在里昂、巴黎等地任职员。傅立叶设想的理想社会是"和谐社会"，社会基层单位是独立的自给自足的"法郎吉"。法郎吉投股集资，劳动者和资产者都可入股，人人参加劳动。他在法国，特别是在美国建立协作移民区进行

傅立叶的空想

试验,试验以失败告终。主要著作有《四种运动论》《宇宙统一论》《新的工业世界》等。

欧文,R.（1771-05-14～1858-11-17）英国空想社会主义者。生于威尔士蒙哥马利郡牛顿城。10岁当学徒,19岁成为曼彻斯特一家纱厂经理,1800年以后在苏格兰新拉纳克管理一个巨大的纺纱企业。他在这家工厂中进行改革,取得巨大成就,成为闻名欧洲的改革家和慈善家。欧文建议普遍设立"合作村",按照财产公有、权利平等和共同劳动原则建立没有剥削的新的理性社会。1824年在美国买地建立"新和谐"移民区进行试验,试验以失败告终。欧文的学说对后来社会主义思想发展有很大影响。

宪章运动 19世纪30～50年代英国发生的争取实现"人民宪章"的工人运动。1837年6月,伦敦工人协会拟定了一个争取普选权的纲领性文件,提出年满21岁的男子享有普选权、秘密投票、废除议员财产资格、议员支薪、平等选区和议会每年改选一次共六条要求,于1838年5月以"人民宪章"的名称发表,宪章运动由此得名。宪章拥护者在全国各地集会、游行,要求实现宪章。分别在1839年、1842年、1848年掀起三次高潮。三次运动均被镇压,运动逐渐衰落。宪章运动是无产阶级作为独立政治力量登上历史舞台的重要标志之一。

马克思主义 国际无产阶级革命导师K.马克思和F.恩格斯创立的思想体系。无产阶级政党的指导思想和理论基础。

马克思主义产生于19世纪40年代,以《共产党宣言》的问世为标志。它的主要理论来源是德国古典哲学、英国古典政治经济学和英法空想社会主义。马克思主义包含马克思主义哲学、政治经济学和科学社会主义三个主要组成部分。马克思主义哲学是辩证唯物主义和历史唯物主义的统称。政治经济学着重研究资本主义的生产关系。剩余价值学说揭露了资本家剥削的秘密,成为马克思经济理论的基石。科学社会主义是马克思主义理论体系的核心,它直接而全面地指导全世界无产阶级和全人类的解放斗争。

马克思主义是随着社会实践和科学技术的发展而发展的。V.I.列宁把马克思主义同俄国革命的具体实践结合起来,使马克思主义进到一个新阶段——列宁主义阶段。以毛泽东为代表的中国共产党人把马克思主义的基本理论与中国历史、社会实践相结合,创立了毛泽东思想。20世纪80年代,中国共产党人又进一步发展了马克思主义、列宁主义和毛泽东思想,从而创立了邓小平理论、"三个代表"重要思想、科学发展观、习近平新时代中国特色社会主义思想。

《共产党宣言》

K.马克思和F.恩格斯为共产主义者同盟起草的纲领、国际共产主义运动第一个纲领性文献、马克思主义诞生的重要标志。1848年2月在伦敦发表。

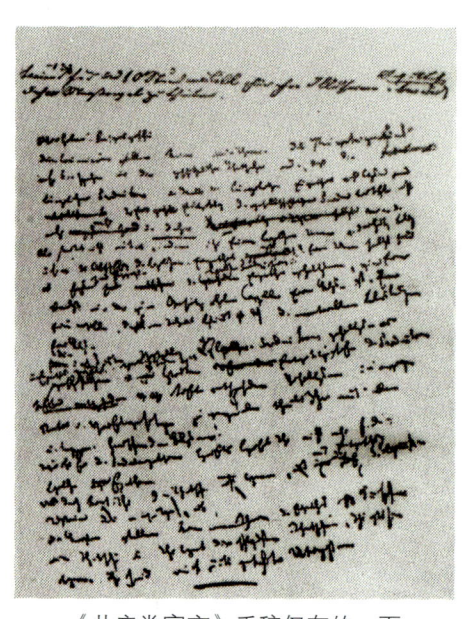

《共产党宣言》手稿仅存的一页

宣言第一次全面系统地阐述了科学社会主义理论,指出共产主义运动已成为不可抗拒的历史潮流。宣言论证了资本主义必然灭亡和社会主义必然胜利的客观规律,表述了以无产阶级专政代替资产阶级专政的思想,阐述了作为无产阶级先进队伍的共产党的性质、特点和斗争策略。宣言在20世纪初开始传入中国。1920年出版的陈望道翻译的《共产党宣言》,是宣言在中国最早的全文译本。

共产主义者同盟

第一个以科学社会主义为指导思想的国际无产阶级政党。前身是正义者同盟,1847年6月在伦敦改组为共产主义者同盟。1848年2月发表《共产党宣言》。1851年发生科隆共产党人审判案,同盟组织遭到破坏。1852年11月17日宣告解散。

马克思,K.(1818-05-05~1883-03-14)

马克思主义创始人、国际共产主义运动的奠基者。生于德国莱茵省特里尔城。1835年10月进入波恩大学法律系,1836年10月转入柏林大学法律系。1837年起研究黑格尔哲学,参加青年黑格尔派。1841年未经答辩获得哲学博士学位。1842年4月开始为《莱茵报》撰稿。1843年5月与燕妮·冯·威斯特华伦结婚。10月到巴黎,参与筹办《德法年鉴》杂志。

1844年8月,在巴黎会见F.恩格斯,从此开始他们的合作。第一个成果是合写的《神圣家族》。1845~1846年他与恩格斯合写《德意志意识形态》,第一次系统地阐述了唯物史观。1847年11月,他和恩格斯受共产主义者同盟第二次代表大会委托起草同盟的纲领,这就是1848年2月正式发表的《共产党宣言》。宣言是科学共产主义的第一个纲领性文件。

欧洲1848年革命席卷欧洲大陆,马克思和恩格斯为共产主义者同盟中央委员会拟定革命纲领《共产党在德国的要求》,并直接参加德国的革命。他们共同筹办《新莱茵报》,马克思担任总编辑。1849年5月19日,《新莱茵报》被迫停刊。马克思流亡到伦敦,在那里长期定居。

1857年7月至1858年5月,马克思写了《政治经济学批判大纲(草稿)》,

第一次提出剩余价值理论。1867年9月，《资本论》第一卷在汉堡问世。第二卷和第三卷由于他过早逝世未能最终完成，后经恩格斯整理和增补，分别于1885年和1894年出版。《资本论》标志着马克思主义政治经济学科学体系的创立。

第一国际存在时期，马克思始终是国际的领袖和灵魂。巴黎公社建立后，马克思著《法兰西内战》，总结巴黎公社经验。马克思的著作被收录在《马克思恩格斯全集》中。

恩格斯，F.（1820-11-28～1895-08-05）

马克思主义创始人之一、国际无产阶级的领袖。生于德国莱茵省巴门市（今乌培塔尔市）一纺织厂主家庭。1837年其父坚持要他辍学经商，一年后到商行供职。1841年9月，恩格斯到柏林服兵役，并在柏林大学听课，研究黑格尔哲学。

1844年3月，在《德法年鉴》上发表文章，初步论述无产阶级的历史使命，完成由唯心主义者向唯物主义者、民主主义者向共产主义者的转变。

1844年8月，恩格斯拜访侨居巴黎的K.马克思，两人建立了深厚的友谊。同年9月，与马克思合写《神圣家族》一书。1845～1846年两人合著《德意志意识形态》一书，这部著作是对历史唯物主义第一次系统的阐述。1845年，恩格斯写出《英国工人阶级状况》。次年年初，他和马克思在布鲁塞尔建立共产主义通讯委员会。1847年，他们应邀加入正义者同盟，并把旧的同盟改组为共产主义者同盟。1847年12月至1848年2月，马克思和恩格斯合著了《共产党宣言》，宣言标志着马克思主义的诞生。1848年欧洲爆发资产阶级民主革命，马克思、恩格斯立即回国参加革命斗争。1850年，恩格斯重返曼彻斯特经商，以便在经济上接济马克思，使之能够完成《资本论》的写作。恩格斯从1873年开始研究自然辩证法，写了许多札记和片段。这些手稿在恩格斯逝世后被编成《自然辩证法》一书出版。1877～1878年恩格斯写出《反杜林论》，该书被誉为"马克思主义的百科全书"。

1883年3月马克思逝世，恩格斯担负了整理和出版马克思文献遗稿的工作。1885和1894年先后出版《资本论》第二卷和第三卷，完成马克思未竟之业。1884年，恩格斯发表《家庭、私有制和国家的起源》一书。1889年7月，在他的直接领导和关怀下，各国社会主义政党建立第二国际。他还帮助和指导德、法、英等国社会主义政党开展反对"左"、右倾机会主义的斗争。

欧洲1848年革命

1848～1849年主要发生在法兰西、德意志、奥地利、意大利、匈牙利等欧洲国家的资产阶级民主、民族革命。

1848～1849年，法国先后爆发二月革命和六月革命，德意志爆发柏林三月革命和维护帝国宪法的斗争，奥地利爆发五月起义，意大利人民建立了罗马共和国，匈牙利人民则宣布匈牙利独立。不过这些起义和革命都先后失败。

巴黎起义者与政府军激战

1848年欧洲革命打击了欧洲各国的封建专制制度，摧毁了反动的神圣同盟和维也纳体系；锻炼了法、德等国的无产阶级及革命群众，丰富了科学社会主义的理论。

第一国际 1864年建立的国际工人联合组织。即国际工人协会。第二国际成立后，始称第一国际。1864年9月28日，英国工人联合会群众大会根据英、法工人代表的提议，决定建立一个国际性的工人协会，并选出一个有21个成员的临时委员会，国际工人协会宣告成立。K.马克思是国际工人协会的创始人之一和实际上的领袖。国际工人协会把对敌斗争放在首要地位，支持各国工人罢工斗争，声援各被压迫民族的解放运动，保卫巴黎公社和救援巴黎公社成员等。在内部主要是反对蒲鲁东主义和巴枯宁主义。国际工人协会于1876年在美国费城召开的代表会议上正式宣布解散。

巴黎公社 巴黎工人和其他劳动人民在1871年3月18日革命后建立的无产阶级政权。是世界历史上推翻资产阶级统治、实行无产阶级专政的第一次尝试。

1871年3月18日晨，巴黎人民举行起义。当晚国民自卫军控制巴黎所有政府机关和塞纳河上桥梁。里昂、马赛等地迅起响应，相继举行武装起义。26

巴黎公社成立大会

日巴黎人民举行公社选举。28日，20万巴黎人集会，欢庆巴黎公社成立。公社设立10个委员会作为新的政权机构；解除资产阶级常备军，取缔旧警察机构；颁布教会与国家分离法令；实行法官选举制，颁布一系列法令和条例；对邮政、电信等机构实行改组，确立新的工作秩序。从4月2日起，公社战士与凡尔赛政府军在巴黎近郊展开激战，最终于5月28日失败。

马克思在国际工人协会海牙代表大会上发言

巴黎公社宣告了无产阶级革命世界历史进程的开始。

第二国际　1889～1914年各国社会主义政党的国际联合组织。其名称起自20世纪初，是相对于第一国际而言的。1889年7月14日，国际工人和社会主义者代表大会在巴黎开幕，22个国家的

出席第二国际阿姆斯特丹大会的代表

393名代表参加会议，大会通过了关于每年庆祝五一国际劳动节等决议。这次大会标志着第二国际的成立。第二国际通过历次代表大会的决议给各国政党指出行动方向。共召开9次代表大会，以1900年为界，之前4次，之后5次。后期修正主义派在第二国际几个主要政党领导机构中日益占据上风。第一次世界大战爆发时，第二国际大多数政党倒向本国帝国主义政府，支持帝国主义战争。第二国际陷于瓦解。

英属北美殖民地黑奴制　在英属北美殖民地役使黑人奴隶的制度。在英属北美殖民地创建之初，欧洲殖民者便从非洲拐骗、劫掠黑人到新大陆作为奴隶役使。17世纪下半叶，各殖民地先后制定法律，确定了黑人的奴隶身份。北美独立战争前夕，黑奴总数已近50万人，约占各殖民地人口的1/7。在英属北美13个殖民地都有黑奴，但主要集中在南部种植园。黑奴的劳动奠定了南部经济生活的基础，是美国资本原始积累的源泉之一。

黑奴制一直延续到美国独立以后，成为北方工业资产阶级和南方奴隶主长期斗争的核心，最后导致美国内战。1865年12月6日生效的美国宪法正式宣布废除奴隶制。

美国内战　1861年4月至1865年4月，美国南方与北方之间进行的战争。又称美国南北战争。这场战争是奴隶制度与自由劳动制度之间的斗争。1860年共和党人A.林肯当选为总统。南部蓄奴州南卡罗来纳等州相继脱离联邦，并于1861年2月宣布成立南部同盟，另立以J.戴维斯为总统的政府。4月14日，南方军队攻陷在南卡罗来纳的联邦萨姆特要塞。林肯政府于4月15日发布讨伐令，内战爆发。战争初期北方实力大大超过南方，但北方连遭失败。1862年9月22日，林肯发表预告性的《解放宣言》草案，之后实行武装黑人的政策。1863年7月1日的葛底斯堡大捷成为内战的

南方军队统帅在投降书上签字

转折点，战争的主动权转移到北方军队手中。1865年4月9日，南方军队被迫向北方军队请降。美国内战终止，美国恢复统一。

北方在内战中的胜利，确立了北方大资产阶级在全国的统治地位。内战消灭了奴隶制，为美国的资本主义迅速发展扫清了道路。

林肯，A.（1809-02-12～1865-04-15）

美国第16任总统（1861～1865）。生于肯塔基州哈丁县。自学成才。1836年成为律师。1834～1840年4次被选入伊利诺伊州议会。1838年因公开反对奴隶制，成为州议会辉格党的领袖。1847年当选为美国国会众议员。1860年当

选为美国总统，1861年3月就任。不久，南方奴隶主发动叛乱，挑起美国内战。1862年5月，林肯颁布《宅地法》。由于战况不利和人民运动的压力，9月22日林肯发表预告性的《解放宣言》草案。1863年1月1日正式发表《解放宣言》。1863年他坚决征召黑人入伍，使成千上万的黑人走上战场，为战争的胜利作出了巨大贡献。1864年他起用U.S.格兰特为联邦军总司令，这对于内战的最后胜利起了相当重要的作用。1864年11月，林肯再次当选为总统。1865年4月14日晚，林肯在华盛顿的福特剧院被维护奴隶制的狂热分子开枪打伤。翌日晨逝世。

美西战争

1898年4～8月美国为夺取西班牙殖民地而发动的一场重新瓜分世界的最早的帝国主义战争。19世纪最后30年，美国走上向外侵略扩张和争取世界霸权的道路。1895年2月古巴爆发反抗西班牙殖民统治的大起义，西班牙殖民当局进行血腥镇压。美国乘机加强战争宣传。1898年4月25日，美国对西班牙正式宣战。5月美军占领马尼拉，6月在古巴登陆，7月占领圣地亚哥、波多黎各。西班牙被迫乞和。两国于12月10日签订《巴黎条约》。美国从西班牙手中取得波多黎各和关岛等殖民地，还以2000万美元的代价取得菲律宾宗主权；西班牙承认古巴独立。

通过美西战争，美国大大加强了它在加勒比海和太平洋远东地区的军事和政治经济地位。

日俄战争

20世纪初日本和俄国为争夺在朝鲜和中国东北的权益进行的以中国东北为主要战场的帝国主义战争。1904年2月8日，日本不宣而战，派遣海军偷袭旅顺口的俄国舰队。9日俄国对日宣战。1905年1月2日，日军攻陷旅顺口。3月，日俄陆军在奉天（今沈阳）附近决战，日军获胜。5月，日军在对马海峡全歼俄国从欧洲调来的第二太平洋舰队。经美方斡旋，日俄签订《朴次茅斯和约》。根据和约，日本获得萨哈林岛（库页岛）南部，

参加朴次茅斯谈判的日俄双方代表

取得旅顺和大连的租借权、长春至旅顺间的铁路及其支线的管辖权，并攫取了对朝鲜的实际控制权。

日俄战争后，日本加紧对朝鲜实行殖民侵略，1910年吞并朝鲜。战败的沙皇俄国危机重重，终于导致1905年革命的爆发。

奥匈帝国 奥地利－匈牙利君主国的简称。是在奥地利帝国基础上建立的二元制君主国、哈布斯堡家族统治下的最

塞尔维亚爱国青年（右二）在萨拉热窝刺杀弗兰茨·斐迪南大公后被捕

后一个封建君主国。1867年6月帝国议会决定正式建立奥匈帝国。1882年5月，奥匈帝国与德国、意大利结成三国同盟。1908年正式吞并波斯尼亚和黑塞哥维那，引发1912～1913年的巴尔干战争。1914年6月28日，奥皇储弗兰茨·斐迪南大公在波斯尼亚首府萨拉热窝被塞尔维亚爱国分子刺杀，德奥集团以此为借口，挑起第一次世界大战。1918年，德奥集团战败。11月1日，皇帝查理一世（1916～1918年在位）被迫退位，奥匈帝国解体。在战后的帝国领土上建立起奥地利、匈牙利、捷克斯洛伐克三个国家。1918年11月12日，奥地利成为共和国。

巴尔干战争 1912～1913年为争夺土耳其在巴尔干的属地而引发的两次战争。

第一次巴尔干战争（1912-10～1913-05）是巴尔干同盟对土耳其的战争。20世纪初，巴尔干各族人民反对土耳其统治、争取民族独立的斗争日益高涨。1912年10月，门的内哥罗向土宣战，保加利亚、塞尔维亚和希腊先后参战。土耳其请求欧洲列强调停。1912年12月16日，土耳其与四交战国在伦敦议和谈判。因和谈破裂，翌年2月战事再起。4月土耳其再次求和。5月30日，土耳其与巴尔干四国签订《伦敦条约》。

第二次巴尔干战争（1913-06～1913-08）是以保加利亚为一方，以希腊、塞尔维亚、罗马尼亚、门的内哥罗和土耳其为另一方的战争。1913年6月塞尔维亚、希腊秘密订立反保同盟，罗马尼亚旋即加入。6月29日，保加利亚对塞尔维亚、希腊发动突然攻击。罗马尼亚立即向南进军。土耳其欲乘机收复失地，于7月16日向保加利亚发动进攻。保加利亚四面受敌，不断受挫，至7月29日力屈乞和。8月10日交战双方签订《布加勒斯特条约》。

战后，巴尔干诸国的组合发生变化。原先的反土同盟不复存在，代之而起的是两个集团：一方是塞尔维亚、希腊和罗马尼亚，另一方是保加利亚和土耳其。通过两次巴尔干战争，塞尔维亚实力大为增强。这加深了塞尔维亚与奥匈帝国的矛盾，终于使巴尔干成为第一次世界大战的爆发地。

第一次世界大战的空战

美军"彩虹"师战斗在阿戈纳森林

日德兰海战

第一次世界大战 1914～1918年同盟国集团与协约国集团之间为重新瓜分殖民地和势力范围、争夺世界霸权而进行的第一次世界规模的战争。历时4年3个月。先后卷入这场战争的有33个国家，人口在15亿以上。

1882年5月20日，德、奥、意三国在维也纳签订同盟条约，形成同盟国。1904～1907年，英法、英俄先后签订协约，组成协约国。1914年6月28日，奥匈帝国皇储弗兰茨·斐迪南大公在波斯尼亚首府萨拉热窝被塞尔维亚爱国分子刺杀。这一事件成为大战的导火线。7月28日，奥匈帝国对塞尔维亚宣战。随后，两大集团各国宣布卷入战争。战火首先在欧洲大陆点燃，很快蔓延到中近东、远东和非洲一些地区。主要战场在欧洲，欧洲有西线战场、东线战场及巴尔干战场、意大利战场。欧洲西线的法国战场是决定全局的主战场。主要战役有马恩河战役、凡尔登战役、索姆河战役和阿尔贡森林战役等。英、德、俄、法、日还进行了多次海战，最大的战役是日德兰海战。空军在大战中第一次用于实

西部战线的协约国士兵在战壕中准备发起进攻

第一次世界大战毒气战中受伤的英国士兵

第一次世界大战期间的俄军炮兵

法国诺莱特华工墓地

战。1918年11月11日,德国同协约国在法国东北部贡比涅森林的雷道车站签署《贡比涅森林停战协定》,宣告投降,战争结束。1919年1月18日,**巴黎和会**开幕。6月28日,英、法、美、日、意等战胜国与战败国德国签订《协约和参战各国对德和约》,即《凡尔赛和约》。

战后,帝国主义各国的力量对比发生变化。德国战败,割地赔款;奥匈帝国彻底瓦解;俄国无产阶级革命胜利,建立了苏维埃政权;英、法在战争中被削弱;美国从战争中获取暴利,成为世界经济强国。

协约国联军司令F.福煦将军的车厢——《贡比涅森林停战协定》签字处

凡尔登战役 第一次世界大战期间，法国军队在凡尔登地区抗击德国军队进攻的战役。凡尔登是法国东部边境的要塞城市。1916年2～9月，德军先后投入50个师，数次向凡尔登要塞猛攻。法军累计投入68个师，凭借永备工事和野战工事组织防御，顽强抵抗。10月法军大举反攻，于11月初收复杜奥蒙堡和沃堡；12月15日再度反攻，至18日基本收复被德军占领的阵地。此役是典型的阵地战、消耗战，双方伤亡近100万人。这次战役是第一次世界大战的转折点，德国从此逐步走向最后失败。

贝当，H.P. （1856-04-24～1951-07-23） 法国维希政府元首（1940～1944）、法国元帅、民族叛徒。生于海峡省。1878年毕业于圣西尔军校。因领导1916年凡尔登战役而出名，成为当时的英雄。1917年5月任法军总司令，1918年获元帅衔。1920年出任最高军事委员会副主席，1922年起为法国陆军总监。1934年2～11月任陆军部长。1940年5月10日德军进攻法国，6月14日贝当出任维希政府总理，推行投降主义路线。6月22日与法西斯德国签订《贡比涅停战协定》。7月10日胁迫国民议会授以全权，取消法兰西第三共和国。1940年7月至1944年8月任维希政府元首，成为希特勒德国的傀儡。1945年4月被捕。同年8月因叛国罪被判处死刑，后被改判终身监禁。

索姆河战役 第一次世界大战中期，英、法军队在法国北部索姆河地区对德军的阵地进攻战役。战役从1916年6月24日开始，至11月中旬结束。德军先后投入67个师，英、法军累计投入86个师。英、法军步兵从7月1日起发起进攻，至9月12日只向德军纵深推进了2～4千米。9月15日，英军在进攻中首次使用坦克，这是战争史上第一次使用坦克。索姆河战役是第一次世界大战中规模最大的一次战役。双方伤亡约134万人，其中英军45万余人，法军34万余人，德军53.8万人。英、法军未达到突破德军防线的目的，但牵制了德军对凡尔登的进攻，进一步削弱了德军实力。

英军在索姆河战役中首次使用坦克

列宁主义 V.I.列宁在新的历史条件下发展马克思主义所形成的科学理论体系。列宁从新的历史条件出发，将马克思主义与俄国革命实际及国际工人运动和共产主义运动实际相结合，创造性地回答了帝国主义时代共产主义运动提出的一系列重大问题，丰富和发展了无产阶级世界观、无产阶级革命等理论。列宁主义的基本原理具有普遍意义，人们常把它和马克思主义合称为马克思列宁主义。

构成列宁主义的核心内容主要有以

下 6 个方面：关于帝国主义的理论，关于无产阶级革命的理论，关于无产阶级专政的理论，关于社会主义建设的理论，关于民族、殖民地问题的理论，关于无产阶级政党建设的理论。

坚持列宁主义的基本原理，要善于从实际出发加以运用和发展，才能取得革命与建设事业的胜利。

布尔什维克 俄国社会民主工党的一个派别、苏联共产党的前身。俄文音译，意为"多数派"。1895 年，V.I. 列宁在圣彼得堡组建工人阶级解放斗争协会。1898 年 3 月，工人阶级解放斗争协会的代表在明斯克举行第一次代表大会，宣告俄国社会民主工党成立。1903 年俄国社会民主工党第二次代表大会期间，在选举中央委员会和党的机关报《火星报》编辑部成员时，拥护列宁的人得多数票，称布尔什维克；拥护 L. 马尔托夫的人得少数票，称孟什维克（俄文意为"少数派"）。这以后，两派的分歧不断加深。1917 年俄国二月革命后，两派彻底决裂。布尔什维克在社会民主工党后面加括号标明"布尔什维克"，以示区别。1918 年 3 月，俄国社会民主工党第七次代表大会决定改名为俄国共产党（布尔什维克），简称俄共（布）。1925 年 12 月，俄共（布）第十四次代表大会决定改名为全联盟共产党（布尔什维克），简称联共（布）。1952 年 10 月，联共（布）第十九次代表大会决定改称苏联共产党。十月革命胜利后，各国共产党都以俄共（布）为榜样，布尔什维克遂成为马克思列宁主义者的同义语。

俄国二月革命 俄国第二次资产阶级民主革命。因发生于 1917 年俄历 2 月而得名。1914 年第一次世界大战爆发，战争使俄国社会各种矛盾空前激化。1917 年 3 月 3 日，彼得格勒（今圣彼得堡）普梯洛夫工厂工人开始罢工。3 月 8 日（俄历 2 月 23 日），工人举行示威游行，人数超过 12 万。这一天成为二月革命的开始。10 日，发展成为全城政治总罢工。第二天，游行队伍遭到军警开枪射击，工人奋起抵抗。3 月 12 日，起义席卷全城。驻守彼得格勒的士兵拒绝向工人开枪，大批转到革命方面。起义士兵和工人释放政治犯，逮捕沙皇的大臣和将军，几乎控制整个首都。革命迅猛向全国展开。在革命取得决定性胜利的时刻，彼得格勒工人和士兵建立了工兵代表苏维埃。孟什维克和社会革命党人以苏维埃代表的名义同资产阶级分子谈判，让他们出面组织政府。3 月 15 日，俄国临时政府成立。沙皇尼古拉二世也于同日宣布退位，统治俄国长达 300 多年的罗曼诺夫王朝覆灭。

苏维埃 俄文音译，意为"代表会议"或"会议"。1905 年 3 月，乌拉尔阿拉伯耶夫斯克工厂的工人创建领导罢工的工人代表苏维埃。1917 年俄国二月革命时期，资产阶级临时政府和工兵代表苏维埃两个政权并存，V.I. 列宁提出"全部政权归苏维埃"的口号。十月革命胜利后，苏维埃成为俄国无产阶级的政权组织。从 1917 年 11 月到 1977 年，苏维埃先后称为工农兵代表苏维埃、工农和红军代表苏维埃、劳动者代表苏维埃和人民代表苏维埃。

国家杜马 沙皇俄国的国家代议机构（1906～1917）和俄罗斯联邦的议会下院（1993～ ）。杜马是俄文的音译，意为"议会"。1905年初，俄国爆发资产阶级革命。10月30日，全俄政治总罢工迫使尼古拉二世允诺召集立法性的国家杜马。1906年5月10日，第一届国家杜马开幕。1917年俄国二月革命爆发后，沙皇于3月10日命令国家杜马停止活动。10月19日，临时政府正式解散国家杜马。

苏联解体后，俄罗斯联邦于1993年12月12日举行全民公决，通过新宪法。新宪法规定：议会由上下两院组成，上院是联邦委员会，下院是国家杜马。1993年12月举行了第一次国家杜马的选举。

俄国十月社会主义革命 俄国人民在以V.I.列宁为首的布尔什维克党领导下从1917年11月7日（俄历10月25日）彼得格勒武装起义开始的社会主义革命。因发生在俄历10月而得名。

1917年4月，列宁发表著名的《四月提纲》，提出从资产阶级民主革命向社会主义革命过渡的路线及"全部政权归苏维埃"的口号。8月，俄国布尔什维克党全国代表大会确定了武装起义的方针。10月20日，列宁秘密回到彼得格勒（今圣彼得堡），领导武装起义。11月7日，革命军队和工人赤卫队占领电话局、邮政局、国家银行、火车站、主要政府机关和军事据点。次日凌晨2时，起义队伍攻下冬宫，逮捕了临时政府部长。

11月7日，全俄工兵代表苏维埃第二次代表大会通过《告工人、士兵、农民书》，宣布临时政府已被推翻，全部政权归苏维埃。8日，大会通过《和平法令》和《土地法令》，批准组成第一届苏维埃政府——人民委员会。列宁任人民委员会主席。

彼得格勒武装起义的胜利有力地推动了革命在全国的展开。1917年11月至1918年3月，苏维埃政权在全国各地建立起来。十月革命创建了世界上第一个无产阶级专政国家。

列宁，V.I.（1870-04-22～1924-01-21） 苏联共产党和国际共产主义运动的领袖、苏维埃国家的创始人。出生于俄国辛比尔斯克（今乌里扬诺夫斯克）。原姓乌里扬诺夫。1891年以校外生身份通过圣彼得堡大学法律系国家考试，获优等毕业文凭。1893年移居圣彼得堡。1895年，把圣彼得堡各马克思主义小组统一起来，建立工人阶级解放斗争协会。1900年12月，参与创办全俄第一份马克思主义的政治报纸——《火星报》。1902年写成《怎么办？》一书。1903年出席俄国社会民主工党第二次代表大会。会上形成拥护列宁的布尔什维克和拥护L.马尔托夫的孟什维克。1905年在圣彼得堡直接领导第一次俄国革命。1912年1月，领导在布拉格举行的党的第六次代表会议。会议决定将孟什维克驱逐出党，从此布尔什维克成为一个独立的无产阶级革命政党。1917年4月，

列宁发表《四月提纲》。9月写成《国家与革命》一书。11月7日（俄历10月25日），领导彼得格勒十月武装起义。翌日，在全俄工兵代表苏维埃第二次代表大会上宣布《和平法令》和《土地法令》，并当选为苏维埃俄国人民委员会主席。

十月革命胜利后，采取一系列措施巩固苏维埃政权和建设社会主义。1918年8月，遭社会主义革命党人反革命分子暗害，身受重伤。1918～1920年，领导全党和全国人民胜利地击退14个资本主义国家的武装干涉和国内反动阶级的叛乱。1919年3月主持共产国际成立大会，并亲自领导了共产国际的前四次代表大会。1921年提出以新经济政策代替战时共产主义政策。1924年1月21日因病逝世。

列宁的一生是伟大的无产阶级革命家的一生，他在新的历史条件下全面地发展了马克思主义，创立了列宁主义。

斯大林，J.（1879-12-21～1953-03-05） 苏联共产党和苏联政府领导人、国际共产主义运动活动家。格鲁吉亚人。生于俄国第比利斯省（今属格鲁吉亚）哥里城。原姓朱加施维里。1898年加入俄国社会民主工党。1902～1913年，7次被捕，6次被流放。1917年参与组织和领导彼得格勒十月武装起义。1918～1920年国内战争期间，参与领导和组织保卫察里津、彼得格勒的战斗，以及粉碎A.I.邓尼金军队的斗争。1919年11月获红旗勋章。1922年4月至1934年2月，任党中央总书记。1941～1946年任人民委员会主席。1946年起任部长会议主席。

V.I.列宁逝世后，他采用计划命令和惩治手段开展工业化和农业集体化运动，把苏联建设成为工业化强国。1936年，主持制定苏联宪法，宣告社会主义在苏联建成。20世纪30年代，对斯大林的个人崇拜盛行，党的民主集中制和国家法制遭到破坏，大清洗运动使大批无辜的干部和群众遭迫害被处死。苏联卫国战争期间，领导人民打败法西斯德国的入侵，使苏联成为世界一流强国。1945年获苏联大元帅军衔。在对外事务中，他坚决同帝国主义展开斗争，但忽视全球化发展趋势。他还犯有大党主义和大国主义的错误。

斯大林是一个极其复杂的历史人物，迄今对他有许多不同的甚至完全相反的评价。

托洛茨基，L.D.（1879-11-07～1940-08-21） 俄国共产党（布尔什维克）内反对派领袖、第四国际建立者。生于乌克兰赫尔松县。原姓布隆施泰因。犹太人。1897年参与建立南俄工人协会。参加俄国1905年革命。1907年流亡国外。1917年二月革命后回国，7月加入布尔什维克，9月当选为彼得格勒苏维埃主席。担任彼得格勒苏维埃军事革命委员会主席，具体领导和指挥十月武装起义。苏俄国内战争期间，在建设红军和指挥作战方面发挥了积极的作用。1923～1924年遭到党内批判。1927年11月被开除出党，1929年2月被驱逐出境。1937年初定居墨西哥。1938年9月，

他建立"世界社会主义革命党",即第四国际。1940年8月20日在墨西哥遭暗杀,次日去世。

苏俄国内战争 苏维埃俄国各族人民粉碎国内反革命叛乱和外国武装干涉的战争。十月革命胜利后,苏维埃政权遭到国内外敌人的武装反对。

1919年3月,盘踞在西伯利亚的前沙俄海军上将A.V.高尔察克的25万军队全线出击,向西推进。4月底,东线红军把敌人赶回乌拉尔地区。是年底,红军解放西伯利亚大部地区。

1919年夏,A.I.邓尼金的15万军队从北高加索出发,侵占察里津(今伏尔加格勒)和乌克兰的广大地区,攻占奥廖尔。10月中旬,南线红军解放奥廖尔、顿巴斯和乌克兰大部地区。东南战线(后改称高加索战线)红军攻入北高加索,消灭邓尼金主力。

1920年4月25日,波兰对苏俄发动进攻。5月中旬红军反攻,取得胜利。10月,双方停战。1921年3月双方签订《里加条约》,确定两国边界。

1920年11月,红军攻进克里木半岛,歼灭白军南俄总司令P.N.弗兰格尔叛军。1922年10月,红军开进符拉迪沃斯托克(海参崴),把最后一批干涉军赶出国门。

苏俄国内战争的胜利,保卫了第一个无产阶级国家。

战时共产主义 苏俄在1918~1920年国内战争时期采取的经济政策。又称军事共产主义。苏俄国内战争爆发后,为把仅有的人力物力集中起来用于战胜敌人,苏维埃政府实行一些临时性政策,这些政策统称为战时共产主义。主要包括:实行余粮收集制,对中小工业实行国有化,实行最小限度的商品交易和最大限度的国家分配,实行普及于一切阶级的成年人劳动义务制。1921年,苏俄政府用新经济政策取代了战时共产主义政策。

新经济政策 苏俄在1921年开始实行的向社会主义过渡的经济政策。1921年3月,俄共(布)第十次代表大会根据V.I.列宁的建议,决定从战时共产主义政策向新经济政策转变。新经济政策主要包括:以征收粮食税代替余粮收集制,允许私人自由贸易,允许私人经营中小企业和国家暂时无力兴办的企业,对国家企业和合作社的管理制度作了改变。新经济政策的实行,促进了生产力的发展。至1925年,国民经济基本恢复到战前水平,并顺利向前发展。新经济政策在1929年因政府推行农业全盘集体化运动而结束。

苏联 1922年12月30日至1991年12月26日存在的联邦制多民族国家。位于欧洲东部和亚洲北部。全称苏维埃社会主义共和国联盟。面积2240万平方千米,为当时世界上领土面积最大的国家。人口2.901亿(1990)。有一百多个民族。

1922年12月30日,俄罗斯、乌克兰、白俄罗斯和南高加索4个苏维埃社会主义共和国结成联盟,成立苏维埃社会主义共和国联盟,以后联盟逐渐扩大。

1924年1月21日V.I.列宁逝世，J.斯大林成为领导人。31日通过的苏联第一部宪法，正式确立了苏联国家体制及政治制度。经过近70年的建设，苏联成为世界上仅次于美国的强国。1991年八一九事件后，各加盟共和国纷纷宣布独立。同年12月8日，俄罗斯、白俄罗斯和乌克兰3个共和国签署《独立国家联合体协议》。21日，俄罗斯等11个苏联加盟共和国签署《阿拉木图宣言》和《独立国家联合体协议议定书》，宣布苏联不复存在，正式成立独立国家联合体（简称独联体）。26日，苏联最高苏维埃宣布苏联停止存在。

第三国际 各国共产党的国际联合组织。又称共产国际。存在于1919～1943年。它的任务是团结工人阶级和劳动群众，推翻资本主义和帝国主义统治，确立世界范围的无产阶级专政，建立世界苏维埃社会主义共和国联盟，彻底消灭阶级，实现社会主义和共产主义。

1919年3月2～6日，在莫斯科召开国际共产主义者代表会议，即第三国际第一次代表大会。来自21个国家的35个政党和团体的52名代表参加会议。会议通过V.I.列宁起草的《共产国际宣言》《共产国际行动纲领》等文件，第三国际宣告成立。第三国际是统一的世界共产党，各国共产党都作为它的支部，直接受它领导。它有权决定各国党的路线、策略和各国党的领导人，可以否定或修改各国党的决定，开除和解散任何一个支部，向各国党派出常驻代表。第三国际对国际共产主义运动的发展壮大起了推动作用。

巴黎和会 第一次世界大战的战胜国（协约国）和战败国（同盟国）在巴黎召开的和平会议。共27国参加，苏俄未被邀请。1919年1月13～17日，英、法、美、日、意五国举行巴黎和会准备会议，背着多数国家制订了和会的议事规则。18日在巴黎召开第一次全体会议。25日第二次全体会议通过筹组国际联盟的决议。6月28日在巴黎近郊凡尔赛宫镜廊举行《协约和参战各国对德和约》即《凡尔赛和约》的签字仪式。对德国同盟国的和约在巴黎和会结束后另行签署。会议实际上是英、法、美、日、意帝国主义战胜国分配战争赃物、重新瓜分世界的会议。以《凡尔赛和约》为主的一系列条约构成战后欧洲国际关系的新体系，即凡尔赛体系。

出席巴黎和会的各国代表

国际联盟 第一次世界大战结束后建立的国际组织。又称国际联合会，简称国联。1919年巴黎和会通过建立国联的决议。同年4月24日，和会通过以美、英方案为基础的盟约。1920年1月10日国联正式成立，总部设在瑞士日内瓦。中国为创始会员国之一。美国未参加国联。苏联于1934年9月18日加入。先后有63个国家加入国联。日、德、意三国先是加入,后又退出。国联实际上是帝国主义列强,首先是英、法的工具。第二次世界大战爆发后,国联名存实亡。1946年4月19日正式解散,所属财产和档案移交联合国。

华盛顿会议 第一次世界大战后,美、英、日等帝国主义国家为重新瓜分远东及太平洋地区的殖民地和势力范围而由美国建议召开的国际会议。又称太平洋会议。1921年11月12日至1922年2月6日在华盛顿举行,美、英、法、意、日、比、荷、葡和中国北洋政府的代表团参加。会议所有重大问题都由美、英、法、日四国代表团团长会议先行讨论决定。会议期间签订了《四国条约》《五国海军条约》《九国公约》三项条约。华盛顿会议签订的各项条约和通过的决议案构成华盛顿体系。这一体系确定了凡尔赛体系未能包括的远东、太平洋区域的帝国主义国际关系体系。

1929～1933年世界经济危机 1929～1933年发生在美国并影响整个资本主义世界的全球性经济大衰退。它是资本主义历史上最深刻、最持久的一次经济危机。

1929年10月美国股市大崩盘直接促发了经济危机。在1929～1933年长达4年的衰退中,整个资本主义世界的生产都急剧下降,失业率史无前例地上升。美国的国内生产总值下降约28.5%,英国、法国和德国的国内生产总值分别下降约2.3%、8.6%和10.5%。

经济危机激化了资本主义社会的各种矛盾;美、英、法等国加强了国家对经济的干预,德、日、意则走上了法西斯道路;国际经济秩序遭到严重破坏。

新政 美国F.D.罗斯福政府于1933年3月至1939年间为克服1929～1933年空前严重经济危机采取的一系列政策措施。具有三方面内容:一是恢复陷于空前严重危机的经济,二是救济大规模的失业者和贫民,三是革除垄断资本主义的某些弊病。新政可分为两个阶段:1935年以前为第一阶段,主要内容是复兴和救济;1935～1939年为第二阶段,主要内容是扶助工农和贫民,节制资本。新政是美国历史上一次空前重大的资本主义改革,是新政式的国家垄断资本主义。它的根本作用是基本克服了1929～1933年空前严重的经济危机。

罗斯福,F.D.(1882-01-30～1945-04-12) 美国第32任总统(1933～1945)。民主党人。生于纽约州海德公园村。1900年进入哈佛大学,取得学士学位。1904年进入哥伦比亚大学学习法律。1913年3月,他被任命为助理海军

美国经济危机期间,汽车工人举行罢工和示威活动

部长，对整顿和加强美国海军起了重要作用。1928年竞选纽约州州长成功。1932年竞选总统成功。1933年3月就任总统后，实行新政。到1939年，基本克服空前严重的经济危机。1936年、1940年和1944年，他连任美国总统。在对外关系方面，他制定租借法，支援反法西斯国家。1941年8月14日与英国首相W.丘吉尔联合发表《大西洋宪章》。12月7日日本偷袭珍珠港后，美国迅速对日宣战，正式参加反法西斯战争。战争后期，他为联合国的建立奠定了基础。他是美国历史上唯一蝉联4届的总统。

法西斯主义 在20世纪帝国主义陷于严重危机期间主要在一些封建主义和军国主义传统影响浓厚的帝国主义国家出现的，以克服危机、对抗革命、实行扩张为目标的一种极端民族主义和极权主义的反动社会思潮、政治运动和政权形式。法西斯系拉丁文Fasces的音译，原指古罗马最高统治者执掌权力的象征（中间插着一柄斧头的一捆棍棒）。1922年法西斯运动在意大利夺得政权。随后，德国和日本也建立了法西斯政权。三个法西斯掌权的国家，逐步形成包括政治、经济、文教和社会各个领域的法西斯体制。随后，它们以夺取"生存空间"和建立"新秩序"为名，对外发动侵略战争，把法西斯体制不同程度地推广到几乎整个欧洲和半个亚洲，同时也把人类推入第二次世界大战的浩劫。

法西斯头目A.希特勒和B.墨索里尼在一起

墨索里尼，B.（1883-07-29～1945-04-28） 意大利法西斯独裁者、国家法西斯党党魁、首相（1922～1943），第二次世界大战主要战犯。生于弗利省普雷达皮奥。1900年加入社会党。1913年成为社会党领导人之一。1914年11月因力主意大利同英、法一起参加第一次世界大战而被社会党开除。1919年3月在米兰组织法西斯战斗团。1921年11月组建意大利国家法西斯党。1922年10月，纠集5万名法西斯党徒向罗马进军，迫使国王任命他为首相。1925年1月3日公开宣布实行法西斯极权统治，将内阁中其他党派的成员逐出政府，集一切大权于一身。1943年7月25日被国王逮捕并软禁。9月12日被德军救出。9月23日宣布成立所谓意大利社会共和国。1945年4月27日被游击队俘获，28日被枪毙。

希特勒，A.（1889-04-20～1945-04-30） 德国纳粹党党魁、法西斯德国元首（1934～1945）、第二次世界大战头号战犯。生于奥地利的布劳瑙。受过初中教育。第一次世界大战期间加入巴伐利亚团，为狂热的种族主义者和反犹主义者。1919年加入德意志工人党（次年改名为德意志民族社会主义工人党，即纳粹党），1921年成为该党党魁。

1923年在慕尼黑发动啤酒店暴动失败，被捕入狱。1924年出狱，次年重建纳粹党及其武装组织冲锋队，另建党卫军。1933年1月30日，被P.von兴登堡任命为德国总理。

1933年2月，希特勒利用国会纵火案在全国大搞白色恐怖。3月，操纵国会通过授权法取得为期4年的独裁大权，从此确立法西斯独裁统治。1934年8月兴登堡死后，希特勒集总统和总理两职于一身，加速国民经济军事化，对外实行侵略政策。1937年与意大利结成军事同盟。1938年自任最高统帅。同年3月占领奥地利。1939年3月侵占捷克斯洛伐克。9月1日悍然进攻波兰，挑起第二次世界大战。先后侵占北欧、西欧和东南欧14国。1941年6月22日进攻苏联。同年12月日本偷袭珍珠港后，对美宣战。在德军占领区及德国本土有450万～550万犹太人在他的指使下被杀，其他各族人民死于其屠刀下者不计其数。1945年苏军攻入德国境内，盟军渡过莱茵河。4月30日，希特勒自杀。

纳粹党 德国法西斯政党。德意志民族社会主义工人党的简称。曾译为德国国家社会主义工人党（简称国社党）。纳粹是德语Nationalsozialist的缩写词Nazi的汉语音译。前身为1919年建立的德意志工人党。

1921年6月29日，A.希特勒任党的主席。1923年啤酒店暴动失败后纳粹党被取缔，1925年2月重建。重建后，利用德国人民对《凡尔赛和约》的不满，大肆煽动日耳曼民族主义情绪，党员人数激增。1933年1月30日，魏玛共和国总统P.von兴登堡任命希特勒为总理，纳粹党成为执政党。希特勒当权后，在国内煽动排犹运动，实行法西斯恐怖统治；对外实行侵略扩张政策，挑起第二次世界大战。1946年9月30日，纳粹党被纽伦堡国际军事法庭宣判为犯罪组织。纳粹党的下辖组织有冲锋队、党卫军、盖世太保等。

身着纳粹制服的德国儿童

冲锋队 德国纳粹党的法西斯武装恐怖组织。因队员穿褐色制服，又称褐衫队。1921年8月由A.希特勒创建。冲锋队最初主要从事破坏革命运动、冲击其他党派群众集会及进行街头斗殴等活动，后参加1923年的啤酒店暴动。希特勒执政后，H.戈林宣布冲锋队为辅助警察，其队员人数不断膨胀。由于冲锋队与德国国防军矛盾加剧，1934年2月底，柏林、汉堡、埃森、弗赖堡等地的冲锋队队员发生骚动。6月30日夜，戈林的特别警察和H.希姆莱的党卫军对冲锋队大肆镇压。后冲锋队为党卫军所取代。

党卫军 德国纳粹党的法西斯特务组织和军事组织。因队员穿黑色制服，又称黑衫队。简称SS。1925年4月成立。1946年被纽伦堡国际军事法庭宣判为犯罪组织。

接受检阅的党卫军

党卫军成立初期仅为A.希特勒的卫队和对付政敌的工具，隶属于冲锋队，规模很小。1929年1月起由H.希姆莱领导后，有很大发展。1934年6月，党卫军取代冲锋队在纳粹恐怖组织中起主导作用，由希特勒直接掌管。

党卫军的嫡系部队是武装党卫队。此外，看守集中营的特殊部队——骷髅队和包括盖世太保在内的整个警察部门也由党卫军领导。党卫军直接参加法西斯侵略战争，以残酷的手段迫害和屠杀犹太人、共产党人、民主进步人士、被占区居民及战俘。

盖世太保 德国纳粹党的法西斯恐怖组织。国家秘密警察的简称。1933年4月由H.戈林组建并直接领导。1934年6月后，归H.希姆莱领导。1939年改组为德国中央保安局。1946年被纽伦堡国际军事法庭宣判为犯罪组织。

盖世太保有"预防性逮捕权"。在纳粹德国时期，成千上万的犹太人、共产党人、左派人士、抵抗战士等都未经法律程序被盖世太保投入集中营。第二次世界大战期间，盖世太保参加特别行动队，随正规部队进驻波兰和苏联，残酷杀害纳粹占领区人民和战俘，是纳粹党对被占领国家人民进行特务恐怖统治的工具。

国会纵火案 德国纳粹党策划的焚烧柏林国会大厦，借以陷害德国共产党的阴谋事件。A.希特勒以此为契机建立起纳粹党的法西斯独裁政权。

1933年2月27日晚，冲锋队队员放火焚烧国会大厦。当晚，H.戈林即下令逮捕德共党员和反法西斯人士，查禁德国共产党和社会民主党报刊，封闭德共办事处。次日，戈林发表公告，诬陷纵火事件是共产党发动武装起义的信号，并将当时在纵火现场的荷兰共产党人M.范·德·卢贝作为纵火犯逮捕。纳粹党掀起迫害共产党和进步力量的高潮，先后逮捕德共主席等人。1933年12月23日，莱比锡法庭无理判处范·德·卢贝死刑。

奥斯威辛集中营 第二次世界大战期间德国纳粹党消灭犹太人、波兰人和斯拉夫人的主要中心。坐落在波兰克拉科夫以西60千米处。占地十几平方千米，计划可容20万人。火车可以直接开进集中营。列车把新来者运到营区，然后由党卫队的医生进行挑选，有些人被挑

日本法西斯 第一次世界大战后在日本出现的反共反民主思潮和极端反动的独裁专制政治体制。它以天皇制军国主义为基础，实行军部法西斯统治。1924年平沼骐一郎组建的国本社成为当时日本法西斯势力的大本营。20世纪20年代末至30年代初，法西斯军人成为日本法西斯运动的主导势力。1931年日本发动九一八事变前后，军部法西斯势力开始与民间右翼团体紧密勾结。1936年，广田弘毅内阁成立，军部法西斯独裁开始确立。1940年近卫文麿内阁发起法西斯"新体制运动"，解散一切政党和工会等群众团体，成立法西斯政治组织"大政翼赞会"和"产业报国会"。1940年，日本与德、意组成三国军事同盟。至此，日本天皇制军事法西斯专政的国家体制最后建成。1941年东条英机上台后，对外发动太平洋战争，对内加强宪兵警察的恐怖统治，日本天皇制军事法西斯专政达到顶峰。随着1945年日本战败投降，日本法西斯势力宣告土崩瓦解。

昭和天皇（1901-04-29～1989-01-07）日本第124代天皇（1926～1989）。名裕仁。生于东京。大正天皇长子。1926年12月25日即位，改年号为昭和。

1931年九一八事变后，昭和天皇公开支持日本军国主义势力发动侵略战争。1932年11月批准日本与德国签订《反共产国际协定》。1941年12月1日决定对美、英、荷等国开战。太平洋战争爆发后，昭和天皇不断鼓动军队和国民的战争狂热。1945年8月14日，昭和天皇决定投降。8月15日正午，电台播放已录制好的昭和天皇亲自宣读的投降诏书。1946年元旦，昭和天皇发表《人格宣言》诏书，申明天皇是人不是神，否定天皇神格化。

东条英机（1884-12-30～1948-12-23）日本内阁总理大臣（1941～1944）、陆军大将，法西斯首要战犯。生于东京。1915年从陆军大学毕业。1931年在中国东北参与策划九一八事变。1933年3月晋升为少将。1935年9月，被任命为关东军宪兵队司令官。1937年任关东军参谋长。1940～1941年任陆军大臣，积极扩大侵华战争，并准备与英、美开战。1941年10月18日出任内阁总理大臣兼内务大臣、陆军大臣，晋升大将。12月8日发动太平洋战争。1944年7月18日，在日本败局已定和国内矛盾激化的形势下，被迫辞职。日本投降后，开枪自杀，未遂，作为战犯被捕。1948年11月被远东国际军事法庭列为甲级战犯，判处绞刑。

日本对外侵略战争 1874～1945年日本发动和参加的一系列侵略战争。明治维新时期，日本在确立近代天皇制

的同时，迅速走上了扩充军备、发动侵略战争的军国主义道路，并制定了以中国、朝鲜为主要侵略对象的所谓"大陆政策"。从19世纪70年代中期起，特别是90年代中期以后，日本不断对外发动侵略战争。

1874年侵占中国台湾，1875年入侵朝鲜江华岛，1894年发动中日甲午战争，1900年参加八国联军侵华，1904～1905年日俄战争中侵略中国和朝鲜，第一次世界大战中参与分赃，1918～1922年出兵西伯利亚，1927～1928年三次入侵中国山东，1927年起侵占中国东北，1937年发动全面侵华战争，1941年发动太平洋战争。1945年8月15日，日本宣布无条件投降。至此，结束日本军国主义长期对外扩张、发动侵略战争的罪恶历史。

西班牙内战　1936～1939年西班牙人民反对国内反革命军事叛乱和外国武装干涉的民族民主革命战争。1936年2月16日，西班牙举行大选，人民阵线获胜，成立联合政府。7月18日，西班牙军官F.佛朗哥发动武装叛乱。7月30日，叛军在布尔戈斯成立政府，内战开始。

内战初期，西班牙人民在南部曾阻止叛军进展。A.希特勒遂派5万大军、B.墨索里尼派15万大军前来支援叛军。国际进步力量则支持联合政府，来自54个国家的近4万名志愿军组成国际纵队（内有百余名中国人），与西班牙人民并肩作战。由于双方力量悬殊，加之共和国方面混入了叛徒，1939年3月27日马德里失守。4月1日，共和国政府被推翻，佛朗哥建立独裁统治。

慕尼黑会议　1938年9月29～30日在德国慕尼黑举行的英、法、德、意四国以牺牲捷克斯洛伐克为代价，谋求相互妥协与勾结的国际会议。

1938年4月，A.希特勒唆使捷克斯洛伐克的日耳曼人党要求苏台德区"自治"。德军同时在德捷边境集结，进行武力威胁。由B.墨索里尼出面斡旋，英、法、德、意四国举行慕尼黑会议。9月30日凌晨签订《德国联合王国、法国及意大利间的协定》，即《慕尼黑协定》。协定规定：1938年10月10日前将捷克斯洛伐克苏台德地区及同奥地利接壤的南部地区，连同上述地区的一切建筑和设施，移交给德国；日耳曼居民是否占多数尚不确定的地区，暂由国际委员会占领，通过公民投票决定归属，最后划定边界。

慕尼黑会议及协定粗暴地践踏了国际法和国际关系的基本准则，是绥靖政策登峰造极的表现，鼓励和助长了法西斯国家进一步发动侵略战争的野心。

国际纵队战士

德国对波兰发动闪击战　　　　　　　　不列颠空战

第二次世界大战　以日本、德国、意大利法西斯轴心国为一方，以中国、苏联、美国、英国等同盟国和全世界反法西斯力量为另一方的第二次世界规模的战争。德、日、意等后起的帝国主义国家所确立的法西斯政权及其侵略扩张，是这次世界大战的根源。

1937年7月，日本发动全面侵华战争。1938年德国侵吞奥地利和捷克斯洛伐克苏台德区。1939年德国侵占整个捷克斯洛伐克后进攻波兰，第二次世界大战全面爆发。1939～1941年，德、意法西斯的侵略迅速席卷北欧、西欧、巴尔干、地中海和北非。1941年6月德国进攻苏联，苏德战争爆发，苏联境内成为世界反法西斯战争的主要战场。12月日军偷袭珍珠港，挑起太平洋战争，战火席卷东南亚，进逼大洋洲，将美国及美洲、大洋洲许多国家卷入战争。这使第二次世界大战无论在参战国家数量、战火扩展范围及作战规模和激烈程度方面都发展成为一次空前的全球性战争。随着战火的蔓延，经过一系列双边和多边会谈，1942年1月1日，中、苏、美、英等26个反法西斯同盟国家代表在华盛顿签署《联合国家宣言》，保证继续对德、日、意等轴心国协同作战。1943年意大利 B.墨索里尼政权首先垮台，9月意大利投降。1944年6月，盟军登陆欧洲，开辟第二战场。1945年5月，苏军攻克柏林，纳粹德国投降。同年8月，日本投降。

第二次世界大战使人类蒙受空前灾难。参战国家和地区先后有60多个，人口17亿，占世界总人口的80%。按不完全统计，因战争而死亡者在5000万人以上。

敦刻尔克撤退

诺曼底登陆战役中盟军登陆部队抢占滩头阵地

珍珠港事件

柏林战役中红军战士将苏联国旗插上德国国会大厦

美国在日本长崎投下的原子弹爆炸后腾起的蘑菇云

德国无条件投降书签字仪式

《公元一千九百四十五年九月九日九时·南京》（陈坚）

敦刻尔克撤退 1940年5月26日至6月4日，英、法军队在德军围攻下从法国敦刻尔克港撤往英国的战略退却。5月，德国侵略军向荷兰、比利时、卢森堡和法国发起闪电式进攻，英、法军被围困在敦刻尔克附近的狭小地区内，面临被歼灭的危险。26日晚，英国政府下令撤退。英、法、比、荷派出各种舰船共861艘。撤退开始后，德军加强了进攻，并对敦刻尔克和英吉利海峡进行轰炸。英、法军在空军的掩护下，经九昼夜艰苦奋战，33.8万余人撤至英国本土。6月4日德军占领敦刻尔克，4万余名法军被俘。这次撤退保存了英军实力，为后来对德军进行反攻准备了有利条件。

不列颠之战 第二次世界大战中，英国抗击德国空中进攻的战役性防空作战。1940年7月德国制订从海上入侵英国的"海狮"计划，企图通过轰炸夺取制空权，以保障顺利登陆。德军用于进攻的作战飞机约2400架，英军有战斗机700架左右。德军从8月12日开始对英空袭，空袭规模日益扩大，9月7日起开始对伦敦实施昼夜轰炸。9月8～15日，双方接连进行大规模空战，英军英勇抗击，德军未能夺得制空权。后来，德国因进攻苏联而将空军东调，最后停止了对英轰炸。德军由于作战企图未能实现，后来始终处于东西两线作战的困境。

丘吉尔，W.（1874-11-30～1965-01-24） 英国政治家、首相（1940～1945，

1951～1955）。生于牛津郡一贵族世家。1894年毕业于桑德赫斯特皇家军事学院。曾参加英国在印度、苏丹和南非的殖民战争。1900年当选为保守党议员，涉足政治。在任海军大臣期间，大力加强海军实力。1919年1月出任陆军大臣兼空军大臣，积极参与策划武装干涉苏俄。20世纪30年代，对来自德国的威胁不断发出警告，主张重整军备，反对N.张伯伦的绥靖政策。

1939年9月德国入侵波兰后，丘吉尔任海军大臣。1940年5月10日继张伯伦任首相，并兼国防大臣，立即把全国经济纳入战时轨道。丘吉尔政府拒绝德国的诱和，坚持对德作战，同时争取美、苏作为同盟者参战。1941年8月9日，丘吉尔和F.D.罗斯福签署《大西洋宪章》。先后参加德黑兰会议、雅尔塔会议和波茨坦会议等国际会议。在处置战败的德国、波兰的疆界变动和政府组成等问题上，极力维护英国的利益。

1945年7月，丘吉尔辞去首相职务。1946年3月5日，在美国密苏里州富尔顿发表题为"和平砥柱"的演说。富尔顿演说揭开了战后冷战的序幕。1951～1955年，丘吉尔再度出任首相。

1953年，丘吉尔被封为爵士，获嘉德勋章。同年获诺贝尔文学奖。主要著作有《伦道夫·丘吉尔勋爵传》《世界危机》《第二次世界大战回忆录》等。

苏德战争 1941年6月至1945年5月，苏联抗击法西斯德国及其盟国侵略的战争。是第二次世界大战的重要组成部分。

1941年11月7日，莫斯科红场举行庆祝十月革命24周年阅兵式，部队受阅后直接开赴前线

苏联和俄罗斯称伟大卫国战争。

1941年6月22日，德国撕毁《苏德互不侵犯条约》，突然进攻苏联。第二次世界大战进入一个新阶段，苏联战场成为大战的主战场。开战后，德军凭借暂时的有利因素，迅速占领立陶宛、拉脱维亚、爱沙尼亚全部和白俄罗斯大部，封锁列宁格勒（今圣彼得堡），攻占基辅，并于9月底大举进攻莫斯科。1942年4月，苏军取得莫斯科会战的胜利，粉碎了德国的闪击战计划。1943年2月2日苏军取得斯大林格勒（今伏尔加格勒）会战的胜利，从而扭转了苏德战场的局势，使第二次世界大战出现历史性转折。1944年开始，苏军在巴伦支海到黑海的整个战线上发起战略进攻，至年底收复全部失地。1945年5月2日，苏军攻克柏林。8日，德国投降。

苏德战争中，苏军消灭和击溃德国及其盟国军队607个师，为彻底打败法西斯德国作出了巨大贡献。

斯大林格勒会战 苏德战争中，苏军为保卫斯大林格勒（今伏尔加格勒）并消灭顿河与伏尔加河之间的德军重兵集团，于1942年7月至1943年2月进行的一系列战略性攻防战役。

德军在莫斯科会战失败后，企图夺取斯大林格勒和高加索油田，从侧后迂回莫斯科并切断苏军战略补给线。1942年7月17日，德军发起进攻，9月13日攻入市区。双方展开激烈巷战，德军始终未能占领整座城市。11月19日起，苏军发起反攻，合围德军第6集团军全部和第4装甲集团军一部共22个师约33万人。1943年2月2日迫使其全部投降。

此战是苏德战争乃至第二次世界大战的转折点，苏军从此夺得战略主动权。

库尔斯克会战 苏德战争中，苏军同德军于1943年7～8月在库尔斯克地区进行的战略性会战。

1943年7月5日，德军分别从南、北两翼对库尔斯克突出部发起进攻，但在苏军的顽强抗击下进展甚微。13日，北翼德军被迫转入防御。南翼德军将主力转至普罗霍罗夫卡方向。12日，双方在该地域投入1200辆坦克，进行了第二次世界大战中规模最大的坦克战。

普罗霍罗夫卡坦克战

16日，南翼德军后退至原出发阵地。与此同时，苏军在突出部南北发起两次进攻战役：一次代号为"库图佐夫"，将战线向西推进150千米；另一次代号为"鲁缅采夫"，将战线向南和西南推进140千米。

会战中，双方共投入兵力400余万人，均遭受重大损失。其中德军损失约50万人。从此，德军转入全面防御，苏军转入全线反攻。

太平洋战争 第二次世界大战期间日本法西斯发动的侵略战争。这场战争以日本为一方，以美国、英国、荷兰、澳大利亚、新西兰及亚洲和太平洋地区被侵略国为另一方，是第二次世界大战的重要组成部分。

1941年12月7日，日本偷袭美国在太平洋最大的海军基地——珍珠港。8日，美、英对日宣战，太平洋战争爆发。1942年5～6月，在珊瑚海海战中，双方打成平局；在中途岛海战中，日方损失惨重。1943年11月盟军开始反攻。1944年春夏间，日本海空军力损失惨重。1945年3～6月，美军占领硫黄岛和冲绳，迫近日本本土。5月，德国无条件投降。7月26日，中、美、英三国政府发表《波茨坦公告》，促令日本无条件投降。日本统治集团拒绝接受。8月6日和9日，美国把仅有的两颗原子弹投在广岛和长崎。8月8日苏联对日宣战。日本被迫于8月15日宣布投降。9月2日在美国军舰"密苏里"号上举行签字投降仪式。反法西斯联盟各国取得太平洋战争的最后胜利。

诺曼底登陆战役 第二次世界大战期间，美英盟军于1944年6～7月在法国北部诺曼底地区进行的战略性登陆作战。盟军进军欧洲的"霸王作战"计划的组成部分。目的是夺取集团军群登陆场，为开辟欧洲第二战场、配合苏德战场最后击败纳粹德国创造条件。6月6日，盟军在5个地段突击上陆，突破德军防御。7月24日，战役结束。此次战役是世界战争史上迄今规模最大的登陆战役。美英盟军共投入45个师，伤亡12.2万人；德军共投入15个师，伤亡和被俘11.4万人。战役的胜利，对于加速纳粹德国的崩溃具有重大意义。

1944年6月6日早晨，盟军在诺曼底海滩登陆

抵抗运动 第二次世界大战期间，欧洲各国人民反对德国、意大利占领和奴役的反法西斯斗争的统称。

第二次世界大战全面爆发后，德国迅速占领欧洲许多国家，对占领国实行法西斯野蛮统治，激起各国人民的愤怒和反抗。在捷克斯洛伐克和波兰，人民进行宣传鼓动、收集情报、怠工罢工及

法国抵抗运动宣传画

各种破坏活动。流亡国外的各国政府也同国内建立联系。1940年6月，法国的C.戴高乐将军在伦敦发表《告法国人民书》，宣告"自由法国"运动的诞生。在丹麦、挪威、荷兰、比利时，从1940年秋开始，出现了各种形式的抵抗运动。在阿尔巴尼亚、南斯拉夫和希腊，抵抗运动一开始就采取了武装斗争的形式。

苏联和美国参战以后，欧洲各国抵抗运动进入广泛发展的新阶段。1941年6～7月，南斯拉夫人民在J.B.铁托领导下发动武装起义。1943年7月，阿尔巴尼亚各游击队联合为人民解放军，赶走了意大利占领者。1943年，法国游击队配合盟军一举解放科西嘉。1943年7月，在苏联的德国战俘中成立了"自由德国"全国委员会。该组织在抵抗运动中起过重要作用。1943年3月，意大利北部爆发群众性大罢工。7月意大利人民举行的声势浩大的反法西斯游行，加速了B.墨索里尼的下台。

在反法西斯战争接近胜利时，欧洲抵抗运动蓬勃发展，有力地配合了苏联红军和美英盟军对德作战。1944年8月，法国的游击战争发展为全民武装起义，席卷大半个法国。8月19～25日，巴黎爆发起义，人民自己解放了首都。随后，法国武装部队和游击队配合盟军解放其余国土，进军德国，直到对德战争胜利。1945年4月，意大利北部人民发动总起义，解放北部地区。1944年10月初，希腊人民解放军解放雅典。阿尔巴尼亚和南斯拉夫人民赢得祖国的解放。1944年，波兰人民军和苏联红军一起解放波兰东部地区。8～9月，波兰国家军组织华沙起义，遭到德军镇压。1944年8月23日，罗马尼亚人民发动起义，推翻军事法西斯政权。9月9日，保加利亚人民发动武装起义，推翻法西斯君主制统治。1945年2月，匈牙利游击队配合苏联红军解放布达佩斯。同年5月，捷克斯洛伐克首都布拉格人民起义，但遭德军镇压。苏军迅速驰援，解放布拉格。

欧洲抵抗运动是国际反法西斯斗争的重要组成部分，从根本上动摇了希特勒德国的"欧洲新秩序"，为解放欧洲作出了重要贡献。

雅尔塔会议　1945年2月4～11日，苏、美、英三国政府首脑在苏联克里木半岛雅尔塔举行的国际会议。又称克里米亚会议。会议讨论的问题主要有：①处置德国问题。三国制订了最后击败德国迫使其无条件投降的计划。②波兰问题。会议决定，波兰东部边界当依照寇松线，在若干区域应作出对波兰有利的5～8千米的逸出。③远东问题。1945年2月11日，苏、美、英三国政府首脑秘密签订《三国关于远东问题的协定》，即《雅尔塔协定》。④联合国问题。会议就安全理事会投票问题的折中方案达成协议。会议还通过了其他宣言、公报、议定书等。

雅尔塔会议的一系列决定有利于以同盟国的联合力量击败德、日法西斯，

J. 斯大林、F.D. 罗斯福和 W. 丘吉尔（坐者从右至左）出席雅尔塔会议

制裁德国，维护战后的世界和平。但《雅尔塔协定》有关中国的条款是背着中国人民作出的有损中国主权和利益的决定，是大国主义和强权政治的表现。

纽伦堡审判　1945～1946年欧洲国际军事法庭在德国纽伦堡对第二次世界大战期间纳粹德国的首要战争罪犯和犯罪组织进行的审判。

国际军事法庭第一次审判于1945年10月18日在柏林举行。从11月20日开始，移至德国纽伦堡城举行。经过216次开庭，于1946年10月1日结束。法庭对24名被告中的22人作了宣判：H. 戈林等12人被处绞刑，W. 冯克等3人被判无期徒刑，B.von 希拉赫等4人被判10～20年徒刑，H. 弗里切等3人被释放。在被起诉的组织和团体中，党卫军、特别勤务队和盖世太保及纳粹党元首兵团被宣布为犯罪组织。

纽伦堡审判为以后对破坏和平罪的审判奠定了基础，标志着国际法的重大发展。

东京审判　在日本东京举行的对第二次世界大战日本首要战犯的审判。即远东国际军事法庭审判。远东国际军事法庭由11名法官组成，其中中、英、美、苏、法、澳、荷、加、新（西兰）、印（度）、菲各1名。法庭自1946年5月3日至1948年11月12日进行审理。28名被告被控犯有危害和平罪、战争罪和违反人道罪等罪行。除松冈洋右等3人已死

在东京远东国际军事法庭被告席上的日本甲级战犯（后两排）

亡或丧失行为能力外，实际审判25人。法庭最后判处东条英机等7人绞刑，荒木贞夫等16人无期徒刑，东乡茂德等2人有期徒刑。

靖国神社　日本神道教专门祭祀在近代日本历次战争中阵亡者的场所。1869年在东京九段阪上修建，原名招魂社，1879年改称靖国神社。1978年10月17日，东条英机等14名日本第二次世界大战甲级战犯的灵位被放进靖国神社。

日本战败前，神社对崇拜天皇和推行军国主义起了很大作用。第二次世界大战后，根据日本宪法关于政教分离的

在纽伦堡欧洲国际军事法庭被告席上的纳粹战犯（坐者后两排）

规定，取消由国家主持的祭祀活动。但自20世纪60年代以后，右翼保守势力要求重新将靖国神社改由国家管理，实行"正式参拜"。80年代前，日本历届总理大臣(除池田勇人)都以"私人身份"前往参拜。80年代后，不仅总理大臣，几乎所有的内阁大臣都在8月15日"终战纪念日"这天参拜靖国神社。这一行为引起中国、韩国和许多曾经遭受日本侵略的亚洲国家的强烈抗议和反对。

日本战后改革 第二次世界大战结束后，在反法西斯盟国和日本人民的要求下，由美国占领当局主持，在日本政治、经济和教育等方面实行的民主化改革。1945年10月，盟军最高司令官D.麦克阿瑟指示日本政府修改1889年制定的《明治宪法》。1946年11月3日公布新的《日本国宪法》，翌年5月3日正式实施新宪法。新宪法第九条规定，日本"永远放弃以国权发动的战争、武力威胁或武力行使作为解决国际争端的手段"。通过修改宪法，改革了日本的政治制度。同时，还在教育、文化、经济等方面进行了一系列改革。麦克阿瑟将这些改革概括为"确保人权的五大改革"，即妇女解放和参政、鼓励建立工会组织、教育民主化、废除秘密审讯司法制度和经济机构民主化等。

田中角荣（1918-05-04～1993-12-16）日本政治家、内阁总理大臣（1972～1974）。生于新潟县。1936年毕业于中央工业学校土木科。第二次世界大战期间因承包军事工程而成为日本富豪之一。1947年首次当选为众议员。1972年接替佐藤荣作任首相。上台后即率

领日本政府代表团访问中国，实现中日邦交正常化，为全面发展中日友好合作关系奠定了基础。1974年12月因洛克希德事件被迫辞职。1976年7月因此被捕。1983年12月被东京地方法院判处有期徒刑5年，罚款5亿日元。1990年以健康原因退出政界。

南斯拉夫 南斯拉夫王国、南斯拉夫联邦人民共和国、南斯拉夫社会主义联邦共和国的简称。地处巴尔干半岛的西北部。包括波斯尼亚和黑塞哥维那、黑山、克罗地亚、马其顿、斯洛文尼亚、塞尔维亚6个共和国。

7世纪，斯拉夫人的一支定居巴尔干半岛，逐渐同土著居民融为一体，统称南部斯拉夫人。从14世纪始，奥斯曼帝国在塞尔维亚、马其顿、波斯尼亚和黑塞哥维那及黑山部分地区建立长达5个多世纪的统治。同时，克罗地亚、斯洛文尼亚、亚得里亚海沿岸分别被奥地利和威尼斯共和国所统治。1878年，

黑山和塞尔维亚获得独立。1918年12月，塞尔维亚-克罗地亚-斯洛文尼亚王国建立。1929年10月3日，改名为南斯拉夫王国。

1941年3月25日，南斯拉夫王国政府参加德、意、日三国同盟，激起人民群众的抗议示威，于3月27日被推翻。4月6日，德、意法西斯军队入侵南斯拉夫。南斯拉夫人民经过四年的英勇斗争，终于在1945年5月15日解放全国。同年11月29日宣布成立南斯拉夫联邦人民共和国。

1991～1992年，斯洛文尼亚、克罗地亚、波斯尼亚和黑塞哥维那、马其顿相继宣布独立。1992年4月27日，南斯拉夫宣布塞尔维亚和黑山联合成立南斯拉夫联盟共和国。2002年3月改国名为塞尔维亚和黑山。2006年5月黑山独立后，国名改为塞尔维亚共和国。

铁托，J.B.（1892-05-07～1980-05-04）南斯拉夫共产主义者联盟主席（1966～1980）、南斯拉夫社会主义联邦共和国总统（1953～1980）、**不结盟运动**创始人之一。生于克罗地亚库姆罗维茨村。1917年参加国际赤卫队。1920年10月加入南斯拉夫共产党。1940年当选为南共总书记。1941年4月，德、意法西斯入侵南斯拉夫。以铁托为首的南共中央领导了南斯拉夫人民的解放战争。1945年11月29日，南斯拉夫联邦人民共和国宣布成立，铁托任联邦政府主席、国防部长和武装部队最高统帅。1953年起任南斯拉夫联邦共和国总统。

战后，他通过对经济体制的改革和实行工人自治，开创了独特的社会主义自治制度。在国际共产主义运动中，他始终坚持反对外来干涉和大国主义。在国际事务中，倡导不结盟运动。

铁托（中）在反法西斯斗争中

非暴力不合作运动 M.K.甘地领导的印度人民反抗英国殖民统治的运动。在运动中，甘地倡导以和平方式抵制政府、机关、法庭、学校，以及采取总罢业、抵制英货、抗税等非暴力手段进行斗争，"用非暴力去对付英国统治有组织的暴力"。该运动先后开展过数十次，在不同时期有不同的内容和名称，重要的有四次：非暴力不合作运动（1920年9月至1922年2月）、文明不服从运动（1930年3月至1934年4月）、个人文明不服从运动（1940年10月至1941年12月）、"退出印度"运动（1942年8月8日至1945年5月24日）。

文明不服从运动——甘地率众向西海岸进发（1930）

甘地，M.K.（1869-10-02～1948-01-30） 印度国民大会党领袖、民族解放运动领导人、非暴力不合作运动倡导者。享有印度的"圣雄"称号。生于西印度波尔班达尔土邦的班尼亚商人种姓家庭。1888年留学英国，习法律。1893年开始在南非做执业律师，领导10余万南非印度人反对种族歧视的斗争。1909年发表《印度自治》一书。

第一次世界大战爆发后回到印度。1920年，国大党年会确认非暴力不合作运动为党的反对殖民统治的主要斗争手段，从而确立甘地在党内的领袖地位。同年开展第一次全印范围内的非暴力不合作运动。1924年当选为国大党主席。1929年12月，他提倡开展文明不服从运动，并领导"食盐进军"。1934年一度退党。

甘地亲自纺纱，提倡手工纺织，抵制英货

此后，专事"建设性纲领"工作，推广手纺土布，发展乡村工业，开展农村教育。同时致力于"哈里詹"（意为"上帝之子"）运动，反对歧视贱民，主张妇女解放与教派团结。1942年8月8日发动要求英国"退出印度"运动，甫一开始即遭到残酷镇压。1948年1月30日，在德里作晚祷时被暗杀。

尼赫鲁，J.（1889-11-14～1964-05-27） 印度民族主义运动领导人、印度国民大会党领袖、印度独立后首任总理（1947～1964）。生于联合省（今北方邦）阿拉哈巴德市一个婆罗门家庭。1905年就读于英国剑桥大学，1912年携律师证

1953年6月10日，尼赫鲁与女儿I.甘地在日内瓦机场

书回到印度。先后两次担任国大党总书记（1924～1926，1928～1929）。尼赫鲁追随M.K.甘地，被公认为甘地的政治继承人。1933年以后，逐渐成为国大党内实际上的最高领袖。1947年8月印巴分治后，尼赫鲁任印度自治领总理兼外长等职务。1950年1月任共和国总理，直到病逝。

他任总理期间，实现了国家机构和军队的印度化。还用赎买和武力手段合并印度554个土邦，统一印度，并在此基础上按民族语言区重新划分邦界。此外，还实行土地改革。

尼赫鲁为亚非会议发起人之一。1954年访问中国，同周恩来总理共同倡导和平共处五项原则。1961年又同J.B.铁托、纳赛尔共同发起不结盟运动。

印巴分治 印度、巴基斯坦两国因民族、宗教问题，被英国殖民者加以利用，从而分裂原来大一统印度的方案。1947

M.K. 甘地（左）与 L. 蒙巴顿会谈（1947）

年6月3日，英国政府发表《蒙巴顿方案》，把印度分成印度教徒的印度和伊斯兰教徒的巴基斯坦两个自治领。国大党和穆斯林联盟原则上接受了这个方案。1947年8月14日，巴基斯坦自治领成立；同年8月15日，印度自治领成立。印巴分治虽然结束了长达190年的英国殖民统治，然而却给新生的印、巴两国人民带来惨重的灾难。在随后发生的宗教仇杀中，50万人丧生，1200万人无家可归。印巴分治也为印、巴两国经济上畸形发展和政治上冲突埋下了灾难性的伏笔。

真纳（1876-12-25～1948-09-11） 巴基斯坦的缔造者、第一任总督（1947～1948）。生于卡拉奇。1913年加入全印穆斯林联盟，但同时忠于印度国民大会党。1921年初在非暴力不合作运动纲领问题上同 M.K. 甘地发生分歧，退出国大党。1934年成为穆斯林联盟终身主席。1940年3月穆斯林联盟拉合尔会议通过《巴基斯坦决议》，真纳指出"印度穆斯林构成一个国家"，要求英国移交政权时

平等对待印度教徒和印度穆斯林。1946年5月，英国内阁使团拒绝了真纳建立巴基斯坦国家的要求，真纳宣布将为建立巴基斯坦而进行直接斗争。

印巴分治后，出任巴基斯坦自治领首任总督。1947年8月11日，巴基斯坦制宪议会选举真纳为主席，并授予他"卡伊德-伊-阿扎姆"（伟大领袖）的称号。

甘地，I.（1917-11-19～1984-10-31）印度总理（1966～1977，1980～1984）、政治家。生于安拉阿巴德城阿南德宫。J. 尼赫鲁的独生女。先后就读于桑蒂尼克坦国际大学、牛津大学萨默维尔学院。1936年参加印度国民大会党。1942年同

F. 甘地结婚。1959～1960年任国大党主席。1967年、1971年和1980年3次当选为总理，执政15年。1978年以后担任国大党（甘地派）主席。后被锡克侍卫所害。

在内政上，坚持议会民主制度，坚持实行公私营企业并举的"混合经济"政策；开展绿色革命；20世纪80年代后实行对外开放。在外交上，1971年8月签订《印苏和平友好合作条约》；1980年以后继续奉行不结盟政策，改善同西方国家的关系。

伊朗白色革命 20世纪60年代初至70年代末，伊朗国王穆罕默德·礼萨·巴

列维推行的自上而下的社会经济改革。主要包括土地改革，工人在企业中入股分红，给妇女选举权，发展工业、交通和文教事业等。改革促进了伊朗经济的发展。1973年以后，国王下令调整发展计划。经修改的发展计划片面追求高速度，加上军费开支过大，结果造成国民经济严重失调，各种社会矛盾激化。1977年起，伊朗爆发大规模反对独裁统治的群众运动。1979年初，伊斯兰教什叶派领袖霍梅尼领导的伊斯兰革命，要求废除君主制。1月16日，国王被迫出国"长期度假"，白色革命失败。

越南八月革命　1945年8月越南人民在印度支那共产党领导下进行的民族民主革命。1945年8月13日，印度支那共产党在越南北部解放区宣光省新潮乡组成全国起义委员会，并发出总起义动员令。16日，国民大会选出以胡志明为主席的越南民族解放委员会（即临时政府）。同日，越南解放军进攻太原。19日，河内政权被起义人民接管。25日，阮朝保大皇帝被迫宣布退位。12天内，总起义在全国各地从北到南迅速获得胜利。9月2日，胡志明在河内巴亭广场宣布《独立宣言》，宣告越南民主共和国成立。

　　八月革命推翻了殖民者在越南80多年的殖民统治和延续上千年的封建君主制度，揭开了越南历史新的一页。

印度尼西亚八月革命　印度尼西亚人民推翻殖民统治、实现民族独立的民族民主革命。1945年8月17日，苏加诺和哈达签署《独立宣言》，宣布建立印度尼西亚共和国。次日，印度尼西亚独立筹备委员会召开会议，选举苏加诺和哈达分别为正、副总统。9月29日，英军在爪哇登陆。荷军接踵而至。1946年11月，印尼与荷兰签订《林芽椰蒂协定》，同意建立以荷兰女王为元首的"荷印（尼）联邦"。1947年7月和1948年12月，荷兰发动两次殖民"警察行动"，遭到印尼人民的奋力抗击。1949年11月，印尼与荷兰签订《圆桌会议协定》。协定规定，印尼参加"印度尼西亚联邦"和"荷印（尼）联邦"；除西伊利安外，荷兰将主权移交印度尼西亚联邦共和国。12月，印度尼西亚联邦共和国政府成立。

苏加诺在群众集会上讲话（1945）

诺罗敦·西哈努克（1922-10-31～2012-10-15）　柬埔寨王国国王（1941～1955，1993～2004年在位）。生于金边。1941年4月继承王位。1953年3月亲赴巴黎，向法国提出给予柬埔寨独立的要求，迫使法国殖民者承认柬埔寨独立。1955年3月，西哈努克让位于其父。1960年其父去世后，就任国家元首。1970年3月朗诺集团发动政变后到中国，领导组建柬埔寨民族统一阵线和王国民族团结政府。1975年4月金边解放后回国，1976年1月出任民主柬埔寨国家元首，4月宣布退休。1982年7月任民主柬埔寨联合政府主席。1991年7月任柬埔寨全国最高委员会主席。1993年9月登基为柬埔寨王国国王，2004年10月退位。

西哈努克为**不结盟运动**的创始人之一。与中国有深厚友谊。

亚洲四小龙 经济在很短时期内获得飞速发展的亚洲的韩国、新加坡、中国台湾省和中国香港。四小龙都幅员不大、工矿资源不多，但地理位置优越，且同西方发达国家有特殊关系。

四小龙的经济发展具有鲜明的特点：增长速度快，从20世纪60年代开始，国民生产总值年平均增长速度都接近或超过10%；出口扩张迅速；经济结构发生重大变化；人均国民收入水平迅速提高；失业减少，收入分配相对平均。对四小龙的经济发展起促进作用的因素主要有：外部世界比较有利的发展环境，实行正确的经济政策，发挥政府的积极作用，东方文化的优良传统。

金日成（1912-04-15～1994-07-08）朝鲜劳动党中央委员会总书记（1949～1994）、朝鲜民主主义人民共和国主席（1972～1994）。原名金成柱。生于平安南道大同郡（今平壤万景台区）。1925年移居中国吉林省。1932年4月25日创建第一支游击队，与中国人民一道开展抗日武装斗争。1936年5月，创建朝鲜抗日民族统一战线组织——祖国光复会，任会长。1945年8月日本投降后归国。10月10日领导成立北朝鲜共产党中央组织委员会。1948年9月9日，朝鲜民主主义人民共和国成立，金日成任内阁首相。朝鲜战争期间，指挥朝鲜祖国解放战争。在中国人民志愿军的援助下，取得战争的胜利。1972年起，任朝鲜民主主义人民共和国主席。

埃及七月革命 1952年7月埃及发生的民族民主革命。由以**纳赛尔**为首的自由军官组织领导，是埃及历史的转折点。

第二次世界大战后，埃及广大人民、士兵和下级军官对以法鲁克国王为首的封建统治极为不满。1952年1月6日，开罗军官俱乐部管理委员会进行改选，自由军官组织的代表以多数当选，法鲁克国王立即下令解散军官俱乐部管理委

纳赛尔（前左一）和革命指导委员会成员

员会。7月22日夜，自由军官组织执行委员会发动革命。23日宣布推翻法鲁克王朝。26日成立革命指导委员会，由穆罕默德·纳吉布任主席，纳赛尔任副主席。新政权宣布没收封建王室土地，取消社会等级和贵族称号，废除1923年宪法，颁布《土地改革法》。次年宣布永远废除君主政体，成立埃及共和国。

纳赛尔（1918-01-15～1970-09-28）埃及总统（1956～1970）、武装部队最高统帅。生于亚历山大巴卡斯区。

1939年毕业于埃及皇家军事学院。1945年参与组建自由军官组织。1948年参加第一次中东战争，因战功获"法卢加之虎"称号。1952年组织参与七月革命。1956年6月当选为总统，7月宣布苏伊士运河国有化。10月第二次中东战争爆发后，领导埃及军民顽强抗击，迫使英、法、以停火并撤军。1967年6月第三次中东战争爆发后，领导全国军民抗击以军，失败。

任总统期间，他领导进行土地改革，限制个人占有土地；修建阿斯旺高坝，发展农村经济；重视培养知识分子，加快工业化步伐；反对贪污腐化，给予妇女更多的政治权利。在外交上，他倡导并参加不结盟运动。

萨达特（1918-12-25～1981-10-06）埃及总统（1970～1981）。生于米努夫省迈特阿布库姆村。1938年入开罗皇家军事学院。1950年加入自由军官组织。1952年参与发动七月革命。1970年10月5日当选为总统。1973～1974年兼任总理。执政期间，对前任纳赛尔总统的内外政策作重大调整：改政治体制为议会多党制；实行经济开放政策，在扶持国营经济的同时，允许私营经济和外资企业的存在和发展。在外交上，废除《埃及苏联友好条约》；1979年3月同以色列签署《埃以和约》，结束两国持续30年的战争状态并建立外交关系。1981年在开罗遇刺身亡。

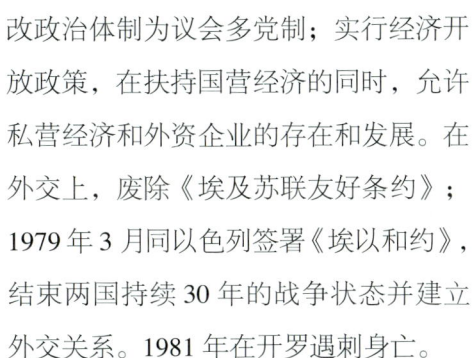

非洲统一组织 非洲独立国家的全非性政治组织。简称非统组织。成立于1963年5月25日。总部设在埃塞俄比亚首都亚的斯亚贝巴。

1963年5月22～26日，非洲独立国家首脑会议在亚的斯亚贝巴举行，30个独立国家的元首、政府首脑或代表参加。会议签署《非洲统一组织宪章》，宣告非洲统一组织正式成立。非统组织为实现非洲大陆的完全解放、振兴和促进非洲经济的发展、维护非洲地区和平与国家的团结作出了重大贡献。2002年7月9日非洲联盟成立后，非统组织完成其历史使命，融入非洲联盟。

非洲统一组织会旗

非洲独立年 1960年，非洲的政治地图发生了巨大变化，这一年被称为非洲独立年。当年有17个国家取得政治独立。新独立国家的领土面积和人口分别占非洲总面积和总人口的1/3以上。连同1959年以前独立的国家，非洲独立国家的面积已占非洲总面积的2/3，人口占非洲总人口的3/4。1960年以后，非洲民族独立运动继续扩展。1961～1968年有15个国家独立。到20世纪60年代末，非洲已有41个独立国家。

古巴革命 20世纪50年代古巴人民反对亲美独裁统治的民族民主革命。1952年3月10日，F.巴蒂斯塔-萨尔迪瓦在美国支持下发动军事政变再次上台，实行亲美独裁统治。1953年7月26日，F.卡斯特罗发动武装起义，失败后被捕。1955年5月获释后，他组织七二六运动。翌年12月，他又组织一批青年到马埃斯特腊山区开展游击斗争。1957年3月，一批青年学生建立三一三革命指导委员会，转入拉斯维利亚斯省山区打游击。1958年，人民社会党也在亚瓜哈依地区组织游击队。不久，这两支队伍同七二六运动领导的游击队主力会合成一支较大的起义军。在革命形势的逼迫下，巴蒂斯塔于1959年1月1日逃亡国外。起义军进入首都哈瓦那，宣告古巴革命的胜利。

卡斯特罗，F.（1926-08-13～2016-11-25） 古巴共产党中央委员会第一书记（1965～2011），古巴国务委员会主席、部长会议主席（1976～2008）。

生于奥连特省马亚里市比兰村。1950年获哈瓦那大学法学博士学位。1953年7月26日，发动反F.巴蒂斯塔-萨尔迪瓦政权的武装起义，失败后被捕。1955年5月获释后组织七二六运动。翌年12月，他率领一批青年到马埃斯特腊山区开展游击战。1959年1月1日全国胜利后，担任武装部队总司令。2月16日出任政府总理。1961年4月，领导古巴军民击溃美国雇佣军的武装入侵。7月，建立革命统一组织（后改名古巴共产党），任第一书记。先后主持发表两个《哈瓦那宣言》。苏联、东欧剧变后，宣布古巴坚持实行社会主义制度。

格瓦拉，E.（1928-06-14～1967-10-10） 古巴革命领导人。习称切·格瓦拉。生于阿根廷罗萨里奥市。1953年毕业于布宜诺斯艾利斯大学医学系。1955年在墨西哥参加F.卡斯特罗领导的

七二六运动。1956年12月2日随卡斯特罗等到古巴马埃斯特腊山区开展游击战争。他为推翻巴蒂斯塔反动统治和古巴革命胜利作出了重要贡献。革命胜利后获古巴国籍，历任国家银行行长、工业部部长等职。他发表了一系列著作，宣扬被称为"格瓦拉主义"的激进军事革命思想。1965年4月放弃古巴国籍，辞去党内外一切职务，先后到刚果民主共和国、玻利维亚开展游击战争。1967年10月9日在战斗中被玻利维亚政府军俘获，次日遭杀害。

犹太复国主义 散居世界各地的犹太人要求回到古代故乡巴勒斯坦，重建犹太国的政治主张与运动。又称犹太复国运动。产生于19世纪末。第一次世界大战后，犹太复国主义者在英、美等国支持下，组织世界各地的犹太人移居巴勒斯坦。1947年11月29日，在美国的影响下，联合国通过《关于巴勒斯坦将来治理（分治计划）问题的决议》。

1948年5月14日，以色列国宣告成立。以色列国的建立，标志着犹太复国主义的基本目标实现。但是，以色列奉行扩张主义政策，通过四次中东战争侵占了巴勒斯坦和阿拉伯国家的大片土地，使100多万巴勒斯坦阿拉伯人沦为难民。

拉宾，Y.（1922-03-01～1995-11-04）以色列总理（1974～1977，1992～1995）。生于耶路撒冷。1940年毕业于南加利利的卡多里农业学校。1941年加入犹太武装组织哈加纳的突击队"帕尔马赫"。1948年第一次中东战争时任旅长。

以色列建国后历任参谋部作战部长、北部军区司令、国防军总参谋长等职。1974年任总理，1977年辞职。1984～1990年担任国防部长，提出分阶段解决巴勒斯坦问题的提案。1992年再度出任总理兼国防部长。坚持"以土地换和平"的原则，着力推动中东和平进程，从而使以巴关系取得历史性突破。1994年与阿拉法特、S.佩雷斯共获诺贝尔和平奖。1995年11月遭以色列右翼极端分子刺杀身亡。

沙龙，A.（1928-02-27～2014-01-11）以色列总理（2001～2006）。生于特拉维夫附近沙龙地区的马拉勒村。原名阿里埃勒·沙因内曼，因眷恋故乡改姓沙龙。1957年赴英国坎伯利参谋学院学习。参加过历次中东战争，骁勇善战，声名卓著。1967年晋升少将。1973年7月辞去军职从政。

2001年当选为总理。他在以巴问题上持强硬立场，致使以巴冲突持续升级。2002年，沙龙首次提出一项巴勒斯坦建国方案，同意巴勒斯坦人有条件建国。2003年，沙龙连任总理，提出从加沙地带和约旦河西岸部分地区撤离的单边行动计划，但遭到极右势力的强烈反对。2005年，强力推行单边行动计划，造成党内分裂。2006年1月，沙龙因中风深度昏迷。

中东战争 第二次世界大战后，阿拉伯国家同以色列之间进行的多次战争。又称阿以战争。

第一次中东战争即巴勒斯坦战争，又称阿拉伯-以色列战争。1948年5月14日，犹太人宣布成立以色列国。次日，埃及、外约旦、叙利亚、黎巴嫩和伊拉克的军队联合进攻以色列。战争经过近15个月方告结束。

第二次中东战争即英法以侵埃战争，又称苏伊士运河战争。1956年7月26日，埃及宣布关于苏伊士运河国有化的法令。从7月末开始，英、法、以三国入侵埃及。在埃及人民英勇反抗下，英、法、以三国遭到失败，被迫于11月7日宣布停火。

第三次中东战争即六五战争。1967年6月5日，以色列突然对阿拉伯国家发动袭击。6月10日晚，在联合国安排下实现就地停火。

第四次中东战争即十月战争。为收复被占领的领土，1973年10月6日下午，埃及军队对盘踞在苏伊士运河东岸的以色列占领军发起进攻。10月22日，安理会通过决议，要求战争双方停火。1974年1月8日，埃、以双方签订脱离军事接触协议。

第五次中东战争即1982年中东战争。1982年6月6日，以色列入侵黎巴嫩。以军遭到巴勒斯坦游击队的顽强阻击，并同驻扎在黎巴嫩的叙利亚军队正面交火。9月24日，联合国通过决议，要求以色列立即无条件撤出黎巴嫩。9月30日，以军撤出贝鲁特。

巴勒斯坦解放组织 巴勒斯坦人民的政治组织。1964年6月正式成立。1974年10月，在第七次阿拉伯首脑会议上被确认为巴勒斯坦唯一合法的代表。

1993年9月13日，巴勒斯坦解放组织执行委员会主席阿拉法特（右三）和以色列总理Y.拉宾（坐者）在华盛顿签署《奥斯陆协议》

巴勒斯坦解放组织实质是统一战线组织。现有主要组织包括巴勒斯坦民族解放运动、人民解放战争先锋队、解放巴勒斯坦人民阵线、解放巴勒斯坦人民阵线（总指挥部）、解放巴勒斯坦民主阵线、解放巴勒斯坦阿拉伯阵线、巴勒斯坦人民斗争阵线、巴勒斯坦解放阵线、巴勒斯坦共产党。此外，巴勒斯坦的群众团体也都有代表参加巴勒斯坦解放组织。执行委员会是巴勒斯坦解放组织的最高行政机构。执行委员会第一任主席是艾哈迈德·舒凯里。从1969年2月起，主席由阿拉法特担任。2004年11月阿拉法特去世后，阿巴斯继任主席。

阿拉法特（1929-08-24～2004-11-11） 巴勒斯坦解放组织执行委员会主席（1969～2004）、巴勒斯坦革命武装力量总指挥、巴勒斯坦民族解放运动（简称法塔赫）中央委员会主席、巴勒斯坦总统（1989～2004）。生于耶路撒冷。

1956年7月从开罗大学毕业。1959年10月，组建法塔赫。因指挥1968年3月的卡拉马战役而成为民族英雄。1969年2月起任巴勒斯坦解放组织执行委员会主席。1974年起任巴勒斯坦革命武装力量总指挥。1989年4月出任巴勒斯坦总统。在阿拉法特亲自指导下，巴勒斯坦同以色列经过历时7个月的秘密谈判，于1993年8月20日达成《奥斯陆协议》。巴、以实现相互承认。为此，阿拉法特与S.佩雷斯、Y.拉宾同获1994年诺贝尔和平奖。

联合国 第二次世界大战后为维护国际和平与安全而建立的国际组织。1945年4月25日，来自50个国家（波兰因故未参加）的282名代表在美国旧金山举行联合国国际组织会议。6月26日，51国（波兰事后补签）代表签署《联合

《联合国宪章》签字仪式

国宪章》。宪章规定，联合国安全理事会决定实质性问题时采取"大国一致"规则，即中、法、苏、英、美5个常任理事国拥有"否决权"。10月24日，联合国正式成立。51个宪章签字国为创始会员国。中国是联合国的创始会员国之一，但由于美国的阻挠，中华人民共和国在联合国的合法权利直到1971年10月才得到恢复。联合国的主要机构有联合国大会、安全理事会、联合国经济及社会理事会、托管理事会、国际法院和秘书处。总部设在美国纽约。共有193个会员国。另有2个观察员国。

冷战 第二次世界大战后以美国为首和以苏联为首的两大阵营间所显示的公开却有限制的对立状态。"冷战"一词由美国财政专家兼总统顾问B.M.巴鲁克在1947年的一次国会辩论中首次使用。

1946年3月5日，英国前首相W.丘吉尔发表富尔顿演说，拉开冷战的序幕。20世纪50年代是两大阵营对抗和激烈斗争时期。对抗在亚洲的主要表现是朝鲜战争，在欧洲是两大对立军事集团的形成与对峙。1958～1962年为冷战的又一紧张阶段。加勒比危机使两个超级大国濒临战争边缘。60～70年代，冷战紧张局势渐趋缓和。美、苏于1963年签署《部分禁止核试验条约》。进入80年代，美国提出星球大战计划。两个超级大国继续进行大规模的武器积累，并且竞相对第三世界施加影响，冷战局势又趋紧张。1991年下半年，苏联解体，冷战宣告结束。

马歇尔计划 欧洲复兴计划的通称。第二次世界大战后，美国争夺全球战略的重点——欧洲的扩张计划。1947年6月5日，美国国务卿G.C.马歇尔在哈佛大学发表演说，首先提出援助欧洲经济复兴的方案，故名。7～9月，英、法、意等16国的代表在巴黎召开会议，决定接受马歇尔计划。1948年4月2日美国国会通过《1948年对外援助法》，次日H.S.杜鲁门总统签署该法案，马歇尔计划得以正式执行。计划原定期限五年（1948～1952），1951年底美国宣布提前结束，代之以《共同安全计划》。美国共拨款131.5亿美元，其中赠款占88%。实施马歇尔计划期间，西欧国家的国民生产总值增长25%。马歇尔计划为北大西洋公约组织和欧洲经济共同体的建立奠定了基础，对西欧的联合和经济的恢复起了促进作用。

欧洲经济共同体 欧洲煤钢共同体、欧洲经济共同体和欧洲原子能共同体的总称。简称欧共体。又称欧洲共同市场。1951年4月18日，法、意、联邦德国、荷、比、卢六国在巴黎签署《建立欧洲煤钢共同体条约》。1952年7月23日，条约正式生效，欧洲煤钢共同体成立。1958年1月1日，六国签署的《建立欧洲经济共同体条约》和《建立欧洲原子能共同体条约》生效，欧洲经济共同体和欧洲原子能共同体同时宣告成立。1965年4月，六国在布鲁塞尔达成协议，将以上三个共同体的执行机构合并，统称欧洲共同体。1991年12月，欧共体在荷兰的马斯特里赫特通过《欧洲联盟条约》。此后，欧共体的称谓逐步被欧洲联盟所取代。

欧洲联盟 由欧洲一些主要国家组成的经济和政治集团。简称欧盟。前身是欧洲经济共同体。1993年11月1日，《欧洲联盟条约》（又称《马斯特里赫特条约》）获得欧共体所有成员国批准并生效，欧洲联盟正式成立。总部设在比利时首都布鲁塞尔。冷战结束后，中、东欧国家纷纷申请加入欧盟。现有28个成员国。主要机构包括欧盟部长理事会、欧盟委员会、欧洲议会、欧盟法院、欧盟审计院等。

1975年5月欧洲经济共同体同中国建立正式关系。21世纪初，中国成为欧盟最重要的供应商之一，也是欧盟最重要的市场之一。

戴高乐，C.（1890-11-22～1970-11-09） 法国政治家、法兰西第五共和国总统（1959～1969）。生于里尔。参加过第一次世界大战。1924年毕业于法国军事学院。第二次世界大战爆发时，任坦克旅旅长。1940年6月5日，被擢升为国防部副部长。6月18日在伦敦英国广播电台发表著名的"六一八号召"，呼吁法国人民在他的领导下继续抗战。在伦敦，他领导自由法国（1942年改称战斗法国）运动，并逐渐建立起法国部队。1941～1944年先后组织和领导法兰西民族委员会、法兰西民族解放委员会、法兰西共和国临时政府，为争取反法西斯战争的胜利作出贡献。1953年宣布退出政治活动。

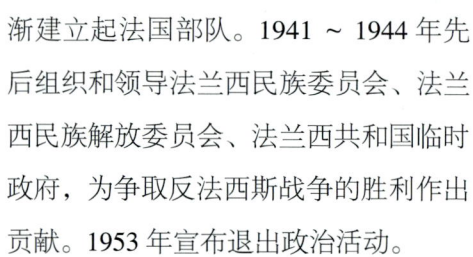

1958年6月出任第四共和国末任总理。他提出新宪法草案，主张削弱议会权力，降低总理和内阁的作用，扩大总统权限。9月公民投票通过新宪法草案。12月戴高乐当选为第五共和国总统，次年1月就职。自此法国从资产阶级议会制国家变为半总统制国家。1965年戴高乐再度当选为总统。任职期间，结束阿尔及利亚战争，完成整个法兰西帝国的非殖民化。对外奉行独立自主的外交政策，反对大国控制；对内大力发展尖端技术和新兴工业，实现工农业现代化。1964年1月27日，法国正式承认中华人民共和国，两国建立外交关系。1969年4月宣布辞职。

希拉克，J.（1932-11-29～ ） 法国总统（1995～2007）、保卫共和联盟主席。生于巴黎科雷兹镇。毕业于巴黎政治科学院、法国国家行政学院。1967年当选为国民议会议员。1974年出任法国总理。1976年辞去总理职务后，创立保卫共和联盟，并任主席。

1977～1995年三次连任巴黎市长。1986～1988年再次担任总理。1995年5月当选为法国总统，2002年5月连任。在国内，他主张改革社会保障体系。在国际问题上，继承C.戴高乐的传统，寻求法国在国际事务中的突出地位；积极推进欧洲联合；主张改善法美关系，但抵制美国文化对法国的侵袭和渗透；重视发展与中国的友好关系。

伊丽莎白二世（1926-04-21 ～ ）

英国女王（全称"大不列颠及北爱尔兰联合王国与其他国土和领地之女王，英联邦元首"），澳大利亚、新西兰、加拿大等17个英联邦国家元首。英国国王乔治六世的长女。生于伦敦。1937年2月17日被立为王位继承人。1947年11月20日和远房表亲、皇家海军中尉菲利普·蒙巴顿结婚。1951年12月4日成为英国枢密院成员。1952年2月6日乔治六世去世后继承王位，号伊丽莎白二世。1953年6月2日加冕。

女王清楚现代君主政体的作用。20世纪90年代因后代的婚姻变故，王室声誉受到一定影响。为重新赢得公众的支持，女王放弃不纳税的特权，尽量展现现代君主形象。曾于1986年10月访问中国。

撒切尔夫人（1925-10-13 ～ 2013-04-08） 英国首相（1979 ～ 1990）、英国保守党领袖。生于林肯郡格兰瑟姆。婚前名玛格丽特·希尔达·罗伯茨。

1943年进牛津大学萨默维尔学院学习，先后获牛津大学理学士和文科硕士学位。1959年当选为保守党下院议员。1975年2月当选为保守党第一位女领袖。1979年5月任首相，是英国历史上第一位女首相。1983年、1987年连选连任。在首相任内，推行以货币主义为主的经济政策，注重发挥市场的作用。主张发展同中国的经济合作和文化、科学交流。1984年12月同中国政府签订《中英关于香港问题的联合声明》。1990年11月辞去首相职务。12月获功绩勋章。1992年退出下院，被册封为撒切尔女男爵。

马尔维纳斯群岛战争 1982年4月2日至6月14日英国与阿根廷之间因马尔维纳斯群岛（英国称福克兰群岛）归属问题引起的一场战争。又称南大西洋战争。1816年阿根廷摆脱西班牙殖民统治而独立，1820年宣布对马尔维纳斯群岛继承主权。1833年英国出兵占领马岛，驱逐岛上所有阿根廷居民，迁入英国居民。但两国对马岛归属问题一直存在争议。1982年4月2日，阿根廷出兵占领马岛，并宣布马岛为阿根廷第24个省。英国舰队于24日抵达马岛海域。30日英国宣布对马岛实行海上和空中全面封锁。6月12日，英军发动总攻。14日，阿军投降，英军重占马岛，战争结束。马岛战争后，阿、英关于马岛主权的争端并未结束。

美国民权运动 20世纪美国黑人反对种族隔离与歧视、争取民主权利的群众运动。起始于1910年美国全国有色人种协进会的成立。全国有色人种协进会主要是进行法院斗争。斗争虽然取得一些成就，但对消除广大黑人日常生活中所受歧视作用不大。

1955年12月，黑人R.帕克斯夫人因拒绝在公共汽车上给白人让座被捕入狱。黑人牧师马丁·路德·金领导亚拉巴马州蒙哥马利市5万黑人罢乘公共汽车达一年之久，终于迫使汽车公司取消隔离制。1957年，金牧师等组成南方基督教领袖会议，将运动推进到南部生活的各个领域。之后相继发生了静坐运动、"自由乘客"运动、伯明翰游行示威、"为争取就业和自由向华盛顿进军"活动。所有这些，终于促使L.B.约翰逊总统签署了扫除南部一切隔离制的《民权法》（1964）和《选举权法》（1965）。

马丁·路德·金牧师发表题为"我有一个梦想"的演说

从60年代中期起，民权运动逐渐北移。1965年洛杉矶瓦茨区发生抗议警察乱捕黑人青年的暴动。此后黑人城市造反连年不断，几乎席卷美国所有大城市。1968年4月4日金牧师被刺死后，美国一百多个大城市再次掀起大规模黑人运动高潮。美国统治阶级通过残酷镇压、多方软化和收买，才在60年代末70年代初逐渐将运动平息。

马丁·路德·金（1929-01-15～1968-04-04） 美国战后民权运动领袖。生于佐治亚州亚特兰大市。1955年在波士顿大学获神学博士学位。曾任牧师。1955～1956年，胜利领导蒙哥马利

市黑人抵制公共汽车公司种族歧视的罢乘运动，迫使该市取消隔离制度。1957年创建南方基督教领袖会议并被选为主席。后积极参加和领导静坐运动、"自由乘客"运动及著名的伯明翰游行示威。1963年8月，金参与组织"为争取就业和自由向华盛顿进军"活动，并发表题为"我有一个梦想"的著名演说。1964年获诺贝尔和平奖。1965年以后，他不断引导群众运动前进。1968年4月4日被种族主义分子刺死。

美国共和党 美国两大政党之一。在美国实行的两党制中与民主党轮流执政。诨名"老大党"，以象为徽，1854年7月成立。代表工业资产阶级、中产阶级、工人和西部小农的利益，反对在美国扩展奴隶制。共和党创立后在北部深得人心。第二次世界大战后，该党开始得到南部财团支持，1953年其候选人D.D.艾森豪威尔当选为总统。此后担任总统的有R.M.尼克松、G.R.福特、R.W.里根、G.布什、G.W.布什、D.特朗普。

该党以大选年竞选总统的纲领为全党政纲。无固定成员，党员人数以每次大选前选民登记为准。每四年于选举年夏季召开一次全国代表大会，提名本党总统和副总统候选人，制定纲领。

美国民主党 美国两大政党之一。在美国实行的两党制中与共和党轮流执政。以驴为徽。1791年建党时称共和党，1794年改称民主共和党。后该党分裂，杰克逊派于1828年建立民主党。主要代表西南部新兴的植棉奴隶主和旧南部奴隶主、小农、边疆居民和工匠等阶级的利益。美国进入帝国主义阶段以来，民主党在本质上与共和党无异，亦被垄断财团控制。但因其一贯标榜民主，颇得工会中上层支持，常以代表劳工自诩。1933年后，民主党的F.D.罗斯福四次蝉联总统。1945年4月罗斯福去世后，由H.S.杜鲁门继任。此后，担任总统的有J.F.肯尼迪、L.B.约翰逊、J.卡特、W.J.克林顿和B.H.奥巴马。

该党无固定纲领，以竞选总统的纲领作为政纲。党籍自由，党员总数按本党总统候选人投票的结果计算。每四年于选举年的夏季召开一次全国代表大会，确定本党总统和副总统候选人，制定竞选纲领。

肯尼迪，J.F.（1917-05-29～1963-11-22） 美国第35任总统（1961～1963）。生于波士顿城郊的布鲁克莱恩。1940年毕业于哈佛大学。1941年加入美国海军，曾获中尉军衔及紫心勋章。1960年作为民主党总统候选人胜出，成为美国第一位信仰天主教的总统。1961年4月制造吉隆滩事件（即猪湾事件），遭到惨败。之后，同古巴以外的拉美国家建立争取进步联盟，承认老挝中立，建立和平队，实行粮食用于和平计划。但他又向南越增加军事援助，使美国日益深入地卷入印度支那战争。在美国民权运动的压力下，1963年6月，他向国会提出一项民权法案。11月22日，在得克萨斯州的达拉斯市遇刺身亡。著有《英雄传略》（又译《勇敢者的画像》）等书。

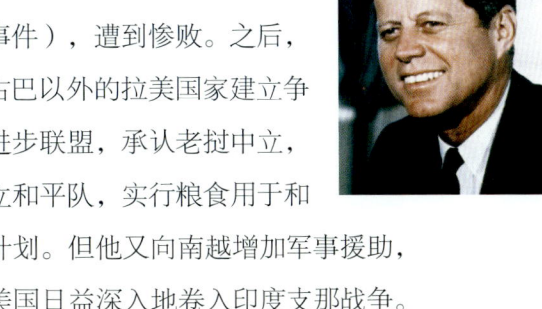

尼克松，R.M.（1913-01-09～1994-04-22） 美国共和党政治家、第37任总统（1969～1974）。生于加利福尼亚州的约巴林达村。1937年从杜克大学法学院毕业。1942年入伍，在海军服役到1946年1月，获少校军衔。1952年当选为副总统，1956年连任。1968年作为共和党总统候选人胜出，入主白宫。他提出并实行以战略收缩和缓和外交为特点的尼克松主义。任期内，美国与苏联达成限制战略核武器与柏林问题的协议，中美关系走上正常化道路，美国结束了印度支那战争。1973年起，尼克松为水门事件所困扰。1974年8月8日辞职，成为美国历史上第一位被迫辞职的总统。

水门事件 美国白宫与共和党争取总统连任委员会策划的旨在破坏民主党竞选活动而结果却导致R.M.尼克松总统

辞职的非法事件。1972年6月17日，以R.M.尼克松竞选班子成员J.M.麦科德为首的5个人，在潜入华盛顿水门大厦民主党总部安装窃听器时被捕。1974年5月15日起，众议院司法委员会陆续传调录音带。其中一盘录有总统与白宫办公厅主任H.R.霍尔德曼的谈话，证实尼克松曾指示后者让中央情报局制止联邦调查局参与水门事件的调查。7月30日，司法委员会向众议院呈送三项弹劾条款，得到两党支持。8月8日，尼克松被迫发表辞职演说，翌日中午辞职生效，事件告终。

卡特，J.（1924-10-01～　） 美国第39任总统（1977～1981）。生于佐治亚州普莱恩斯镇。1946年毕业于美国海军学院。1971～1975年任佐治亚州州长。1976年赢得民主党总统候选人提名，并在大选中获胜。在任期间，他任命一批妇女和黑人担任联邦政府

职务和联邦法官，并推行人权外交。与巴拿马签订条约，为美国归还运河和运河区铺平道路；力促埃及和以色列签署戴维营协议；与中国达成《中美建交公报》。1980年4月派遣部队前往伊朗解救人质，失败后遭受国内广泛批评。曾数次访华，并积极参与国际争端的调解。2002年获诺贝尔和平奖。

里根，R.W.（1911-02-06～2004-06-05） 美国第40任总统（1981～1989）。

生于伊利诺伊州坦皮科镇。1932年从尤里卡学院毕业。1937年到好莱坞当演员。1947年被选为好莱坞电影演员工会主席。1966年当选为加州州长，并连任8年。1980年当选为总统，1984年连任。在任期间，他实行大规模减税、大量削减非国防开支、放慢货币增长速度、放松政府干预和管制、大规模增加国防开支、鼓吹平衡预算等措施。在国际上，他加强美国与西欧、日本的传统联盟，支持第三世界的"民主力量"，有节制地对苏联采取以冷战为主、缓和为辅的政策，即里根主义。到1987年，他以一次严重经济衰退为代价，取得低速经济增长的成果，并扭转了美苏争霸不利于美国的形势。

布什，G.（1924-06-12～2018-11-30）美国第41任总统（1989～1993）。生于马萨诸塞州米尔顿。第二次世界大战中在太平洋战场作战，获优异飞行十字勋章。战后进入耶鲁大学攻读经济学。1959年任萨帕塔近海石油钻探公司总裁。

1971～1973年任美国驻联合国大使。1974～1975年任美国驻华联络处主任。1980年当选为副总统。1988年当选为总统。在对外关系中，支持苏联及东欧国家的改革和"民主化"；坚持无条件给中国以最惠国待遇。1989年12月派兵侵入巴拿马，逮捕巴军事领导人M.诺列加。1990年8月伊拉克入侵科威特后，他要求并获得联合国授权，组建多国部队，发动海湾战争。

克林顿，W.J.（1946-08-19～ ）美国第42任总统（1993～2001）。生于阿肯色州霍普市。习称比尔·克林顿。

1968年毕业于乔治敦大学，1973年毕业于耶鲁大学。1978年当选为阿肯色州州长。1982年再次当选为州长，连任至1992年。在1992年大选中当选为总统，1996年连任。总统任内，他使国会通过了减少联邦财政赤字的计划并成功地加以实施，还使国会批准《北美自由贸易协定》。1998年6～7月访华期间，宣布不支持台湾独立的"三不"政策。2000年10月，在成功地使国会通过给予中国永久性正常贸易关系地位的法案后，签署该法案，使之成为法律。

布什，G.W.（1946-07-06～ ）美国第43任总统（2001～2009）。生于康涅狄格州纽黑文市。前总统G.布什的长子。习称小布什。1968年毕业于耶鲁大学。

1975年从哈佛商学院获工商管理硕士学位后，进入石油行业。1994年当选为得克萨斯州州长，1998年连任。2000年当选为总统，2004年连任。在任期间，实行减税计划。在国家安全政策上，坚持部署国家导弹防御系统。在环境政策上，拒绝批准《京都议定书》。9·11事件后，对外政策的单边主义色彩更加浓厚，并将"先发制人"的战争手段作为其反恐战争的主要战略。发动阿富汗战争和伊拉克战争。

基辛格，H.A.（1923-05-27～ ）美国外交家。生于德国巴伐利亚州菲尔特市。1943年加入美国籍，同年加入美国陆军并赴欧洲战场。1954年获哈佛大学哲学博士学位。

后在该校教授政治学，1959～1969年任该校国防研究计划主任。1968年11月，被提名为总统国家安全事务顾问和国家安全委员会执行秘书，开始全面推行"均势"与"实力"外交。通过谈判于1972年5月与苏联达成限制战略核武器条约。1971年10月秘密访问中国。1972年2月陪同R.M.尼克松访华。1973年1月，代表美国政府草签《关于越南结束战争、恢复和平的协定》。9月出任国务卿。1974～1975年进行"穿梭外交"，使美国与埃及、叙利亚恢复外交关系。1977年1月辞去国务卿职务。著有《核武器与对外政策》和《选择的必要》等。

苏共二十大 1956年2月14～25日在莫斯科举行的苏联共产党第二十次代表大会。这是J.斯大林逝世后的首次党代表大会。包括中国在内的55个国家的共产党和工人党代表团参加了大会。这次大会对斯大林的个人崇拜及其后果进行了揭露和批判，同时就国际上两个体系的和平共处、现代防止战争的可能性及不同国家向社会主义过渡的形式等理论问题提出了新的看法。苏共二十大是苏联历史和苏共历史的转折点，也是国际共产主义运动转入大动荡、大论战的起点。

匈牙利事件 1956年10月23日至11月4日匈牙利人民共和国发生的严重政治事件。1956年10月23日，布达佩斯10余万学生、市民举行和平示威游行，要求纠正以前的错误，实行新的经济政策。当晚，示威者武装袭击国家广播大楼，攻占国际电信局。深夜，匈牙利政府宣布改组，由纳吉·伊姆雷出任总理。31日夜，苏军越过边界，深入匈牙利国土。11月1日，纳吉宣布匈牙利退出华沙条约组织。4日，以卡达尔·亚诺什为总理的匈牙利工农革命政府成立。政府宣布，已请求苏联派部队帮助恢复秩序。同日，苏军进入布达佩斯。经过八九天的战斗，混乱局面得到控制。大约有4000名匈牙利军民遭难，苏军有669名官兵战死。

赫鲁晓夫，N.S.（1894-04-17～1971-09-11） 苏联共产党中央第一书记（1953～1964）、苏联部长会议主席（1958～1964）。

生于库尔斯克省卡利诺夫卡村。1918年加入俄国共产党（布尔什维克）。1919年初参加红军。1929年进莫斯科斯大林工学院学习。1935年1月任莫斯科州委和莫斯科市委第一书记。苏德战争期间曾任斯大林格勒方面军军事委员会委员。1943年2月获中将军衔。1952年10月当选为苏共中央主席团委员兼中央书记。J.斯大林逝世后，于1953年9月当选为中央第一书记。他采取一系列措施纠正斯大林晚年的错误。1956年2月，在苏共二十大上作《关于个人崇拜及其后果》的秘密报告，揭示斯大林的错误，打破对斯大林的个人崇拜。在经济方面，他强调物质刺激原则，提高农产品收购价格，扩大集体农庄自主权，推动农业发展。在对外关系方面，他提出两个社会经济体系和平共处、和平竞赛的原则，认为世界大战并非绝对不可避免。1958年3月兼任苏联部长会议主席。1962年将中程导弹运进古巴，又被迫运出，给苏联带来耻辱。1964年10月被解除一切职务。

勃列日涅夫，L.I.（1906-12-19～1982-11-10） 苏联共产党中央委员会总书记（1966～1982）、苏联最高苏维埃主席团主席（1960～1964，1977～1982）。生于乌克兰卡缅斯科耶（今第聂伯罗捷尔任斯克）。1931年加入全联盟共产党（布尔什维克）。苏德战争期间曾任乌克兰第四方面军政治部副主任等职，获少将军衔。1960～1964年任最高苏维埃主席团主席。

1964年10月起任苏共中央第一书记（1966年改称总书记）。1976年获苏联元帅军衔。1977年起兼任最高苏维埃主席团主席和国防会议主席。担任最高领导人初期，依靠A.N.柯西金实行新经济体制，国家经济实力有所增长；后期，改革停滞，发展减缓，内部危机加深。对外推行霸权主义政策，日陷孤立。

戈尔巴乔夫，M.S.（1931-03-02～　）苏联共产党中央总书记（1985～1991）、苏联总统（1990～1991）。生于斯塔夫罗波尔边疆区。1950～1955年在莫斯科大学法律系学习。1952年加入苏联共产党。1985年3月当选为苏共中央总书记。出任总书记后，大力倡导"民主化""公开性""新思维"，宣扬人类有共同利益，从阿富汗撤军，实现中苏两国、两党关系正常化。1987年6月，推行经济改革。在改革陷于空转的情况下，于1988年匆忙转向政治改革。1990年3月当选为苏联总统。7月，苏共第二十八次代表大会将"人道的民主的社会主义"定为党的理想，实行多党制和议会制。改革引发社会动荡，民族矛盾表面化。1991年8月24日辞去苏共中央总书记职务。12月21日苏联解体，25日辞去苏联总统职务。1990年获诺贝尔和平奖。

苏联解体　20世纪80年代末90年代初苏联在国体和政体等方面所发生的重大变化。

1985年4月，苏共中央总书记M.S.戈尔巴乔夫提出"加速发展战略"方针。1987年11月，戈尔巴乔夫发表《改革与新思维》，提出"全人类具有共同利益"的新思维。1988年6月，在苏共第十九次全国代表会议上，苏共领导要求把改革的重心从经济领域转向政治领域，提出"民主化""公开性"的口号。1990年7月苏共第二十八次代表大会把"人道的民主的社会主义"定为党的理想。苏共放弃领导地位的行为导致人民群众思想的混乱和政治、经济、社会、民族矛盾不可遏制的爆发。1991年发生的八一九事件中，戈尔巴乔夫被剥夺权力，又迅速恢复。这一冒险行动使苏联更加涣散。1991年8月23日，B.N.叶利钦签署俄罗斯联邦总统令，宣布停止俄共的活动。24日戈尔巴乔夫宣布辞去苏共中央总书记职务，要求苏共中央自行解散。叶利钦发布一系列接管联盟中央权力的命令。12月25日，戈尔巴乔夫辞去苏联总统职务。26日，苏联最高苏维埃举行最后一次会议，宣布苏联停止存在。

苏联解体和东欧剧变是20世纪末期国际形势发生的最重大变化，标志着维系战后世界格局的雅尔塔体系的终结、两极世界对抗的结束。

八一九事件　苏联1991年试图夺取M.S.戈尔巴乔夫总统权力的政治事件。因发生在8月19日而得名。戈尔巴乔夫推行改革后，苏联社会动荡，国内各民族共和国纷纷要求独立。1991年8月，政府公布新联盟条约。在预定签署条约的前一天，即8月19日凌晨，塔斯社突然播发声明，宣布戈尔巴乔夫由于健康原因不能履行总统职责，成立国家紧急状态委员会接管国家政权，进而在莫斯科等地区实行紧急状态。这次行动遭到B.N.叶利钦等"民主派"的坚决反对，也没有得到社会的广泛支持。21日，戈尔巴乔夫重掌政权，紧急状态委员会的冒险行动失败。

东欧剧变 20世纪80年代末90年代初东欧地区原社会主义国家在国体和政体等方面所发生的重大变化。M.S.戈尔巴乔夫上台后提出的外交"新思维"改变了苏联对东欧国家的政策。苏联在"不干涉内政"的口号下，向东欧国家的领导人施加压力，要求实行苏联式改革。

1988年12月，波兰统一工人党召开十届十中全会，通过"政治多元化"的决议。1989年2月承认团结工会合法地位，实行总统制和议会两院制，采用三权分立原则。8月，团结工会在选举中获胜并组阁。1990年1月27日，波兰统一工人党举行第十一次代表大会，决定停止党的活动。

1989年12月，民主德国人民议院通过决议，取消宪法中关于"工人阶级及其政党领导国家"的条款。德国统一社会党更名为德国民主社会主义党，宣布实行"人道的民主的社会主义"。1990年3月18日，举行建国以来的第一次自由选举，民主社会主义党沦为在野党。

1989年2月匈牙利社会主义工人党召开中央全会，正式宣布实行多党制。在1990年3~4月的大选中，社会主义工人党失败，沦为在野党。

与此同时，在东欧其他国家也发生类似变化。保加利亚、捷克斯洛伐克、罗马尼亚、南斯拉夫等国共产党和阿尔巴尼亚劳动党相继下台，沦为在野党。1991年7月，华沙条约组织宣告解散。

独立国家联合体 由原苏联的加盟共和国组建的主权国家联合体。简称独联体。1991年八一九事件后，苏联各加盟共和国纷纷宣布独立。12月8日，俄罗斯、乌克兰、白俄罗斯3个共和国领导人在别洛韦日签署协定，决定建立独立国家联合体。21日，俄罗斯、白俄罗斯、乌克兰、哈萨克斯坦、吉尔吉斯斯坦、塔吉克斯坦、乌兹别克斯坦、土库曼斯坦、阿塞拜疆、亚美尼亚和摩尔多瓦11个加盟共和国领导人在阿拉木图签署议定书，宣布苏联停止存在，正式成立独立国家联合体。独联体设有国家元首理事会和政府首脑理事会，以协调各国在共同利益范围内的活动。1993年10月，格鲁吉亚宣布加入独联体。2005年8月，土库曼斯坦宣布退出独联体。2008年8月14日，格鲁吉亚宣布退出独联体。2014年3月，乌克兰也正式启动退出程序。

车臣战争 20世纪俄罗斯联邦政府反对车臣独立的战争。居住在北高加索的车臣人同俄罗斯在历史上有许多恩怨。1991年10月退役空军少将D.M.杜达耶夫当选为车臣共和国总统，11月2日宣布车臣独立。俄罗斯政府坚决反对。双方多次谈判，都无法达成妥协。1994年12月，B.N.叶利钦总统派俄军进攻车臣。俄军虽占领其大部分领土，却无法赢得战争。战争结束后，车臣继续开展争取独立的活动，并制造了一连串的恐怖事件。1999年9月，俄军聚集更多兵力再次进攻车臣，第二次车臣战争开始。2000年2月底，俄军控制整个车臣。2001年组成车臣政府。但车臣问题依然有待进一步解决。

叶利钦，B.N.（1931-02-01～2007-04-23） 俄罗斯联邦首任总统（1991～1999）。生于斯维尔德洛夫斯克州。

1955年毕业于乌拉尔基洛夫工学院建筑系。1961年加入苏联共产党。1985年任苏共中央建设部部长、主管建筑的中央书记。1990年3～5月当选为俄罗斯最高苏维埃主席。7月宣布脱党。1991年6月，当选为俄罗斯加盟共和国第一任总统。12月26日苏联解体后，成为俄罗斯联邦总统。

在任期间，实行激进的市场经济改革，推行休克疗法，全面开放价格，导致经济连年下滑。后调整政策，经济下滑才得以止住。1996年7月再次当选为俄罗斯联邦总统。1994年和1999年两次发动车臣战争，打击分离势力。对外实行向西方一边倒的政策，后改为兼顾东西方的"双头鹰"外交。1999年12月31日，宣布辞去总统职务。

北大西洋公约组织 西方国家根据《北大西洋公约》建立的以美国为首的军事联盟。简称北约组织、NATO。《北大西洋公约》由美国、加拿大、英国、法国、荷兰、比利时、卢森堡、意大利、葡萄牙、丹麦、挪威和冰岛于1949年4月4日在美国华盛顿缔结，同年8月24日生效。希腊、土耳其、联邦德国和西班牙不久相继加入该组织。总部设在比利时布鲁塞尔。自1992年起，波兰等东欧国家相继提出加入北约的请求。

1978年美国总统J.卡特（右一）在北约首脑会议上讲话

1999年，波兰、捷克和匈牙利正式加入北约组织。2004年，爱沙尼亚、拉脱维亚、立陶宛、斯洛伐克、斯洛文尼亚、罗马尼亚和保加利亚7国加入北约组织。2009年4月，克罗地亚和阿尔巴尼亚加入北约组织。2017年6月，黑山加入北约组织，从而使北约组织成员国增至29个。

华沙条约组织 苏联、东欧国家为抗衡北大西洋公约组织，根据《华沙条约》结成的军事政治联盟。简称华约。《华沙条约》由苏联、阿尔巴尼亚、保加利亚、匈牙利、民主德国、波兰、罗马尼亚、捷克斯洛伐克于1955年5月14日在华沙缔结，同年6月5日生效。常设机构均在莫斯科。1968年9月，阿尔巴尼亚宣布退出。1990年民主德国宣布退出。1991年7月，华约首脑会议正式宣布华约"不复存在"。

万隆会议 1955年4月，亚洲和非洲国家第一次在没有西方殖民国家参加下自行召开的国际会议。又称亚非会议。会议于1955年4月18～24日在印度

中国总理周恩来在万隆会议上发言

尼西亚的万隆举行。与会的有缅甸、锡兰（今斯里兰卡）、印度、印度尼西亚和巴基斯坦5个发起国及阿富汗、柬埔寨、中国、埃及、埃塞俄比亚等29个国家和地区的代表团。会议广泛讨论了民族主义和反殖民主义斗争、世界和平、与会国的经济和文化合作等问题。在关于促进世界和平和合作的决议和宣言中，肯定了亚非人民反对侵略战争和维护世界和平的共同愿望。宣言提出了著名的万隆会议十项原则。会议最后一致通过《亚非会议最后公报》。

和平共处五项原则 国际公认的处理国家之间关系的基本原则。即互相尊重主权和领土完整，互不侵犯，互不干涉内政，平等互利，和平共处。1953年12月，中国总理周恩来在接见印度代表团时首先提出。1954年6月，中印、中缅两国总理联合声明重申并确认五项原则作为国际关系的指导原则。1955年的万隆会议把和平共处五项原则引申和发展为十项原则。

印度支那战争 1945年9月至1954年7月，法国为恢复殖民统治而进行的"肮脏战争"。同时也是越南、老挝、柬埔寨三国人民反对法国侵略者的民族解放战争。又称第一次印度支那战争。1945年9月23日，法国在美、英支持下，派遣远征军入侵越南南部，占领西贡。1946年10月法国侵占柬埔寨，年底侵入老挝。越南、老挝、柬埔寨人民奋勇抗击。越南在中国的支援下，于1954年5月取得奠边府战役的决定性胜利。同年5月8日至7月21日召开有中、苏、美、英、法和越南民主共和国、老挝、柬埔寨、南越参加的日内瓦会议。会议达成关于恢复印度支那和平的《日内瓦协议》，由此结束法国侵略者对三国的殖民统治。

越南战争 1961～1975年，美国为争夺世界霸权，以遏制共产主义为由对越南、老挝、柬埔寨三国进行的侵略战争。因主战场在越南，故名。又称第二次印度支那战争或越南抗美救国战争。

1961年，美国在南越进行特种战争。1964年8月5日制造北部湾事件，并以此为借口，悍然轰炸越南北方。1965年3月2日起，美国开始对越南北方进行持续大规模轰炸；3月8日在岘港登陆，直接出兵南越，把侵略战争升级为局部战争。越南人民先后挫败美国发动的特种战争和局部战争，粉碎美国的战争越南化政策及它把战争扩大到越南北方的行动，迫使美国和西贡政权在1973年1月27日签订《关于越南结束战争、恢复和平的协定》。1975年春，越南军民发动春季攻势，5月1日解放整个越南南方。

1959年，美国挑起老挝内战。1964年5月17日起，美国公然轰炸老挝解放区，从而在老挝开辟"第二战线"。老挝人民迫使万象当局在1973年2月21日签订《关于在老挝恢复和平和实现民族和睦的协定》。

1970年4月30日，美国派遣美军和西贡伪军大举入侵柬埔寨。柬埔寨人民经过艰苦奋战，于1975年4月17日解放金边，19日解放柬埔寨全境。

中国政府和人民从政治、军事、外交、经济各方面大力支援越南的正义斗争。成千中国战士牺牲在越南的土地上。

胡志明（1890-05-19～1969-09-03）越南共产党的缔造者、越南民主共和国首任主席（1945～1969）、国际共产主义运动活动家。生于越南中部义安南坛。原名阮必成。1917年移居法国，创立越南爱国者联谊会，在旅法越侨中开展活动。1920年12月加入法国共产党。1930年2月代表共产国际在香港主持三个越南共产主义组织的统一会议，成立越南共产党（10月改名印度支那共产党）。1945年领导越南八月革命总起义，在国民大会上当选为临时政府主席。9月2日在河内巴亭广场发表《独立宣言》，宣告越南民主共和国诞生。1946年3月当选为越南民主共和国主席兼总理。1946～1954年领导越南抗法战争。1951年2月印度支那共产党改称越南劳动党，他当选为中央委员会主席。20世纪60年代又领导越南抗美救国战争。他是越中友好的奠基人。

古巴导弹危机　1962年10月苏联在古巴建立导弹基地引起苏、美两国在加勒比海地区的尖锐冲突。又称加勒比危机。1962年夏，美国策划对古巴的武装干涉。苏联以"保卫古巴"为名，从7月下半月开始，把进攻性导弹秘密运进古巴，以加强对美国的威慑力量。10月中旬，美国根据U-2型飞机的侦察，得知古巴正在修建针对美国的中、远程导弹发射场。22日，美国总统J.F.肯尼迪发表电视演说，宣布武装封锁古巴，要求苏联从古巴撤出进攻性武器，并威胁不惜使用武力。28日，美、苏达成协议，N.S.赫鲁晓夫答应在联合国监督下从古巴撤出进攻性武器，肯尼迪保证美国不入侵古巴。11月8～11日苏联从古巴运走42枚导弹。20日，肯尼迪宣布美国取消对古巴的海上封锁。

不结盟运动　20世纪60年代初形成的由奉行和平、中立、不结盟政策的国家组成的一支维护世界和平和促进发展的重要政治力量及其所进行的活动。参加不结盟运动的成员国被称为不结盟国家。1956年，南斯拉夫总统J.B.铁托、印度总理J.尼赫鲁、埃及总统纳赛尔在南斯拉夫布里俄尼岛会晤，正式提出不结盟的主张。1961年9月，25个国家在贝尔格莱德举行第一次不结盟国家和政府首脑会议，正式宣告不结盟运动的诞生。冷战结束后，不结盟运动更多地侧重于经济和发展问题，但仍保持着松散的组织形式。

八国首脑会议　世界主要发达国家

的协调机制。由西方七国首脑会议演变而来。又称西方工业化民主国家国家元首和政府首脑会议。简称八国峰会、CG8。与会的美国、加拿大、英国、德国、法国、意大利、日本和俄罗斯被称为八国集团。

1975年11月在巴黎郊外的朗布依埃，法、美、英、意、日和联邦德国六国领导人举行了首次首脑会议。1976年6月，在波多黎各举行第二次首脑会议时，增加了加拿大，形成七国峰会和七国集团。从此，七大工业国会议每年轮流在各成员国举行一次。1997年在美国丹佛举行首脑会议时，美国总统W.J.克林顿作为东道主邀请B.N.叶利钦以"同等成员"身份自始至终参加会议，并第一次以"八国首脑会议"的名义共同发表"最后公报"。从此首脑会议机制形成。

2003年6月，法国作为第29次八国首脑会议的东道主，邀请中国、巴西、墨西哥、沙特阿拉伯、印度、马来西亚6个经济新兴国家的领导人和埃及、塞内加尔、尼日利亚、阿尔及利亚、南非5个"非洲发展新伙伴计划"参加国的领导人参加了在首脑会议召开前举行的南北领导人非正式对话会议。从此，历次首脑会议都向亚、非、拉发展中国家发出对话邀请。

亚太经济合作组织 亚洲和环太平洋部分国家与地区的多边经济合作组织。简称亚太经合组织、APEC。1989年11月5～7日，澳大利亚、美国、日本、韩国、新西兰、加拿大及东盟六国在澳大利亚首都堪培拉举行部长级会议，宣布成立亚太经济合作组织。秘书处设在新加坡。最高活动是领导人非正式会议，主要交流经济问题。应美国倡议，1993年11月首次在西雅图召开，以后每年的下半年召开一次，在各成员间轮流举行。有成员21个、观察员3个。

1993年11月出席在美国西雅图召开的亚太经济合作组织非正式会议的各成员领导人

上海合作组织 政府间国际组织。简称上合组织、SCO。其前身是"上海五国"会晤机制。1996年4月26日，中国、俄罗斯、哈萨克斯坦、吉尔吉斯斯坦、塔吉克斯坦五国元首在上海会晤并签署《关于在边境地区加强军事领域信任的协定》，"上海五国"会晤机制正式确立。2001年五国元首在上海会晤时，正式接受乌兹别克斯坦加入"上海五国"

1994年7月西方七国首脑与欧洲经济共同体委员会主席在那不勒斯合影

机制，六国元首签署《上海合作组织成立宣言》，上海合作组织正式成立。常设机构分别是设在北京的秘书处和设在乌兹别克斯坦首都塔什干的地区反恐机构。每年举行一次成员国元首正式会晤。从2004年开始，启动观察员机制。

阿富汗抗苏战争　1979～1989年阿富汗人民抗击苏联入侵的战争。1979年9月，阿富汗亲苏的努尔·穆罕默德·塔拉基在军事政变中被打死。总理兼国防部长哈菲佐拉·阿明上台，采取疏远苏联、亲近西方的政策。苏联为防止阿明投入西方怀抱，于12月25日晚侵入阿富汗。苏联的入侵激起阿富汗人民强烈愤慨，全国相继出现200多个抵抗组织袭击苏军。M.S.戈尔巴乔夫担任苏共中央总书记后，着手政治解决阿富汗问题。1988年4月14日，喀布尔政权、巴基斯坦、苏联和美国四国外长签署解决阿富汗问题的《日内瓦协议》。1989年2月15日，苏军全部撤出阿富汗。

海湾战争　以美国为首的多国部队经联合国安理会授权，为维护科威特主权和领土完整对伊拉克进行的战争。萨达姆·侯赛因领导下的伊拉克于1990年8月2日出兵占领科威特，8日宣布科威特为伊拉克第19个省，公然吞并科威特。11月29日，联合国通过决议，限定伊拉克在1991年1月15日前撤出科威特，未果。1991年1月17日当地时间深夜2时，美国领导下的多国部队向伊拉克军队发起"沙漠风暴"行动，海湾战争开始。2月28日，在萨达姆宣布接受联合国662号、674号决议后，多国部队同意停火，战争结束。多国部队阵亡230人，伊拉克伤亡近10万人。

海湾战争是第二次世界大战以后一场现代化高科技水平的战争，直接影响了冷战后国际政治、经济新秩序的发展趋势。

海湾战争期间，一名美国士兵从伊拉克军人的尸体旁走过

波黑战争　1992年4月至1995年12月发生在波斯尼亚和黑塞哥维那的一场内战及北约干涉的战争。1992年3月3日，波黑宣布独立。波黑塞族反对独立，克罗地亚人希望建立一个独立的联邦国家，占多数的穆斯林则想建立一个中央集权制的国家。波黑的民族矛盾愈来愈甚，加上某些西方国家的干预，终于爆发了波黑塞族与波黑穆斯林、克罗地亚人之间的战争。几个月后，穆斯林与克罗地亚人之间又爆发战争。1993年初，在联合国调停下，波黑和谈开始。1995年11月，在美国代顿举行波黑和平协议的谈判。协议草案规定，波黑仍为一个主权国家，由穆克联邦和塞族共和国两个实体组成，两者分别占国土面积的51%和49%。

科索沃战争　1999年3月24日至6月10日，以美国为首的北大西洋公约组织国家以"人道主义干涉"为名，就科索沃问题对南斯拉夫联盟发动的战争。1991年，阿尔巴尼亚人成立"科索沃共和国"，并组织"科索沃解放军"。1998年12月起，"科索沃解放军"与塞尔维亚军警不断发生流血冲突。1999年1月15日，塞族军警同阿族武装在拉察克村交火，40多名阿族武装人员被击毙。3月24日，以美国为首的北约8个国家对南联盟开始大规模空袭。北约的空袭遭到南联盟的坚决抵抗，激烈对抗持续了78天。最终，南联盟被迫接受北约的和谈条件。6月，南联盟与北约签约停火，塞族军警撤出，联合国科索沃特派团和北约部队进驻科索沃。科索沃战争是一场未经联合国授权就对一个主权国家进行的侵略战争。

9·11事件 国际恐怖主义组织策划的以美国纽约世界贸易中心大厦和华盛顿国防部五角大楼等为主要攻击目标的恐怖袭击活动。2001年9月11日，一架被恐怖分子劫持的客机于美国东部时间8时46分撞击世贸中心北楼。9时3分，另一架被劫持的客机撞向世贸中心南楼。9时47分，又一架被劫持的客机撞击国防部五角大楼，造成大楼一角坍塌。从10时到10时30分，世贸中心被撞击的两座摩天大楼相继倒塌。10时54分，第四架被劫持的客机在宾夕法尼亚州的匹兹堡坠毁。这一恐怖袭击事件震惊了美国和整个世界。美国政府迅速进行调查工作，并将藏匿在阿富汗的伊斯兰极端恐怖分子本·拉登锁定为头号嫌疑犯。9·11事件中死亡、失踪的人数为2797人，其中失踪59人。

遭撞击后的世贸中心大厦

阿富汗战争 2001年美国针对阿富汗塔利班政权的反恐怖战争。美国认定9·11事件是藏匿在阿富汗的国际恐怖主义基地组织头目本·拉登所为，于是勒令阿富汗塔利班政权交出本·拉登，否则将以军事行动达到目的。2001年10月7日，美国总统G.W.布什宣布对阿富汗发动代号为"持久正义行动"的军事进攻。战事历时61天。12月22日阿富汗组成卡尔扎伊临时政府。

伊拉克战争 2003年3月20日，美国及其部分盟国对伊拉克发动的以推翻萨达姆·侯赛因政权为目的的战争。从2001年底开始，美国G.W.布什政府就全方位地进行推翻萨达姆政权的准备活动。2003年3月20日，美国及其少数盟国以伊拉克隐瞒制造和拥有大规模杀伤性武器、实质性违反联合国1441号决议为借口，绕过联合国，对伊拉克发动战争。战争开始后，以美、英、澳三国军队为主的多国部队基本上未遭到伊拉克军队的大规模正面阻击。4月10日，美军在基本没有遇到抵抗的情况下攻占巴格达。伊拉克主要领导人和军队主力去向不明。15日，布什总统宣布萨达姆政权垮台。5月1日晚，布什总统宣布对伊拉克战争的主要军事行动结束。这是一场以美国为首的多个国家未经联合国批准用武力推翻一个主权国家政府的战争。

天文 地理

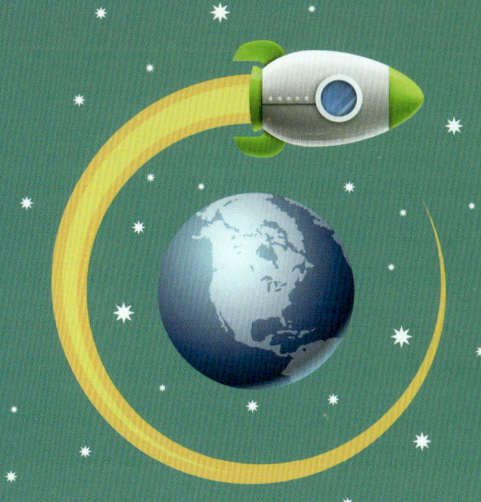

【天文】

天文学 研究宇宙中所有天体和散布在其中的一切物质的组成、距离、运动、物理性质和结构的科学。在人类文明史上，天文学占据着显著地位。古巴比伦的泥板书、古埃及的金字塔，都是历史的见证。中国殷商时期留下的甲骨文里，有丰富的天文记录。

天文学是一门古老的学科。它的研究对象是辽阔空间中的天体。几千年来，天文学家主要通过接收天体投来的辐射发现它们的存在，测量它们的位置，研究它们的结构，探索它们运动和演化的规律，逐步扩展人类对广阔宇宙空间中物质世界的认识。观测是天文学实验方法的基本特点。不断地创造和改革观测手段，成为天文学家致力不懈的课题。

古代的天文学家测量太阳、月亮、星星在天空的位置，研究它们的位置随着时间变化的规律，从而确定时间、节气和历法。也就是说，他们创建了天体测量学。早在16世纪以前，中国的天象观测已达到非常精确的程度。中国古代天文学家，如张衡、祖冲之、一行、郭守敬等，设计制造出精巧的观测仪器，通过观测恒星，确定岁时，上百次地改进历法。在西方，古代天文学家倾注很大精力，研究行星在星空背景中的运动。他们精益求精地测量行星的位置和分析行星运动的规律，终于导致中世纪 N. 哥白尼日心学说的创立。

日心学说的发展到17世纪达到高峰。I. 牛顿把力学概念应用于行星运动的研究，创立了天文学的一个新的分支——天体力学。19世纪中叶以来，物理学的重大发展把天文学推进到一个新的阶段。以测定天体亮度和分析天体光谱为起点的天体物理学成为天文学的一个新的生长点。19世纪末到20世纪初，量子力学、相对论、原子核物理学和高能物理学的创立，给了天文学以新的理论工具。

天体物理学的诞生标志着现代天文学的起点。天文观测也在这时进入到一个新的阶段。17世纪伽利略首创的天文望远镜，使人类的视野大大开阔。20世纪初以来，大型光学望远镜的发展，以及射电天文学和空间天文学的相继诞生，使天文观测手段具有空前的探测能力和精度，天文观测领域扩展到整个电磁波段。观测手段的进步使天体物理学进入空前活跃的阶段。

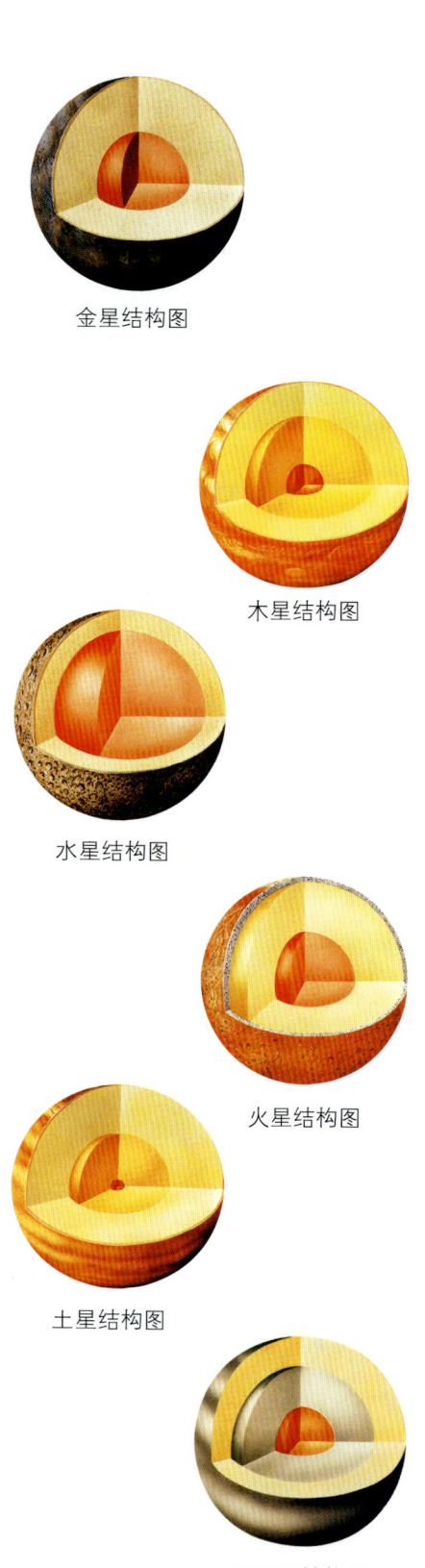

金星结构图

木星结构图

水星结构图

火星结构图

土星结构图

天王星结构图

海王星结构图

宇宙 空间、时间和其中存在的各种形态的物质和能量的总称。宇宙是处于不断运动和发展中的物质世界。《淮南子·原道训》注："四方上下曰宇，古往今来曰宙，以喻天地。"宇宙一般被当作天地万物的总称。人类对宇宙的认识，从太阳系到银河系，再扩展到河外星系、星系团乃至超星系团。借助各种功能强大的地面和空间望远镜，观测的范围已达到100多亿光年的宇宙

天地之间

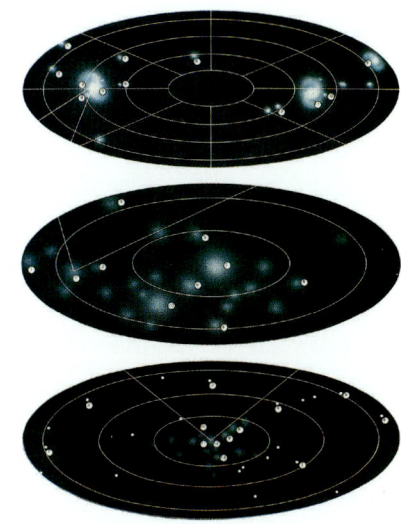

星系群

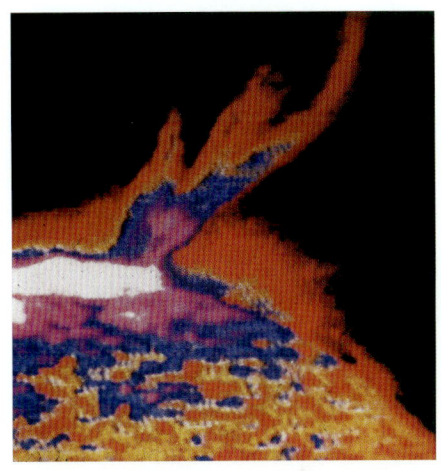

从"天空实验室"拍摄的太阳照片

旋涡星系的形态
（银河系与之相仿）

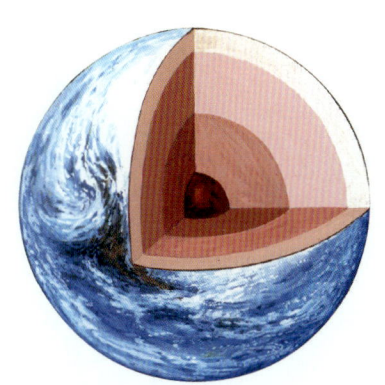

地球内部圈层结构

月球结构图

深处。一般把观测到的宇宙称为"我们的宇宙"。所有天体，乃至我们的宇宙都有其起源、发展和衰亡的历史，但宇宙总体的发展和人类对宇宙的认识则是无穷无尽的。

黑洞 广义相对论所预言的一种特殊天体。它具有一个封闭的视界。视界就是黑洞的边界，外来的物质和辐射可进入视界内，并被撕碎和高度凝聚；而视界内的任何物质和辐射都无法跑到外面。黑洞的引力和潮汐力异常巨大。

1939 年，J.R.奥本海默等根据广义相对论证明，一个无压的尘埃球体，在自引力作用下能坍缩到它的引力半径范围内。当物质球坍缩到引力半径，这个球体所发射的光线或其他任何粒子都不能逃到引力半径以外，这就形成黑洞。形成黑洞以前的恒星物质可有各种属性，但它一旦形成稳定的黑洞以后，其所有的属性几乎都不再能被观测到。

寻找黑洞是相对论天体物理学的重要课题。完全孤立的黑洞难于观测，只能根据它与周边物质相互作用时产生的各种效应来预测其存在。

白洞 广义相对论所预言的一种与黑洞相反的特殊天体。和黑洞类似，它也有一个封闭的边界。聚集在白洞内部的物质，只可以经边界向外运动，而不能反向运动。因此，白洞可以向外部区域提供物质和能量，但不能吸收外部区域的任何物质和辐射。白洞是一个强引力源，其外部引力性质与黑洞相同。白洞可以把它周围的物质吸积到边界上形成物质层。白洞目前还只是一种理论模型，尚未被观测所证实。白洞学说主要用来解释一些高能天体现象。

星座和星图 星座是为了识别星空，按恒星在天球上的排列图像划分的星空区域。公元前 13 世纪，古巴比伦人把黄道附近的星座确定为 12 个。公元 2 世纪，经过古代希腊天文学家的详细描述，大体确定了北部天空约 40 个星座的雏形。17 世纪以来，通过航海家和天文学家在南半球的系统观测，又逐渐确定了南部天空的 48 个星座。中国早在公元前 11 世纪以前就把星空划分成许多星官或星宿，后来又进一步演变为三垣二十八宿的星空体系。世界通用的星座体系是国际天文学联合会于 1928 年最终确定的。它以传统的星座为基础，将整个天空划分为 88 个星座。

星图是将恒星或其他天体在天球上的视位置投影在平面上，以表示它们

《敦煌星图》局部

的方位、亮度和形态的图片或照片。705～710年问世的中国唐代《敦煌星图》，是世界上现存最古老的星图。波兰天文学家J.赫维留编著的《天文图志》中所载星图，是欧洲最早的星图。星图有全天星图和特定天区星图之分，是天文观测、教学和科研的基本工具之一。

星系 通常由几亿至上万亿颗恒星及星际物质构成，空间尺度为几千至几十万光年的天体系统。银河系就是一个普通的星系。银河系以外的星系称为河外星系。现代望远镜包括哈勃空间望远镜能观测到的星系估计在500亿个以上。

英仙座星系团

旋涡星系

星系的外形和结构多种多样，但大多由椭球形的中央核球和（或）扁平的盘成分构成。1926年，哈勃按星系的形态将星系分为椭圆星系、旋涡星系和不规则星系三大类。后来又细分为椭圆、透镜、旋涡、棒旋和不规则五个类型。

星系团 十几个、几十个以至成百上千个**星系**组成的星系集团。是宇宙中确知具有动力学束缚特征的最大结构。其中的每一个星系称为星系团的成员星系。成员数目较少（不超过100个）的星系团称为星系群。现已发现上万个星系团，距离远达70亿光年之外。至少有85％的星系是各种星系团的成员。小的星系团如本星系群由包括银河系、仙女星系在内的约40个大小不等的星系组成，大的星系团如后发座星系团星系总数达3000个。平均而言，每个星系团内的成员数约为130个。有时又称成员数较多的星系团为富星系团。尽管不同星系团内成员星系的数目相差悬殊，但星系团的线直径最多相差一个数量级。

银河系 **地球和太阳**所在的巨大恒星系统。拥有约2000亿颗恒星，因其投影在天球上的乳白亮带——银河而得名。按形态分类，银河系是一个巨型旋涡星系，中心区有一可能的棒状结构。银河系的第一个主要成分为一旋转的薄盘，称为银盘，由较年轻的恒星、银河

银河系全景图

星团、气体和尘埃组成。第二个主要成分是一较暗的直径约30千秒差距（1秒差距约等于3.262光年或308568亿千米）的球形晕，称为银晕，由较年老的恒星组成。银晕中央是一显著的旋转椭球形成分，称为银河系核球，亦由较年老的恒星组成。银河系的动力学中心称为银心，可能含有一个约300万倍太阳质量的黑洞。第三种主要成分是一由暗物质构成的晕，称为暗晕。银河系整体作较差自转。

恒星和星云 恒星是由自身引力维持，靠内部的核聚变而发光的炽热气体组成的球状或类球状天体。太阳就是一颗典型的恒星，离地球最近。其次是半人马座比邻星，它与地球的距离为4.22光年。银河系拥有几千亿颗恒星，在晴朗无月的夜晚，用肉眼可以看到3000多颗恒星；借助于望远镜，可看到几十万乃至几百万颗以上的恒星。恒星并非不动。因为离地球实在太远，不借助

特殊工具和特殊方法，很难发现它们在天球上的位置变化，所以古人把它们称作恒星。恒星是相当稳定的炽热气体球结构，寿命在几百万年到上百亿年之间。一般认为恒星是由星云凝缩而成的。

星云是由气体和尘埃组成的云雾状天体。位于银河系内的称为银河星云。银河星云可分为广袤稀薄而无定形的弥漫星云、亮环中央具有高温核心星的行星状星云，以及尚在不断地向四周扩散的超新星剩余物质云。后两者都是恒星演化过程中的产物，也是恒星逐渐变为星际物质的过程。星云中物质密度常常

鹰状星云

十分稀薄，一般为每立方厘米几十到几千个原子（或离子）。星云的体积一般比太阳系大许多倍。

太阳系 由太阳和围绕它运动的天体构成的体系及其所占有的空间区域。有行星及其卫星、矮行星、太阳系小天体、小行星、陨星和流星体、彗星、柯伊伯带天体、行星际物质，可能还包括笼罩于最外围的奥尔特云。

太阳在太阳系中占据中心和主导地位。太阳的质量占太阳系总质量的99.86%，其余天体共占0.14%。太阳的引力控制着整个太阳系，行星都在接近同一平面的近圆轨道上绕日公转。太阳系的主要成员，除太阳外，就是行星。行星分类地行星和类木行星两类。类地行星和类木行星的轨道之间为小行星带。太阳系通常以小行星带为界，分为内外两部分。小行星带以内称为内太阳系，小行星带以外称为外太阳系。内太阳系有水星、金星、地球和火星四颗类地行星及其卫星，外太阳系有木星、土星、天王星和海王星四颗类木行星及其卫星。

太阳 太阳系的中心天体。太阳系的八行星和其他天体都围绕它运动。太阳半径为 6.963×10^5 千米，或约为70万千米，为地球半径的109倍左右。太阳体积则是地球体积的130万倍。太阳表面温度约为6000开，中心温度高达 16×10^6 开。

整个太阳球体大致可分为几个物理性质很不相同的层次。从太阳中心至大约0.25倍太阳半径的区域称为日核。从

太阳系全景示意（体积大小和距离远近不按实际比例）

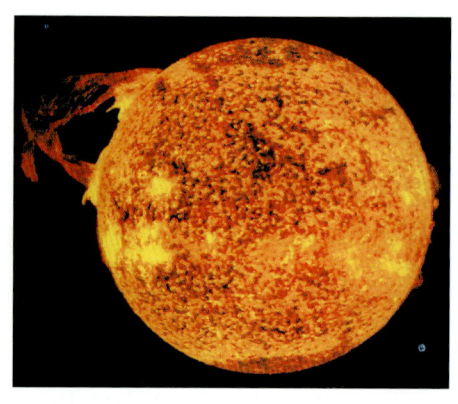

太阳紫外照片（左上方是一个高达40万千米的巨大日珥）

约0.25倍太阳半径至0.75倍太阳半径的区域称为中层。从0.75倍太阳半径至太阳表面附近的区域称为对流层。对流层上方很薄但非常重要的气层称为光球层或光球。光球外面较厚和外缘参差不齐的气层称为色球层或色球。色球上面更稀薄但温度更高而且延伸范围更大的气层称为日冕。光球、色球和日冕合称太阳大气。日核、中层和对流层则合称太阳内部或太阳本体。

太阳基本上是一颗球对称的稳定恒星。太阳大气中的一些局部区域，有时会发生太阳活动，如光球中出现太阳黑子和光斑，色球中出现谱斑、日珥，日冕中出现日冕凝块，色球和日冕中发生太阳耀斑。

八行星 指太阳系的八颗行星，即水星、金星、地球、火星、木星、土星、天王星、海王星。八行星按质量和表面物态，分为类地行星和类木行星两类。前者质量小，岩石表面，卫星少（水星和金星没有卫星，地球有1颗，火星有2颗），典型代表是地球；后者质量大，气态表面，卫星多（木星有79颗卫星，土星有82颗，天王星有27颗，海王星有14颗），有环系，典型代表是木星。

太阳系八颗行星的组合（从上往下依次为水星、金星、地球和月球、火星、木星、土星和土星环、天王星、海王星）李元提供

水星 太阳系八行星之一。距太阳最近。中国古代称辰星，西汉之后始称水星。水星没有卫星。

水星的公转周期为87.969地球日，在八行星中是最短的。水星赤道面与公转轨道面的倾角等于0.1°，在八行星中最小，所以水星上没有季节之分。水星的自转周期和公转周期的长度比恰好是2∶3，即：自转3周才是一昼夜，历时约176地球日；同时公转2周。也就是说，1水星日等于2水星年。

水星地貌（喻京川的太空美术画）

水星赤道半径为2440千米，约为地球的38%。质量约为地球的5.5%。体积约为地球的5.6%。水星大气极端稀薄。由于没有足以隔热的大气，在近日点时赤道上的最高温度约为725开，夜间温度又会下降到90开，这是已知的太阳系的行星和卫星上的最大温差。

金星 太阳系八行星之一。按离太阳由近及远的次序为第二颗行星。除太阳、月球和某些罕见的偶现天体外，金星是星空中最亮的星。金星是地内行星，故有时为晨星，有时为昏星。中国史书称

金星地貌（喻京川的太空美术画）

晨星为启明，昏星为长庚。西汉之后始称金星，民间俗称太白。金星没有卫星。

金星的公转周期为224.7地球日。金星的自转运动是八行星中最慢的，自转周期为243地球日。其自转方向也与其他大多数行星相反，即从东往西顺时针自转。1金星日长达117地球日，即在1金星年中只能见到2次太阳升起，而且是西升东落。由于轨道偏心率和轨道倾角都很小，金星上没有明显的季节变化。

金星赤道半径6052千米，约为地球的95%。质量约为地球的82%。体积约为地球的85%。金星没有磁场。金星具有一个厚大气层。由于强烈的温室效应，昼夜温差很小，表面温度高达740开。金星大气的主要成分是二氧化碳。大气中不含水，而含硫酸。

地球 太阳系八行星之一。按离太阳由近及远的次序为第三颗行星。是人类所在的行星。它有一颗天然卫星——月球，二者组成地月系统。地球大约有46亿年的历史。

地球自西向东自转，同时围绕太阳公转。自转周期约为23时56分4秒平太阳时（1恒星日）。地球公转的轨道是椭圆的，公转周期为1恒星年（365.25平太阳日）。黄道面（地球公转轨道面）与赤道面的交角（黄赤交角）为23.45°。地球自转和公转运动的结合产生地球上的昼夜交替、四季变化和五带（热带、南北温带和南北寒带）的区分。

地球不是正球体，而是三轴椭球体。地球赤道半径为6378千米，比极半径约长21千米。质量（包括大气圈等）为$5.976×10^{24}$千克。体积为$1.083×10^{21}$立方米。地球总表面积为$5.100×10^{8}$平方千米，其中大陆面积约占29%，海洋面积约占71%。

大水球——地球

地球由固体地球、表面水圈、大气圈和生物圈组成。地球内部结构总体上是径向分层的，主要分成地壳、地幔和地核三个圈层。地球具有磁性。地球内部自有热源，所以地下越深则越热。地球中心的温度约为4800℃。

火星 太阳系八行星之一。按离太阳由近及远的次序为第四颗行星。是从地球上看颜色最红的行星。中国古代称荧惑，西汉之后始称火星。火星有火卫一和火卫二两颗卫星。

火星的公转周期为686.9地球日。火星赤道面与公转轨道面的倾角为25.19°，和地球的黄赤交角近似，所以

火卫一上看火星（喻京川的太空美术画）

火星也有类似的四季现象，只是每季的长度要比地球的长出约一倍。

火星赤道半径 3396 千米，为地球的 53%。质量约为地球的 11%。体积约为地球的 15%。火星是四颗类地行星中最为扁椭的一颗。火星具有稀薄的大气，大气内二氧化碳占 95%。火星表面赤道附近夏季的最高温度可达 300 开，有记录的最低温度是 145 开，全球表面年平均气温 210 开。火星呈红黄色。具有极为微弱的磁场。和地球一样，有壳、幔、核三个圈层。

由于自然环境和条件与地球接近，百年来始终被认为是搜索地外生命的首选行星。

木星 太阳系八行星之一。按离太阳由近及远的次序为第五颗行星。是太阳系中最大的行星。中国古代称岁星，西汉之后始称木星。

木星的公转周期是 11.87 地球年，约为 4330 地球日。木星赤道面与公转轨道面的倾角很小，等于 3.12°，在八行星中仅略大于水星的轨道交角。木星自转周期为 9 时 50 分至 9 时 56 分，是自转速率最快的一颗大行星。

木星是类木行星的典型代表。木星赤道半径 71492 千米，约为地球的 11.2 倍。由于自转快，赤道半径明显大于极半径。质量约为地球的 318 倍，超过除太阳以外的太阳系其他天体质量的总和。体积约为地球的 1318 倍，超过其他三颗类木行星（土星、天王星和海王星）。木星大气厚达 1000 千米，但和巨大的体积相比，仍只能算是薄层。大气中氢占 89%。大气上层接受的太阳热量为地球的 3.7%，气温为 -150 ~ -140℃。木星南半球有被称为"大红斑"的椭圆形风暴气旋。在八行星中，木星有最强的磁场。木星拥有环系。环系由亮环、暗环和尘环三部分组成，又窄又薄，离木星又近。

木卫一上看木星

已发现卫星 79 颗。最大的四颗卫星是木卫一、木卫二、木卫三和木卫四，它们是伽利略在 1610 年发现的，被称为伽利略卫星。

土星 太阳系八行星之一。按离太阳由近及远的次序为第六颗行星。中国古

远见土星系

代称镇星，也称填星。西汉之后始称土星。

土星的公转周期约为29.4地球年。土星赤道面与公转轨道面的倾角为26.73°，比地球的黄赤交角略大些。土星自转很快，自转周期为10时39分。

土星赤道半径60268千米，约为地球的9.4倍。质量约为地球的95倍。体积约为地球的744倍。土星是八行星中最扁椭的。由于自转速率快，沿赤道带可见条带状云系。土星的平均密度为0.70克/厘米^3，是太阳系中唯一轻于水的天体。土星大气中氢占94%。大气上层接受的太阳热量相当于地球的1.1%，气温为-170～-160℃。土星赤道带附近经常有云气旋，其中最大的一个卵形气旋，名为"大白斑"。土星环系沿土星赤道面绕土星运转，由厘米级至米级大小的冰质块体组成，显得很亮。

已观测到卫星82颗。其中土卫六是已知唯一有大气的卫星。

天王星 太阳系八行星之一。按离太阳由近及远的次序为第七颗行星。是第一颗用望远镜发现的大行星。

天王星的公转周期为83.75地球年。天王星是类木行星中自转速率最慢的一颗，自转周期为17时14分。天王星赤道面与公转轨道面的倾角为97.92°。它侧向自转，形成另类的昼夜交替和季节变化。

天王星赤道半径25559千米，约为地球的4倍。质量约为地球的15倍，是类木行星中质量最小的一颗。整体近似球形。体积约为地球的47倍。天王星的大气层很厚，大气的主要成分是氢（83%）和氦（15%）。大气上层接受的太阳热量相当于地球的0.27%，气温为-210～-200℃。天王星有一个由多条环带组成的环系。环带共有10条，大多数为1～10千米宽的窄带，由厘米级的岩石组成，多呈暗黑色。

已发现卫星27颗。

从天王星卫星上看天王星（喻京川的太空美术画）

海王星 太阳系八行星之一。按离太阳由近及远的次序为第八颗行星。只有借助望远镜才能看得见。

海王星的公转周期为 164.79 地球年。自转周期为 16 时 6 分。海王星赤道面与公转轨道面的倾角为 29.56°。

海王星赤道半径 24776 千米，约为地球的 3.9 倍。它是四个类木行星中最近似球形的行星。质量约为地球的 17 倍。体积约为地球的 40 倍。大气的主要成分是氢，其次是氦。大气上层接受的太阳热量为地球的 0.11%，气温为 −220～−210℃。除自转轴的指向外，海王星和天王星在其他天文特征、物理性质和化学组成上都很相似，是太阳系内的"孪生"行星。海王星有由 5 条环带组成的环系。

已发现卫星 14 颗。

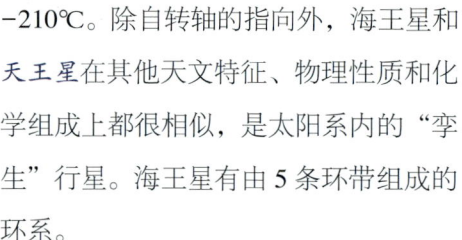

蓝色海王星

月球 地球唯一的天然卫星。是离地球最近的天体。又称月亮，古称太阴。与地球构成地月系统。

月球半径 1740 千米，约为地球的 27%。质量为地球的 1/81。体积为地球的 1/49。赤道表面重力加速度只及地球的 1/6。地月之间平均距离为 384400 千米，约为地球直径的 30 倍。因离地球近，月球成为地球夜空中最亮的天体。

"阿波罗"11 号宇宙飞船在距月球 1.6 万千米处拍摄的月球照片

月球轨道面与地球轨道面的倾角平均为 5.15°。月球赤道面与它的轨道面的倾角为 6.67°。月球以逆时针方向绕距离地球中心 4671 千米的地月系统质心运转，周期平均为 27.32166 日；它同时以逆时针方向自转，自转周期与公转周期相同。月球自转和公转的周期同步的现象，形成了月球总是以同一个半球朝向地球的天象。月球没有大气，也没有液态水。月面上白天温度可达 120℃，夜间则降至 −180℃。月球没有可探测的磁场。月面上山岭起伏，峰峦密布。环形山是月面上的最明显的特征。月面大部分地区为一层厚度不等的月尘和岩屑所覆盖。

月食和日食 月食是地球上看到月球进入地球的影子后月面变暗的现象。地球在背着太阳的方向有一条阴影。地影分为本影和半影两部分。本影没有受到太阳直接射来的光，半影受到一部分太阳直接射来的光。月球在绕地球运行过程中有时进入地影，于是发生月食。月球整个进入本影，发生月全食；一部分进入本影，发生月偏食。月全食和月偏食都是本影月食。有时月球并不进入本影而只进入半影，则发生半影月食。这时月球的亮度减弱很少，一般不称为

月食的连续照片（可见地球阴影）

月食。月食只能发生在"望",即农历十五或十六。由于月球轨道面与地球轨道面有约5.15°的倾角,所以并不是每个望日都会发生月食。只有当月球运行到月球轨道面与地球轨道面的交界线附近时,才可能发生月食。单考虑本影月食,每年最多可发生三次,最少则连一次也没有。

日食是在地球上看到太阳被月球遮蔽的现象。月球在绕地球运行过程中,有时会走到太阳和地球中间,这时月球的影子落到地球表面上,位于影子里的观测者便会看到太阳被月球遮住,这就是日食。月球的影子可以分为本影、伪本影和半影三部分。在本影内,观测者看到太阳全部被月球遮住,这称为日全食;在伪本影内,则见月球不能完全遮住太阳,在太阳边缘剩下一圈光环,这称为日环食;在半影内,则见太阳的一部分被月球遮住,这称为日偏食。全世界每年最多可发生五次日食,最少也要发生两次。

发生月食的机会比日食少。但每次月食时,地球上夜半球的居民都能看到。因此,对任一地区来说,看到月食的机会反而比日食多。

小行星　沿椭圆轨道绕日运行,不易挥发出气体和尘埃的小天体。绝大多数小行星分布在火星和木星轨道之间的小行星主带中。

小行星主带中绕日运行的小行星总数不下百万颗,但其质量的总和仅为地球质量的0.04%。主带中最大的一颗小行星是谷神星,直径934千米;直径

太阳系中的小行星(喻京川的太空美术画)

在200～500千米的小行星有24颗,150～200千米的有45颗。根据2006年颁布的《行星定义》,谷神星已被分类为矮行星。主带小行星的轨道半长径为2.17～3.64天文单位,平均为2.8天文单位。

公转轨道的一部分延伸到内太阳系、近日点距离不大于1.3天文单位的小行星,称为近地小行星。

20世纪90年代以来,已发现约20颗有卫星的小行星和双小行星。

彗星　当靠近太阳时能够较长时间大量挥发气体和尘埃的一种小天体。通常分为彗核、彗发和彗尾三个部分。远离太阳时,彗星呈现为朦胧的星状小暗斑,其较亮的中心部分称为彗核。彗核的成分是冰和不易熔解的物质。彗核外围的云雾包层称为彗发,它由彗核中蒸发出来的气体和微小尘粒组成。当彗星走到离太阳相当近的时候,彗发变大,太阳风和太阳的辐射压力把彗发的气体和微尘推开生成彗尾。由于彗

海尔－波普彗星
德光宏明拍摄

星的这种独特外貌,中国民间又称彗星为扫帚星。

在椭圆轨道上运动的彗星称为周期彗星,它们周期地绕太阳公转;在抛物线或双曲线轨道上运动的彗星称为非周期彗星,它们绕太阳转个弯后一去不复返。

流星　来自行星际空间、以高速进入地球大气并在夜空呈现发光余迹现象的固态天体。大小从0.01毫米到10米不等。形成目视可见流星现象的流星体的典型大小为几毫米。流星进入大气的运行速度为每秒几十千米,在地球表面之上90~100千米处蒸发并辐射发光。凡亮度超过金星乃至白昼可见的流星称为火流星。它们在进入大气之前通常是米级大小的流星体,燃烧未尽的实体陨落地表即为**陨石**。

陨石　来自行星际空间、穿过地球大气层、烧蚀后残留下来并降落到地面的地外固体物质。分为石陨石、铁陨石和

中国科学工作者在考察"吉林1号"陨石

石铁陨石三类。陨石的大小不等,既有重达几吨、十几吨或数十吨的,也有豌豆粒大小、质量只有1~2克甚至更小的。形状各种各样。一般来说,铁陨石质地坚硬,陨落时不易破裂,因而其体积比石陨石要大。陨石的外层常有一层很薄(不及1毫米)的黑色或深褐色熔壳。表面还有许多像河蚌壳、指印状的小凹坑,这是**流星**与高温气流相互作用烧蚀留下的痕迹,称作气印。陨石的密度一般要比地球上常见的岩石大。

流星雨　流星群与地球相遇时,地球上看到某个天区的**流星**明显增多的现象。沿同一轨道绕太阳运行的大群流星体称为流星群。每逢地球遇到轨道上的流星群最密集区,观测到的每小时天顶流星数激增,这种现象称为流星暴雨。发生流星雨时,流星的出现率通常是每小时十几条到几十条;发生流星暴雨时,

夜空中的流星

2009年11月18日在北京密云拍摄的狮子座流星雨　新华社提供，郭昱拍摄

流星的出现率可高达每小时几千条乃至几万条。流星雨起源于彗星，流星体是彗星挥发和遗撒的碎小物体。与流星的随机偶现不同，流星雨出现有定时和固定的辐射点，遂以辐射点所在星座命名。最著名的如狮子座流星雨，每年11月18日前后出现，每隔33年有一次流星雨盛期。

地外文明　地球以外的天体上可能存在的智慧生物及其文明。根据确信生命的起源和演化是宇宙中的一个普遍规律的理念，一些天文学家认为生命的出现和存在、生物的栖息和繁衍也都是普遍规律。从20世纪下半叶起，陆续实施了一些地外文明的探索，如60年代的"奥兹玛"计划，70年代的"独眼神"计划，80年代的地外文明搜寻（SETI）计划，90年代的微波观测计划、META计划、Serendip计划和"凤凰"计划。采用的方法主要是用射电望远镜指向特选的恒星，搜索其行星上智慧社会发射的呼唤。2003年开始的新一轮火星探测和2005年实现的土卫六着陆都是地外生命搜索项目。迄今尚未获得任何非自然信息。

飞碟　未经查明来历的空中飞行物。国际上通称UFO，UFO是不明飞行物的英文缩写。20世纪40年代以来，有关国际组织汇集的关于UFO的举报总数超过50万例。经排查和证认，其中45万例或为已知飞行物，或为误报和谎报。迄今尚遗有10%的事件仍属UFO，有待继续证认。

天文台和天文仪器　天文台是从事天文观测和天文研究的机构，曾称观象台。天文台拥有各种类型的天文望远镜和测量、计算装置。除综合性天文台外，天文台根据所侧重的学科领域，分为天体物理台、天体测量台、太阳观测台等。按照探测天体辐射的不同波段，天文台又有光学天文台和射电天文台之别。根据台址所处的地基环境，有地基天文台和空间天文台之分。在以太空为搭载观

格林尼治皇家天文台旧址全景

测仪器的场所中，还可细分为卫星运载并环绕地球飞行的轨道天文台、飞机运载在大气高层观测的机载天文台、气球运载在高空探测的球载天文台等。

天文仪器是天文观测中聚光（或聚波）装置和附属设备的总称。前者包括适用于不同辐射波段的各种类型的天文望远镜及保障其运作的机械、电器或自动化装置，后者则包括具有探测、收录、分解、分析、存储观测信息和数据功能的多种仪器和设备。

天文望远镜　用于天文观测的望远镜。从1609年伽利略创制第一架天文望远镜到20世纪30年代建成第一架射电望远镜之间的400多年中，天文望远镜就是光学望远镜的同义语。现在，天文望远镜按照成像原理分为折射望远镜、反射望远镜和折反射望远镜，按照探测天体辐射的不同波段分为光学、射电、红外、紫外、X射线和γ射线望远镜。

伽利略望远镜

射电望远镜　接收并研究宇宙和天体的无线电波（频率20千赫至3吉赫，即射电）的强度、频谱或偏振及这三个量的变化的装置。包括收集射电波的定向天线，放大射电信号的高灵敏度接收机，信息记录、处理和显示系统，计时

被誉为"中国天眼"的500米口径球面射电望远镜　新华社提供，欧东衢拍摄

系统，环境检测设备，计算机控制和管理系统等。经典射电望远镜的基本原理和光学反射望远镜相似：由天体投射来的电磁波经抛物面反射后，同相到达公共焦点；射频信号功率首先在焦点处被放大并转换成较低频率，经进一步放大和检波，再记录、归算、处理和显示。

世界上第一台射电望远镜是由美国无线电工程师K.G.央斯基在1932年制造的，由此发现并确认了来自银河系中心方向的宇宙射电，从而开启了射电天文的历史。2016年9月于贵州黔南落成启用的500米口径球面射电望远镜（简称FAST），是世界上单口径最大、最灵敏的射电望远镜。

哈勃空间望远镜　美国国家航空航天局和欧洲空间局联合研制的口径2.4米的光学-近红外空间望远镜。简称

飞行中的哈勃空间望远镜

HST。以观测宇宙学奠基者、美国天文学家 E.P. 哈勃的姓氏命名。于 1990 年发射升空，在环地轨道上运行。哈勃空间望远镜在近 30 年间成功地运作和观天，取得大量高质量的观测资料。天文学家据此发现了为数众多的新天象，完成了大批研究成果，如揭示 100 亿～130 亿光年以外宇宙早期和极早期的天象，发现导致宇宙加速膨胀的暗能量，修订计量宇宙距离尺度的哈勃常数，观测到许多形态各异的恒星诞生区、褐矮星、双小行星，发现众多的类木行星的卫星等。

张衡（78～139） 中国东汉科学家、文学家、思想家。字平子。南阳西鄂（今河南南阳石桥镇）人。少年时曾到西汉故都长安和首都洛阳参观游学。永初五年（111）到京城，担任郎中与尚书侍郎。元初二年（115）起，两度担任太史令。还曾任侍中、河间相等职。

他在天文学和地学方面都有卓越的贡献。天文学方面，他的《灵宪》和《浑天仪·图注》是两部经典著作。前者是早期天体物理学方面的著作，后者是中国古代宇宙论的标准模型——浑天说的代表作。他还亲自设计和制造了漏水转浑天仪。地学方面，他以发明候风地动仪闻名于世。另著有数学著作《算罔论》。他是东汉有名的文学家，代表作有《二京赋》《归田赋》《四愁诗》等。

张衡地动仪 中国古代测验地震方位的仪器，人类史上第一架验震器。曾称候风地动仪。东汉张衡于永建七年（132）创制。失传于 3～4 世纪的动乱中。

该仪器系青铜铸造，整体造型宛若汉代酒樽，直径八尺（汉建初尺，一尺

张衡地动仪的复原模型（2004）

约相当于 0.24 米），顶盖穹隆，樽壁附八个口衔铜丸的龙首，下部由八只张口的蟾蜍承托樽体，蟾蜍与龙首上下对应。仪器表面雕刻四灵纹饰和八卦，以示八方。早期设想：仪器内部的中央有一根都柱，旁设八条滑道、触发机构和传动杠杆。遇有地震，樽体被摇晃，各部件启动，触动一个龙首的铜丸落入蟾蜍口中，发出激扬之声以报警。仪器曾测到阳嘉三年十一月壬寅（134 年 12 月 13 日）的陇西（今甘肃天水一带）地震。

一行（683～727） 中国唐代天文学家和佛学家。本名张遂。魏州昌乐（今河南南乐）人。青年时期即以学识渊博

闻名于长安。为避开武三思，剃度为僧，取名一行。先后在嵩山、天台山学习佛教经典和天文、数学。曾翻译过多种印度佛经，后成为佛教密宗的领袖。

开元十二年（724），一行和梁令瓒共同创制成黄道游仪。后又共同设计制造水运浑象。十二年起，一行主持大规模的全国天文大地测量，并根据测量数据进行归算，求出地球子午线一度之长。十三年起，一行开始编制历法。经过两年时间，写成草稿，定名为《大衍历》。随即去世。

郭守敬（1231～1316）

中国元代天文学家、数学家、水利专家和仪器制造家。字若思。顺德邢台（今属河北）人。

幼承家学，攻研天文、算学、水利之学。32岁出仕元廷。他多次参加整治华北水利工程，参与修复西夏（今宁夏银川一带）水利工程。至元十三年（1276）受命参与制定新历法。十七年编成新历，即《授时历》。他为修历而设计和监制了简仪、高表等新仪器。他主持了27个地方的日影测量、北极出地高度和二分二至日昼夜时刻的测定。他通过晷影测量，结合历史资料加以归算，得出精确的回归年长度。十八年，郭守敬任太史令。编述有《推步》等天文历法著作。晚年，郭守敬致力于河工水利，兼任都水监。他提出并完成通惠河工程。

张钰哲（1902-02-16～1986-07-21）

中国天文学家。生于福建闽侯。1919年考入清华学堂。1923年赴美，先后就读于康奈尔大学和芝加哥大学。1928年发现1125号小行星，命名为"中华"。1929

年获博士学位后回国，任中央大学物理系教授。1941年起任中央研究院天文研究所所长。中华人民共和国成立后至1984年，任中国科学院紫金山天文台台长。1955年当选为中国科学院学部委员。

他长期致力于小行星和彗星的观测和轨道计算工作。他和他领导的行星研究室陆续发现100多颗星历表上没有编号的小行星和以"紫金山"命名的3颗新彗星。为表彰他在天文学上的贡献，1978年8月的《国际小行星通报》公布，将新编号的2051号小行星定名为"张"——（2051）Chang。著述主要有《变化小行星的光电测光》等。

阿利斯塔克（约前3世纪）

古代希腊天文学家。生于爱琴海上的萨摩斯岛。公元前230～前210年，他提出太阳在宇宙中心，与恒星一样都静止不动，地球则与诸行星一样沿圆形轨道绕太阳运动，同时绕轴自转。F.恩格斯称他为"古代的哥白尼"。现存著作有《论日月的大小和距离》。书中记载，他测得月亮上弦、下弦时日地连线与月地连线之间的角距离为87°，由此推算出月地距离与日地距离之比为1：18～1：20。结果虽不精确，但因原理简明，这种方法被应用了一千多年。他还提出过一种测定月食时月球视直径和地影直径的比例关系的方法,以确定日、月、地三者大小之比。

托勒玫(约100~约170) 古罗马时期天文学家、地理学家、地图学家、数学家。又译托勒密或多禄某。相传生于上埃及的一个希腊化城市。127~151年在埃及的亚历山大城进行天文观测。他总结了希腊古代天文学的成就,特别是依巴谷的工作。他把用偏心圆或小轮体系解释天体运动的地球中心说加以系统化和论证,后世遂把这种地心体系冠以他的名字。他主要依据依巴谷留下的观测资料,编制了有1022颗恒星的黄道坐标和星等的星表,发现北天极在星空中的位置变动,明确提出存在大气折射(蒙气差)现象。他对三角学和球面三角学的发展也作出了重要贡献。所著《天文学大成》是当时天文学的百科全书。另著有《地理学指南》《光学》等。

哥白尼,N.(1473-02-19~1543-05-24) 波兰天文学家、日心说的创立者、近代天文学的奠基人。生于波兰托伦城。18岁进克拉科夫大学。1497年后,先后在博洛尼亚大学、帕多瓦大学和费拉拉大学学习。1503年在费拉拉大学获得教会法博士学位。同年回到波兰。1512年后,他在弗龙堡教堂做僧正,把大部分精力用在天文学的研究上。

哥白尼建立起一个新的宇宙体系,即太阳居于宇宙的中心静止不动,包括地球在内的行星都绕太阳转动的日心体系。他系统而明晰地批判了地球中心说,并且从物理学的角度对日心地动说可能遭到的责难提出了答复。他用了30多年的时间去测算、校核、修订他的学说。1543年5月,其主要著作《天体运行论》出版。

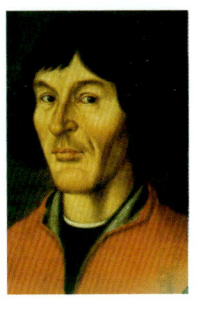

哥白尼的学说不仅改变了那个时代人类对宇宙的认识,而且从根本上动摇了欧洲中世纪宗教神学的理论基础。

开普勒,J.(1571-12-17~1630-11-15) 德国天文学家、物理学家、数学家。生于符腾堡。1587年进入蒂宾根大学神学院学习,1591年获文学硕士学位。1600年到布拉格,任B.第谷的助手。次年第谷去世,他继任御前数学家。

1604年,他对在蛇夫座附近出现的一颗超新星(后被命名为开普勒超新星)进行观测和研究;提出大气有质量,建立大气折射的近似定律。1609年出版《新天文学》,提出行星运动第一、第二定律。1611年出版《光学》,并改进望远镜。1615年出版的《酒桶新立体几何》一书,是微积分的先声。1619年出版《宇宙谐和论》,公布他所发现的行星运动第三定律。1621年出版《哥白尼天文学概要》,提出行星运动的开普勒方程。1627年编成《鲁道夫星表》。

哈雷，E.（1656-11-08 ~ 1742-01-14）英国天文学家、数学家和地球物理学家。生于伦敦附近的哈格斯顿。1673年进牛津大学女王学院学习，1703年任牛津大学教授，1720年任格林尼治皇家天文台台长。

1676年在圣赫勒拿岛建立南半球的第一个天文台，并测量编制了第一个南天星表和星图。1678年被选为皇家学会会员。1691年提出利用金星凌日测定太阳视差的方法。1695年预言月球的平均运动存在长期加速现象。1705年发表《彗星天文学论说》，阐述1337 ~ 1698年观测到的24颗彗星的轨道。他发现和预言了哈雷彗星。1717年还发现了天狼、南河三和大角3颗星的自行。

在数学方面，哈雷对高等几何、对数计算和三角函数有精深的研究。在地球物理学方面，哈雷首先发现信风，系统研究了主要风系与主要海流的关系；创制蒸发器，利用蒸发器测量地中海海水的蒸发量，成为现代水文学的奠基人之一；制成大西洋和太平洋地磁图。

赫歇耳，F.W.（1738-11-15 ~ 1822-08-25）英国天文学家。生于德国汉诺威。1757年移居英国。1779年起，用自制望远镜从事巡天观测。1781年3月发现太阳系中新的行星——天王星。随后被聘为宫廷天文学家。1783年推断出太阳有向武仙座方向的空间运动。1785年，他用统计恒星数目的方法证实银河系为扁平状圆盘的假说。1787年和1789年先后发现天王星和土星各有两颗卫星。英国皇家学会为此授予他柯普莱奖章，并选他为会员。1782 ~ 1821年三次刊发包含656对新发现的双星的星表。1802 ~ 1804年，他发现大多数双星中都有一星绕另一星的轨道运动。1786 ~ 1802年三次出版星团和星云表，记录2500个星团和星云。1820年成为英国皇家天文学会首任会长。

哈勃，E.P.（1889-11-20 ~ 1953-09-28）美国天文学家、星系天文学的奠基人、观测宇宙学的开创者之一。生于密苏里州马什菲尔德。1910年毕业于芝加哥大学天文系。1917年获美国叶凯士天文台博士学位。1919年起在威尔逊山天文台工作，直到去世。

1914年他提出有一些星云是银河系内的气团。他发现亮银河星云的视直径同使星云发光的恒星亮度有关，并推测另一些星云，特别是具有旋涡结构的、可能是更遥远的天体系统。1924年发现仙女座大星云的造父变星，并推算出它在银河系之外。1929年发现星系的距离越远，红移越大，即哈勃定律。1925年提出河外星系的形态分类法，即哈勃分类法。此法一直沿用至今。

哈勃的《星云世界》和《用观测手段探索宇宙学问题》都是现代天文学名著。

【地质】

地质学 研究地球的物质组成、构造、外部特征、各圈层间的相互作用和地球演变历史的学科。在现阶段，由于观察、研究条件的限制，主要以岩石圈为研究对象，也涉及水圈、大气圈、生物圈和岩石圈下更深的部位，以及陨石等地外天体物质。

人类认识地球历史过程的深化，不断扩大和丰富着地质学的研究范畴和内容。具有现代科学意义的地质学，是19世纪30～40年代才形成的。到20世纪，除地质学外，以地球为对象、从不同角度和范围进行研究的学科，如地理学、海洋科学、大气科学、水文学、固体地球物理学、地球化学等都发展起来，形成比较完整的地球科学体系。地质学是地球科学体系中一门综合性、应用性很强的自然科学，是其中起骨干作用的基础学科。

地质学的发展与自然科学各学科密切相关：在研究地壳物质组成、构造变化上，与物理学和化学有关；在研究地球起源、地球在宇宙空间的位置和运动规律上，与天文学有关；在关于地表形状的成因、构造、变迁的研究上，与自然地理学有关；对地球生命起源和发展的研究，与生物学和古生物学有关；在认识作为行星的地球的结构和物理性质上，与地球物理学和天文学有关。

地质年代 表明地质历史时期的先后顺序及其相互关系的地质时间系统。包括相对地质年代和绝对地质年代。相对地质年代指不同时代地层间相对的新老关系或形成先后次序，主要依据地层层序、化石、岩性及地层接触关系等确定；绝对地质年代表示地层岩石、矿物形成的实际年龄，根据岩石中所含放射性同位素的恒定的蜕变速度测定。

国际上多以生物演化的不同阶段作为划分地层单位的依据，每一地层单位严格与地质年代单位相对应。通常用宇、

中国地层及生物演化简表

宇（宙）	界（代）	系（纪）	距今年龄值/百万年(Ma)	生物演化
显生宇（宙）PH	新生界（代）Cz	第四系（纪）Q	2.588	人类进化发展
		新近系（纪）N	23.03	哺乳动物和被子植物繁盛
		古近系（纪）E	65.5±0.3	
	中生界（代）Mz	白垩系（纪）K	146	爬行类恐龙时代。裸子植物繁盛
		侏罗系（纪）J	199.6	
		三叠系（纪）T	253.17	
	古生界（代）Pz	二叠系（纪）P	299	两栖类时代。蕨类植物繁盛
		石炭系（纪）C	359.58	
		泥盆系（纪）D	416	鱼类时代
		志留系（纪）S	443.8	裸蕨植物出现
		奥陶系（纪）O	485.4	海生无脊椎动物繁盛
		寒武系（纪）Є		
元古宇（宙）PT	新元古界（代）Pt₃	震旦系（纪）Z	635	真核细胞生物出现，最晚期软躯体的后生动物出现
		南华系（纪）Nh	780	
		青白口系（纪）Qb	1000	
	中元古界（代）Pt₂	蓟县系（纪）Jx	1600	
		长城系（纪）Ch	1800	
	古元古界（代）Pt₁	滹沱系（纪）Ht	2300	
太古宇（宙）AR	新太古界（代）Ar₃		2500	原核细胞生物出现
	中太古界（代）Ar₂		2800	
			3200	
	古太古界（代）Ar₁		3600	
	始太古界（代）Ar₀		4000	

界、系、统、阶等表示地层，用宙、代、纪、世、期等表示地质年代，二者相互对应。

2018年国际地层委员会推荐了最新的国际地层表。但中国地质调查局和全国地层委员会根据中国实际情况于2014年提出的《中国地层表》仍是中国地层和年龄值的指导文献。

地层和化石 地层是以某种岩石特征和属性区别于相邻岩层的一个层状岩石体。相邻地层之间可用明显的层面或经研究后推论的某种解释性界面分隔开来。地层之间的接触关系可以是连续的，也可以是不连续的。许多重要矿层和有用岩石都直接属于地层的一部分。地层沉积的原始位置近于水平，老者在下，新者在上。不同的地层含有不同的化石。在较长时间内形成的一系列地层，反映了所处沉积环境及构造环境的不断变化。

化石是保存在地层中的地质历史时期的生物遗体或生物活动所留下的遗迹。有些化石特征显著、延续时间较短而分布范围较广，并且数量多而较易发现，常可作为划分地层的重要依据。这些化石被称为标准化石。某些被认为是标准化石的生物类别或属、种，有时会在其大量出现前或认为已绝灭后出现于较古老或较新地质年代的地层中，前者称为前驱，而后者称为孑遗。

碳-14法定年 依据放射性核素碳-14随时间的衰减规律而建立的定年方法。又称放射性碳定年。碳-14大致均匀地分布于大气圈、水圈和生物圈中所有参与碳-14交换的含碳物质中。含碳物质一旦停止与外界碳库的交换，碳-14就会随时间衰减。因此，根据现代碳的放射性比活度与含碳样品中现存的碳-14放射性比活度测定值的比值，就能计算含碳样品的碳-14年龄。实际工作中，由于几万年以来地球大气中碳-14浓度曾发生过显著变化，因此需要将碳-14年龄与树轮年龄进行比对，获得碳-14校正年龄。

碳-14的半衰期为5730年，碳-14法定年的范围一般在200年至5万年。此法主要应用于晚第四纪地质历史及古地理、古气候、海洋沉积物、考古研究等领域。

冰期 气候寒冷、具有强烈冰川作用的地史时期。又称冰川期。广义的冰期指大冰期，狭义的冰期指比大冰期低一层次的冰期。大冰期指地球上气候寒冷，极地冰盖增厚、广布，中低纬度地区有时也有强烈冰川作用的地质时期。大冰期中气候较寒冷的时期称冰期，较温暖的时期称间冰期。大冰期、冰期和间冰期都是依据气候划分的地质时间单位。

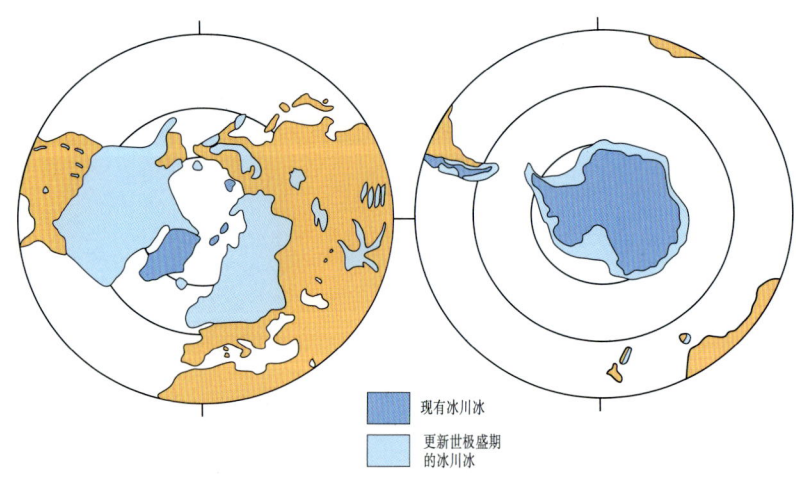

第四纪南半球和北半球冰川图

在地质史的几十亿年中,全球至少出现过三次大冰期,公认的有前寒武纪晚期大冰期、石炭纪-二叠纪大冰期(晚古生代大冰期)和第四纪大冰期。许多研究者认为,大冰期的形成与太阳在银河系中的运行周期有关。

侏罗纪 中生代第二个纪。约开始于1.996亿年前,结束于1.46亿年前。在此时期形成的地层称为侏罗系。

侏罗纪地史的基本特点是联合古陆继续分裂,特提斯带洋盆进一步扩张,环太平洋带出现强烈构造-岩浆活动。

侏罗纪时,裸子植物进入极盛期,苏铁、银杏和松柏类都占有重要地位。爬行动物中的恐龙类最繁盛,在陆地上居统治地位,是地史上最大的陆生动物。同时,爬行类也成功地生活于海中(鱼龙、蛇颈龙)和飞翔于空中(翼龙)。海生无脊椎动物有菊石、箭石、有孔虫、放射虫、双壳类、六射珊瑚、腹足类和腕足类等,陆生无脊椎动物有淡水双壳类、鱼、叶肢介和介形虫等。

白垩纪 中生代最后一个纪。约开始于1.46亿年前,结束于0.655亿年前。白垩纪形成的地层称白垩系。

白垩纪是地球上海陆分布和生物界急剧变化、大西洋迅速开裂和火山活动频繁的时代,后期发生了广泛的海侵。

白垩纪早期,陆地上的裸子植物和蕨类植物仍占统治地位,松柏、苏铁、银杏、真蕨及有节类组成主要植物群。被子植物开始出现于白垩纪早期,中期大量增加,到晚期在陆生植物中居统治地位,山毛榉、榕、木兰、枫、栎、杨、樟、胡桃、悬铃木等都已出现。脊椎动物中爬行类从极盛走向衰落,主要代表有霸王龙、暴龙、翼龙、青岛龙等。早期鸟类如孔子鸟、朝阳鸟、华夏鸟、吉祥鸟等大量繁盛。白垩纪早期还出现原始哺乳动物。侏罗纪以前的硬鳞鱼被真骨鱼所代替。海洋无脊椎动物中浮游有孔虫、菊石和箭石演化迅速而明显,分布广泛。淡水无脊椎动物也很丰富,如甲壳类的介形虫和叶肢介演化迅速,软体动物中的螺和蚌分布广泛。

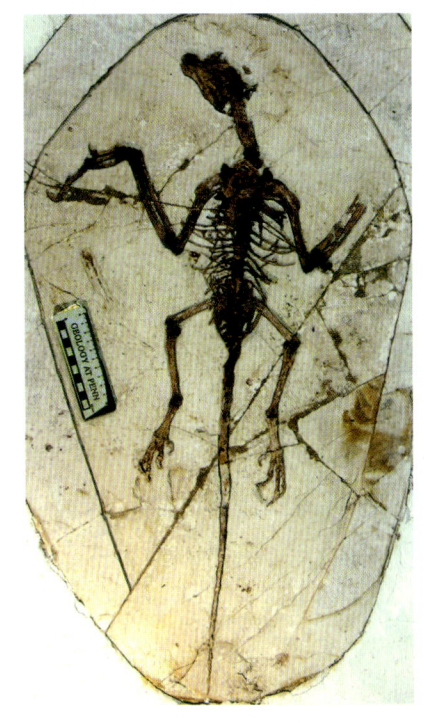

东方吉祥鸟化石(采自辽宁义县下白垩统九佛堂组地层)

褶皱 层状岩石受力后形成的波状弯曲。又称褶曲。多数层状岩石由沉积物形成,最初为水平岩层,但在很多地方岩层受挤压而弯曲,形成褶皱。大褶皱的波长可达数十千米,绵延于山脉之中;小者仅几厘米或更小,在手标本中或在显微镜下能见到。褶皱层的凸面向上、两侧岩层相背倾斜、较老的岩层位于核部的褶皱,称为背斜;褶皱层的凹面向上、两侧岩层相向倾斜、较新的岩层位

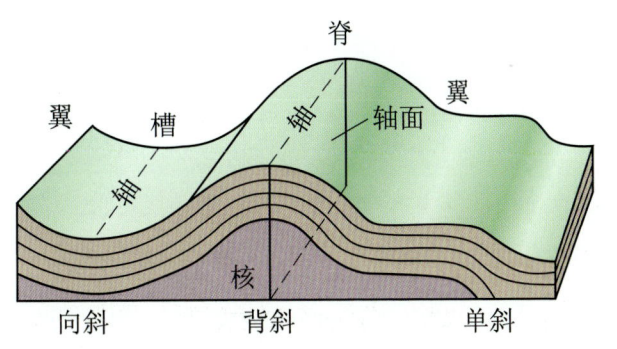

褶皱的基本组成和三种形态

于核部的褶皱，称为向斜。

断层 地壳受力发生断裂，沿破裂面两侧岩块发生显著相对位移的断裂构造。断层的规模不等，大者沿走向延伸数百千米，常由许多断层组成，称为断裂带；小者长以厘米计，可见于手标本。

断层由断层面和断盘构成。断层面是岩块沿之发生相对位移的破裂面。断盘指断层面两侧的岩块，位于断层面之上的称为上盘，位于断层面之下的称为下盘。上盘相对下降的断层为正断层，上盘相对上升的断层为逆断层。两侧被断层围限、中间上升的断层组合构造称为地垒，其边界断层一般是高角度正断

叠瓦状小断层

层；两侧被高角度正断层围限、中间下降的槽形断块构造称为地堑。

东非大裂谷 世界陆地上最长的裂谷带。南起赞比西河口一带，向北经希雷河谷至马拉维湖北部，然后分成东、西两支。西支经鲁夸湖、坦噶尼喀湖、基伍湖、爱德华湖，至艾伯特湖，呈弧形

东非大裂谷景观

延伸；东支向北进入坦桑尼亚境内，经维多利亚湖东面一系列小湖和洼地，至肯尼亚的图尔卡纳湖，后转向西北，再折向东北，纵贯埃塞俄比亚中部，抵红海沿岸，尔后经红海、亚喀巴湾，直至西亚的死海－约旦河谷地。总长6400多千米。其中4000多千米在非洲大陆境内。

裂谷带平均宽48～65千米，北宽南窄，最宽处达200千米以上。两侧陡崖壁立，谷深达数百米至2000米。谷底地势起伏较大，分布有一系列洼地、盆地和湖泊。火山林立，熔岩广布，有些火山仍有活动。地震活动频繁。非洲大陆的大部分湖泊集中于此。

节理 将岩体切割成具有一定几何形状的岩块的裂隙系统。其两侧岩石没有明显位移。是地壳上部岩石中最广泛发育的一种断裂构造。成岩过程中形成的节理称为原生节理，如沉积岩中因缩水而形成的泥裂或火成岩冷却收缩而成的柱状节理；由构造变形形成的节理称为构造节理；由外动力作用如风化作用、

火山岩的柱状节理（云南腾冲）

山崩或地滑等引起的节理称为非构造节理，常局限于地表浅处。节理是石油、天然气和地下水的运移通道和储聚场所。节理发育过多，会引起水的渗漏和岩体的不稳定。

地震 地球内部介质（岩石）在构造力的长期作用下发生快速断裂、位错运动，产生地震波，从而引起一定范围内地面振动的现象。是最为严重的自然灾害之一。介质破坏开始的地方称为震源。震源在地球表面的垂直投影称为震中。破坏性地震的地面振动最剧烈处称为极震区，极震区往往是震中所在地区。大多数地震在地面引起的震动只有用灵敏的仪器才能察觉。

地震按成因分为构造地震、火山地震和诱发地震，其中构造地震占全球发生的天然地震的90%左右。地震按震源深度分为浅源地震、中源地震和深源地震。通常，震源深度不超过70千米的为浅源地震，不小于70千米且不超过300千米的为中源地震，超过300千米的为深源地震。

震级用来在一定范围内表示地震的相对大小（强度），它同震源辐射的地震波的强度有关；烈度用来表示同一次地震在地震波及的各个地点所造成的影响的程度，它与震源深度、震中距、方位角、地质构造及土壤性质等因素有关。

1931年新疆富蕴地震造成大范围的断裂和滑坡

华县地震 中国明嘉靖三十四年十二月十二日（1556年1月23日）夜发生于陕西南部渭河流域的巨大地震。为中国历史上死亡人数最多的一次地震。估计震级为8级。以华县、渭南县和华阴县的震灾最重，故名。据《明史·五行志》记载，"官吏军民压死八十三万有奇"。地震前，该地区长期没有中小地震活动。但震前8小时左右，在震中区有"地旋运，因而头晕"（《隆庆·华州志》）的异常现象。这次地震的史料首次记录了地震时"地中出火"（地光）的现象。

海原地震 1920年12月16日发生于中国甘肃海原（今属宁夏）一带的巨大地震。震级8.5级，震中烈度XII度。震源深度30千米。极震区为海原、西吉、有感范围远达上海、北京、汕头、香港，甚至越南海防的摆钟也因此停摆。日本东京的放大倍数为12倍的地震仪也记录到环绕地球的面波。地震造成23万余人死亡。震中区出现走向为北西—北西西的长达200多千米的断层带。地震造成的滑坡堵塞河道，形成众多串珠状的堰塞湖。震后余震不断，到1921年11月，共记录到有感地震571次。这次地震促使中国地学工作者开始研究中国地震。

唐山地震 1976年7月28日3时42分发生于中国河北唐山的大地震。震级7.8级，震中烈度Ⅺ度。同日18时43分，又在距唐山40余千米的滦县发生7.1级地震，震中烈度Ⅸ度。由于震中在城市下方，唐山地震被称为城市直下型地震。极震区以唐山市为中心，向四面延伸，约47平方千米。地震发生在人口稠密、经济发达的工业城市，造成的损失极为惨重。这次地震有24万余人死亡，16万余人受伤。与唐山地区毗邻的天津也遭到Ⅷ至Ⅸ度的破坏。有感范围很大，波及辽、晋、豫、鲁、内蒙古等14个省区市。破坏范围的半径约250千米。此震发生于观测台网较多的地区，但短期和临震预报未能成功。

汶川地震 2008年5月12日14时28分04秒发生于中国四川汶川的大地震。震级8.0级，震中烈度Ⅺ度。震源深度33千米。震中位于汶川县映秀镇西偏南38°方向11千米处。极重灾区和重灾区包括四川、甘肃和陕西的51个县（市、区）。北川县城、汶川县映秀镇等城镇和大量村庄几乎被夷为平地。地震造成的伤亡惨重，截至2008年9月25日，确认69227人遇难，374643人受伤，17923人失踪。极重灾区和重灾区的直接经济损失达8437.7亿元。

关东地震 1923年9月1日发生于日本关东南部相模湾的巨大地震。又称东京地震。震级8.2级。震源深度25千米。波及关东一都六县及静冈、山梨等县，首都东京和日本最大的港口——横滨几乎完全被破坏。这次地震的次生灾害特

2008年5月14日航拍的地震后的汶川县映秀镇
新华社提供，姚大伟拍摄

唐山大地震后的部分景象

别严重。地震引发山崩和泥石流。震后迅速燃起大火，加重了人员的伤亡。地震造成340万人受灾，57万多户房屋被毁，死亡及下落不明者14万多人，损失达65亿日元。地震前几分钟，研究人员曾在验潮仪上观测到明显的长周期波动。

智利地震 1960年发生于南美洲智利康塞普西翁南的巨大地震。从5月21日至6月22日，在南纬36°～48°南北长1400千米的沿海狭长地带内，共发生地震225次，10次超过7级，其中3次超过8级。最大的一次发生于5月22日，震级达到8.9级，震中烈度XI度强。震中区从圣地亚哥到蒙特港。地震造成智利境内5700余人死亡。震后48小时普惠火山爆发。地震引发的海啸越过太平洋，在日本海岸浪高达4米，造成巨大灾害。海啸造成夏威夷56人死亡，日本138人死亡。通过这次地震，求得地震时破裂传播速度可达每秒数千米。这次地震还激起明显的地球自由振荡。

印度洋地震 2004年12月26日发生于印度尼西亚苏门答腊岛西北近海的巨大地震与一系列强余震。据中国地震台网测定，震级为8.7级；美国地质调查局最初测定震级为8.7级，27日改为9.0级；印度尼西亚地震监测机构称震级为6.8级。震中位于北纬3.9°、东经95.9°的印度洋中，震源深度30千米。此后该地区又出现数次6.0～7.3级余震。2005年3月28日，在苏门答腊岛北部（北纬2.2°、东经97.0°）发生巨大余震。据中国地震台网测定，震级为8.5级；美国地震台网测定，震级为8.7级。地震所引发的海啸席卷印度洋沿岸的11个国家，造成超过29.2万人死亡。

2004年12月27日，印度尼西亚亚齐省班达亚齐沿海村庄在海啸退去后仍是一片泽国　新华社提供

火山 地球内部炽热的岩浆及伴生气体、碎屑物质经地下通道喷出，在地表冷凝、堆积形成的山体。火山活动常有地震或气体逸出作为先兆。喷发时，有的火山产生爆炸，大量气体和尘埃从火山口中喷出，混合形成高耸入云的烟柱，小滴熔岩或炽热岩石碎屑直射天空；有的喷出气体很少，主要涌出灼热的熔岩。喷发后期常见的现象是逸出气体或出现温泉。

火山活动多具间歇性。正在喷发或人类有史以来常作周期性喷发的火山称为活火山。近期不活动、处于宁静期的火山称为休眠火山。最后一次喷发距今已很久远，且火山构造已遭严重破坏并被证明在可预见的将来不会发生喷发的火山，称为熄灭火山或死火山。

活火山主要分布在环太平洋火山带、地中海－喜马拉雅－印度尼西亚火山带、大洋中脊火山带和红海－东非大陆裂谷带。全世界有活火山500余座。

月球、火星、金星、木卫一上均有火山活动。

长白山天池火山 中国境内保存最为完整的新生代多成因复合火山。休眠火山。位于中朝边界，大部分在中国境内。在漫长的地质年代中，长白山的火山活动呈现为间歇性喷发，时强时弱、强弱相间。长白山天池火山在人类历史

腾冲火山群完整火山

长白山天池航拍

上有过多次活动。1199～1201年长白山天池火山大喷发是全球近两千年来最大的一次喷发事件，当时喷出的火山灰最远降落到日本海及日本北部。最近的两次喷发分别在1668年和1702年。火山口积水成湖，形成中国最深的天然湖泊——长白山天池。

腾冲火山群 中国保存最完好、分布最广、多次喷发形成的新生代死火山群之一。位于云南腾冲周围。火山群呈近南北至东北—西南向延伸，火山个体及火山口亦多沿上述方向延伸成椭圆形。现存的70余座火山锥中，有40余座火山锥体及火山口均保存完整，火山浮石发育，火山弹完整。其中又以来凤山群、马鞍山群、打鹰山群、黑空山群等为典型。火山群附近地区亦为地热富集区。冬季由高空俯视，这里热气腾空，白雾弥漫，有"热海"之誉。

五大连池火山群 中国著名火山遗迹。由第四纪以来火山多次喷发形成。位于黑龙江五大连池市、讷谟尔河支流白河上游。火山区由14座火山和5个熔岩堰塞湖（五大连池）及大面积的熔岩台地构成，面积600多平方千米。14座火山分布于五大连池东西两侧，呈东北—西南及西北—东南方向排列，呈网格状。5个堰塞湖为中国仅次于镜泊湖的第二大堰塞湖，总面积约18平方千米，从上而下依次为头池、二池、三池、四池和五池。三池最大，面积8.4平方千米；二池最深，可达9.2米；头池最小，面积仅0.18平方千米。已建立五大连池自然保护区和国家地质公园。2004年被联合国教科文组织评为世界地质公园。

科托帕希火山 世界上最高、最活跃的活火山之一。位于南美洲安第斯山脉北段东科迪勒拉山西坡厄瓜多尔境内。海拔5897米。山体呈圆锥形。火山口呈椭圆形，直径600～800米，深200米。常年积雪线在海拔4900米高度。近500年来，火山喷发频繁。炽热的熔岩使冰层融化，形成泥石流，多次淹没附近的河谷。1533～1904年大喷发14次。1877年火山曾喷发4次，其中6月26日的喷发规模巨大，炽热的熔岩向南吞噬了半个拉塔昆加山村。最近一次大喷发发生在2016年。目前，火山仍常

科托帕希火山风光

喷出熔岩。1872年11月28日，德国科学家和旅行家W.赖斯首次登顶成功。

基拉韦厄火山 美国夏威夷岛活火山。位于岛东南部。属夏威夷火山国家公园。海拔1247米。其顶部塌陷，形成长约5000米、宽3000米的浅洼地，即所谓破火山口。现最活跃的火山口在该浅洼地的西南角，直径约1000米，深400米，当地人称赫尔莫莫，即"永恒的火焰宫"之意。自20世纪20年代以来，多次发生大规模喷发。

基拉韦厄火山熔岩流

1983～1984年火山喷发达17次之多，熔岩流甚至往南直泻大海。即使在喷发间隔期，火山口仍冒着白烟，不时火星四溅。1912年在其附近建起世界上第一座火山观察站。

维苏威火山 欧洲活火山。位于意大利那波利市东南的那波利湾畔。为意大利南部自然风景区之一。海拔1280米，每次喷发高度都有变化。原系海湾中小岛，后经一系列火山喷发，堆积的喷发物才将其与陆地连成一体。火山口是内壁直立的大圆洞，直径610米，深

从那波利湾看维苏威火山

约305米。火山活动可分为喷发期与静止期。公元79年的大喷发，将附近的庞贝城、斯塔比亚城和赫库兰尼姆城湮没。此后，除1037～1630年长达几个世纪的停息外，一直处于喷发期和静止期的交替之中。1631年12月16日火山大喷发，5座城镇被毁，约3000人死亡。1660～1944年间共发生20次大喷发。1964年5月11日的喷发表明，火山进入新的喷发期。

富士山　日本最高峰、活火山、日本国家与民族的象征。位于本州岛中南部。山体呈圆锥形，地处山梨、静冈两县边界。海拔3776米。山顶终年积雪，景色秀美壮丽，被日本奉为"圣山"。山顶火口湖直径约800米，深约220米。环绕锯齿状火山口边缘有"富士八峰"，即剑峰（最高峰）、白山岳、久须志岳、大日岳、伊豆岳、成就岳、驹岳和三岳。山麓北侧有熔岩流造成的火山堰塞湖，统称"富士五湖"。富士山地处富士火山带中部，约一万年前由熔岩喷发形成。自781年以来共喷发18次，其中800年、864年、1707年为3次大喷发。富士山有寄生火山70多座。1994年，富士山作为自然遗产被列入《世界遗产名录》。

乞力马扎罗山　非洲第一高山。在坦桑尼亚东北部，靠近肯尼亚边境。为一东西延伸约80千米的死火山群。主要由基博、马文济和希拉三座火山组成。基博峰海拔5895米，为非洲最高峰，火山口在峰顶南侧，直径2000米，深约300米，内有一个由火山灰形成的内锥。马文济峰海拔5149米，是较老峰顶的中心部分，侵蚀强烈，崎岖陡峭。

乞力马扎罗山风景

希拉峰海拔3778米，是老火山口的残余部分，呈山脊状。附近多次生火山锥。在海拔5000米以上的顶部，覆盖着永久冰雪，形成赤道雪山奇观。1973年被坦桑尼亚政府辟为国家公园，1987年，乞力马扎罗山作为自然遗产被列入《世界遗产名录》。

温泉　泉口水温高于当地年平均气温的地下热水天然露头。欧美等国以20℃、日本以25℃作为温泉的温度下限。中国《地热资源地质勘查规范》（GB/T 11615—2010）以25℃作为温泉（水）与冷泉（水）的界限值。

温泉按泉口存在形式及喷涌情况可分为天然涌出的自喷泉、间断性喷出的

富士山景色

四川贡嘎山下的海螺沟温泉

间歇泉、连续排放水和汽的沸喷泉，以及以排放蒸汽为主的喷汽孔等。按成因可分为火山型温泉与非火山型温泉。火山型温泉与近代火山活动及浅部岩浆活动密切相关，非火山型温泉是正常地热增温条件下地下水深部循环的结果。

在板块边缘地带的近代火山与岩浆活动强烈的地区，分布有许多间歇泉、沸泉及高温温泉，如地处环太平洋火山带的日本、中国台湾地区、新西兰、中南美及北美西海岸、千岛群岛和堪察加半岛，地中海-喜马拉雅造山带所在的意大利、土耳其、印度尼西亚和中国藏滇地区，坐落于大西洋中脊的冰岛，以及处于东非大裂谷的埃塞俄比亚、肯尼亚等。

滑坡和泥石流　滑坡是土体、岩块或堆积物在重力作用下沿滑动面作整体下滑运动的过程和现象，又称塌方，是一种危害极大的灾害性地貌现象。斜坡是滑坡发生的基础，大多数滑坡发生在坡度小于40°～50°的缓斜坡上。滑坡的规模大小悬殊，从数十立方米至数亿或数十亿立方米不等。滑坡的运动速度差异也大，有的慢得人们的肉眼难以觉察，有的快如崩塌。

泥石流是产生于沟谷中或坡地上的饱含大量固体物质（泥、沙、石块和巨砾）的不均质的特殊洪流，是山区常见的一种自然灾害。泥石流是泥沙石块和水相互作用的产物，为高浓度的固液相颗粒流，泥石流体中固体物质的体积占30%～80%。泥石流具有暴发突然、历时短暂、来势凶猛、破坏力大等特点。

地面沉降　大面积的地面下沉现象。造成地面沉降的自然因素是地壳的构造运动和地表土壤的自然压实。人为的地面沉降广泛见于一些大量开采地下水的大城市和石油或天然气开采区。地面沉降会对地表或地下构筑物造成危害，在沿海地区还能引起海水入侵、港湾设施失效等后果。人为的地面沉降主要是因为过量开采地下液体或气体资源，使贮存这些液体或气体的沉积层的孔隙压力发生趋势性的降低，有效应力增大，从而导致地层的压密。可采用人工回灌的方法，使地下水位回升，地面部分回弹，以控制地面沉降。

崩塌　陡峻山坡上岩块、土体在重力作用下突然发生急剧的倾落运动。多发生在坡度大于60°～70°的斜坡上。崩塌的物质称为崩塌体。崩塌体为土质者，称为土崩；崩塌体为岩质者，称为岩崩；大规模的岩崩，称为山崩。崩塌可以发生在任何地带。崩塌体的运动方式为倾倒、崩落。崩塌体碎块在运动过程中滚动或跳跃，最后在坡脚处形成堆积地貌——崩塌倒石锥。崩塌倒石锥结构松散、杂乱、无层理、多孔隙，在水平方向上有一定的分选性。

矿产资源 由地质作用形成的具有利用价值，呈固态、液态和气态的自然资源。地球演化过程中经过成矿作用在地壳内或地表形成的富集物质。已发现的矿产资源分为能源矿产、金属矿产、非金属矿产和水气矿产四大类168种，其中地下水兼具矿产资源和水资源的双重性质。

矿产资源在地壳中的分布极不均衡。有用元素富集形成的矿床，具有珍贵性。矿产资源是不可再生的自然资源。人类必须珍惜矿产资源，加强对已有矿产资源的保护、合理开发和节约使用。

矿产资源的范畴随科学技术进步而不断外延。过去一些不能被利用的地球物质，现在已经成为或即将成为重要的矿产资源。

矿物 天然产出、具有一定的化学成分和有序的原子排列，通常由无机作用所形成的均匀固体。矿物千姿百态，就其单体而言，大小悬殊，有的用肉眼或用一般的放大镜可见，有的需借助显微镜或电子显微镜辨认；有的晶形完好，呈规则的几何多面体形态，有的呈不规则的颗粒存在于岩石或土壤之中。通常根据物理性质来识别矿物。

矿物学中一般将颜色分为3类：自色是矿物固有的颜色，他色指由混入物引起的颜色，假色则由某种物理光学过程所致。矿物在白色无釉的瓷板上划擦时所留下的粉末痕迹称为条痕。条痕色可消除假色，减弱他色，通常用于矿物鉴定。

矿物表面反射可见光的能力称为光泽。根据平滑表面反光由强而弱，矿物的光泽分为金属光泽、半金属光泽、金刚光泽和玻璃光泽四级。若矿物的反光面不平滑或呈集合体时，还可出现油脂光泽、树脂光泽、蜡状光泽、土状光泽、丝绢光泽和珍珠光泽等特殊光泽类型。

矿物透过可见光的程度称为透明度。通常根据厚0.03毫米薄片的透明程度，将矿物分为透明矿物、半透明矿物和不透明矿物。许多在手标本上看来并不透明的矿物，实际上都属于透明矿物。

矿物抵抗外力作用（如刻划、压入、研磨）的机械强度称为硬度。矿物学中最常用的莫氏硬度（又称摩斯硬度）是通过与具有标准硬度的矿物相互刻划比较而得出的。10种标准硬度的矿物组成莫氏（摩斯）硬度计，从1度到10度分别为滑石、石膏、方解石、萤石、磷灰石、正长石、石英、黄玉、刚玉、金刚石。

某些矿物受外力作用弯曲变形，外力消除后可恢复原状，显示弹性。而另一些矿物受外力作用弯曲变形，外力消除后不再恢复原状，显示挠性。大多数矿物受外力作用容易破碎，显示脆性。少数具金属键的矿物具延性、展性。

钻石 宝石级的金刚石。世界公认最珍贵的宝石。被誉为"宝石之王"。化学成分为碳单质。可以含微量杂质元素，其中最主要的是氮和硼。莫氏硬度10。

金刚光泽。透明。因具高折射率（2.417）、高色散值（0.044）而色泽缤纷、光彩夺目。

对钻石的评价，一般着眼于颜色（colour）、净度（clarity）、切工（cut）和重量（carat weight），即4C法则。成分纯净、结构完美的钻石，应该是无色透明的。但由于杂质的存在或晶体结构缺陷，可导致呈色。钻石中瑕疵的多少称为净度。净度分级以用10倍放大镜观察到的瑕疵为准。最基本、最常见的钻石切磨形式（琢型）为圆多面形琢型。还可以做成多种花式琢型。国际通用的钻石重量单位是克拉（carat，记作ct。1克拉=0.2克，1克拉又可分为100分）。

主要产出国为南非、俄罗斯、澳大利亚、刚果（金）、博茨瓦纳、安哥拉和纳米比亚。

红宝石　矿物刚玉的宝石品种之一。化学成分为氧化铝。因含有微量铬而呈红色。由于含铬量的不同或有其他微量元素如铁、钛、钒、镍等共存而呈现以红色为主色调的红、橙红、暗红、粉（紫）红等色，其中以纯红色为最佳色。被誉为最高品质的"鸽血红"即是一种饱和度较高的纯正红色。透明至半透明。玻璃光泽至金刚光泽。折射率1.76～1.77。莫氏硬度9。密度3.98～4.28克/厘米^3。红宝石质坚、艳美，堪称红色及有色宝石之冠。天然的高质量红宝石较稀少。著名产地有缅甸、泰国、坦桑尼亚、斯里兰卡、越南、澳大利亚等。

红宝石戒指

蓝宝石　矿物刚玉的宝石品种之一。化学成分为氧化铝。因含微量的铁、钛而呈蓝色，故名。刚玉可因含钒、铬、铁、锰、镍等微量元素而呈现各种颜色。其中，除因含铬而呈现红色的称红宝石外，其他颜色的统称蓝宝石，只是在名称之前冠以颜色，如黄色蓝宝石等。透

星光蓝宝石戒指

明至半透明。玻璃光泽。莫氏硬度9。密度3.90～4.16克/厘米^3。天然蓝宝石的分布与产量远超过红宝石，价格也较适中。中国山东昌乐一带是著名的蓝宝石产地。主要产出国有缅甸、泰国、柬埔寨、斯里兰卡、美国、澳大利亚等。

祖母绿　绿柱石因含微量铬而呈绿色的一个变种。与钻石、红宝石、蓝宝石并称为四大珍贵宝石。通常含氧化铬0.15%～0.3%，深色者可达0.5%～0.6%。翠绿色，有时可微带蓝或黄色色调。含氧化铁会导致颜色变暗。

具典型琢型的祖母绿戒指

因颜色柔和鲜艳,如嫩绿的草坪,被誉为"绿色宝石之王"。最佳切磨形式为阶梯形琢型,祖母绿型是一种典型的阶梯形琢型。最大产出国为哥伦比亚,其次有巴西、俄罗斯、津巴布韦、坦桑尼亚、南非、印度、巴基斯坦、澳大利亚等。

煤　黑色或褐色由植物形成的固体可燃矿产。又称煤炭。地质时期沼泽中植物遗体在覆水缺氧或少氧的环境下,经泥炭化作用形成泥炭,泥炭被埋藏后在温度、压力增高的条件下,又经煤化作用转变形成煤。煤中的有机质是由碳、氢、氧、氮、硫等元素组成的复杂的高分子有机化合物的混合物,其中以碳、氢、氧为主,占95%以上,此外还有无机质。

世界上没有统一的煤炭分类。1985年提出的《中国煤炭分类》(GB5751—86)将中国煤分为14类:无烟煤、贫煤、贫瘦煤、瘦煤、焦煤、肥煤、1/3焦煤、气肥煤、气煤、1/2中黏煤、弱黏煤、不黏煤、长焰煤、褐煤。

煤是重要能源矿产,全世界所用能源有1/3来自煤。中国煤产量和储量均居世界前列,世界煤产量和储量较多的国家还有美国、俄罗斯、波兰、德国、英国、澳大利亚、南非、印度等。

石油　赋存于地下岩石空隙中的一种液态燃料。在未进行加工前又称原油。为黏稠液体,属可燃有机矿产,是主要的能源。

石油是由碳、氢元素组成的烃类化合物和少量含硫、氮、氧元素的非烃类化合物组成的复杂混合物,还含有微量

委内瑞拉马拉开波湖石油钻井平台

矾、镍、砷等元素。常见的石油呈黑褐色。20℃时相对密度一般在0.75～1.00。除轻汽油和石蜡外,石油及其大部分产品在紫外线的照射下均发荧光。石油难溶于水,易溶于有机溶剂。

全球一半以上的石油储量分布在中东地区,主要分布在沙特阿拉伯、伊朗、伊拉克、科威特和阿联酋。其次是美洲的加拿大、美国、墨西哥、委内瑞拉、巴西等。再次是俄罗斯和中亚地区,以及非洲、亚太地区。

天然气　地壳中以烃类为主的天然气体。通常指油田气、气田气,即在石油天然气地质中所称的狭义天然气。天然气是经济、清洁的能源,重要的燃料和

俄罗斯库兹涅茨克煤矿

化工原料。

与油田及气田有关的天然气,主要成分是气态烃,其中以甲烷为主,含少量乙烷、丙烷、丁烷等。有时还含有非烃类气体,常见的有氮气、二氧化碳、硫化氢,还有一氧化碳、二氧化硫、氢气、汞等。

天然气一般无色,有时有汽油味或硫化氢味,性活泼,易散逸,易燃。标准状况下(0℃,1个大气压),密度一般为 0.75 千克/米^3。天然气在地下深处处于高温高压下,当温度超过临界温度时,不论压力多大,都不能使天然气凝结为液态;开采时,天然气随着温度、压力的降低,反而凝结为液态。天然气溶于石油和水。

章鸿钊(1877-03-11 ~ 1951-09-06)

中国地质学家、中国地质科学事业奠基人之一。字演群。生于浙江吴兴(今湖州)。1911 年在东京帝国大学地质系获理学士学位。同年回国,曾任京师大学堂地质学教习、中华民国临时政府

实业部矿政司地质科科长、农商部地质研究所所长、农商部地质调查所地质股股长等职。

1913 年他与丁文江、翁文灏共同创办并主持工商部(1914 年改为农商部)地质研究所。1922 年他倡导建立中国地质学会,当选为首任会长,并创办中国第一份地质学刊物——《中国地质学会志》。他所著《石雅》是中国第一部对古代岩石、矿物、名物进行考证的总结性著作。

丁文江(1887-04-13 ~ 1936-01-05)

中国地质学家、中国地质科学事业奠基人之一。字在君,生于江苏泰兴。1911 年获英国格拉斯哥大学地质学、动物学双学士学位。同年回国。曾任工商部矿政司地质科科长、农商部地质调查所所长等职。他是中国地质学会创立会员,并两度担任会长。

1911 年他从云南出发,步行到贵州、湖南、江苏等省进行地质、地理考察。1928 年再度入滇、黔两省调查。1929 年领导地质调查所西南考察队对西南诸省作了区域地质调查。1913 年他与章鸿钊、翁文灏一起创办并主持工商部(1914 年改为农商部)地质研究所。他在《芜湖以下扬子江流域地质》一文中建立了"五通山石英岩"等地层单位,在《丰宁系的分层》一文中建立了革老河组(统)、汤耙沟组(统)、旧司组(统)和上司组(统)。

翁文灏(1889-07-26 ~ 1971-01-27)

中国地质学家、地理学家,中国地球科学事业奠基人之一。字鲅霓。生于浙江鄞县(今宁波鄞州区)。1912 年获比利时卢万大学理学博士学位。曾任农商部地质调查所所长、北京大学教授、清华大学代理校长等职。他是中国地质学会创立会员,多次任会长;也是中国地理学会发起人和首任会长。曾任国际

地质学会副会长。1948年当选为中央研究院院士。

1927年，他首先发现和确定了东亚地质历史上重要的地壳运动——燕山运动。1930年组织建立中国自建的第一个地震台。他首先考察和综合研究了中国内生矿床，发表《中国矿产志略》。多次组织陕西、四川、甘肃等地的石油地质调查。

李四光（1889-10-26～1971-04-29）

中国地质学家、中国地质事业的奠基人之一。原名李仲揆，字福生。蒙古族。生于湖北黄冈。

1918年从英国伯明翰大学获硕士学位，1931年获科学博士学位。历任北京大学地质系主任、中央研究院地质研究所所长、中国科学院副院长、中华人民共和国地质部部长等职。1948年当选为中央研究院院士。1955年当选为中国科学院学部委员。1958年当选为苏联科学院外籍院士。

他是中国第四纪冰川的发现者和研究的奠基人。他建立"构造体系"概念，创建地质力学学派。他指出新华夏体系广阔的含油远景。20世纪60～70年代倡议将地应力分析用于地震及地区稳定性研究，取得重大成效。1982年获国家自然科学奖一等奖（集体）。主要著作有《中国地质学》《地质力学概论》等。

黄汲清（1904-03-30～1995-03-22）

中国地质学家、大地构造学家。生于四川仁寿。1928年毕业于北京大学地质学系。1935年获瑞士纳沙泰尔大学博士学位。曾任中央地质调查所所长、西南地质调查局局长、地质部石油地质局总工程师、中国地质科学院副院长等职。1948年当选为中央研究院院士。1955年当选为中国科学院学部委员。1988年当选为苏联科学院（后改为俄罗斯科学院）外籍院士。

他出版《中国南部二叠纪地层》，奠定中国二叠纪地层划分和对比的基础。他完成《中国主要地质构造单位》，建立中国大地构造格架，提出多旋回造山运动学说。他是中国第一个工业天然气田——圣灯山气田的发现者。他开拓了中国地质图类的编图工作。1982年两次获国家自然科学奖一等奖（集体）。1994年获陈嘉庚地球科学奖。1995年获首届何梁何利基金优秀奖。

刘东生（1917-11-22～2008-03-06）

中国地质学家。生于辽宁沈阳。1942年毕业于西南联合大学地质地理气象系。历任中国科学院地球化学研究所第四纪地质研究室主任、地球化学研究所副主任、国际第四纪研究联合会主席等职。1980年当选为中国科学院学部委员。1991年当选为第三世界科学院院士，1996年当选为欧亚科学院院士。

20世纪50年代初期从事古脊椎动物学研究，以后长期从事黄土与第四纪地质研究。他建立了250万年来完整的

陆相古气候记录。1964年起致力于青藏高原与东亚环境演化研究。他于60年代末70年代初倡导并开展中国环境地质学的研究。主要著作有《中国的黄土堆积》（合著）等。先后获竺可桢野外科学考察奖、李四光地质科学奖荣誉奖、泰勒环境成就奖、国家最高科学技术奖等奖项。

史密斯，W.（1769-03-23～1839-08-28） 英国地质学家、生物地层学奠基人。生于牛津郡。1793～1799年参加开凿运河的测量与调查工作。

在长期的野外测量和地质调查中，他发现岩层的年代可由其中的生物化石来加以判定。1799年编绘出第一张着色地层图。1804年开始从事化石收集和绘制地质图的工作。1816年提出生物地层学的早期概念。1819～1824年编制了250幅地质图和地质剖面图。他是世界上第一个根据沉积岩层中的生物化石来确定地层顺序的人。1831年获伦敦地质学会沃拉斯顿奖章。1835年获爱尔兰都柏林大学特林尼蒂学院法学博士学位。主要著作有《用生物化石鉴定地层》等。

莱伊尔，C.（1797-11-14～1875-02-22） 英国地质学家、地质学奠基人。又译赖尔。生于苏格兰福弗尔郡金诺尔迪。1814年起先后进入牛津大学、林肯法学院学习，1819年大学毕业。1849年任伦敦地质学会会长，1861年当选为英国皇家学会会长及不列颠博物馆馆长。

1858年获英国皇家学会科普利奖章。1862年被选为法国科学院通讯院士。

莱伊尔认为地球的变化是各种外营力长期、缓慢作用的结果，古今这种"微弱"的地质作用有其一致性、均一性，从而建立起过去和现在的地质作用的同一性概念。其名著《地质学原理》系统论述了均变论的基本思想，标志着经典地质学的成熟。

【地理】

地理学 研究地球表层自然现象、人文现象和它们之间相互关系及其空间分异的学科体系。通俗讲是关于地之理的学问，地指地球表层，理是事物的规律。

地理学的研究对象是作为人类家园的地球表层。地理学者曾用地理壳、景观壳、地理环境等术语称呼地球表层。在地球表层，各种自然现象和人文现象组成一个宏大的地表综合体。地理学特别关注地球表层的区域分异，区域分异是地理学的研究核心。地理学也关注地球表层的变化，时间的观念因此在地理学研究中受到越来越多的重视。

为了全面、综合地认识地球表层的特定现象，地理学不仅研究环境动态与自然系统、人类活动与自然环境、人类社会动态与经济社会和政治系统的关系，而且通过环境-社会动态把这些关系联系起来。地理学十分重视地球表层各种现象和过程之间的关系。为研究各种尺度的空间和地方，地理学家用许多方法进行空间表述；还用空间表述来研究一些无形现象。地理学的研究方法多种多样，主要有野外观测（包括定位观测）、遥感解译、采样与实验等观测技术，空间统计、地理数据的电子计算机处理、各种地理现象的实验室模拟（包括物理模型模拟和电子计算机模拟）、地图、地理信息系统、地理可视化等分析与展示技术等。

地理学由很多分支学科组成，对这些学科可以按不同的标准加以分门别类。通常按研究对象将地理学分为自然地理学、人文地理学、历史地理学、区域地理学、地图学、地名学、方志学等。

随着科学技术的进步、各个国家和地区经济开发与建设及环境管理与保护需要的增加，地理学将既是基础性学科，又是应用性学科。

地理坐标 用经度、纬度表示地面点位置的球面坐标。地理坐标系以地轴为极轴，所有通过地球南北极的平面，均称为子午面。子午面与地球椭球面的交线，称为子午线或经线，经线是椭圆。所有垂直于地轴的平面与地球椭球面的交线，称为纬线，纬线是半径不同的圆，其中半径最大的纬线称为赤道。纬度从赤道起算，赤道上纬度为0°。向北从0°到+90°（北极），称为北纬；向南从0°到-90°（南极），称为南纬。1884年国际经度会议决定，通过英国伦敦格林尼治皇家天文台（原址，1957年天文台已迁至新址）的子午线为本初子午线（或称首子午线）。作为计算经度的起点，本初子午线的经度为0°。向东从0°到+180°，称东经；向西从0°到-180°，称西经。

地理环境 人类周围的自然界。地理环境一般可理解为人类周围的自然界，或者与人类社会生产有关的那部分自然界；也可特指地球表面特定的厚度层。

地理环境是自然地理环境和人文地理环境两个部分的统一体。自然地理环境是由岩石、土壤、水、大气、生物等成分（或称要素）有机结合而成的自然综合体。从地球圈层的角度而言，它包括岩石圈、水圈和生物圈。人文地理环境是人类的社会、文化和生产活动的地域组合，包括人口、民族、聚落、政治、社团、经济、交通、军事、社会行为等。它们在地球表面构成的圈层，称为人文圈或社会圈、智慧圈、技术圈等。地理环境的空间范围，一般认为上限至大气圈的对流层顶，下限至有生物和液态水存在的地方，即岩石圈上部。地域分异是地理环境各组成部分和整个景观（包括人文景观）空间变化的反映。

地理信息系统 在电子计算机系统支持下，对地球表层具有空间位置的地物信息进行采集、存储、管理、查询、计算分析与可视表现的复杂系统。简称GIS。地理信息系统在技术上实现了地球表层各种物体与现象的数字化描述与表达。其主要功能是地理数据采集、数据管理、空间分析与属性分析、地理信息可视化。地理信息系统按应用领域分为各种专题地理信息系统，如环境信息系统、土地信息系统、能源信息系统、水资源信息系统、旅游信息系统、城市地理信息系统、电力信息系统等。

遥感 借助对电磁波敏感的仪器，远距离探测目标物，获取辐射、反射、散射信息以识别目标物性质的技术。遥感技术系统由遥感平台、遥感器、信息传输设备、接收装置及数据或图像处理设备等组成。遥感平台是安放遥感仪器的装置，如气球、飞机、人造卫星、航天飞机及遥感铁塔等。遥感器是接收和记录物体辐射、反射、散射信息的装置，常见的有可见光相机、红外相机、红外扫描仪、多波段扫描仪、微波辐射仪、真实孔径雷达和合成孔径测试雷达等。遥感按遥感平台的高度和特点可分为航天遥感、航空遥感和近地遥感等。遥感的监测范围最大可覆盖整个地球。

时区 地球表面按经线划分的24个区域。由于地球是一个球体，地球自转使其表面东面的一点总比它西面的一点要早看到日出，即经度的不同形成不同的地方时。为了避免这种时间上的混乱，1884年国际经度会议决定，全球采用分区计时，并把通过英国格林尼治皇家天文台（原址）的经线定为本初子午线（0°经线），向东、向西各取7.5°为零时区。零时区以东依次分为东一区（东经7.5°～22.5°）、东二区（东经22.5°～37.5°）……零时区以西依次分为西一区（西经7.5°～22.5°）、西二区（西经22.5°～37.5°）……东、西十二区是重合的，即全球共划分为24个时区，每个时区包括15个经度。每个时区以其中央经线的地方时为标准时间，称区时或标准时。零时区的区时为国际通用的世界时。这样，地球上相邻的两个时区，东面的总比西面的要早1小时，结果东十二区比西十二区早24小时。为此会议还规定了日界线（又称国际日期变更线）。凡是由东向西经过日界线的，必须把日期增加一天；反之则减少一天。日界线的地方时为东、西十二区的标准时间。

全世界多数国家都采用区时为标准时间，但是有些国家仍然采用其首都或重要商埠的地方时为标准时间。中国位于东经72°～135°之间，跨5个时区，即东五区、东六区、东七区、东八区、东九区。中华人民共和国成立后，中国采用北京所在的东八区的区时为全国统一的标准时间，即北京时间。中国新疆还采用乌鲁木齐时。

本初子午线 地球上计量经度的起始经线。又称首子午线、零子午线。1884年国际经度会议决定，采用通过英国伦

格林尼治皇家天文台旧址（图中白线为本初子午线）

敦格林尼治皇家天文台（原址）埃里中星仪的子午线作为时间和经度计量的标准参考子午线，将之称为本初子午线。从本初子午线起，分别向东和向西计量地理经度，从0°到180°。1957年格林尼治皇家天文台迁移台址，国际上改用由若干天文测时结果长期稳定性较好的天文台组成的平均天文台作为参考。由这些天文台原来的经度采用值，利用天文测时资料反求各自的经度原点，再对这些经度原点进行统一处理，最后求得平均天文台经度原点。1968年国际上以国际习用原点作为地极原点，并把通过国际习用原点和平均天文台经度原点的子午线称为本初子午线。

赤道 通过地心、垂直于地轴的平面与地球表面的交线。又称地理赤道、大地赤道。它将地球分为南半球和北半球，与地球南、北极距离相等，并成为划分纬度的基准。因此，赤道的纬度是0°。在天文学上，地球赤道面延伸后与天球相交的大圆，称为天球赤道，又称天赤道。它与天球两极距离相等。当太阳位于天球赤道平面时，昼夜在任何地方都是等长的，这就是每年出现两次的平分点——春分点和秋分点。

回归线 地球上北、南纬各23°27′的两个纬度圈。一般是地球上热量带的北、南两个界线。夏至日太阳到达北回归线后即转向南去，冬至日太阳到达南回归线后即转向北去。南、北半球季节出现正好相反：北半球为夏季和秋季时，南半球为冬季和春季。

极圈 地球上北、南纬各66°33′的两个纬度圈。在北半球的称为北极圈，在南半球的称为南极圈。由于地球的自转轴与公转轨道面之间有66°33′的夹角，在北极圈上每年有一天（约在6月21日）太阳终日不落，有一天（约在12月21日）太阳终日不出。由此往北，极昼或极夜逐渐递增，至北极增长到6个月。在南极圈上，任何日期的白天或黑夜的长短情况与北极圈上正好相反。

南极 地球自转轴与地球南半球表面的相交点。为地轴的南端。地理上的南极在南极洲罗斯冰架以南约480千米、海拔2830米处（海拔经常变化），冰

南极冰架

盖厚度2700米，每年有6个月完全为白昼，6个月完全为黑夜。地理南极与南磁极、地磁南极并不一致。罗盘磁针所指的南磁极位于阿黛利海岸约东经139°06′、南纬66°00′处，每年向西北位移约13千米。地球磁场南端的地磁南极也移动，20世纪90年代初约在东经108°44′、南纬79°13′处。

北极 地球自转轴与地球北半球表面的

北极风光

相交点。为地轴的北端。地理北极位于格陵兰以北大约 725 千米的北冰洋中,海深 4087 米,覆盖浮冰,每年有 6 个月全为白昼,6 个月全为黑夜。地理北极与北磁极、地磁北极并不一致。罗盘磁针所指的北磁极 1993 年位于加拿大极北端伊丽莎白女王群岛的埃勒夫·灵内斯岛以西,大约在西经 104° 24′、北纬 78° 27′ 处。地磁北极即地球磁场的北端,约在西经 71° 16′、北纬 79° 13′ 处。

极昼与极夜 地球极圈(北极圈和南极圈)内的地区在一个公历年中存在两个白昼与黑夜的连续时间超过 24 小时的时间段,前者为极昼(又称永昼),后者为极夜(又称永夜)。

极昼与极夜是由于地球的自转轴与公转轨道面之间有 66° 33′ 的夹角造成的。因纬度不同,极圈内各地区极昼与极夜的长度不同。纬度越高,越靠近极点,极昼与极夜越长。在南极圈(南纬 66° 33′)与北极圈(北纬 66° 33′)的纬线上只有 24 小时,而在南极点(南纬 90°)与北极点(北纬 90°)则长达半年。在南极点,每年只有一次日出和日落,极昼的时间为 183 天,极夜为 182 天;在北极点,每年也只有一次日出和日落,极昼的时间为 189 天,极夜为 176 天。

海拔 某一点高出平均海平面(又称大地水准面)的距离,又称绝对高度。在地图上表示的高度都是绝对高度。由于海平面不是一个标准的水准面,因此各国在绘制地图时尽量使其标准面接近水准面。中国各地的绝对高度以青岛黄海水准原点(即黄海平均海水面)为起算点。

地图 运用数学法则和地图语言(地图符号系统),经过地图概括,表示地球上各种自然和社会经济现象的平面图形。地图按内容分为普通地图和专题地图。普通地图又分为地形图和地理图,专题地图又分为自然地图、社会经济地图(人文地图)和环境地图。

地图由数学基础、制图对象和图面整饰三部分组成。数学基础包括大地控制点、经纬线网和比例尺。制图对象在普通地图上包括水系、地貌、居民地、交通线、土质、植被、境界线及其他地物,在专题地图上包括地理底图内容和突出表示的主题要素。图面整饰的内容包括图廓、图名、图号、图例和图面上的文字说明,以及附加图表等。

地形图 着重表示地形的普通地图。地形图的内容主要包括:数学要素,如比例尺、坐标格网和控制点等;自然地理要素,如水系、地貌、土质和植被等;

马王堆出土的西汉地形图

社会经济要素，如居民地、交通网和政治行政区划等；图名、图号和图例。地形图比例尺的大小在不同的业务部门有不同的习惯规定。在地形图上要表示出主要地物的位置、形状和大小。由于地面上的地物变化频繁，应不断对地形图进行修测或更新。

地形图被广泛应用于军事和经济建设领域，也是编制各种专题地图如地质图、地貌图等的基础底图。

风化作用 地表和近地表的岩石在日光、空气、水和生物等外力作用下所发生的物理或化学变化。被风化了的岩石圈疏松表层称风化壳。风化作用使岩石（层）发生崩解和分解，其所能达到的深度为风化壳的厚度，可以从几十厘米至几百米。风化壳的厚度在寒冷地区较小，在湿热的热带地区可以达到100～200米，在断裂带发育区可以更大。风化碎屑物和淋溶物被搬运外输，地面被夷低，残遗的风化物质在不同地理条件下发育成不同类型的土壤。风化作用为地表各种外营力（流水、冰川、波浪及风等）的剥蚀和侵蚀作用创造了条件。

侵蚀作用 外营力对地表冲蚀、磨蚀、溶蚀等作用的总称。外营力包括流水、冰川、波浪、潮流、海流、风等。风化作用产生碎屑。外营力侵蚀地面，随后出现搬运作用和堆积作用，使地貌改观。狭义的侵蚀作用指流水、波浪、潮流、冰川和风等外营力的侵蚀作用，广义的侵蚀作用还包括坡地上岩屑、土粒受重力影响顺坡下移的块体运动。根据外营力作用类型的不同，侵蚀作用分为：河流侵蚀作用，包括冲蚀、磨蚀和溶蚀等作用；地下水溶蚀和潜蚀作用；冰蚀作用；海蚀作用；风蚀作用。

峡谷 一种狭而深的河谷。峡谷两坡陡峭，横剖面呈V形。多发育在新构造运动强烈的山区，由河流强烈下切而成。河床上常有急流和瀑布出现。河谷的形成和发展受到地壳构造运动的影响。地壳上升，河流下蚀作用占优势，形成深切峡谷。峡谷由年轻的河谷——嶂谷发展而成，谷地很深，谷坡较陡，谷底初具滩槽雏形。峡谷进一步发展，将成为宽底河谷（即宽谷）。

雅鲁藏布大峡谷 世界最大峡谷。位于中国西藏**雅鲁藏布江**下游。全长504.6千米，最深处6009米，谷底河床最窄处宽仅35米。峡谷进口在米林县派镇附近，海拔 3000 米；出口在墨脱县巴昔卡，海拔 155 米。从西兴拉到帕龙藏布江口 20 余千米河段，有 4 处大瀑布群，一些主体瀑布落差都在 30～35 米。这段峡谷水能蕴藏量达 13.86 万千瓦/千米，为世界同类大河之最。大峡谷围绕喜马拉雅山脉东端的南迦巴瓦峰（海拔 7782 米）有一个奇特的马蹄形大拐弯。大峡谷成为印度洋暖湿气流北上的重要通道，使藏东南地区出现世界上海拔最高的绿洲。

科罗拉多大峡谷景观

雅鲁藏布江大拐弯

1998 年 10～12 月，中国雅鲁藏布大峡谷科学探险考察队首次实现人类全程徒步穿越大峡谷的壮举。

科罗拉多大峡谷 世界陆地上最长的河流峡谷。位于美国亚利桑那州北部的科罗拉多高原上，在科罗拉多河中游。东自马布尔峡谷起，西至格兰德瓦什崖，全长 446 千米。谷深约 1600 米，最深处 1829 米。谷宽 6.5～29 千米，往下收缩，呈 V 形；谷底水面宽度不足 1 千米，最窄处仅 120 米。河流曲折蜿蜒，河床坡降大，水流湍急。水深 10～15 米，夏季水深增至 15～18 米。谷壁呈阶梯状，南壁海拔 1800～2100 米，北壁比南壁高 400～600 米。谷底海拔 760～800 米。从谷底向上沿谷壁出露的从元古宙到新生代的各期岩系，有"地质史教科书"之称。1979 年，科罗拉多大峡谷作为自然遗产被列入《世界遗产名录》。

丹霞地貌 巨厚红色砂砾岩层中沿垂直节理发育的各种丹崖奇峰的总称。主要发育于侏罗纪至第三纪的水平或缓倾的红色地层中，以中国广东北部的丹霞山为典型，故名。丹霞地貌发育始于第三纪的喜马拉雅运动。这次运动使部分

丹霞山

红层变形，并将红色盆地抬升。红色地层沿垂直节理受到水流、重力、风力等作用侵蚀，形成深沟、残峰、石墙、石柱、崩积锥及石芽、溶洞、石钟乳、漏斗等地貌形态。山体主要呈方山状、堡垒状、宝塔状，或为单斜峰群、陡崖坡等。丹霞地貌区奇峰林立、景色瑰丽，旅游资源丰富。

溶洞　可溶性岩石中因喀斯特作用所形成的地下空间。又称喀斯特洞穴、洞穴。国际洞穴学联合会曾定义洞穴为岩石中人足以进入的天然地下空洞。1989

黄龙洞

年D.C.福特等从成因上把洞穴定义为直径或宽度大于产生紊流的有效最小孔径5～15毫米的溶蚀空洞。洞穴由水沿可溶岩层裂隙溶蚀而成。洞穴化学沉积形态主要有石钟乳、石幔、石盾、石笋、石珊瑚、卷曲石、石珍珠、边石等。从终年积雪的高纬度与高山地区到低纬度与海平面以下地区的可溶岩内均有分布。世界上有调查档案的洞穴在15万个以上，长度超过50千米的有35个，深度超过1000米的有62个。

冰川　极地或高山地区沿地面运动的巨大冰体。由大气固态降水经多年积累而成，是地表重要的淡水资源。冰川以雪线为界分为两部分：上部为粒雪盆（又称冰川积累区），下部为冰舌区（又称冰川消融区）。冰川总面积约16227500平方千米，覆盖地球陆地面积的11%。冰川按规模和形态分为**大陆冰盖**和**山岳冰川**。现代冰川面积的97%、冰量的99%为南极大陆和格陵兰两大冰盖所占有。极地以外不同纬度的山地中，其高度在当地雪线以上者，发育山岳冰川。世界中、低纬度山岳冰川以亚洲中部山地最发达，特别是喀喇昆仑山系。冰川通过侵蚀、搬运与堆积作用对地表进行塑造；参与全球水循环，对全球气候有影响。

大陆冰盖　分布于两极地区不受地形约束、长期覆盖陆地的冰川。又称极地冰盖，简称冰盖。两极地区除少数山峰外，几乎全部地面为厚达数百米至数千米的连续的冰雪覆盖的盾形冰盖。边缘有一些大冰舌伸向海中，有的长达几百千米。漂浮在海上的冰体称为冰架（陆

南极大陆冰盖

缘冰）或冰棚。伸入海中的小冰舌称为溢出冰川。冰架和溢出冰川的前端，常由于消融而崩解，冰块脱离母体，落入海中，在海面上四处漂浮，成为冰山。地球上现存的大陆冰盖有南极冰盖和格陵兰冰盖。南极冰盖是地球上最大的冰库，面积1340万平方千米，总储冰量2867.2万立方千米；格陵兰冰盖是北半球最大冰体，面积1802400平方千米。

山岳冰川　一种完全受山地地形约束的冰川。又称山地冰川或高山冰川。主要分布在地球中、低纬度的山地上，其中亚洲山区的冰川最多，占全世界山岳冰川的一半左右。中国是亚洲中、低纬

玉龙冰川

度地区山岳冰川最多的国家，据1999年冰川编目统计，有冰川46298条，面积59406平方千米，约占亚洲冰川总面积的1/2，总储冰量5590立方千米。山岳冰川的形态类型主要有山谷冰川、冰斗冰川、悬冰川、平顶冰川、再生冰川和火山口冰川等。

兰伯特冰川　世界最大冰川。位于东南极洲。宽40千米，长400千米，最厚处超过3000米。该冰川流经查尔斯王子山和莫森陡崖间最大深度超过2500米的地堑谷地。由于兰伯特冰川表面平均高度仅数百米，周围的冰体都朝它流来，于是构成了面积达百万平方千米的冰盖盆地，即兰伯特冰川盆地。冰川的上游有多条源于东南极洲高原的支流对其进行补给，下游与埃默里冰架相连。冰川的大部分流动速度为400～800米/年，中部流速略慢。

雅丹　河湖相土状堆积物地区发育的风蚀土墩和风蚀凹地相间的地貌形态。以中国新疆罗布泊凹地最为典型。以维吾尔语"雅丹"（陡壁的土丘）命名。雅丹是风力吹蚀和风沙流磨蚀作用的产物，并在形成过程中被（季节性）流水侵蚀改造。雅丹地区地面崎岖起伏，支离破碎。高起的风蚀土墩多为长条形，排列方向与主风向平行，土墩物质为粉沙、细沙和沙质黏土互层；风蚀凹地底部的平地向下风向倾斜。风蚀土墩和凹

新疆五彩城雅丹地貌

地相间分布，凹地多数互相沟通，而土墩常孤立分布。

雅丹在世界许多沙漠地区都有分布，如利比亚提贝斯提高原、伊朗克尔曼盆地、埃及哈尔加盆地等。中国除新疆罗布泊地区外，青海柴达木盆地西北部和甘肃河西走廊的疏勒河下游也有大面积分布。

山地 海拔500米以上、地表相对高度大于200米，坡度较陡的高地。山地是地壳构造运动的结果。地壳由若干个大的板块组成。两个板块接触之处受挤压隆起形成山脉，即造山运动。世界上绝大多数山脉都是这样形成的。火山活动也可以形成山地，但往往是孤立山峰。山地根据形态分为：峰或山峰，为孤立的山；山列或山脉，即多个山峰由一山脊连接而形成的山群；山系，由一系列的山脉形成。根据高度分为：低山，海拔1000米以下；中山，海拔1000～3000米；高山，海拔3000～5000米；极高山，海拔5000米以上。许多山脉成为气候的障壁，对气候有很大的调节作用，甚至是重要的气候界线，如中国的秦岭。山地是森林的天然宝库，蕴藏丰富的矿藏。

喜马拉雅山脉 世界上最雄伟高大的山脉。山名源于梵文，意为"雪的居所"。藏民则称雪山。由数条大致平行的支脉组成，向南凸出呈弧形。分布于**青藏高原**南缘，西起克什米尔的南迦峰（海拔8125米），东至雅鲁藏布江大拐弯处的南迦巴瓦峰（海拔7782米），全长约

喜马拉雅山脉的希夏邦马峰

2500千米。南北宽度为200～300千米，由北而南依次为大喜马拉雅山、小喜马拉雅山及西瓦利克山等。主峰**珠穆朗玛峰**海拔8844.43米，为世界第一高峰。

喜马拉雅山脉主脉大喜马拉雅山平均海拔6000米以上，海拔7000米以上的山峰有50余座，海拔8000米以上的高峰有10座。高山顶部终年积雪，现代冰川作用强盛。冰川总面积3.3万平方千米，中国境内约占1/3。雪线高度为海拔5800～6200米。

珠穆朗玛峰 喜马拉雅山脉主峰，世界第一高峰。简称珠峰。位于中国西藏与尼泊尔交界处的喜马拉雅山脉中段，海拔8844.43米，享有地球"第三极"之誉。"珠穆朗玛"系佛经中女神名的藏语音译。珠穆朗玛峰是典型的断块上升山峰。山谷冰川发育，山峰周围辐射状展布着许多条规模巨大的山谷冰川，长度在10千米以上的有18条，末端海拔3600～5400米。其中以北坡的中绒布、西绒布和东绒布三大冰川与它们周围的30多条中小型支冰川组成的冰川

珠穆朗玛峰风光

群为著。

自1921年起，不断有人试图征服珠穆朗玛峰，但直至1953年5月29日，英国探险队的两名队员才第一次从尼泊尔境内的南坡登上峰顶。

喀喇昆仑山　世界上山岳冰川最发达的高大山脉。中亚著名山脉之一。突厥语音译，为"黑色岩山"之意。位于中国、塔吉克斯坦、阿富汗、巴基斯坦和印度等国边境。海拔5570米的喀喇昆仑山口为印度与中国新疆之间的传统商道；位于中国与巴基斯坦边界的明铁盖山口，也是著名岭道之一，为古丝绸之路所经。

喀喇昆仑山及其东延部分（西藏高原的羌臣摩山和潘顿山）宽度约为240千米，长度为800千米。平均海拔超过5500米，海拔8000米以上的高峰有4座。主峰乔戈里峰（海拔8611米）为世界第二高峰。喀喇昆仑山脉主山脊称大喀喇昆仑山，主山脊两侧的山地称小喀喇昆仑山。山岳冰川发育，长度超过50千米的冰川共有6条。冰川总面积1.86万平方千米（中国境内有4647平方千米）。位于主山脊北侧的音苏盖提冰川，为中国已知最长的冰川。

昆仑山脉　横贯中国西部的高大山脉。西起帕米尔高原东部，东到柴达木河上游谷地，全长2500余千米；南北最宽处350千米，最窄处150千米。屹立在塔里木盆地与柴达木盆地之南，与两盆地间均以深大断裂相隔。山势宏伟峻拔，峰顶终年积雪。

昆仑山脉西高东低，按地势分为西、中、东三段。西昆仑山平均海拔5500～6000米，海拔7000米以上的山峰有3座。公格尔山是昆仑山脉的最高峰，海拔7649米；慕士塔格山次之，海拔7509米。中昆仑山平均海拔5000～5500米，海拔6000米以上的山峰有8座。北坡雪线5100～5800米。东昆仑山海拔6000米以上的山峰有4座，平均海拔4500～5000米，积雪分布在海拔5800米以上的山峰。

喀喇昆仑山风光

慕士塔格山

横断山脉 世界最年轻山系之一。为中国最长、最宽和最典型的南北向山系，是唯一兼有太平洋和印度洋水系的地区。位于青藏高原东南部，通常为川、滇两省西部和西藏东部南北向山脉的总称。因"横断"东西间交通，故名。其范围有广义和狭义之分。广义的横断山脉东起邛崃山，西抵伯舒拉岭，北界位于昌都、甘孜至马尔康一线，南界抵达中缅边境的山区。狭义的横断山脉仅指怒江、澜沧江和金沙江三江并流地区的南北走向山地。境内山川南北纵贯、东西并列，自东而西有邛崃山、大渡河、大雪山、雅砻江、沙鲁里山、金沙江、芒康山、澜沧江、怒山、怒江和高黎贡山等。山间盆地、湖泊众多，古冰川侵蚀与堆积地貌广布，现代冰川作用发育，重力地质作用造成的山崩、滑坡和泥石流屡见。同时，地震频繁，是中国主要地震带之一。

横断山脉是中国重要的有色金属矿产地和中国主要水能资源分布区。区内多古植物的孑遗种属，如乔杉、铁杉、连香树、水青树、珙桐等。

天山山脉 亚洲内陆中部的山系。为世界干旱区域的多雨山地之一。横贯中国新疆中部，西端伸入哈萨克斯坦和吉尔吉斯斯坦，全长2500千米。在中国境内东起哈密市东，西到乌恰县西北，东西长约1760千米，南北宽250～350千米。山地耸立于准噶尔盆地与塔里木盆地之间，海拔多在4000米以上。位于西段的托木尔峰是天山山脉的最高峰，海拔7443米；东段的最高峰是博格达峰，海拔5445米。山脉由大致平行的北天山、中天山和南天山组成，山体之间夹有许多宽谷与盆地。天山山脉是中国重要的地震带区。

天山山地气候湿润，水源充足。山地森林面积约占全新疆的50%，草场面积约占全新疆的47%。此外，天山矿产种类繁多。

天山山脉风光

唐古拉山 怒江、澜沧江和长江发源地。又称当拉山。西与喀喇昆仑山东尾相接，向东横贯于西藏北部，一部分成为西藏与青海的界山，东段渐向东南延伸接入横断山脉。唐古拉山山体宽150千米，山峰一般海拔5500～6000米，相对高度500～1000米。主峰各拉丹

唐古拉山风光

冬峰海拔6621米。青藏公路要隘——唐古拉山口的海拔虽高达5220米，却因坡缓、相对高度小而并不显得险要和难以逾越。雪线高度为海拔5400米。现代冰川不甚发育。矿产有铁、煤等。地热资源较丰富。

冈底斯山 青藏高原重要山脉、季风区与非季风区的分界线。藏语意为"众山之主"。位于西藏西南部、喜马拉雅山脉之北，与喜马拉雅山脉大致平行。冈底斯山西起喀喇昆仑山脉东南部的萨色尔山脊，东延伸至纳木错西南，与念青唐古拉山衔接。海拔一般5500～6000米。西段呈东南走向，主要支脉阿隆干累山以同一走向并列于主脉北侧。主峰冈仁波齐峰，海拔6656米。

冈仁波齐峰

冈底斯山南侧即通称的藏南地区，这一地区草场辽阔、耕地集中，为西藏人口集中、农牧业发达的地域。其北侧为羌塘高原内流区，绝大部分土地只宜于放牧绵羊和牦牛或为无人居住的荒寂原野。

大兴安岭 中国东北地区重要山脉。又称西兴安岭。为黑龙江南源额尔古纳河和主要支流嫩江发源地。北起黑龙江畔，呈北东及北北东走向，南止于西拉木伦河上游谷地。全长约1200千米，宽200～300千米。大部分海拔1100～1400米。山地呈不对称状：西北高东南低；西缓东陡，西侧缓缓过渡到蒙古高原，东侧逐级陡降到东北平原；山幅北宽南窄。与小兴安岭一般以嫩江河谷为界，但也有以北安—爱辉一线分界的。最高峰黄岗梁，海拔2029米。大兴安岭林业资源丰富，是中国重要林业基地之一。

黄岗梁

嵩山 中国五岳中的中岳。位于河南登封西北。西汉确定为五岳之一。属褶曲作用形成的块状山。东北—西南走向，绵延100余千米。海拔400～700米。为颍河和伊河、洛河的分水岭。主峰峻极峰，海拔1491.7米，矗立于低山丘陵之间，气势磅礴；寺庙林立。嵩山是古代封建帝王游览和封禅的场所。山上有古建筑群18处，尤以少林寺、中岳庙、嵩阳书院、观星台、嵩岳

嵩岳寺塔

寺塔等著名。2004年被联合国教科文组织评为世界地质公园。

泰山 中国五岳中的东岳。与陕西华山、湖南衡山、山西恒山和河南嵩山合称五岳。古名岱宗、岱山。位于山东中部，盘亘于泰安、济南之间。主峰玉皇顶位于泰安城北，海拔1532.7米，是山东最高峰。泰山山势雄伟，巍峨险峻，群峰争奇，丘壑林泉，飞瀑松涛，被誉为中国"五岳之宗"。泰山古代为封建帝王举行封禅大典的场所，拥有宏伟的古代

悬空寺

泰山风光

建筑、悠久的文化遗迹和秀丽的自然景色。碑刻石雕甚多。1987年，泰山作为文化与自然双重遗产被列入《世界遗产名录》。2006年被联合国教科文组织评为世界地质公园。

恒山 中国五岳中的北岳。又称太恒山，古称元岳、紫岳、恒宗。位于山西浑源境内。东北—西南走向，西接管涔山，东至山西省界，东西绵延250多千米。为海河支流桑干河与滹沱河的分水岭。主峰玄武峰，海拔2016.1米。山上怪石争奇、古树参天，林中有楼台殿宇。古有"恒山十八景"，现存会仙府、悬空寺等十多处。地险、山雄、景奇、泉绝，加之在道教中的重要地位，使恒山成为旅游胜地。

华山 中国五岳中的西岳。被誉为"奇险天下第一山"。位于陕西华阴境内。因其西约20千米另有少华山，故又称太华山。华山是秦岭支脉分水脊北侧的花岗岩石山，东、南、西三峰突起，壁立千仞，北峰和中峰虽略低，但甚峻峭。五峰如莲花五瓣，古代"花"与"华"通用，故名华山。人们以"自古华山一条路"形容其险要。南峰是华山主峰，海拔2154.9米。五峰庙宇，今仅存西

华山群峰

峰古刹。华山为道教圣地。

衡山 中国五岳中的南岳。古称岣嵝山。位于湖南中部、湘中衡阳盆地北缘、湘江西侧。长约32千米，宽17千米。山峦突兀峥嵘。主峰祝融峰，海拔1300.2米。天柱、回雁、石廪、紫盖等峰，迤逦参差，海拔一般约1000米。南岳历史悠久，多文学遗产，一度曾为理学渊薮和宗教福地。现存南岳大庙、磨镜

衡山群峰

台、福严寺等古典建筑。衡山植物资源丰富，天然生长有银杏、青钱柳、绒毛皂荚等珍稀树种。

黄山 中国名山、风景名胜区。位于安徽南部、黄山山脉中段。秦称黟山，唐天宝六载（747）改名黄山，别称黄岳。黄山系江南丘陵的组成部分，沿东北—西南方向延伸。自然风景优美，明代地理学家、旅行家徐霞客曾有"五岳归来不看山，黄山归来不看岳"之赞。黄山为花岗岩峰林地貌。莲花峰、天都峰、光明顶为黄山三大主峰。莲花峰海拔1864.8米，为安徽最高点。黄山是华东植物荟萃之地，尤以黄山松、黄山毛峰、灵芝草驰名中外。1990年，黄山作

黄山迎客松

为文化与自然双重遗产被列入《世界遗产名录》。2004年被联合国教科文组织评为世界地质公园。

庐山 中国风景名胜区、避暑胜地。位于江西九江南、鄱阳湖西岸，北近长江，东濒鄱阳湖。庐山系因断层作用使地块上升而形成的断块山，呈东北—西南走向。相传殷周时有匡氏兄弟结庐隐居于此，故又称匡庐或匡山。主峰大汉阳峰，海拔1473.4米。森林荫郁，植被丰富。海拔1167米的牯牛岭，简称牯岭，为庐山著名的避暑胜地。庐山山体主要由砂岩构成，山势雄伟，加以降水丰富，故多瀑布。多名胜古迹，主要有三叠泉、白鹿洞书院等。1996年，庐山作为文化遗产被列入《世界遗产名录》。2004年被联合国教科文组织评为世界地质公园。

三叠泉

武夷山 中国东南沿海重要山脉。为东南沿海丘陵与江南丘陵的分界线，也

武夷山水

是福建闽江水系、汀江水系与江西鄱阳湖水系的天然分水岭。位于闽、赣两省之间。山脉呈北北东走向，长约540千米，北与仙霞岭相接，南与九连山相连。地势北高南低。位于武夷山市境内的黄岗山海拔2160.8米，是武夷山最高峰。山脉中有许多与其走向相直交或斜交的垭口。武夷山脉东西山麓红层分布地区有丹霞地貌发育，其中以武夷山市南郊的武夷山风景名胜区最负盛名，有"秀甲东南"之誉。1999年，武夷山作为文化与自然双重遗产被列入《世界遗产名录》。

兴都库什山脉 亚洲中部高大山脉。名称来自波斯语，意为"印度山脉"。古波斯人将其以东的广大地区统称为"印度"，也以此名山。东起帕米尔高原，西迄伊朗边境。大体呈东东北—西西南走向，绵延约1600千米，宽50～350千米。平均海拔4000～5000米。它实际上是一个庞大的山脉综合体，由主脉和许多支脉共同组成。主脉自东而西，包括兴都库什、帕格曼、巴巴和帕罗帕米苏斯等山脉。除最东段沿阿富汗与巴基斯坦边境延伸外，绝大部分横亘于阿富汗中部，因而有"阿富汗的脊梁"之称。位于巴基斯坦境内的蒂里奇米尔峰海拔7690米，为整座山脉的主峰。雪线高度为海拔4500～5000米。

安第斯山脉 世界最长的山脉。属科迪勒拉山系，为褶皱山系。纵贯南美大陆西部，大体上与太平洋岸平行。全长约8900千米；一般宽约300千米，最宽处为800千米。由一系列平行山脉和横断山体组成，在多数地区可分为东科迪勒拉山和西科迪勒拉山两列山脉，间有高原和谷地。其北段支脉伸入特立尼达岛，南段延伸至火地岛。跨委内瑞拉、

阿空加瓜山

哥伦比亚、厄瓜多尔、秘鲁、玻利维亚、智利、阿根廷等国。海拔多在3000米以上，海拔超过6000米的高峰有50多座。其中阿空加瓜山海拔6960米，为西半球最高峰。安第斯山脉为环太平洋火山地震带的一部分，也是南美洲许多河流的发源地和分水岭。

山区矿产丰富，农业发展较好。北段和中段山区海拔1500～3500米的地区是人口密集区。山中多垭口，有横贯大陆的铁路通过。

科迪勒拉山系 纵贯美洲大陆西部的褶皱山系。北起阿拉斯加，南至火地岛，绵延15000千米，为世界最长的山系。由一系列平行的山脉、山间高原和盆地组成。属环太平洋火山地震带的一部分。北美科迪勒拉山系宽800～1600千米，海拔1500～3000米，包括东、西两列山带和宽广的山间高原-盆地带。南美科迪勒拉山系以安第斯山脉为主干，宽300～800千米，海拔多在3000米以上，最高峰阿空加瓜山，海拔6960米。自然资源丰富。北美洲西北沿海、南美洲的赤道附近和安第斯山脉南段，森林茂密，水能丰富。墨西哥、中美地区和安第斯山脉中段，是印第安人古代文明发祥地。

大高加索山脉 亚、欧两洲的分界线之一。位于黑海与里海之间。自西北向东南延伸于俄罗斯与格鲁吉亚、阿塞拜疆的边界上。全长1100千米，主体部分最宽约180千米。由一系列近于平行的山脉组成。按地势可分为轴部地带、北坡和南坡。轴部地带大部为海拔3000～4000米的高山，其中海拔4800米以上的山峰有15座。最高峰厄尔布鲁士山，海拔5642米，终年积雪，有冰川约2000条（总面积1428平方千米）。北坡地区又称北高加索或前高加索，为海拔400～1500米的低山、丘陵与中山。南坡大多为海拔1000米以上的中山。黑海沿岸的苏呼米、索契及大高加索山前的温泉出露带是著名的旅游区。

厄尔布鲁士山远眺

阿尔卑斯山脉 欧洲最高大的山脉。位于欧洲南部。西起法国东南部，经意大利北部、瑞士南部、列支敦士登、德国南部，东至奥地利和斯洛文尼亚。呈弧形东西延伸，长约1200千米；宽

勃朗峰日落

130～260千米。平均海拔3000米左右。山脉分为西、中、东三段。西段山体最窄、高峰最集中，最高峰勃朗峰，海拔4810米，位于法意边境；中段宽度最大；东段海拔相对较低。各种类型的冰川地貌广泛分布，冰蚀地貌尤为典型。有现代冰川1200多条，总面积约4000平方千米。冬季降雪量较大，高山普遍积雪。

高原 海拔600米以上，一侧或数侧为陡坡、顶面相对平坦，分布范围较大的高地。形成的根本原因是新生代以来地壳的强烈抬升，抬升速度超过了外营力的侵蚀或剥蚀，地表呈现为隆起的正地形。包括多种成因的低高原（如巴西高原、南非高原）、在山系旁侧的高原（如阿巴拉契亚高原）、山系组成的山地高原（如青藏高原）、由玄武岩熔岩堆叠而成的熔岩高原（如埃塞俄比亚高原）、由熔岩和凝灰岩等大量火山物质堆积而成的火山高原、由大陆冰盖组成的冰盖高原。高原在全世界有着广泛的分布，除冰盖高原外，约占地球上全部陆地面积的30%。尤以亚洲的高原为最高和最多，如青藏高原、伊朗高原等。

青藏高原 世界最高的高原。有"世界屋脊"之称。西起帕米尔高原和喀喇昆仑山；南缘为喜马拉雅山脉；东南经横断山脉连接缅甸和云南高原，东部则濒临四川盆地，东北部与秦岭山脉西段和黄土高原相衔接；北缘的昆仑山脉、阿尔金山和祁连山与塔里木盆地及河西走廊相连。总面积约250万平方千米。

青藏高原航拍

其形成与喜马拉雅运动密切相关。海拔大多在3500米以上，西北高、东南低。主要大山有阿尔金山、祁连山、昆仑山脉、喀喇昆仑山、唐古拉山、冈底斯山、念青唐古拉山、喜马拉雅山脉及横断山脉。高原大部分为荒漠草原所覆盖。高原南部与东部的边缘山区河网密集，较大的外流河有雅鲁藏布江、怒江、长江、黄河和澜沧江等。高原上湖泊广布。

青藏高原是地球上中、低纬度地区最大的冰川作用中心，现代冰川面积约4.987万平方千米。高原为北半球中、低纬度地区冻土分布最广、厚度最大、海拔最高的地区，多年冻土面积约140万平方千米。高原也是中国主要地震区。

内蒙古高原 蒙古高原的一部分。位于阴山山脉之北、大兴安岭以西。北至国界，西至东经106°附近。面积约40万平方千米。广义的内蒙古高原还包括阴山以南的鄂尔多斯高原和贺兰山以西的阿拉善高原。一般海拔1000～1200米，南高北低；北部形成东西向低地，最低海拔降至600米左右，在中蒙边境一带是断续相连的干燥剥蚀残丘，相对高度约百米。高原地面坦荡完整，起伏和缓，古剥蚀夷平面显著，风沙广布，古有"瀚海"之称。戈壁、沙漠、沙地依次从西北向东南略呈弧形分布。内蒙古高原是中国重要的牧场，草原面积约占高原面积的80%。

黄土高原 中国四大高原之一、世界上黄土覆盖面积最大的高原。为中华民族古代文明的发祥地之一。位于中国北部北纬34°～40°、东经102°～114°，横跨青、甘、宁、内蒙古、陕、晋、豫7个省区。面积约40万平方千米。高原由西北向东南倾斜，海拔多在1000～2000米。除石质山地外，大部分为厚层黄土覆盖。经流水长期强烈侵蚀，逐渐形成千沟万壑、地形支离破碎的特殊自然景观。最基本的地貌类型有沟间地地貌（如塬、梁、峁）、沟谷地貌和黄土微地貌。高原上主要山脉太行山、吕梁山和六盘山把高原分隔成山西高原、陕甘黄土高原、陇西高原三部分。区域水系以黄河为骨干。源于黄土高原的河流约有200条，含沙量很高。黄土高原严重水土流失面积约27万平方千米。

云贵高原 中国四大高原之一。位于中国西南部。西依哀牢山，西北接青藏高原，北连四川盆地，东与江南丘陵及两湖平原毗邻，南连广西西北部山地丘陵。面积约40万平方千米。由云南高原和贵州高原组成。

云贵高原景色

云南高原大部分地区海拔1500～2000米，西北高、东南低。滇中高原由紫色砂页岩组成，又称红色高原，高原面较完整，地势起伏和缓；滇东高原喀斯特地貌发育。高原内部的河流多数从中部向南、北分流，分别注入长江水系和珠江水系。有大小湖泊近40个。

贵州高原平均海拔约1000米，呈由东向西逐级升高的梯级状大斜坡，并由中部向南、北逐渐倾斜。河流溯源侵蚀强烈，地面起伏较大。喀斯特地貌广泛发育。

巴西高原 世界面积最大的高原。位于南美洲中东部、巴西东南部，介于亚马孙平原与拉普拉塔平原之间。面积

黄土高原风光

500多万平方千米。海拔300～1500米，地面起伏平缓，从东南向西北倾斜。东部高原呈波状起伏，表现为脊状山岭或断块山，突出于高原之上；西部的戈亚斯高原和马托格罗索高原，具有桌状高地的特征，无明显山岭；中部为凹陷地带，分布着巴拉那伊巴谷地和巴拉那谷地。高原边缘部分普遍形成缓急不等的崖坡，河流穿过其间，多陡落成为瀑布或急流，切成峡谷；东南边缘近大西洋岸有著名的大崖壁。

伊朗高原　亚洲高原。因主要分布于伊朗而得名。为一个庞大的闭塞型山间高原，由四周的边缘山地和内部许多山

厄尔布尔士山脉

间高原、荒漠和盆地组成。面积约270万平方千米。几乎包括伊朗、阿富汗的全境和巴基斯坦的西南部。东西介于帕米尔高原、印度河平原、亚美尼亚高原和美索不达米亚平原之间，北邻图兰低地和里海，南濒波斯湾、阿曼湾和阿拉伯海。边缘主要山脉：北侧自西而东有厄尔布尔士山脉（主峰达马万德山，海拔5671米）、科佩特山和兴都库什山脉；南侧自西而东有扎格罗斯山、莫克兰山和苏莱曼山。矿产资源多种多样，油气资源尤其丰富。

蒙古高原　亚洲中东部高原。东界大兴安岭，南界阴山山脉，西和西南接阿尔泰山脉、准噶尔盆地和塔里木盆地，北连萨彦岭、唐努乌拉山脉和雅布洛诺夫山脉。面积约260万平方千米。高原平均海拔1580米，最高点为阿尔泰山脉的蒙赫海尔汗山（海拔4362米）。地表大部分为单调的台地。地表结构主要是岩石裸露的垄岗与浅平洼地相结合。高原基本上为周边山脉环绕的内陆排水盆地，有扎布汗河、色楞格河和克鲁伦河等流经。矿产资源丰富。具有独特的人文地理特点。

南非高原　非洲南部的古老高原。占据刚果盆地以南整个南部非洲。由大盆地、高地和边缘山地构成。卡拉哈迪盆地面积最大，海拔900～1100米，西南海拔不足900米，是高原最低部分。盆地外围地势逐步升高，形成一些高地。莱索托地块最高，海拔3000米以上。高原边缘以陡峭的断崖呈弧形直落沿海

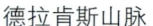
德拉肯斯山脉

低地，构成边缘山地。东南沿海的德拉肯斯山脉最高，塔巴纳恩特莱尼亚纳山海拔 3482 米，为高原最高点。南面还有属褶皱山系的开普山脉。中西部和西部沿海有著名的卡拉哈迪沙漠、纳米布沙漠。最大的常流河为赞比西河、奥兰治河和林波波河。矿产资源丰富。

中西伯利亚高原 俄罗斯西伯利亚中部面积最大的高原。南起东萨彦岭、贝加尔湖沿岸和外贝加尔山地，北至北西伯利亚低平原，西与西西伯利亚平原、东与中雅库特低平原相连。面积约 150 万平方千米。由一系列宽广的高原（如维柳伊高原、勒拿河左岸高原等）和山地（如叶尼塞山脉、安加拉山脉等）组成。平均海拔 500～700 米。西北部较高，海拔 1000～1500 米。普托拉纳山海拔 1701 米，为最高点。叶尼塞河支流下通古斯卡河、石泉通古斯卡河、安加拉河，勒拿河及其支流维柳伊河、奥廖克马河，哈坦加河等流经。水力及矿产资源丰富。

盆地 周围为山地或高地环绕的圆形或椭圆形的平坦低地。约占全世界陆地面积的 30％。中国的盆地较多，有塔里木盆地、柴达木盆地、准噶尔盆地、四川盆地和吐鲁番盆地等。地壳的沉降是形成盆地的根本原因。一般分为凹陷盆地和断陷盆地。前者从盆地边缘向盆地中心沉积层逐渐变厚，盆地中的沉积层与周围高地沉积层之间呈现为逐渐过渡；后者是以断层相互分开，沉积层在横断面上呈不连续，地质学上称为构造盆地。相对于周围的山地或高地来说，盆地的自然环境比较优越，适合于人类居住和进行各种经济活动。

塔里木盆地 中国特大型内陆盆地。位于新疆南部、天山山脉与昆仑山脉之间。面积约 53 万平方千米。盆地地势西高东低，微向北倾。旧罗布泊湖面海拔 780 米，是盆地最低点。盆地地貌呈

塔里木河两岸的胡杨林

环状分布：边缘是与山地连接的砾石戈壁；中心是辽阔沙漠；边缘与中心之间是冲积扇和冲积平原，并有绿洲分布。塔里木河位于盆地北缘，其南是塔克拉玛干沙漠。较大的河流有南部的叶尔羌河、克孜勒河、盖孜河、和田河、克里雅河、车尔臣河，以及北部的阿克苏河、台兰河、渭干河、库车河、开都河等。

柴达木盆地 中国三大内陆盆地之一。属封闭性的巨大山间断陷盆地。位于青海西北部。四周被昆仑山脉、祁连山和阿尔金山所环抱。面积约 25 万平方千米。"柴达木"是蒙古语"盐泽"的意思。

地势由西北向东南微倾，海拔自 3000 米渐降至 2600 米左右。地貌呈同

柴达木盆地景观

心环状分布，自边缘至中心依次为洪积砾石扇形地（戈壁）、冲积-洪积粉砂质平原、湖积-冲积粉砂黏土质平原、湖积淤泥盐土平原。地势低洼处盐湖与沼泽广布。盆地西北部戈壁带内缘，绵延分布百米以下的垄岗丘陵群。盆地东南沉降剧烈，冲积与湖积平原广阔，主要湖泊有南霍鲁逊湖、北霍鲁逊湖和达布逊湖等。盆地东北部有若干小型山间盆地。河流大部为间歇性，主要分布于盆地东部。

准噶尔盆地 中国大型陷落盆地之一。位于新疆北部、阿尔泰山脉与天山山脉之间。西侧为准噶尔西部山地，东

艾比湖

至北塔山麓。面积20万平方千米，其中沙漠占30%。地势向西倾斜，北部略高于南部。西南部的艾比湖湖面海拔189米，是盆地最低点。

盆地内平原可分为两区：北部平原北起阿尔泰山南麓，南抵沙漠北缘，风蚀作用明显，有大片风蚀洼地；南部平原南起天山北麓，北至沙漠北缘，可分为两带——北带为沙漠，南带为天山北麓山前平原。盆地中央的古尔班通古特沙漠是中国第二大沙漠。除额尔齐斯河为外流河外，盆地内其他河流均为内流河。

四川盆地 中国四大盆地之一。为中国各大盆地中形态最典型、纬度最南、海拔最低的盆地。在长江上游。西依青藏高原和横断山地，北靠秦岭与黄土高原相望，东接湘鄂西山地，南连云贵高原。包括四川东部、重庆大部，面积约20万平方千米。

盆地边缘多低山和中山，山势陡峻；发源于盆地边缘山地的河流大多为V形谷，岭谷高差500~1000米，地表崎岖。故历史上有"蜀道难，难于上青天"之说。山脊海拔多在2000~3000米，西北部与西部可超过3000米甚至4000米。地势向东南倾斜。盆地底部海拔多在250~700米，以丘陵为主，次为低山和平原。盆地地表为大面积的紫红色砂岩和泥岩所覆盖，故称红层盆地。盆地内河流均由边缘山地向盆地底部的长江干流汇聚，形成向心状水系。

盆地中植物近万种，古老而特有种之多为中国其他地区所不及。盆地西缘

成都平原景色

山地是中国特有而古老动物保存最好、最集中的地区，有大熊猫、金丝猴、扭角羚、白唇鹿等国家一级保护动物。

刚果盆地 世界最大盆地。面积337万平方千米。又称扎伊尔盆地。位于非洲中西部。东以东非大裂谷为界，西到刚果（布）西部和喀麦隆东南，包括刚果河流域大部，故称刚果盆地。大体呈不规则的六边形。四周被高原、山地包围，仅西南由刚果河切穿一道缺口。北缘为中非高地，东缘为东非大裂谷西支西岸系列山地，东南为加丹加高原，西南有隆达高原，西缘为从喀麦隆及加蓬东部直至刚果（布）西部的高原、山地。盆地底部地势平坦，海拔300～500米。刚果河及其支流水量丰富。盆地一半以上被森林占据。盆地边缘的高原、山地富矿产资源，其中金刚石、铜、锰、铁矿世界闻名。

澳大利亚大盆地 世界上面积最大的自流盆地。又称大自流盆地。位于澳大利亚大陆中部。自卡奔塔尼亚湾向南，直至达令河上源和艾尔湖盆地，包括达令河和艾尔湖两个集水区的大部。面积175万平方千米，约占澳大利亚面积的1/5。为一浅碟形凹陷盆地。补给的水源主要来自盆地东侧的大分水岭。西、北、南三面地势较低，为承压水出露区。有18000多个泉眼，日平均涌水量达13亿升，其中大部分被蒸发和渗漏。地下水位差异极大，最深的自流井深2100米。部分地下水经明渠和管道输往绿洲中的农田、牧场和居民点，形成澳大利亚大陆少有的一些农牧业兴盛地区。

丘陵 海拔500米以下、相对高度200米以下，坡度较缓的低矮隆起高地。是山地与平原之间的过渡。其成因有两种：一是地壳抬升幅度和速度均较小，形成低矮的丘陵；二是原为高峻的山地，经长期侵蚀或剥蚀，被夷平成低矮的丘陵。丘陵可以是孤立的，也可以是连绵成片的。孤立的山丘被称为残丘或岛山。

江南丘陵 中国长江以南、南岭以北、武夷山和天目山以西、雪峰山以东，包括湘、赣两省中南部和浙西、皖南地区的大片低山和丘陵的总称。面积约37万平方千米。主要部分为湘赣两省毗连的大洼地。洼地东南西三面均有山地盘踞，向北倾斜。地表径流通过湘江、资水、沅江、澧水和鄱江、信江、抚河、赣江、修水等河流分别注入洞庭湖和鄱阳湖，然后北入长江。区内许多中山和低山均为东北—西南向排列。山岭海拔多在1000米左右，局部1500～2000米。主要山脉有幕阜山脉、九岭山、罗霄山脉、天目山、仙霞岭、武夷山和黄山等。

红色盆地众多，多分布于山岭间。红层丘陵为红色盆地的主要地貌类型。在厚层砂砾岩分布的盆地内，丹霞地貌发育。区境人口稠密，是中国重要农业区之一。

东南沿海丘陵 中国东南部具有亚热带山地丘陵景观和滨海景观特色的自然地理单元。包括福建全部和浙江、广东的部分地区。东南濒东海和南海。地势西北高、东南低。丘陵山地约占全区总面积的85%。较大的平原有潮汕平原、漳州平原、泉州平原等。山脉多呈北北东向平行排列。山岭海拔多为1000～1500米，以崇安西北黄岗山最高（海拔2160.8米）。分布在山地中的小型山间盆地为河流所串联，峡谷与盆谷相间排列，盆谷地段的沿河两岸发育有冲积平原和数级阶地。海岸线漫长曲折、岬湾相间，多岛屿。较大岛屿有海坛岛、东山岛、东海岛、南澳岛等。台湾海峡是中国著名的海峡。河流源短流急，多独流入海。

辽东低山丘陵 中国辽宁开原、抚顺、盖州一线以东的低山丘陵。东北部海拔1000米左右，向西南渐降至海拔200米以下。辽东半岛分割黄、渤二海，构成辽河水系和鸭绿江水系的分水岭。沈丹铁路东北有两列山地平行分布，高峰海拔多超出1200米，是省内地势最高处。沈丹铁路西南为千山山脉。千山山脉为辽东半岛的脊梁，海拔一般不超过500米，绵羊顶子山、步云山等超过1000米。辽东半岛是苹果、花生、柞蚕丝和海洋水产品生产基地。

平原 海拔低于200米、相对高度小于50米的平缓陆地。它以较低的高度区别于高原，以较小的起伏区别于丘陵。世界大部分人口均居住在平原地区，平原与人类的关系十分密切。平原形成的基本条件是地壳的持续沉降或持续稳定。世界上绝大多数平原是由堆积作用形成的堆积平原，如中国的华北平原。少量原来地势较高、遭受长期侵蚀或剥蚀形成的平原，称为侵蚀平原或蚀余平原。堆积平原根据成因分为冲积平原、洪积平原、湖积平原、冰水平原和海积平原等。在两种或两种以上营力同时作用的地区，出现混合成因的平原。平原地区蕴藏有各种类型的沉积矿床。

冲积平原 河流挟带的泥沙进入低地堆积而成的平原。是河流受构造运动（上升转为下降）、地形（从山地到低平谷地）和人为因素（筑堤、修水库）等影响，水流流速降低，导致泥沙大量堆积而成。冲积平原地势低平、起伏和缓，海拔大部分在200米以下，相对高度一般不超过50米，有的仅10～20米；坡度一般在5°以下。分布于不同高度、纬度和河流的不同部位（上、中、下游）。

冲积平原根据形成部位分为山前平原、中部平原和滨海平原。山前平原为洪积-冲积平原，位于山前地带；中部平原是冲积平原的主体；滨海平原为冲积-海积平原。根据形状分为冲积扇平原、泛滥平原和三角洲平原。

东北平原 中国最大平原。又称松辽平原。位于中国东北部。平原东、西两

三江平原俯瞰

侧分别为长白山和**大兴安岭**，北部为小兴安岭山地，南端濒辽东湾。总面积约35万平方千米。由辽河平原、松嫩平原、三江平原组成。其中松嫩平原面积最大，是东北平原的主体。**辽河**和**松花江**水系分别流经平原南北，两大水系之间为松辽分水岭。松辽分水岭以北为松花江和嫩江及其支流冲积而成的松嫩平原，以南为辽河水系冲积而成的辽河平原。小兴安岭以东、长白山地以北，是**黑龙江**、**松花江**、**乌苏里江**汇流冲积而成的三江平原。沼泽和湿地广泛分布。东北平原西南部以西辽河为中心，呈沙丘与洼地相间、微波起伏的风沙地貌景观。东北平原土地肥沃，资源丰富。

华北平原 位于中国东部、**黄河**下游。又称黄淮海平原。西倚太行山、伏牛山，北抵燕山南麓，东临渤海和黄海，南达大别山北侧。跨越京、津、冀、鲁、豫、皖、苏7个省市。面积30多万平方千米。

华北平原海拔多不及百米，地势平缓倾斜。黄河、**淮河**、**海河**、滦河等河流所塑造的地貌构成华北平原的主体，即黄河冲积平原、淮河中下游平原、海河中下游平原和滦河下游冲积扇平原。黄河在孟津以下形成巨大的冲积扇，扇缘向东直逼鲁西南山地丘陵的西侧。黄河冲积扇的中轴部位淤积较高，成为华北平原上的分水脊，将淮河、海河两大水系分隔南北。河湖众多，黄河、淮河、海河为平原最主要河流。**京杭运河**在华北平原上起过重要的历史作用。

华北平原俯瞰

长江中下游平原 中国三大平原之一。位于湖北宜昌以东的长江中下游沿岸，由两湖平原、鄱阳湖平原、苏皖沿江平原、里下河平原和长江三角洲平原组成。面积约20万平方千米。

两湖平原以荆江为界，其北称江汉平原，其南为洞庭湖平原。江汉平原主要由长江和汉水冲积而成，洞庭湖平原则主要由通过荆江南岸太平、藕池、松滋三口南下的长江冲积而成。鄱阳湖平原除边缘红土岗丘外，中部的泛滥平原主要由赣江、抚河、信江、修水等河流冲淤而成，其中又以赣江为主。苏皖沿江平原主要指湖口以下到镇江之间沿长江两岸分布的狭长的冲积平原，包括芜湖平原和巢湖平原。自镇江以下的河口段发育了长江三角洲。长江三角洲以北为里下河平原，平原为周高中低的碟形洼地。

长江中下游平原是中国水资源最丰富的地区，也是中国淡水湖群分布最集中的地区，著名淡水湖有鄱阳湖、洞庭湖、太湖和巢湖等。

亚马孙平原 世界最大的冲积平原。位于南美洲北部亚马孙河的中下游。介于圭亚那高原与巴西高原之间，西部为安第斯山脉的东坡，东至大西洋沿岸。

亚马孙平原俯瞰

面积约560万平方千米，大部分在巴西境内，约占巴西国土面积的1/3。发育于巴西陆台内呈东西走向的坳陷地带，亚马孙河大致沿着其构造轴流贯。平原西宽东窄，地势低平坦荡，大部分海拔在150米以下。平原按其地质和地貌特点可分为河漫滩和高位平原两部分。河漫滩约占平原面积的10%，地势低下，湖沼广布。河漫滩之外、45~60米的陡岸之上为高位平原，平原在西经60°以西最为宽广。热带雨林面积达300多万平方千米。人烟稀少，交通不便。

东欧平原 世界诸大平原之一。又称俄罗斯平原。位于欧洲东部。北起北冰洋，南抵黑海、里海之滨；东起乌拉尔山脉，西达波罗的海。面积约400万平方千米。绝大部分在俄罗斯境内，还包括芬兰、爱沙尼亚、拉脱维亚、立陶宛、白俄罗斯、乌克兰、摩尔多瓦等国。地形总体特征为丘陵性高地与低地交错分布、波状起伏的广阔平原。平均海拔170米。丘陵性高地一般海拔300米左右，其间则为广阔的洼地、盆地、冲积平原、沼泽和湖泊。东南部里海沿岸低地最低在海平面以下28米。流经平原的河流众多，乌拉尔河、伏尔加河、第聂伯河、顿河等向南分别流注里海、亚速海和黑海，伯朝拉河、北德维纳河等向北注入巴伦支海和白海。

西西伯利亚平原 世界诸大平原之一。位于俄罗斯中东部。介于叶尼塞河与乌拉尔山脉之间，北抵北冰洋喀拉海，南接哈萨克丘陵和阿尔泰山区。面积约

300万平方千米。地势开阔平坦,中、北部一般海拔50～150米,南部及东部边缘海拔220～300米。**鄂毕河水系**纵贯全境,河网密布,大小河流共2000多条;湖泊众多;沼泽连片。石油、天然气资源丰富,有世界著名的西西伯利亚油气区(秋明油田)。南部的巴拉宾、伊希姆和库隆达草原大部已开垦,为俄罗斯重要的乳用畜牧业区和谷物产区之一。

三角洲 在河口区由于流速降低,水流所挟带的泥沙堆积而形成的冲积平原。因其外形类似希腊字母Δ得名。世界上大三角洲主要分布在入海河口。

三角洲的发育受制于许多因素,主要取决于入海河流挟沙能力与海洋动力(波浪、潮汐、沿岸流等)对入海泥沙再搬运能力之间的对比关系。随着入海泥沙量的减少和海洋再造营力的增强,依次形成扇形、鸟足形、舌形、尖嘴形、弓形、河口湾形三角洲。

三角洲地区绿野沃土,营养盐类富集,蕴藏丰富的水土资源和生物资源,且内外交通都较为便利,具有极大的开发价值。但是,三角洲的生态环境比较脆弱,容易遭到人类活动的破坏,必须注意保护。此外,三角洲是地球表面主要的沉积区之一,古三角洲沉积层往往是油气藏的所在。

长江三角洲 中国**长江中下游平原**的一部分。三角洲顶点在江苏仪征附近,由此向东,大致沿扬州、泰州、海安、

长江三角洲俯瞰

栟茶一线,是三角洲北界;由顶点向西南,沿大茅山、天目山东麓洪积−冲积扇至杭州湾北岸,为其西南界和南界。面积约5万平方千米。大致沿江阴、沙洲、常熟、松江、金山一线,分为新三角洲和老三角洲两部分。后者位于西部,系以**太湖**为中心的冲积平原、湖积平原;前者指镇江以东、位于大江两侧的冲积平原和江中沙岛。

三角洲主要是由长江带来的泥沙冲淤而成。冲积层的厚度由西向东从几十米增加到400米,其底部是坚硬的岩层。地形可分为里下河平原南缘、河口沙洲区和太湖平原三部分。太湖平原发育了较为完整的太湖水系。京杭运河南段江

三角洲形态类型

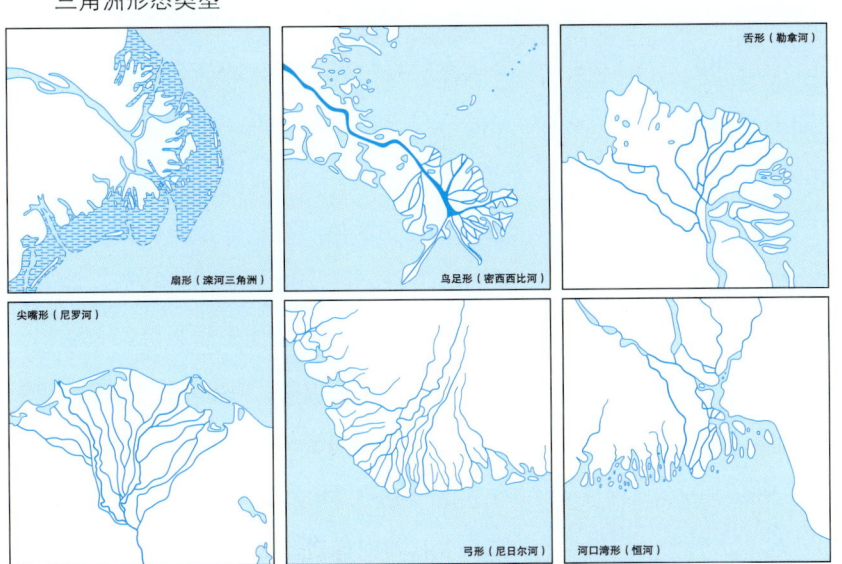

南运河纵贯该区。长江三角洲为中国人口稠密地区之一,也是中国经济最发达地区。

珠江三角洲 中国第二大三角洲。又称珠江平原。是由西江、北江、东江、潭江、绥江、流溪河、增江等在珠江河口湾内堆积而成的复合三角洲。位于中国南海北岸、广东中部珠江河口。狭义的珠江三角洲北起西、北二江汇合点的三水河口,东抵东江下游的石龙,南达崖门口外。广义的珠江三角洲西起高要羚羊峡东口及潭江司前;北起北江黄塘、宝月,流溪河广州、石碣,绥江黄冈;东迄东江园洲、增江沙塘。面积8601.1平方千米。

珠江三角洲鸟瞰

三角洲东有大岭山、羊台山,北有白云山摩星岭,西有皂幕山、古兜山。山丘走向多与北东向构造线一致。三角洲平原上有160多座突起的丘陵、台地、残丘。其中丘陵主要分布在南部,台地集中在北部番禺至广州之间。河网发育,西江、北江三角洲的主要水道有近百条,东江三角洲的主要水道有5条。

黄河三角洲 黄河尾闾在历次淤积延伸—摆动—改道过程中形成的扇形地带。位于山东北部。广义的黄河三角洲指河南巩义以东、北至天津、南到苏北废黄河口的广大黄河冲积平原。狭义的黄河三角洲指近代三角洲,是1855年黄河在铜瓦厢决口,袭夺大清河,于山东利津入渤海后形成的扇形地带。以利津以下的宁海为顶点,东南至淄脉沟河口,西北到徒骇河(套尔河)入海处,前缘突出于渤海湾与莱州湾之间。近代黄河三角洲面积6000余平方千米。黄河口继续向外延伸,三角洲以年平均150米的速度向渤海扩展。

三角洲地势低平,地面海拔2～10米,中间高、两侧低,西南高、东北低。自然资源丰富。地下蕴藏有丰富的石油、天然气资源,是胜利油田的主要产油区。

恒河-布拉马普特拉河三角洲 世界诸大三角洲之一。也可简称为恒河三角洲。位于南亚次大陆东部。顶点在印度的法拉卡,西起巴吉拉蒂-胡格利河,东至梅克纳河,南濒孟加拉湾。面积7万平方千米。大部分在孟加拉国南部,小部分在印度的西孟加拉邦。平均海拔10米。三角洲汇集恒河、布拉马普特拉河、梅克纳河三大水系。地势低平,土壤肥沃,农业发达,人口密集,城镇相望,为南亚最重要的经济中心之一。大小河道相连,水上运输发达。沿海有大片红树林沼泽,辟有孙德尔本斯国家公园。

湄公河三角洲 东南亚最大的大河三角洲。由湄公河及其支流冲积而成。濒临南海和泰国湾。是以柬埔寨首都金边为顶点,北起越南的巴地,南至金瓯角的三角形地区。总面积4.4万平方千米,其中越南境内3.6万平方千米。地面平坦低洼,平均海拔不到2米。三角洲每原有七大河汊分流入海，经长期人工疏导，尤其是阿斯旺高坝的修建，水流已被控制。纵贯三角洲的众多岔流，现在主要经拉希德和杜姆亚特两条河道分流入海。三角洲土质肥沃，是非洲最重要的灌溉农业区。人口稠密，城市众多，工商业发达，交通便利。尼罗河三角洲是世界古代文明发祥地之一。

沙漠 干旱地区地表为大片沙丘覆盖的区域。广义的沙漠与荒漠相当，狭义的沙漠仅指沙质荒漠。而一般意义上的沙漠泛指风为主要营力，侵蚀和堆积形成地形形态的地区。除沙质荒漠外，还涵盖砾质荒漠（戈壁）和风蚀地（风城、雅丹和风蚀劣地）。

沙漠依据水分条件和沙丘固定状况，分为流动沙漠、半固定沙漠和固定沙漠。但缺乏统一的划分标准。中国地理学界把分布在中国贺兰山以西的主要由流动沙丘组成的干旱荒漠地区直呼沙漠，如塔克拉玛干沙漠等；把水分条件较好，以固定、半固定沙丘为主，分布在半干旱草原及部分半湿润地区疏林草原的沙漠称为沙地，如毛乌素沙地等。

全球沙漠面积540万平方千米，占全球陆地面积的10.11%。世界上面积超过20万平方千米、连片分布的大沙漠有8个，分布在阿拉伯半岛、中亚和澳大利亚。其中鲁卜哈利沙漠最大，面积65万平方千米，是世界第一大流动沙漠。撒哈拉沙漠面积180万平方千米，但被砾漠和岩漠分割成许多小沙漠。

全球流动大沙漠主要分布于非洲、阿拉伯半岛和中国西北地区，面积约

湄公河三角洲景色

年向外延伸60～80米。从金边开始湄公河分成两支：北支主流从西北往东南流，称前江；南支称后江（又称巴沙河）。前江以北的同耐河平原与同塔梅平原水道弯曲，沼泽连片；后江以南的金瓯半岛的海滨地区有大片生长着红树林的泥滩。三角洲天然河系和人工渠道纵横交错，组成稠密的水网。

尼罗河三角洲 世界主要大河三角洲之一。在埃及北部。大致从开罗北20千米向北呈扇形展开。面积2.5万平方千米。冲积土层厚15～23米，地表平坦，河网纵横，渠道密布，沿海多潟湖、沼泽和沙洲。有天然气田。尼罗河在此

尼罗河三角洲景观

350万平方千米，占全球沙漠面积的65%；其他地区零星分布。固定、半固定大沙漠面积约190万平方千米，占全球沙漠面积的35%，主要分布在南非、中亚、印巴边界、澳大利亚，以及中国东部沙地区、新疆北部和青海柴达木盆地。

塔克拉玛干沙漠 中国最大的沙漠、世界第二大流动沙漠。位于塔里木盆地的中部。北为天山，西为帕米尔高原，南为昆仑山，东为罗布泊洼地。面积33.7万平方千米。流沙面积占整个沙漠面积的85%。沙丘高大，除边缘外，一般在50～100米以上。

沙漠东部主要为巨大复合型沙丘链，一般长5～15千米，最长30千米，宽度一般在1～2千米。丘间地宽度为1～3千米。沙漠东北部临时湖泊较多，但往沙漠中心则逐渐减少。沙漠中心和西南部主要分布复合型纵向沙垄，延伸长度一般为10～20千米，最长可达45千米。沙漠北部可见高大穹状沙丘，西部和西北部可见鱼鳞状沙丘群。

沙漠中某些河床沿岸及冲积扇缘分布有以胡杨、红柳等为主的天然植被，形成绿洲，如和田河及克里雅河下游等。区内地下水、石油、天然气资源十分丰富。

撒哈拉沙漠 世界上最大的沙漠。"撒哈拉"为阿拉伯语音译，意即大荒漠。位于阿特拉斯山脉和地中海以南，约北纬14°以北；西起大西洋沿岸，东到红

撒哈拉沙漠中的商旅

海之滨。横贯非洲大陆北部，跨埃及、苏丹、利比亚、乍得、突尼斯、阿尔及利亚、尼日尔、摩洛哥、马里、毛里塔尼亚、西撒哈拉11个国家和地区。面积约900万平方千米，约占非洲总面积的30%。其中，被砾漠（戈壁）、岩漠所分割的沙漠总面积180万平方千米。

撒哈拉沙漠地区为辽阔高原，一般海拔200～500米。中部有一条南东—北西向高地，包括阿哈加尔高原、提贝斯提高原等；地势向四周逐渐降低，递变为一系列低高原和盆地。提贝斯提高原的库西山海拔3415米，为全区最高峰。埃及西北部盖塔拉洼地最低处在海平面以下133米。高地四周，放射状干河谷相当密集。除山地、高原外，全区

塔克拉玛干沙漠风光

基本上由闭塞盆地构成，盆地大多海拔50～200米。全区地面主要由岩漠、砾漠和沙漠组成。境内除东部有尼罗河贯穿外流以外，皆为内流区或无流区，无常年水流。由于地下水出露，在阿特拉斯山前缘凹陷地区和中部高地干河谷及小盆地中形成许多绿洲。有石油、天然气、铀、铁、锰、磷酸盐等矿产。

鲁卜哈利沙漠 阿拉伯半岛面积最大的沙漠。东西横陈于半岛南部，大部分在沙特阿拉伯境内，小部分属于阿曼、也门和阿拉伯联合酋长国。"鲁卜哈利"为阿拉伯语音译，意为1/4，这里是虚指。面积65万平方千米。鲁卜哈利沙漠是阿拉伯大沙漠的一个组成部分。整个沙漠可以东经50°为中线分为两大部分，以东为东部，以西为西部。东部由大量平行连绵的沙丘构成，有的长达数十千米，高达300米。这部分有丰富的地下水，水微咸，水位较高。西部延伸到奈季兰一带，多干燥的不毛之地，很少降雨。

草原 生长草本植物或兼有灌丛和稀疏树木，可为家畜和野生动物提供生存场所的地区。由大气、土壤、生物等因子共同作用形成。现多以水热组合模式来说明草原的分布。热带草原分布于赤道两侧南、北纬30°以内地带；温带草原处于热带草原与冻原之间，是世界草原面积的最大组成部分，分布于南、北纬20°～55°之间，绵延数千千米；冻原泛指北纬65°以北、与北极相毗连的地带和海拔在森林线以上、有永久冻土层的地带；荒漠灌丛草原因地带性差异，可分为冷荒漠灌丛草原和热荒漠灌丛草原；林间草原指森林内部及其周围零星旷地上的草原。

呼伦贝尔草原 中国温带天然优良草场。因境内有呼伦、贝尔两湖，故名。位于内蒙古东北部的呼伦贝尔市。北邻俄罗斯，西、南与蒙古接壤，东连大兴安岭。面积约9.3万平方千米。

草原的主体属内蒙古高原的东北缘，海拔多在650～700米，大部为风成沙及砾石层掩盖。东、北及西部的低山丘陵，山体浑圆，坡度和缓。克鲁伦河以南，以宝格德乌拉山为主干，海拔约900米。宝格德乌拉山以西的平台状丘陵，岩屑广布，部分为风成沙掩覆。区内水系属黑龙江水系之上游，主要由海拉尔河-额尔古纳河水系及呼伦湖水系组成。湖泊主要分布在河流沿线，尤以呼伦湖最为著名。天然草场以干草原为主体，包括林缘草甸、草甸草原、河滩与盐化草甸及沙地草场等类型。

呼伦贝尔草原风光

潘帕斯草原 南美洲南部草原。又称潘帕斯平原。为拉普拉塔平原的一部分，一般指阿根廷中东部的大平原。"潘帕斯"一词源于印第安克丘亚语，意为"无林平原"。东起大西洋岸，西至安第斯山麓；北达大查科平原（以萨拉多河为界），南接巴塔哥尼亚高原（以科罗拉多河为界）。面积约76万平方千米，其中66.3万平方千米在阿根廷境内。地势由西向东缓倾，地表低平坦荡。大致以500毫米年等降水量线为界分为东、西两部分，东部为湿润潘帕，西部为干燥潘帕。为阿根廷政治、经济、交通和文化的心脏地区，集中了全国2/3的人口、4/5的工业和2/3以上的农业。

湿地 狭义的湿地为经常或周期性地水饱和或淹浅水（水深不超过2米）、具有水成土和水生植被的土地，即沼泽。广义的湿地还包括地球陆地上的所有水体和海洋中低潮时水深不超过6米的近海海域。它是地球上一种重要的生态系统，处于陆地生态系统与水生生态系统之间，是上述两个生态系统之间的过渡带。水的来源、水深、水流方式，以及淹水的持续期和频率决定了湿地的多样性。湿地土壤通常称为湿土或水成土，有利于水生植物生长和繁殖，因此湿地有丰富的生物多样性和很高的生产力。植被往往是湿地辨识的重要标志。1971年苏联、加拿大、澳大利亚、英国等36国签署的《湿地公约》中的广义的湿地定义，已得到越来越多的认同。

黑龙江扎龙自然保护区内的丹顶鹤

河流 在重力作用下，集中于地表线形凹槽内的经常性或周期性天然水道的通称。在中国有江、河、水、溪、川、涧、藏布、郭勒等不同称谓。河道中的水流来自河流自身的集水区。

河流有干流、支流之分，和流域内的湖泊、沼泽或地下暗河彼此连接组成一个庞大的系统，称为水系，又称河系。河流是地球上水分循环的重要路径，径流通过它输送至海洋，同时也带走各种碎屑物、盐类和化学元素。较大的河流可划分为河源、上游、中游、下游和河口五个部分。河源是河流的发源地，河流可发源于冰川、湖泊、沼泽和泉等。河流的上游、中游和下游各段在河道比降、水流特性、水量和侵蚀与堆积作用上很不相同。河流注入干流、湖泊或海洋的地方称河口。河流按所处的自然条件及其所决定的水文情势，分为常流河、间歇性河流和偶然性河流；按所处位置，分为地上河和地下河。河流的径流量取决于所处的气候和自然地理条件，其中降水量是决定性因素。河流提供巨大的水能资源。

长江 中国第一大河、世界第三大河。

年平均入海水量9755亿立方米，居世界第三位。发源于唐古拉山主峰各拉丹冬雪山的西南侧。干流流经青海、西藏、四川、云南、重庆、湖北、湖南、江西、安徽、江苏、上海11个省区市，在上海注入东海。全长约6300千米，流域面积180多万平方千米（不包括淮河流域）。

长江干流各段名称不一：源头至当曲口称沱沱河，为长江正源；当曲口至青海玉树的巴塘河口称通天河；巴塘河口至四川宜宾的岷江口称金沙江；岷江口至长江入海口通称长江，其中宜宾至湖北宜昌间称川江，湖北枝城至湖南城陵矶间称荆江，江苏扬州、镇江以下又称扬子江。

九曲黄河第一湾

长江正源沱沱河

长江流域水力资源丰富，已建成葛洲坝、三峡、丹江口等水利枢纽，其中三峡水利枢纽是世界最大的水利枢纽。长江也是中国最重要的内河航运大动脉。

黄河 中国第二大河。因河水黄浊而得名。发源于巴颜喀拉山北麓约古宗列盆地，流经青海、四川、甘肃、宁夏、内蒙古、陕西、山西、河南、山东9个省区，在山东垦利注入渤海。全长5464千米，流域面积75.24万平方千米。黄河流域西起巴颜喀拉山，东临渤海；北界阴山，南至秦岭。

黄河干流可分为三段：从河源到内蒙古托克托的河口镇为上游，河口镇至河南孟津的桃花峪为中游，桃花峪以下为下游。黄河天然年径流量为570多亿立方米。黄河的输沙量和含沙量均居世界首位，年平均输沙量16亿吨，90%的泥沙来自黄河中游的黄土高原。干流仅部分河段通行木船和小型驳船。黄河水力资源居全国第二位，干流上已建成龙羊峡、青铜峡、三门峡、小浪底等大型水利枢纽。

黑龙江 中俄界河。位于中国黑龙江省北缘，流经中国东北北部。满语称"萨哈连乌拉"，意即"黑水"。北源石勒喀河源于蒙古肯特山东麓，南源额尔古纳河源于中国大兴安岭西坡。南北两源在洛古河村汇流后称黑龙江，东流至俄

龙江第一湾

罗斯境内注入鄂霍次克海。从额尔古纳河上源的海拉尔河开始,到黑龙江河口,全长4370千米,居世界第11位。黑龙江流域地跨中国、俄罗斯和蒙古三国,流域面积184.3万平方千米,居世界第10位。在中国境内的流域面积约占全流域的48%。

黑龙江干流自洛古河村至黑河附近的结雅河口为上游,自结雅河口至乌苏里江河口为中游,自乌苏里江河口至入海处为下游。黑龙江水系共有港站158个,其中哈尔滨、佳木斯、沙河子为直属大港。黑龙江冬季冰层坚厚,可通行汽车和拖拉机等。

额尔齐斯河 鄂毕河最大支流、亚洲重要的国际河流。上源由源出中国新疆境内阿尔泰山南坡的卡拉额尔齐斯河、布尔津河及哈巴河等一系列近于平行的支流汇合而成。在注入斋桑湖前又称黑额尔齐斯河。向西北流经哈萨克斯坦西部、俄罗斯西西伯利亚,注入鄂毕河干流。是中国唯一属北冰洋水系的河流,也是新疆唯一的外流河。河长4248千米,流域面积164.3万平方千米。中国境内河段长633千米,流域面积5.7万平方千米。年平均径流量约950亿立方米。干流上建有乌斯季卡缅诺戈尔斯克、布赫塔尔马、舒利宾斯克水电站。干流在中国布尔津以下均可通航。在哈萨克斯坦巴甫洛达尔以南的耶尔马克建有额尔齐斯-卡拉干达运河,长458千米。

澜沧江 中国横断山脉区河流、中国最长的南北向河流和水电重点开发河流。长2345千米,流域面积16.5万平方千米。流域位于青海东南部、西藏东部和云南西部。流出国境后称湄公河,在越南胡志明市以南入海。

澜沧江源于青藏高原,上源有二——东源扎曲、西源昂曲,都出自唐古拉山在青海境内的岗果日山。二曲至昌都汇流后称澜沧江。以扎曲为正源。从源头至昌都,干流长564千米,出青海后河槽深切,河道平均比降达3.3‰;昌都至功果桥长821千米,是典型的V

新疆布尔津额尔齐斯河

密西西比河秋季景色

密西西比河是美国内河航运的大动脉,近50条支流可通航。水系沿岸主要港口有圣路易斯、孟菲斯、巴吞鲁日、新奥尔良等。密西西比河水系是美国中南部农业灌溉及生活和工业用水的主要来源。流域内水力资源主要分布在俄亥俄河及其支流上,开发程度较高。

鄂毕河 世界大河之一。位于俄罗斯西西伯利亚。由源出阿尔泰山的比亚河及卡通河汇合而成。自东南向西北纵贯西西伯利亚平原,注入北冰洋喀拉海的鄂毕湾。汇合点以下长3650千米(以卡通河为源,长4338千米;以额尔齐斯河为源,长5410千米),流域面积299万平方千米。托木河口以上为上游,托木河口至额尔齐斯河口为中游,额尔齐斯河口至鄂毕湾为下游。鄂毕河在入海处形成面积4000平方千米的河口三角洲。流域内石油、天然气、煤、铁、有色金属、森林资源丰富。鄂毕河中下游为著名的西西伯利亚油气区所在地。干流及鄂毕湾有鱼50多种,其中一半有经济价值。鄂毕河为西西伯利亚南北间的重要运输干线,从汇合点起至河口可通航。

湄公河 东南亚重要国际河流。中国境内的澜沧江流入中南半岛后称湄公河。经缅甸、老挝、泰国、柬埔寨和越南,注入南海。总长4880余千米,流域总面积81.1万平方千米。澜沧江长2130千米。湄公河长2750千米,其中1241千米为国界河,其余为各国内河;流域面积63万平方千米。全河平均比降1.04‰。年径流量4750亿立方米,居东南亚各河首位、世界第八位。从中、缅、老边界到万象为上游,万象到巴色为中游,巴色到金边为下游,金边以下

老挝琅勃拉邦附近的湄公河

到河口为三角洲。航运欠发达。富水力资源。澜沧江-湄公河流域气候类型和生物种群复杂多样,矿产种类繁多。

刚果河 非洲第二长河。又称扎伊尔河。源于刚果盆地东南缘,向北呈大弧形流过刚果盆地,两度穿过赤道,后向西注入大西洋。以源自坦噶尼喀湖东南高地的谦比西河为上源,全长4640千米。水系流经安哥拉、赞比亚、坦桑尼亚、布隆迪、中非、喀麦隆、刚果(布)、刚果(金)等国,流域面积376万平方

千米，其中60%在刚果（金）境内。流域面积和流量均仅次于南美亚马孙河，居世界第二。基桑加尼以上为上游，基桑加尼至金沙萨为中游，金沙萨以下为下游。

流域跨赤道，降水丰沛。水运之利主要限于中、上游的干支流。水力资源丰富，多急流、瀑布，水力蕴藏量占世界蕴藏量的1/6。干流上的重要瀑布有博约马瀑布、利文斯敦瀑布群等。

尼日尔河　西非最大河流。发源于几内亚富塔贾隆高原东南坡，在西非腹地转了一个半圆形，流经几内亚、马里、尼日尔、贝宁和尼日利亚，注入几内亚湾。长4200千米，在非洲仅次于尼罗河和刚果河；流域面积189万平方千米。河源至库利科罗为上游，库利科罗至杰巴为中游，杰巴至河口为下游。尼日尔河三角洲面积约3.6万平方千米，是非洲最大的三角洲。三角洲内植被茂密，海滨遍布红树林，富藏石油。

尼日尔河是西非重要通航河流，通航河段占全河长度的75%。有莫普提、尼亚美、奥尼查等河港。流域内最大的水利工程为尼日利亚的卡因吉大坝。

叶尼塞河　世界大河之一。位于俄罗斯西伯利亚。由源出东萨彦岭及唐努乌拉山的大、小叶尼塞河在克孜勒汇合而成。沿中西伯利亚高原西侧曲折北流，注入北冰洋喀拉海的叶尼塞湾。汇合点以下长3487千米（从小叶尼塞河河源算起，长4102千米）。流域面积258万平方千米。年平均径流量6530亿立方米，为俄罗斯水量最大的河流。水系明显不对称，右岸支流水量为左岸支流水量的5~6倍。米努辛斯克盆地以上为上游，从米努辛斯克盆地出口至安加拉河汇流处为中游，安加拉河口以下为下游。上游通航期半年，中游5个月，下游4个月。流域内森林、矿产、水产资源丰富，水力资源蕴藏量居全国第一。

萨尔温江　中南半岛的大河。上游是中国的怒江。源于中国西藏唐古拉山南

叶尼塞河风光

尼日尔河三角洲景观

萨尔温江景色

麓。先向东南流,转而向南流,经中国云南流入缅甸后称萨尔温江。在上缅甸称查黑江,在下缅甸称滚龙江。穿过掸、克耶、克伦和孟等邦,在毛淡棉附近注入安达曼海的莫塔马湾。全长3673千米,在缅甸境内长1660千米,下游有128千米的河段构成缅甸与泰国的天然界河。流域总面积32.5万平方千米,在缅甸境内约为20.5万平方千米。支流较少,大部分河段流经高山峡谷,落差大,水流急,多瀑布、险滩,富水力资源。河谷平原较小,且不连片,仅毛淡棉附近有几十平方千米的冲积平原。航运价值不大。

伏尔加河 欧洲第一大河。位于俄罗斯欧洲部分。源出瓦尔代高地,河流曲折东流,至喀山附近折向南流,到伏尔加格勒转向东南流,最后注入里海。全长3530千米,流域面积136万平方千米。为平原型河流。上游流经冰碛区,连接一系列小湖。奥卡河汇入后为中游。伏尔加格勒以下为下游,分出一条河汊——阿赫图巴河。阿赫图巴河与干流近于平行地流到河口地区,然后分成80余条河汊注入里海。河流挟带大量泥沙,形成面积达1.9万平方千米的河口三角洲。

沿河建有多座大型水利工程,主要有雷宾斯克、切博克萨雷、萨马拉、萨拉托夫、伏尔加格勒等水库和水电站。伏尔加河是俄罗斯运量最大的内河航道。该河货运量约占全国内河货运总量的2/3,客运量占全国内河客运总量的一半以上。

伏尔加河风光

印度河 亚洲南部大河之一。发源于中国冈底斯山冈仁波齐峰北坡,中国称森格藏布(狮泉河)。以东南—西北流向进入克什米尔,斜贯其整个北部,再绕过南伽峰北侧,西折流入巴基斯坦境内,是为上游。在巴基斯坦境内,以北北东—南南西的流向横切盐岭,沿着旁遮普平原的西缘下泻,直至本杰讷德河汇入处,是为中游。自本杰讷德河口起为下游,河流出现分汊现象,形成面积约8000平方千米的印度河三角洲后,注入阿拉伯海。干流全长2900千米,流域面积117万平方千米。

印度河拉达克段

由于流经多为南亚次大陆的最干旱地带，故干支流所提供的灌溉水源对农业十分重要。沿河已建起一些大型水利工程，如德尔贝拉水坝等。航运不便，仅能通行小型船只。印度河流域是世界古代文明发祥地之一。

多瑙河 欧洲第二长河。源出德国西南部黑林山东麓，向东流经奥地利、斯洛伐克、匈牙利、克罗地亚、塞尔维亚、保加利亚、罗马尼亚、乌克兰，在罗马尼亚苏利纳附近注入黑海，是世界上干流流经国家最多的国际河流。全长 2850 千米，流域面积 81.7 万平方千米。从河源到匈牙利门峡（西喀尔巴阡山脉与奥地利阿尔卑斯山脉之间）为上游，从匈牙利门峡到铁门峡为中游，铁门峡以下为下游。多瑙河挟带的大量泥沙在河口沉积，形成面积为 4300 平方千米的三角洲。三角洲为世界上最大的芦苇产区。

多瑙河是中欧和东南欧重要的国际航道，从乌尔姆以下可通航 2600 千米。水力资源丰富，干流上建有多座水力发电站，著名的有铁门水电站、加布奇科沃水电站等。

幼发拉底河 西南亚最长河流。为幼发拉底－底格里斯"双子河系"的两河之一。上源有二，均在土耳其东部亚美尼亚高原。一为卡拉苏河或称西幼发拉底河，一般认为是其正源；另一为穆拉特河或称东幼发拉底河。两源在凯班以北汇合后，正式称幼发拉底河。幼发拉底河曲折南流，进入叙利亚，转而向东南流，从左岸接纳哈布尔河等支流后进入伊拉克，继续向东南流，在古尔奈与底格里斯河汇合，更名为阿拉伯河，注入波斯湾。自源头至古尔奈，全长 2750 千米，流域面积 67.3 万平方千米。幼发拉底河从伊拉克的希特附近进入平原地带，直到古尔奈。从希特到古尔奈的平原段和底格里斯河中下游一带，共同构成世界古代文明发祥地之一。沿岸古城遗址甚多，如巴比伦、拉尔萨、乌尔等。

赞比西河 非洲第四大河。又称里巴河。发源于安哥拉中东部和赞比亚西北

多瑙河铁门峡谷

部高地。流经安哥拉、赞比亚、纳米比亚、博茨瓦纳、津巴布韦、马拉维和莫桑比克，在莫桑比克中部的欣代附近注入印度洋莫桑比克海峡。全长2660千米，流域面积133万平方千米。莫西奥图尼亚瀑布以上为上游，莫西奥图尼亚瀑布以下至卡布拉巴萨为中游，卡布拉巴萨以下为下游。上、中游大部分河段比降大，多瀑布、急流、峡谷和险滩。著名的瀑布有查武马瀑布、恩戈涅瀑布、莫西奥图尼亚瀑布等。下游河口处形成面积达7148平方千米的三角洲。

在恒河中沐浴的印度教徒

从峡谷中蜿蜒流过的赞比西河

干流的卡里巴峡、卡布拉巴萨峡及支流的卡富埃峡，已建有大型水电站。赞比西河谷地自古就是从印度洋沿岸进入南部非洲内陆高原的孔道之一。但受河口沙洲及浅滩、急流、瀑布所阻，只能分段通航。

恒河 亚洲南部大河。发源于喜马拉雅山脉南麓，有阿勒格嫩达河（东源）和帕吉勒提河（西源）两源。两河于代沃布勒亚格附近汇合后始称恒河。进入孟加拉国后，与东来的布拉马普特拉河汇合，通过广阔的复合三角洲，注入孟加拉湾。全长2580千米，流域面积90.5万平方千米。安拉阿巴德以上为上游，安拉阿巴德以下至西孟加拉邦为中游，西孟加拉邦以下为下游。其中从印度的杜连至孟加拉国的萨尔达一段，构成印、孟的天然国界线。

干支流通航里程合计超过8000千米。恒河流域是世界上人口最稠密的地区之一。由恒河及其支流冲积而成的恒河平原，是印度经济最发达的地区，也是世界著名大米产区之一。水力资源丰富。已在主流及一些大支流上兴建综合利用水利工程。沿岸多宗教圣地，如安拉阿巴德、瓦拉纳西等。印度教徒们笃信教义，将恒河称为"圣河""信仰之河"。

湖泊 陆地上相对封闭的洼地积水形成的水域比较宽广、换流缓慢的水体。在中国有陂、泽、池、海、泡、荡、淀、泊、错和诺尔等称谓。按湖盆成因，湖泊可分为构造湖、冰川湖、火口湖、堰塞湖、河成湖、风成湖和人工湖等；按湖水排泄条件，分为外流湖和内陆湖；按湖水矿化度，分为淡水湖、咸水湖和盐湖。湖水可以不断更新，湖水更换期的长短取决于湖泊容积和入湖、出湖年径流量。世界湖泊总面积约210万平方千米，占全球大陆面积的1.4％，以北美和北欧分布较为集中。

湖水是水资源的重要组成部分。地球上湖泊总水量约176400立方千米，其中淡水储量约占52％，约为全球淡水储量的0.26％。湖泊是水路交通的重要组成部分。湖泊盛产鱼、虾、蟹、贝，生产莲、藕、菱、芡和芦苇等。

青海湖 中国最大内陆咸水湖。汉代称西海，北魏时始名青海。蒙古语称库库诺尔，意即"青色的湖"。青海省由此得名。位于青海省东北部。长轴呈北西西走向。湖面海拔3196米。面积4340平方千米。平均水深17.6米，最深达27.0米，储水量742亿立方米。水位年变幅不大，近年湖水面积持续增大。湖水矿化度12.49克/升。

湖中耸立蛋岛、鸟岛、海心山、新沙岛、老沙岛和三块石岛6座岛屿。其中，老沙岛为湖中最大岛屿。鸟岛是中国鸟类自然保护区之一。湖滨东缘有两个脱离母体的子湖——尕海和耳海。青海湖流域为内陆封闭水系，入湖河流达40余条，布哈河由西北汇入。湖中鱼类单一，以青海湖裸鲤（俗称湟鱼）为主。湖岸草原是良好牧场。

鄱阳湖 中国最大淡水湖。古称彭蠡、彭泽、彭湖。为长江中、下游大型吞吐湖。位于江西北部、长江以南。鄱阳湖水系纳赣江、抚河、信江、鄱江和修水五河来水，调蓄后经湖口汇入长江。湖面以都昌与吴城之间的松门山为界，分为南、北两湖。南湖又称官亭湖、族亭湖，湖面宽阔，为主湖道；北湖又称落星湖、左蠡湖，湖面狭长，为入江水道。

鄱阳湖水位21米（吴淞基面）时，湖水面积3960平方千米；平均水深5.1米，最大水深23.7米；容积260亿立方米。鄱阳湖多年最高最低水位差15.79米。高低水位之间的湖岸带为缓坡凹地，水位的显著变化导致湖面面积、容积发生巨大变化，使鄱阳湖呈现"高水是湖，低水似河"的独特景观。

鄱阳湖是中国淡水渔业主要基地之一。鱼类有90余种，以鲥鱼、银鱼著名。在湖西部赣江与修水汇合处，设有鄱阳湖自然保护区。

洞庭湖 中国第二大淡水湖。属构造湖。为长江中游重要吞吐湖泊。湖区位于荆江南岸，跨湘、鄂两省。湖面海拔33米，最深23.5米。湖区面积1.878万平方千米，天然湖面2740平方千米，另有内湖1200平方千米。环湖丘陵海

青海湖风光

拔在 250 米以下，中部呈水网平原景观。分为西、南、东洞庭湖。

洞庭湖北有分泄长江水流的松滋、太平、藕池、调弦（1958 年堵口）"四口"，东、南、西三面有湘江、资水、沅江、澧水等直接灌注入湖。20 世纪 70 年代以来，"三口"口门淤高，入湖水量减少。西洞庭湖蓄洪能力基本消失；南洞庭湖南移；东洞庭湖东蚀，调蓄功能趋向衰减。

洞庭湖区是中国重要的商品粮基地之一、淡水渔区之一。有鱼类 114 种，以鲤科为大宗。湖区名胜古迹较多，有岳阳楼、君山等。

太湖 中国第三大淡水湖。为大型平原吞吐湖。古称震泽、具区、笠泽。位于江苏南部、长江三角洲南缘。湖面海拔约 3.14 米。湖水面积 2425 平方千米。平均水深 2.10 米，最大水深 3.33 米，蓄水量 51.5 亿立方米。

太湖平面形态略呈半圆形。西南部湖岸平滑而呈弧形；东北部湖岸曲折，多湖湾和岬角。入湖水流主要来自西南岸，主要是荆溪和苕溪。湖水由东北岸排出，经黄浦江等数十条河道泄入长江。湖中原有岛屿 72 座，俗称太湖七十二峰。由于湖泥淤积和人工围垦，尚存大小岛屿 40 多座，其中西洞庭山最大。

太湖是江苏主要内河航道之一。湖中共有鱼类百种左右，其中以梅鲚、银鱼、鲤、青鱼、鲫、鳊、鲢、鳙等著名。莼菜为太湖特产。

呼伦湖 构造遗迹湖。又称呼伦池。

呼伦湖畔

蒙古语称扎赉诺尔。位于内蒙古呼伦贝尔市、呼伦贝尔草原西部。是内蒙古最大的湖泊。形似斜向东北的长方形。湖面海拔 545.3 米。面积 2339 平方千米。平均水深 5.92 米，浅处不过 3 米，蓄水量 138.5 亿立方米。湖北岸有木得那雅河与额尔古纳河相通，西南有克鲁伦河注入。为半咸水的吞吐型湖泊。水质优良，矿化度小于 1 克/升。湖水每年 11 月上旬封冻，至次年 5 月初解冻，冰层厚达 1 米以上，是中国封冻期最长的湖泊之一。湖中盛产鲤、鲫、白鱼、鲶等鱼类。湖滨水草丰美，景色秀丽。

纳木错 中国第二大咸水湖。为世界海拔最高的大湖。纳木错为藏语音译，意为"天湖"。蒙古语称腾格里海。位于藏北高原东南部、念青唐古拉山北麓、西藏当雄和班戈境内。湖面海拔 4718 米。平均水深 39.2 米，蓄水量 768 亿立方米。湖水面积 1961 平方千米，湖区面积 1.061 万平方千米。纳木错为构造断陷湖，呈西南—东北走向。属微咸水湖，矿化度 1697～1732 毫克/升，为

夕阳下的纳木错

藏北湖群中矿化度最低的湖泊。汇入湖中的河流主要有波曲、昂曲、侧曲、你亚曲等。湖中盛产高原裸鲤。湖滨为优良牧场。

里海 世界最大的封闭性内陆湖、咸水湖。为海迹湖。位于欧洲与亚洲之间，东、南、西三面分别被卡拉库姆沙漠、厄尔布尔士山脉和大高加索山脉所环绕。面积约为39.4万平方千米。平均水深180米，最大水深1025米。里海的水位位于世界平均海平面以下，平均水位-28.5米。沿岸伏尔加河、乌拉尔河等130余条河流多从北岸注入。由于蒸发强烈，里海湖面一直处于不断缩小的状态。

里海鱼类资源丰富，主要鱼种有鲟、鲑、鲱、鲈、鲤等。湖滨有较大油田。盐类资源丰富，产食盐和芒硝。

苏必利尔湖 世界面积最大的淡水湖、北美洲五大湖之一。美国与加拿大的界湖。湖面海拔183米。面积8.21万平方千米，美、加分别占65%和35%。平均水深148米，最大水深406米。

苏必利尔湖一角

蓄水量12234立方千米，占五大湖总蓄水量的一半以上。湖中最大岛屿为罗亚尔岛，已被辟为美国国家公园。北岸岸线曲折，多湖湾和悬崖绝壁；南岸多沙滩。接纳约200条小支流，多从北岸和西岸注入，较大的有尼皮贡河、圣路易斯河等。湖水经圣玛丽斯河倾注入休伦湖。两湖间建有苏圣玛丽运河，以利航运。湖区森林茂密，矿产资源丰富。主要湖港有美国的德卢斯和加拿大的桑德贝等。

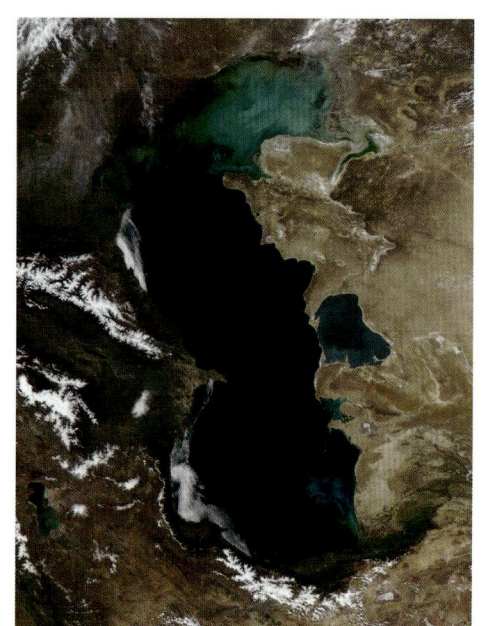

里海卫星照片（据美国国家航空航天局）

维多利亚湖 非洲最大湖泊、世界第二大淡水湖。位于东非高原中部，跨肯尼亚、乌干达和坦桑尼亚三国，赤道横贯北部。湖面海拔 1134 米。面积 6.94 万平方千米。平均水深 40 米，最大水深 80 米，蓄水量 2518 立方千米。湖滨以丘陵、平原为主。西岸陡峻，其他三面低平。湖岸曲折，较大的湖湾有卡维龙多湾、斯皮克湾和埃明帕夏湾等。湖中岛屿面积近 6000 平方千米，较大的有乌凯雷韦岛、布加拉岛等。有卡盖拉河、马拉河等注入。湖水从北岸流出为维多利亚尼罗河。维多利亚湖是非洲重要淡水鱼产区。湖滨是重要的农业区。沿岸重要湖港有乌干达的恩德培、肯尼亚的基苏木和坦桑尼亚的姆万扎等。

休伦湖 北美洲五大湖之一。美国与加拿大的界湖。湖面海拔 177 米。面积 5.96 万平方千米，美、加各占 40% 和 60%。平均水深 60 米，最深处 229 米，蓄水量 3543 立方千米。北部多湖岛，其中马尼图林岛是世界最大的湖岛。该岛与湖东部的布鲁斯半岛围隔成东北部的佐治亚湾。湖岸有沙滩、砾石滩和悬崖绝壁，风景优美。接纳许多小河注入。西经苏圣玛丽运河接苏必利尔湖，西南经麦基诺水道与密歇根湖相连，南经圣克莱尔河-圣克莱尔湖-底特律河注入伊利湖。湖中富渔产。湖区蕴藏铀、金、银、铜、石灰石和盐等矿产资源，是美、加两国重要的工业区。湖区伐木业和捕鱼业也很发达。主要湖港有美国的贝城等。

密歇根湖 北美洲五大湖之一。五大湖中唯一完全位于美国境内的湖泊。是美国最大的淡水湖泊。湖面海拔 177 米。面积 5.78 万平方千米。东北经麦基诺水道与休伦湖相连，西南经伊利诺伊-密歇根运河与密西西比河相通。湖泊深度由北向南渐减，平均深 84 米，最深处 281 米，蓄水量 4919 立方千米。南岸平直，沙丘广布；北岸曲折，西北侧有格林湾。北部多湖岛，以比弗岛最大。接纳马斯基根河、马尼斯蒂河等近百条小河注入。东岸盛产苹果、桃、李等，为美国主要水果带之一；格林湾一带是全国闻名的红酸樱桃产地；南岸人口稠密，是美国重要工业基地。主要湖港有芝加哥、密尔沃基等。

密歇根湖畔的芝加哥市

休伦湖一隅

坦噶尼喀湖 非洲第二大湖、世界第二深湖、世界最长的淡水湖。位于东非裂谷带西支南端，在刚果（金）、坦桑尼亚、布隆迪和赞比亚四国接界处。湖面海拔773米。湖形狭长，面积3.29万平方千米。平均水深700米，最深处1436米，深度仅次于俄罗斯的贝加尔湖。湖周围多高崖环绕，有马拉加拉西河、鲁齐齐河、卡兰博河等注入。湖水通过卢库加河向西流入刚果河。湖面水位年变幅约0.7米。富鱼类、鳄鱼、河马，渔业较盛。湖滨植物繁茂，多野生动物和鸟类，景色秀丽。湖运发达。重要湖港有坦桑尼亚的基戈马、刚果（金）的卡莱米、布隆迪的布琼布拉等。

贝加尔湖 世界最深和蓄水量最大的淡水湖。位于俄罗斯东西伯利亚南部。中国古称北海。湖面海拔456米。东北—西南走向。呈月牙形，面积3.15万平方千米。平均水深730米，中部最深达1620米。蓄水量达2.3万立方千米，约占世界地表淡水总量的1/5。周围群山环绕，山峰通常高出湖面1000～1500米。有巴尔古津湾和普罗瓦尔湾等湖湾。湖中有27座岛屿，以奥尔洪岛最大。有色楞格河、巴尔古津河、上安加拉河等336条大小河流注入，叶尼塞河支流安加拉河由此流出。

湖中有植物600种、水生动物1200种，其中3/4为特有种，如贝加尔海豹、鰕虎鱼、胎生贝湖鱼等。鱼类资源丰富，有凹目白鲑、茴鱼、秋白鲑等。

半岛 伸入海洋或湖泊中的陆地。三面邻水，一面与陆地相连。大的半岛主要受地质构造断陷作用形成，如世界最大的半岛——阿拉伯半岛。中国主要有山东半岛、辽东半岛、雷州半岛。世界其他主要的半岛有印度半岛、中南半岛、斯堪的纳维亚半岛、伊比利亚半岛、小亚细亚半岛、巴尔干半岛、堪察加半岛、亚平宁半岛、马来半岛、朝鲜半岛等。

山东半岛 中国三大半岛之一。位于山东东部。面积3.9万平方千米。北起莱州湾，南讫海州湾，突出于渤海与黄海之间，蓬莱角以西濒渤海，蓬莱角以东濒黄海。半岛西隔潍河、沭河河谷与山东西部地区相邻，北与辽东半岛共同扼守渤海海峡。其中，胶莱河以东部分又称胶东半岛，面积2.7万平方千米。

半岛地貌南北分异显著。中部为胶莱平原，海拔在50米以下；北部和南部为山地，以崂山（海拔1130米）为最高。海岸线漫长曲折，岛屿众多。

半岛水果种植业和海水养殖业发达，是中国温带水果的重要产区，还是

贝加尔湖风光

著名的花生和柞蚕丝生产基地。旅游资源丰富。沿海有青岛、烟台、日照等主枢纽港口。

辽东半岛 中国三大半岛之一。位于辽宁南部。由千山山脉向西南延伸到海洋中构成。其中金州以南部分又称旅大半岛。北部可以鸭绿江口与大清河口连线为界，习惯上包括沈丹铁路以西到浑河、大辽河地区。面积3.7万余平方千米。

千山山脉构成半岛的脊梁，一般海拔不到500米，主峰步云山海拔1131米。向西南地势逐渐形成和缓的丘陵。成层地貌发育，海岸类型复杂。海岸线长1000余千米，沿岸有长山群岛等岛屿。

半岛为果树、柞蚕丝和花生的主要产区。蕴藏多种金属矿床。沿岸有制盐、芦苇加工等工业，另有渔业和浅海水产养殖业。有大连、旅顺等良港。

阿拉伯半岛 世界最大的半岛。以主要居住着阿拉伯人而得名。位于亚洲西南部。陆上以亚喀巴湾北端至阿拉伯河河口一线与亚洲的主体部分相连；海上东北临波斯湾和阿曼湾，东南濒阿拉伯海，南临亚丁湾，西临红海。面积约322万平方千米。分布着**沙特阿拉伯**、也门、阿曼、阿拉伯联合酋长国、卡塔尔和**科威特**6国。

半岛地形比较单调，高原和平原居多。沙漠广布，主要有**鲁卜哈利沙漠**、代赫纳沙漠和内夫得沙漠等。耸峙于半岛南部也门境内的哈杜尔舒艾卜峰，海拔3760米，是半岛的最高点。水系极不发育，整个半岛几乎无常流河。西部和南部临海多高峻断崖，海岸比较平直；波斯湾沿岸较曲折，多小岛、沙滩和珊瑚暗礁。

阿拉伯半岛是世界石油和天然气蕴藏量十分丰富的地区，油气多分布于东部平原和波斯湾沿岸。椰枣树是当地绿洲的代表植物。

印度半岛 亚洲南部三大半岛之一。以德干高原为主体，故又名德干半岛。整个半岛略呈三角形，东濒孟加拉湾，西临阿拉伯海，南抵科摩林角，北部大体以肯帕德湾的北尽头东至胡格利河口湾一线为界。面积209万平方千米。平均海拔600米。东、西高止山分峙于两侧，内部分布着许多河流切割而成的河谷盆地和丘陵、山地。总体上西高东低。河流除讷尔默达河西流外，其他河流全都东入孟加拉湾。东北部有大的煤、铁产地，为重工业中心；另有锰、金、云母等矿产。农产品有粟、水稻、棉花、甘蔗等，南部经济作物和种植园比重较大。

中南半岛 亚洲南部三大半岛之一。位于中国与南亚次大陆之间。亦称中印半岛或印度支那半岛。东临南海和泰国湾，西濒孟加拉湾、安达曼海和马六甲海峡。海岸线总长11700千米，多重要港湾。包括缅甸、泰国、老挝、越南、柬埔寨、马来西亚的西部地区和新加坡。面积206.9万平方千米，占东南亚面积的46%。地势北高南低，山脉由北而南呈扇形展开，大河相间。**湄公河**为半岛最大的国际河流。湖泊以洞里萨湖最大。半岛南端所产柚木、紫胶和安息香拥有世界地位。矿藏丰富,为世界上锡、钨的最大产地。橡胶和棕油产量居世界首位。中南半岛为东南亚古代文化的摇篮。主要港口有曼谷、新加坡等。半岛南端扼南海、新加坡海峡和马六甲海峡的咽喉,为全球大环航线的重要环节所在,交通及战略意义重要。

巴尔干半岛 欧洲南部三大半岛之一。位于南欧东部。北以多瑙河下游、萨瓦河(西至的里雅斯特)为界,西临亚得里亚海,东临黑海,东南隔黑海海峡与亚洲小亚细亚半岛相望,南濒伊奥尼亚海和爱琴海。面积50.5万平方千米,包括阿尔巴尼亚、波斯尼亚和黑塞哥维那、保加利亚、希腊、马其顿的全部领土,塞尔维亚、黑山、斯洛文尼亚、克罗地亚、罗马尼亚、土耳其等国的部分领土。半岛地处欧、亚、非三大陆之间,是联系欧、亚的陆桥,地理位置十分重要。

地形以山地为主,山地面积约占半岛面积的7/10。穆萨拉峰海拔2925米,是半岛的最高峰。山间河谷平原分布分散,面积较广的有多瑙河下游平原、萨瓦河平原等。河流多短小湍急,富水力资源。海岸线曲折,多良港。山区森林广布。有铜、锌、铅、铬、煤等矿产。

岛屿 比大陆面积小、完全为水体包围的陆地。可出现在海洋、湖泊(大型水库)和江河里。成群的岛屿称为群岛。

岛屿可分为大陆岛和大洋岛。大陆岛是大陆的一部分,是大陆架上被水包围而未被淹没的部分,如台湾岛、海南岛、不列颠岛、爱尔兰岛、马达加斯加岛等。大洋岛指从海洋盆地升高到海面以上的岛。大洋岛根据成因分为海底火山喷发形成的火山岛(如夏威夷岛等)和由珊瑚骨骼聚集成珊瑚礁而出露水面的珊瑚岛。世界最壮观的珊瑚礁群岛是澳大利亚东北浅海中的大堡礁。

全球岛屿总面积约1000万平方千米,约占陆地总面积的7%。主要分布于北太平洋的阿留申群岛到南太平洋的奥克兰群岛弧形地带、北美洲北部北冰洋周围、加勒比海地区。

台湾岛 中国最大海岛。是东亚大陆架边缘上的大陆岛。位于中国大陆的东南海面上。地处东海、南海和太平洋之间,西临台湾海峡,遥对大陆闽南、粤东海岸,最近处距离130~140千米。面积3.578万平方千米;此外,有海埔新生地38.85平方千米及属岛74.8平方千米。全岛海岸线共长1239.58千米。岛形南北狭长,长约380千米;东西宽20~150千米。台湾岛属大陆岛。海拔100米以下的平原低地的面积约占全岛面积的30%,余皆为山地和丘陵。台湾山地的脊梁山脉为中央山。玉山主峰海

台湾岛东部海岸的清水断崖

拔3952米，为台湾最高峰。海岸大部分皆甚平直。森林面积占全岛土地总面积的52%左右，植物种属繁多。

海南岛　中国第二大岛。古称珠崖、琼崖或琼州。位于南海西北部。北隔琼州海峡与雷州半岛相对，西濒北部湾与越南相望，南临南海和太平洋。南北长约245千米，东西宽258千米。面积3.22万平方千米。因位于琼州海峡之南，故名。海南岛属大陆岛。整个地形呈环形层状，从中部向外，由山地向丘陵、台地、平原逐级递降。山地面积占全岛面积的25%，主要分布在岛的中部偏南地区。其中五指山最高，海拔1867米。海岸线长1618千米，分布有大、小港湾60余个。海南岛为重要的热带作物生产基地。矿产资源丰富，其中铁矿石储量居中国第一。

海南岛上三亚风光

舟山群岛　中国沿海最大群岛。位于浙江东北部、长江口以南、杭州湾口、东海中。北起花鸟岛，南至六横岛，由1339座岛屿组成。主要岛屿自北而南有泗礁山、大衢山、岱山、舟山、金塘、普陀山、朱家尖、桃花和六横等。其中舟山岛最大，面积472平方千米，是中国第四大岛。舟山群岛岛屿面积1440多平方千米。有中国沿海最大的渔场——舟山渔场。水产资源丰富，有鱼类300余种，盛产带鱼、大黄鱼、墨鱼、小黄鱼四大经济鱼类。舟山群岛是浙江重点产盐区之一。主要渔港有沈家门、嵊山、岱山等。普陀山是中国佛教四大名山之一。

钓鱼岛列岛　中国台湾省辖列岛。又称钓鱼台列屿。位于台湾岛东北约180千米海域。包括钓鱼岛、黄尾屿、冲北岩、冲南岩、北小礁（岛）、南小礁（岛）、赤尾屿等。面积6.38平方千米。以钓鱼岛最大，约5平方千米。诸岛皆分布于东海大陆架上。岛上向无定居人户，唯福建、台湾等省渔民常到此海域捕鱼，或作短时寄泊。岛上多山茶、棕榈、仙人掌、海芙蓉等自然植物，还有其他药用植物。附近海底有丰富的石油资源。

格陵兰岛　世界最大的岛屿，丹麦属地。位于北美洲东北部、北冰洋与大西洋之间。西以罗伯逊海峡、史密斯海峡、巴芬湾和戴维斯海峡与加拿大北极群岛相隔；东临格陵兰海，隔丹麦海峡与冰岛相望。面积217.6万平方千米。海岸曲折，多深邃的峡湾。海岸线总长4.4万千米。

格陵兰岛系大陆岛。全岛地形表现为从四周向中部低倾的高原。贡比约恩山海拔3700米，为全岛最高峰。大陆冰川广泛发育。全岛85%的地面为巨厚

格陵兰岛景色

的冰层覆盖，冰层平均厚度约 1500 米。冰原上点缀着少数突兀的山峰，形成冰原"鸟峰"景象。沿岸无冰带断续分布，宽窄不等。植被以苔原植物为主。哺乳动物约 30 种，沿岸地带主要有麝牛、驯鹿、旅鼠、北极熊和北极狐，近海水域有鲸、海豹、海象等。鱼类以鳕、鲽、鲑、大比目鱼、毛鳞鱼、鲨为主。

新几内亚岛

大洋洲最大的岛屿、世界第二大岛。又称伊里安岛。位于赤道南侧的西太平洋中。西与亚洲东南部的**马来群岛**毗邻，南隔阿拉弗拉海和珊瑚海与澳大利亚大陆东北部相望，东接美拉尼西亚岛群。面积约 78.5 万平方千米。

新几内亚岛略呈西北—东南走向。东西长约 2400 千米，中部最宽处 640 千米。群山隆起，自西北伸向东南，形成连绵的中央山脉。山脉主脊线上的大部分山地、高原，海拔都在 4000 米以上。最高峰查亚峰，海拔 5029 米，为大洋洲最高点。在中部山脊的南北两侧，有宽窄不一的沿海平原。海岸曲折，多港湾。沿海多岛礁。已发现植物数千种。

重要的矿产有金、铜、镍、石油和天然气。水力资源丰富。森林面积占全岛土地面积的 70% 以上。

加里曼丹岛

亚洲东南部岛屿、世界第三大岛。中国史籍称为婆利、勃泥、浡泥、婆罗等。位于马来群岛的中部。面积 73.6 万平方千米。东西、南北距离皆 1100 千米左右。

山脉从内地向四处伸展，东北部较高。基纳巴卢山海拔 4101 米，为东南亚最高峰。赤道横贯岛屿。河流自内地向四周分流入海。加里曼丹岛拥有东南亚岛屿上最长的几条河流，如卡普阿斯河、巴里托河等。河流中下游沼泽广布，河口三角洲网状岔流交织。山区水力资源丰富。森林覆盖率 80%。这里有仅次于亚马孙流域的热带雨林区，有 3000 种以上的树木。林中有长臂猿、猩猩、云豹、野猪及种类繁多的昆虫。地下矿产品种多，有煤、石油、铝土、金刚石等。金刚石储量居亚洲首位，有少量采掘。石油被大量开采。胡椒产量在东南亚居重要地位。

加里曼丹岛的热带丛林和卡普阿斯河

马来群岛 世界最大群岛。以其居民主要为马来人而得名。旧名南洋群岛。位于太平洋与印度洋之间的广阔海域。北起吕宋岛以北的巴坦群岛,南迄帝汶岛南头的罗地岛;西起苏门答腊岛,东止于新几内亚岛以西。包括大巽他、努沙登加拉(小巽他)、马鲁古和菲律宾等群岛,分属于印度尼西亚、东帝汶、马来西亚、文莱和菲律宾等国。共有 2 万多座岛屿,群岛面积 242.2 万平方千米,占东南亚面积的 54%。除加里曼丹岛外,多火山,地震频繁。群岛为南北大陆生物种类的过渡地带,拥有亚洲和澳大利亚的动植物种类。有 11 条重要海峡。海岸线绵长而曲折,多港湾、港口。赤道横贯群岛。有广大的热带雨林和热带季雨林,为世界最大的热带经济作物生产基地。盛产橡胶、棕油、椰干、蕉麻、胡椒、金鸡纳霜(奎宁)、木棉和热带木材,产量皆居世界首位。

瀑布 从河床纵剖面陡坡或悬崖处倾泻下来的水流。又称跌水。主要是水流对河底软硬岩石差别侵蚀的结果:在坚硬岩石出露的地方水流的进一步下蚀被阻止,而在软岩层水流容易向下侵蚀,于是在两者之间形成岩槛或陡坡,水流从岩槛或陡坡处流过形成瀑布。瀑布的大小和规模一般以落差、宽度和水量等来衡量,其中落差最为重要。世界著名的大瀑布有伊瓜苏瀑布、尼亚加拉瀑布、莫西奥图尼亚瀑布等,中国著名的瀑布有黄果树瀑布、壶口瀑布等。瀑布有很好的观赏价值,同时又是重要的动力资源,可以用来修建水电站。

壶口瀑布 中国黄河唯一的大瀑布。为黄河晋陕峡谷中段的胜景。又称龙王走丝山。位于山西吉县县城西南 49 千米南村坡与陕西宜川县壶口乡之间。在昕水河以南,黄河切过吕梁山西南端的壶口山(又称孟门山),500 余米宽的

黄河壶口瀑布

黄河洪流骤然被两岸坚硬的绿色砂岩所束缚,上宽下窄,河口束狭如壶口,故名。河床宽度由 250 米收窄为 50 米,河水被夹于壶口般的地形中,河底岩石被冲刷,形成宽 30 米、深 50 米的石潭,河水由断层石崖上陡然跌落,形成瀑布。瀑布高度,枯水期 15~20 米,夏秋之际约 45 米。瀑布四季景色各不相同。夏季浊浪排空,吼声震天;冬季冰封雪冻,形成冰凌;春季落凌时节,冰块跌落,声如雷鸣。

黄果树瀑布 中国重点风景名胜区。位于贵州西南镇宁境内、北盘江支流打帮河上游。原名白水河瀑布,后因瀑布右岸有一参天黄桷树,改称黄桷树瀑布,又谐音为黄果树瀑布。黄果树瀑布为上起白水河、下至螺丝滩的瀑布群中最高的一级巨大跌水,高 66 米、宽 80 米。

黄果树瀑布

瀑布以上为宽谷,以下为马蹄形峡谷。瀑布壁面陡直,瀑水飞流直下。瀑水除在瀑布壁面上形成厚达8米的钙华外,还在钙华与壁面间形成长42米的水帘洞。瀑下又有多处冲蚀坑。右侧有暗河,往下游还有从河床涌出的冒水塘。因该地区喀斯特发育,瀑布与奇峰异洞、怪石丽水浑然一体,成为游览胜境。

伊瓜苏瀑布 南美洲最大瀑布。位于巴西巴拉那州西部伊瓜苏河下游、巴西与阿根廷国界上。伊瓜苏河发源于库里蒂巴附近的马尔山脉,向西流经巴西高原,流至伊瓜苏瀑布处,河面展宽至4千米。河中大小岩岛星罗棋布,把河水分隔成一系列急流。当河水从巴西高原的辉绿岩悬崖陡落入巴拉那峡谷时,形成275股大小不等的水帘,在汛期则连成一道宽3.5～4千米、落差60～82米的马蹄形大瀑布。其雷鸣般的跌落声远及周围25千米,溅起的珠帘般雾幕高达30～150米,在阳光映射下形成无数彩虹,蔚为壮观。巴西和阿根廷两国均在瀑布周围设有国家公园。

伊瓜苏瀑布局部

尼亚加拉瀑布 位于北美洲伊利湖与安大略湖之间的尼亚加拉河上的大瀑布。尼亚加拉河全长56千米,落差99米。主航道中心线为加拿大与美国边界。

尼亚加拉瀑布俯瞰

从距伊利湖北岸32千米起,河道变窄,水流加速,在一个90°急转弯处,河水从所流经的石灰岩崖壁上骤然跌落,水势澎湃,声震似雷。宽大的水帘被一分为二:东边美国境内部分称亚美利加瀑布,宽328米,落差57米;西边加拿大境内部分呈半环状,故名马蹄瀑布,宽670米,落差55米。加、美两国在瀑布附近河段上兴建了大型水电站。瀑布附近辟有尼亚加拉公园(美)和维多利亚女王公园（加）。

莫西奥图尼亚瀑布 非洲最大瀑布。原名维多利亚瀑布。位于赞比西河中游巴托卡峡谷区、赞比亚与津巴布韦两国接壤处。河流在此横切玄武岩露头，河

莫西奥图尼亚瀑布近景

床陡落，形成Z字形峡谷瀑布带，绵延97千米。瀑布宽约1800米，被4个岩岛分隔成5股瀑布，最大落差128米，泻入宽仅400米的深潭。水雾如云，声鸣如雷，雾气和轰鸣远达10千米以外。"莫西奥图尼亚"为当地居民所称，意为"雷鸣之烟"。赞比亚一侧建有卡里巴水电站，形成巨大的卡里巴水库。瀑布区下侧维多利亚瀑布城附近，辟有维多利亚瀑布国家公园。1989年，莫西奥图尼亚瀑布作为自然遗产被列入《世界遗产名录》。

泉 地下水的天然露头。是地下水的一种重要排泄方式。泉的出现受一定的地质、水文及地貌条件的控制。只有在这些条件配置适当的情况下，才会有泉的出露。在基岩山区断裂构造发育、侵蚀作用强烈的地带，泉的出露较多。平原区处于相对沉降地带，覆盖有厚度不等的第四纪松散沉积物，地形切割微弱，泉的出露较少。

泉按水力性质分为上升泉和下降泉。上升泉为承压水的天然露头，下降泉是非承压水的天然露头。按含水层的孔隙性质分为孔隙泉、裂隙泉和岩溶泉。孔隙泉是松散沉积物中孔隙水的天然露头，裂隙泉是坚硬岩层裂隙系统中的地下水天然露头，岩溶泉是岩溶水的天然露头。按水温分为温泉和冷泉。

趵突泉 中国名泉之一。山东济南四大泉群（趵突泉、黑虎泉、珍珠泉、五龙潭）之冠。一名瀑泉，又名槛泉。现趵突泉集中于一座东西长约30米、南北宽约20米，略呈长方形的石砌泉池中，泉水清冽甘美，水温保持在18℃左右。涌水量1.6 米^3/秒，约占济南泉水总量的1/3。近年来，由于气候干旱及地下水利用力度的加大，趵突泉的喷涌受到一定影响。

趵突泉池

大间歇泉 冰岛的间歇泉。位于冰岛首都雷克雅未克东北约80千米处。冰岛语geysir，意为"间歇喷泉"。喷泉

大间歇泉喷发场景

圆池直径为 18 米，深 1.2 米；泉眼口径 10 厘米。泉水为沸水。每次喷发前隆隆作响，响声渐高，沸水随之升腾，喷向高空，水柱最高可达 61 米，居冰岛各喷泉之冠。喷水间隔时间无规则。景色壮观。

运河 人工开凿的航运渠道，用以沟通不同的江河、湖泊、海洋，缩短通航里程，改善通航条件。中国古时称之为沟、渠、漕渠、运渠等，宋代以后才称运河。

运河可分为有闸运河和无闸运河，以有闸运河居多。有闸运河是将运河分为若干级水位不同的水平河段（可有微小的纵坡），在相邻两级河段衔接处设置船闸或升船机，供船舶从一个水级进入另一个水级。无闸运河又称开敞式运河，全线与所连接的水域处在同一个连续的水面上。

运河按连接的水域可分为通海运河和内陆运河。通海运河直接沟通海洋。通海的无闸运河又称海平面运河。内陆运河连接内河水系，一般都为有闸运河。为避开险滩、恶流或风浪而在原有水路旁侧开凿的运河称为旁侧运河，旁侧运河多是无闸运河。

京杭运河 中国古代南北水路交通的主要通道。自北京起，途经河北、天津、山东、江苏、浙江 6 个省市至杭州。京杭运河沟通海河、黄河、淮河、长江和钱塘江五大水系，全长 1749 千米，是世界上开凿最早、里程最长的古代运河。

京杭运河是在不同历史时期分段开挖连接而成的。沟通江淮的邗沟在春秋末年已经开通。杭州至镇江的江南运河大致在春秋时形成，隋时经大规模整修，成为大运河的南段。元至元三十年（1293），京杭运河全线贯通。清康熙二十七年（1688），京杭运河最后定型。1950年起开始运河的大规模恢复和扩建。

现在的京杭运河由北向南分为七段：大通桥到通州为通惠河，通州到天津为北运河，天津到临清为南运河，临清到台儿庄为鲁运河，台儿庄到淮安为中运河，淮安到扬州为里运河，镇江到杭州为江南运河。

京杭运河对中国南北地区之间的经济、文化发展和交流，特别

京杭运河一景

是对沿线地区工农业经济的发展和城镇的兴起起了巨大作用。

苏伊士运河 位于埃及东北部的国际运河。贯通苏伊士地峡，连接地中海塞得港与红海陶菲克港，是欧、亚、非洲海上国际贸易的通道。运河通航后，从大西洋沿岸到印度洋诸港之间的航程，比绕行非洲好望角缩短 5500～8000 千米。

苏伊士运河景观

运河于 1859 年 4 月动工，1869 年 11 月竣工通航。1967 年 6 月由于中东战争，运河关闭。1975 年 6 月运河重开。此后埃及对运河进行了扩建。

苏伊士运河全长 173 千米，其中 24％ 是利用曼宰莱湖、提姆萨湖、大苦湖和小苦湖挖深作为航道，其余部分则是开挖陆地而成。运河基本上是单行航道，只有巴拉（距塞得港 55 千米）、卡布里特（在小苦湖附近）和大苦湖中的三处航道加宽段为双航道。船舶通过运河的时间平均为 15 小时。苏伊士运河的年货物通过量在国际运河中居首位。

美因－多瑙运河 德国南部巴伐利亚州境内运河。又称莱茵－美因－多瑙运河。起于莱茵河支流美因河畔的班贝格，止于多瑙河畔的凯尔海姆，全长 171 千米，沿途设置 16 座长 190 米、宽 12 米、深 30 米的船闸。1921 年开始兴建，但由于战争和施工难度等方面的原因，主体工程从 1960 年开始建设，直到 1992 年才最终完成。这条运河沟通北海和黑海，形成了一条流经 15 个国家、长达 3500 千米的内河航道，可通行 2425 吨的货轮，具有非常重要的商业价值，因此又被称为欧洲运河。

基尔运河 沟通北海和波罗的海的国际运河。又称北海－波罗的海运河。位于德国北部。起自易北河口布伦斯比特尔科格，止于基尔湾霍尔特瑙，全长 98.6 千米。基尔运河横贯日德兰半岛，使波罗的海沿岸至北海和大西洋沿岸港口的航程比绕过该半岛缩短 370～650 千米。运河于 1887 年动工兴建，1895 年建成。1907 年和 1965 年先后两次扩建。运河上建有七座桥梁。运河初建时两端各有船闸两座，以后两端各增建船闸两座。基尔运河最大通航船舶为 3.5

基尔运河景观

万吨级。

巴拿马运河 凿通巴拿马地峡、沟通太平洋和大西洋的国际运河。位于巴拿马共和国中部。运河通航后大西洋沿岸与太平洋沿岸之间航程缩短5000～10000千米。1903年11月，美国取得运河开凿权和运河区永久租借权。1904年5月动工，1914年8月15日竣工。

巴拿马运河鸟瞰

巴拿马运河全长81.3千米，沿程建有三座船闸。运河基本上是双向航道，底宽152～305米，水深12.8～26.5米。三座船闸都是双线船闸。通过运河的船舶一般为4.5万吨级，最大的为6.5万吨级；长度不得超过297米，宽度不得超过32.58米，最大吃水12.04米。枯水季节只可容吃水小于11.58米的船舶通过。

2000年1月1日巴拿马共和国全部收回运河的管辖权。2007年9月3日，巴拿马运河扩建工程正式开工。2016年6月26日，巴拿马运河拓宽工程举行竣工启用仪式。

人种 具有共同遗传体质特征的人类群体。又称种族。在生物学上，人类各种族都同属于一个物种——智人。不同的人种在外形和生物化学、遗传特征等方面有区别，是由于人类在一定地域内长期适应当地自然环境，又经长期隔离而形成的。

根据体质特征的差异，人类分为三大人种——蒙古人种（黄色人种，俗称黄种人）、高加索人种（白色人种，俗称白种人）、尼格罗人种（黑色人种，俗称黑种人），或四大人种，即上述三大人种加澳大利亚人种（棕色人种，俗称棕种人）。在这些主要人种之间还有过渡型人种。1961年，美国学者S.M.卡恩提出一套由地理人种、地域人种、小人种组成的新的人种分类体系。此方案经联合国讨论通过，与三大、四大人种方案同时施行。在这个方案中，卡恩把人类划分为九大地理人种、32个地域人种。

关于人种的起源，有多中心说和单中心说两种理论。多中心理论认为，蒙古人种、高加索人种、尼格罗人种三大人种各自在亚、欧、非三大洲形成，三大洲所发现的晚期智人化石证明他们在各地区分别延续发展。单中心理论即非洲起源说，认为世界上所有人种源于一个祖先，始于一个中心，即非洲早期智人。

人种之间的差异在现时是客观存在的，但不存在种族的优劣。随着人类交往日益频繁，各人种间不断发生混杂交融，因此世界上没有一个纯的人种。

民族 人类社会共同体形式之一。是人类经历了原始群、氏族、部落的变迁发展，在一定历史阶段形成的有共同语言、共同地域、共同经济生活和表现为共同文化特点基础上的共同心理素质的稳定的共同体。属于历史范畴。民族是伴随着国家权力结构的出现而形成的，是人类社会进入阶级社会的产物。

中国传统的"民族"一词有两种含义：狭义的民族，指体现为国家层面的民族，如中华民族；广义的民族，指自然、历史形成的民族，如汉族、蒙古族、藏族等56个民族，其中人口规模相对汉族为少的民族通常称为少数民族。

民族是一个漫长的历史过程，将经历形成、发展、融合、消亡四个阶段。当今世界无论属于国家层面的民族还是属于自然、历史层面的民族，都处于人类社会民族过程的发展阶段，世界上各个民族国家建构国家层面民族的过程仍在继续。

中华民族 中国各民族的总称。分布在中国大陆、香港、澳门、台湾省。"中华"一词古代与中国、中原的地域观念相通，与华夏子民、中原汉人相系。"中华"与"民族"合为一体始于近代，是1840年以后中国人认识世界、认识自我、救亡图存的近代民族意识觉醒的产物。中华人民共和国成立后，中华民族成为中国各民族人民的总称。包括56个民族：汉、蒙古、回、藏、维吾尔、苗、彝、壮、布依、朝鲜、满、侗、瑶、白、土家、哈尼、哈萨克、傣、黎、傈僳、佤、畲、高山、拉祜、水、东乡、纳西、景颇、柯尔克孜、土、达斡尔、仫佬、羌、布朗、撒拉、毛南、仡佬、锡伯、阿昌、普米、塔吉克、怒、乌孜别克、俄罗斯、鄂温克、德昂、保安、裕固、京、塔塔尔、独龙、鄂伦春、赫哲、门巴、珞巴、基诺。此外，还有一些尚待识别的民族。通用汉语。

人口迁移 离开原居住地、跨越一定的行政界限到另一个地方居住一定时期的人口在地理空间内发生的移动。实现迁移的人口称为移民，对于移入地区称为迁入人口，对于移出地区称为迁出人口。在新的居住地居留的时间标准，各国规定不一样，有的国家定为几个月，有的国家定为半年或一年；有的国家则以是否转移户籍为依据确定移民的概念。跨越行政界限的标准，国内迁移一般以基层行政区域为单位，国际迁移则以越过国界为准。

人口迁移按时间长短可分为永久性迁移和暂时性迁移，按跨越的行政界限性质可分为国际迁移和国内迁移，按决策因素可分为自愿迁移和强制迁移，按政府干预与否可分为有组织的迁移和无组织的迁移等。

人口迁移改变人口的地理分布，使不同地区的人口构成、文化特征、经济状况发生变化，促进文明的交流和传播，但也造成交通拥挤、环境污染等问题。

城市 以非农业活动和非农业人口为主的聚落。特点是人口数量大、人口密度高，是一定地域范围内的政治、经济、文化中心。中国古代的城和市是两个不同的概念。城指四周围以高墙、具有防守性质的军事要点，市指交易市场。随着社会的发展，城与市逐渐融为一体，成为一个统一的聚合体——城市。中国城市划分为四类：非农业人口 100 万以上的为特大城市，50 万以上 100 万以下的为大城市，20 万以上 50 万以下的为中等城市，20 万以下的为小城市。

行政区划 国家实施分级管理的区域划分制度。即国家根据政治统治和行政管理的需要，遵循一定的法律规定或原则（自然地理条件，政治、经济、民族、历史、国防等）所实施的行政区域划分制度。当今世界除极少数地狭人少的国家外，几乎所有国家都将本国分级划分为若干区域，并建立相应的各级行政机关，依法实施行政管理。世界各国行政区划主要有英美型行政区划、法德俄型行政区划两大模式。

英美型行政区划没有一个严格的划分方式，在基层政区保留有传统的区域划分和统治方式；级次较少，两级为主。法德俄型行政区划比较严密，有严格的法律规定和划分标准；级次多为三级、四级。中国行政区划属于此类。即使在同一类型内，各国行政区划的设置差别也很大。

领土 由国际公认的国界划定的一国行使国家主权所及的范围。有狭义和广义之分。狭义的领土仅包括领陆，广义的领土则包括领陆、领水和领空。均属一国行使主权的范围。

领陆指受国家权力支配、有国际公认的国界划定的土地，是地球陆地表面的特定部分。领水指在国家主权支配和管辖之下的水域，包括内水、领海、专属经济区等。内水包括国境之内的河流、湖泊、内海和内海湾。领海指沿海国主权管辖之下、与陆地领土及内水相连接的一定宽度的海域。《联合国海洋法公约》规定：每一国家有权确定其领海的宽度，直至从按照本公约确定的基线量起不超过 12 海里的界线为止。中国的领海宽度为 12 海里。专属经济区是领海以外并邻接领海的一个区域，其宽度从测算领海宽度的基线量起，不应超过 200 海里，故又称为 200 海里专属经济区或 200 海里海洋经济区。领空指一国的陆地、河流、湖泊、内海、领海等的上空，即位于一国领土之上的大气层空间。1967 年联合国通过《外层空间条约》规定：外层空间自由，外层空间不得占有，外层空间活动为全人类谋利，外层空间不得用于军事目的。

飞地 一国被其他国家领土包围的领土。分为两类：一类是一个国家位于另一国家领土之中，如位于意大利境内的圣马力诺。另一类是一个国家的一部分领土位于其他国家领土之中，或一个国家的部分领土被另一国家领土隔开而不相毗邻，如位于法国境内的西班牙领土利维亚，属前一种情况；与美国本土相分离、被加拿大领土相分隔的阿拉斯加，属后一种情况。飞地还有其他形式：准飞地，指地理空间与本国主体相连，但交通不便，需经另一国领土才可到达；暂时飞地，指由于停战而被占领或非军事化所形成的飞地。

亚洲 世界最大的洲。全称亚细亚洲。位于欧亚大陆东部，东、南、北三面分别濒临太平洋、印度洋和北冰洋。西北部濒临地中海和黑海，西南部隔红海和苏伊士运河与非洲大陆毗邻，东南部以帝汶岛与澳大利亚之间的海面同大洋洲分界，东北部以白令海峡同北美洲大陆遥对。亚洲面积4400万平方千米（包括附近岛屿），约占世界陆地总面积的29.4%。

亚洲地势高峻，起伏极端，平均海拔950米。全球海拔8000米以上的高峰有14座，全部在亚洲境内。珠穆朗玛峰是世界第一高峰。死海湖底最深处是地球陆地的最低处。亚洲有许多源远流长的大河和蓄水量巨大的湖泊。世界上长度4000千米以上的长河共14条，其中7条在亚洲。亚洲拥有许多世界著名湖泊。里海为世界第一大湖。贝加尔湖是世界最深的湖泊。亚洲气候类型复杂。除温带海洋性气候和冰原气候外，各种气候类型均有分布。矿产资源丰富，石油、天然气、锡、钨、锑的储量均居世界首位。

亚洲有48个国家。在地理上习惯将亚洲分为东亚、东南亚、南亚、西亚、中亚和北亚。全洲人口43.50亿，约占世界总人口的59.86%。亚洲人口密度居世界各大洲之首。种族构成复杂：黄种人是亚洲的主体人种，约占全洲人口的60%以上；次为白种人；还有少数棕种人和前两大人种的混合类型。亚洲是世界三大宗教——佛教、伊斯兰教和基督教的发源地。

欧洲 世界第六大洲。全称欧罗巴洲。位于欧亚大陆西部。北濒北冰洋，西临大西洋，南隔地中海与非洲相望，东以乌拉尔山、乌拉尔河、里海、大高加索山脉、黑海海峡、博斯普鲁斯海峡、马尔马拉海和达达尼尔海峡与亚洲为界。欧洲面积1016万平方千米，约占世界陆地总面积的6.8%。

欧洲地势低平，平均海拔300米，低于世界各大洲；海拔200米以下的平原占全洲面积的57%，多于世界各大洲。大陆轮廓破碎，有众多的半岛和海域交错分布。海岸线曲折程度居各洲之首。河网较稠密。湖泊众多。森林景观占绝对优势。气候的海洋性较为显著。欧洲是世界上温带海洋性气候分布面积最广的洲。矿藏丰富，种类多。

欧洲有46个国家和地区。在地理上习惯将欧洲分为西欧、北欧、中欧、南欧和东欧。全洲人口7.38亿，约占世界总人口的10.16%。欧洲是世界上人口密度第二大的洲。种族构成比较单一，居民绝大多数属白种人。居民多信奉天主教和基督教。

非洲 世界第二大洲。全称阿非利加洲。位于欧亚大陆的西南面。东濒印度洋，西临大西洋，北隔地中海与欧洲相望，东北以红海和苏伊士运河与亚洲分界。非洲面积约3020万平方千米（包括附近岛屿），约占世界陆地总面积的20.2%。

非洲高原面积广大，有"高原大陆"之称。海拔200～2000米的台地和高原占全洲面积的86.6%。全洲平均海拔

750米，低于南极洲和亚洲。水系多流入大西洋（包括地中海）。非洲有"热带大陆"之称，热带气候占优势。非洲是世界热带稀树草原的最大分布区。有蹄类动物种类、数量均居世界各洲之冠。矿产资源丰富，铬铁矿、金刚石、金、磷酸盐储量均居世界首位。

非洲有57个国家和地区。地理上习惯把非洲分为北非、东非、西非、中非和南非。全洲人口11.57亿，占世界总人口的15.92%，仅次于亚洲。人口密度低于欧、亚两洲。居民的种族构成非常复杂：大多数民族属于黑种人，其余属白种人和黄种人。居民多信奉原始宗教和伊斯兰教，少数人信奉天主教和基督教。

大洋洲 世界最小的洲。指由澳大利亚大陆与介于澳大利亚大陆、南极洲、南北美洲和亚洲之间广阔太平洋上的众多岛屿构成的地理区域。大洋洲陆地面积约897万平方千米，约占世界陆地总面积的6%。

大洋洲大部分地区地势低缓。除少数山地海拔超过2000米外，一般都在海拔600米以下。绝大部分地区位于热带和亚热带。河流稀少且短小，水量不丰。湖泊较少。大洋洲的陆生动物具有独特性和古老性。澳大利亚大陆矿藏丰富。铁、镍、铀的储量均居世界前列。

大洋洲有16个独立国家，其余十几个地区为美、英、法等国的属地。大洋洲是除南极洲外人口最少的洲，全洲人口约3900万，约占世界总人口的0.53%。欧洲人后裔约占人口的70%，土著居民约占20%，印度人约占1%，此外还有混血种人、华裔和日本人等。绝大部分居民信奉基督教，少数信奉天主教，印度人多信奉印度教。

北美洲 世界第三大洲。全称北亚美利加洲。位于西半球北部。东、西分别濒临大西洋和太平洋，北濒北冰洋，西北隔白令海峡与亚洲相望，南隔加勒比海、巴拿马运河与南美洲为邻。北美洲面积2422.8万平方千米（包括附近岛屿），约占世界陆地总面积的16.2%。

北美大陆地形以三大纵列带为特征：东带以波状起伏的高地为主，中带为起伏和缓的高原和平原，西带由一系列山脉、山间高原和盆地组成。北美洲多年平均径流总量仅次于亚洲和南美洲。素以多湖著称，淡水湖数量为各洲之冠。**苏必利尔湖**为世界面积最大的淡水湖。气候以大陆性显著和类型多样为特征。几乎具备地球上寒、温、热带各种植被类型。动物种类丰富。矿产资源种类繁多，煤、石油、铁、铜、铅、锌、镍、钼、钒、银、铂、铀、石棉、钾盐、磷酸盐、硫黄等的储量和产量均居世界前列。

北美洲有23个独立国家和十几个地区。全洲人口5.69亿，约占世界总人口的7.82%。人口分布极不平衡，绝大部分在东南部地区。居民大部分是欧洲移民的后裔，其中以盎格鲁-撒克逊人最多；其次是印第安人、黑种人、混血种人；此外还有因纽特人、波多黎各人、犹太人、日本人和华人。居民主要信奉基督教新教和天主教。

南美洲 世界第四大洲。全称南亚美利加洲。位于西半球的南部。东濒大西洋，西临太平洋，北滨加勒比海，南隔德雷克海峡与南极洲相望。一般以巴拿马运河为界同北美洲相分。南美洲面积约1785万平方千米（包括附近岛屿），约占世界陆地总面积的12％。

大陆北宽南窄，西部山脉纵贯，东部高原与冲积平原相间分布。全洲河流的多年平均径流总量仅次于亚洲。大湖很少。热带气候在全洲占绝对优势。热带常绿雨林和热带稀树草原面积广大。动物区系显示出多样性、特有性和原始性。矿产资源丰富，有世界最大的铁矿、斑岩铜矿，铋矿储量居世界首位。

除法属圭亚那和马尔维纳斯群岛外，共有12个独立国家。全洲人口4.14亿，约占世界总人口的5.70％。人口分布不平衡，西北部和东部沿海一带人口稠密，亚马孙平原是世界人口密度最小的地区之一。居民的种族构成复杂，有印第安人、白种人、黑种人及各种混血种人，混血种人以印欧混血种人最多。居民绝大多数信奉天主教，少数信奉基督教。

南极洲 世界第五大洲。指位于地球最南端的大陆及其周边岛屿。总面积1400万平方千米。南极大陆面积1239万平方千米。南极大陆绝大部分位于南极圈内，被南大洋所环绕。

南极洲平均海拔2440米，为世界最高的洲。98％的地域被冰雪覆盖。冰的总量占世界冰总量的90％。横贯南极山脉把南极大陆分为东、西两部分。东南极洲基本为冰雪覆盖的高原，西南极洲是一组被冰雪覆盖并与冰层连接在一起的山峦起伏的群岛。南极洲气候独特，为世界上最寒冷、风暴最多、风力最大的大陆。气候干燥，降水量少。植物有850余种，其中地衣350余种，苔藓370余种，开花植物3种。鸟类有企鹅、海鸥、海燕等。哺乳动物有海豹、海豚、鲸等。周围海洋中盛产磷虾。矿产资源丰富，有世界上最大的铁矿床。

全洲没有人类定居，只有科学考察人员和捕捞船队在此活动。

中国 全称中华人民共和国。位于亚洲东部、太平洋西岸。陆地上与朝鲜、俄罗斯、蒙古、哈萨克斯坦、吉尔吉斯斯坦、塔吉克斯坦、阿富汗、巴基斯坦、印度、尼泊尔、不丹、缅甸、老挝和越南相毗邻。面积约960万平方千米。人口139915万。有56个民族，汉族占人口的91.51％。通用汉语。首都北京。

中国大陆地势西高东低，自西向东呈三级阶梯逐级下降。第一级阶梯是青藏高原，海拔在4000～5000米。中国与尼泊尔交界处的珠穆朗玛峰海拔8844.43米，是世界最高峰。第二级阶梯位于青藏高原外缘至大兴安岭、太行山、伏牛山、巫山、雪峰山之间，主要由海拔1000～2000米的高原和盆地组成。新疆吐鲁番盆地的艾丁湖湖面海拔-154.31米，是中国大陆最低点。第三级阶梯是东部宽广的平原和丘陵，主要有海拔不及200米的东北平原、华北平原、长江中下游平原和珠江三角洲等。江河众多。河流大多顺地势向东、向南流入海洋。长江、黄河分别是中国第一、第二大河。湖泊众多。西部多咸水湖，青海湖是中国面积最大的咸水湖；东部多淡水湖，主要有鄱阳湖、洞庭湖、太湖等。近海分为渤海、黄海、东海和南海四个海域。辽阔的海域中分布着7600多个岛屿，其中台湾岛最大。气候类型多样，以亚热带、暖温带、温带为主。中国大部属季风区，大陆性气候强烈。

已发现矿产173种。其中钨、锑、稀土、钼、钒、钛等的探明储量居世界首位。煤、铁、铅、锌、铜、银、汞、锡、镍、磷、石棉等的储量居世界前列。现有工业门类齐全、体系完整，加工工业在国民经济中起主导作用。农业结构不断调整，主要农产品稳步增产。粮食、棉花、糖料、油菜籽、花生、大豆、茶叶等的产量居世界前茅。畜牧业以饲养猪、牛、羊、马为主。国内综合运输网已形成，以铁路为骨干，公路、水运、航空等辅助配合。旅游资源极为丰富，仅世界遗产就有55处。

北京市 中华人民共和国首都、中央直辖市。简称京。位于中国北部偏东、华北平原北端。周围与河北省和天津市毗邻。面积约1.7万平方千米。人口1300万。有汉、满、回、蒙古等族。

春秋战国时为燕都。辽为陪都，称南京。金时正式建都，称中都。元为大都。明永乐年间迁都于此，称北京。1644年清迁都于此。民国初亦定都于此。1928年改为北平。1949年10月1日，中华人民共和国成立，改称北京，作为首都。

地势西北高、东南低。西部为西山，北部、东部为军都山。东南部为冲积平原。较大的河流有永定河、潮白河、北运河、泃河、拒马河等。属典型的温带大陆性气候。

已发现矿产120多种。北京是中国高新技术产业及金融、商贸、信息中心和工业基地之一，工业主要有机械、化工、钢铁、汽车制造、纺织、电子、仪表、建材、食品等门类。农作物主要有小麦、水稻、玉米、棉花、花生等。近郊以生产蔬菜、禽蛋、肉类、乳品等副食为主，远郊以种植粮食、油料作物为主。

北京是中国的文化中心，有北京大学、清华大学、中国人民大学等高等院校，中国科学院、中国社会科学院等科研机构，故宫博物院、中国国家博物馆、中国人民革命军事博物馆等大型博物馆，以及国家图书馆和首都图书馆两大图书馆。

北京是中国历史文化名城。故宫、天坛、北海、天安门、中山公园、景山、颐和园、香山、明十三陵、八达岭长城、周口店遗址博物馆等，均为举世闻名的游览胜地。

天安门

天津市 中国中央直辖市。简称津。位于中国北部偏东、华北平原东北部。北依燕山余脉，东临渤海湾。除西北小部分与北京市接壤外，其余皆与河北省相邻。面积约1.2万平方千米。人口996万。有汉、回、满、蒙古、藏等族。

金设直沽寨。元改为海津镇。明始名天津，置天津卫及天津左卫、天津右卫。清改为直隶州，后升为天津府。1913年废府留县。1928年改为直辖特别市。1930年改为天津市。

地势北高南低。除北部是燕山南侧的山地外，其余均为冲积平原。河流主要有海河、蓟运河。属暖温带半湿润季风气候。

已探明具有开采价值的矿产20多种。天津是中国沿海老工业基地之一。汽车及机械装备、电子、化工、冶金是天津的四大支柱产业。农业以粮食生产为主。粮食作物主要有小麦、玉米、水稻等。经济作物主要有花生、棉花、麻类等。海河沿岸和渤海沿岸盛产水产品。

有南开大学、天津大学等高等院校。

天津是中国历史文化名城。名胜古迹主要有独乐寺、黄崖关长城、清真大寺、大悲禅院、大沽口炮台遗址、望海楼、广东会馆等。

河北省 简称冀。位于中国北部偏东、黄河下游以北。东临渤海，西接山西省，北连辽宁省与内蒙古自治区，南邻山东、河南两省，环布北京、天津两市周围。面积约19万平方千米。人口7520万。有汉、满、回、蒙古、壮、朝鲜等族。省会石家庄。

春秋战国时为燕、赵之地。汉分属幽州、冀州刺史部。唐属河北道。元属中书省。明直隶北京六部，通称北直隶。清为直隶省。1928年改为河北省。

地势西北高、东南低。北部为燕山，西北部为坝上高原，西为太行山，东南部为冲积平原。主要有海河、滦河两大水系。湖泊有白洋淀等。属中温带、暖温带大陆性季风气候。

已发现矿产150多种。工业布局较合理，主要工业门类有纺织、日用陶瓷、煤炭、石油、机械、化工、建材等。粮食作物以小麦、玉米、水稻为主。经济作物以棉花和油料作物为主。畜牧业以饲养牛、马、驴、猪、羊为主。经济林木种类较多。浅山和丘陵地区历来为中国著名的梨、枣、柿、栗产区。沿海有鱼、虾、蟹、贝等海产品。

有燕山大学、河北大学、河北工业大学等高等院校。

河北文物古迹和风景名胜众多。文物古迹有隆兴寺、响堂山石窟、赵州桥、避暑山庄、清东陵、清西陵和西柏坡中共中央旧址等，风景名胜有北戴河、苍岩山等。

山西省 简称晋。位于中国北部、黄土高原东部。东与河北省为邻，西隔黄河与陕西省相望，北与内蒙古自治区毗连，南与河南省接壤。面积约16万平方千米。人口3501万。有汉、回、满、蒙古、朝鲜等族。省会太原。

春秋属晋。战国分属赵、魏、韩。秦属河东、上党、太原、雁门等郡。汉时大部属并州刺史部。隋属冀州刺史部。

平遥古城

唐为河东道。宋为河东路。元属中书省。明置山西布政使司。清始称山西省。

地势东西高、中间低。东侧是太行山、恒山、五台山等山地，西侧是以吕梁山为主体的山地和晋西黄土高原，中间为晋中盆地。属于黄河水系的河流主要有汾河、沁河、涑水河等，属于海河水系的河流主要有桑干河、滹沱河等。属温带大陆性半湿润季风气候。

已发现矿产120多种。山西的工业以重工业占优势，其中煤炭、电力、钢铁、机械、有色冶金和化工等门类尤为突出。小麦和玉米是本省主粮。经济作物以棉花和油料作物为主。畜牧业以饲养猪、羊、牛为主。经济林有核桃、枣、花椒、柿等。

有山西大学、太原理工大学等高等院校。

山西文物古迹和风景名胜众多。文物古迹有平遥古城、晋祠、天龙山石窟、云冈石窟、悬空寺、应县木塔、平遥双林寺、永乐宫、解州关帝庙、丁村遗址等，风景名胜有恒山、五台山、壶口瀑布等。

内蒙古自治区　简称内蒙古。位于中国北部边疆地区。北部和东北部与蒙古、俄罗斯交界，东临黑、吉、辽，南靠冀、晋、陕，西与甘、宁接壤。面积约118万平方千米。人口2460万。有汉、蒙古、满、回、朝鲜、达斡尔、鄂温克等族。首府呼和浩特。

战国时属赵、燕等国及中国北方少数民族匈奴、东胡之地。秦汉属匈奴、乌桓、鲜卑之地及五原、朔方、云中、辽西等郡。唐置丰、胜、云、营、灵、夏等州。元属上都、集宁、全宁、净州、应昌等路（府）。清属内蒙古、察哈尔、山西。1928年分置热河、察哈尔、绥远等省。1947年设立内蒙古自治区。

境内以高原为主。内蒙古高原西部是巴丹吉林、腾格里、乌兰布和、库布齐等沙漠，东部为辽阔草原；边缘有大兴安岭、阴山、贺兰山等山脉；大兴安岭东麓、阴山脚下和黄河岸边有嫩江西岸平原、西辽河平原、土默川平原、河套平原。外流河有黄河、永定河、滦河、西辽河、嫩江、额尔古纳河，内流河有乌拉盖尔河、昌都河、塔布河等。湖泊众多，有呼伦湖、贝尔湖、达来诺尔、岱海、乌梁素海等。大部分属温带大陆性季风气候。

已发现矿产130多种。已形成包括煤炭、纺织、冶金、机械、电力、食品、森工、电子、皮革、皮毛、化工、造纸等门类，具有民族和地区特色的工业经济体系。粮食作物主要有小麦、玉米、水稻、谷子、莜麦等。经济作物以甜菜和油料作物为主。畜牧业以饲养羊、牛、猪、马、骆驼为主。

有内蒙古大学、内蒙古工业大学等

高等院校。

文物古迹和风景名胜主要有成吉思汗陵、响沙湾、昭君墓、元上都遗址、五当召，以及海拉尔西山国家森林公园、大青沟自然保护区等。

辽宁省 简称辽。位于中国东北地区南部。西南与河北省交界，西北与内蒙古自治区毗邻，东北与吉林省接壤，东南隔鸭绿江与朝鲜相望，南临渤海和黄海。面积约15万平方千米。人口4245万。有汉、满、蒙古、回、朝鲜、锡伯等族。省会沈阳。

战国时属燕国，设有辽东、辽西和右北平等郡。唐置安东都护府（辽阳）、营州都督府（朝阳）。明初设辽东都司辖铁岭等25卫。清初为盛京将军辖地，清末改为奉天省。1929年改为辽宁省。

地势大体上从东南部和西北部向中央倾斜。东、西两侧为低山丘陵，主要有千山、努鲁儿虎山等；中部为辽河平原。河流主要有辽河、鸭绿江、浑河、太子河、绕阳河、大凌河、小凌河等。属温带、暖温带季风气候。

已发现矿产110多种。工业化水平高，已形成以冶金、机械、石油化工、电子、建材等门类为主体的工业体系。有全国最大的钢铁基地。柞蚕丝产量居全国第一。粮食作物以玉米、水稻、大豆为主。经济作物以油料作物和烟草为主。畜牧业以饲养猪、马、牛为主。渔业以海洋渔业为主。

有大连理工大学、东北大学、大连海事大学等高等院校。

文物古迹和风景名胜众多。文物古迹主要有沈阳故宫、关外三陵、奉国寺、北镇庙、牛河梁遗址、姜女石遗址等，风景名胜主要有千山、鸭绿江、金石滩、兴城海滨等。

吉林省 简称吉。位于中国东北地区中部。东与俄罗斯接壤，东南以图们江、鸭绿江为界与朝鲜相望，西南接辽宁省，西接内蒙古自治区，北邻黑龙江省。面积约19万平方千米。人口2702万。有汉、朝鲜、满、蒙古、回、锡伯等族。省会长春。

历史上长期是满、蒙古、朝鲜等少数民族活动和聚居之地。西周为肃慎地。汉属夫余。唐时建渤海国。宋时建金国。元属辽阳行省。明时属辽东都司和奴儿干都司。清末始设吉林省。

地势东南高、西北低。东南部有长白山、龙岗山、吉林哈达岭、大黑山等山地、丘陵，山间有延吉、浑江和敦化等盆地；中西部为松嫩平原和辽河平原。河流主要有松花江、鸭绿江、图们江、绥芬河、浑江等。湖泊主要有长白山天池、松花湖等。属温带大陆性季风气候。

已发现矿产近140种。已建立起以

吉林雾凇

汽车、石油化工为支柱产业，以电子、医药、食品为优势产业，覆盖冶金、机械、纺织、建材、煤炭、电力、森工等传统产业的新型工业体系。种植业以种植玉米、水稻、小麦、大豆、向日葵、甜菜、烟草、蔬菜、水果、食用菌等为主。吉林是全国商品牛、细毛羊的重要产地之一。

有吉林大学、东北师范大学等高等院校。

名胜古迹众多，有长白山、向海、三角龙湾自然保护区，松花湖、防川风景名胜区，五女峰、净月潭国家森林公园，以及罗通山城、高句丽古迹、伪满皇宫博物院等。吉林雾凇是中国四大自然景观之一。

黑龙江省
简称黑。位于中国东北部。东部和北部以乌苏里江、黑龙江为界与俄罗斯相邻，西接内蒙古自治区，南连吉林省。面积约46万平方千米。人口3811万。有汉、满、朝鲜、蒙古、回、达斡尔、锡伯、鄂伦春、赫哲等族。省会哈尔滨。

古为肃慎地。汉为夫余地。唐时设黑水、渤海、室韦都督府。辽时建置五国部节度使、生女真节度使等。元属辽阳行省。明时属辽东都司和奴儿干都司。清初为黑龙江将军辖地，清末改为黑龙江省。

地势大体西北高，东南略低，西南、东北低平。山地、平原交错分布。山地分为东部山地、小兴安岭、大兴安岭，平原分为三江平原、松嫩平原。河流有黑龙江、松花江、乌苏里江等。湖泊有兴凯湖、镜泊湖、五大连池等。属寒温带大陆性季风气候。

已发现矿产130多种。黑龙江省是中国重要的工业基地，已建立起以能源、机械、森工、化工、冶金、纺织、食品、电子等门类为重点的工业体系。黑龙江省是中国重要的粮食、大豆产区。粮食作物以水稻、小麦、玉米、大豆为主。经济作物以亚麻、甜菜、烟草、向日葵为主。畜牧业以饲养牛、羊、猪、马、家禽为主。

有哈尔滨工业大学、哈尔滨工程大学等高等院校。

名胜古迹众多，主要有兴凯湖、镜泊湖、五大连池、牡丹江地下森林、扎龙自然保护区、七星砬子自然保护区、北极村，以及珍宝岛、松峰山、太阳岛等。

上海市
中国中央直辖市。简称沪。别称申。全国最大的经济中心和第一大港。位于亚洲大陆东沿、长江和钱塘江入海汇合处。北界长江，南临杭州湾，东濒东海，西接江苏、浙江两省。面积约6340平方千米。人口1440万。有汉、回、满等族。

春秋属吴。战国时先属越，后属楚，战国末年为楚相春申君黄歇封地。唐属华亭县。南宋始设上海镇。元至元时置上海县。1927年置上海市，1928年定为特别市，1930年改为直辖市。

上海是长江三角洲的组成部分。地势总趋势由东向西略微倾斜。除西部松江一带有佘山、天马山等少数孤立残丘外，境内均为海拔不超过5米的平原。河流主要有黄浦江、吴淞江（苏州河）等。

外滩风光

湖泊有淀山湖等。属北亚热带海洋性季风气候。

上海是中国重要的工业基地，近年在振兴纺织工业的基础上，形成了汽车、电子、电站成套设备、钢铁、石油化工和精细化工、生物医药六大支柱工业。农作物以水稻、麦类、棉花、油菜、蔬菜、水果为主。郊区建有猪、家禽饲养场。

上海是中国的科技、教育、文化中心之一，有复旦大学、同济大学、上海交通大学等高等院校，以及东方明珠广播电视塔、上海国际会议中心等文化机构。

上海是中国历史文化名城，有中共一大会址、豫园、外滩建筑群、龙华寺、醉白池，以及大世界游乐中心、迪士尼乐园等游览胜地。

江苏省

简称苏。位于长江、淮河下游。东濒黄海，东南与上海市毗连，南邻浙江省，西邻安徽省，北接山东省。面积约10万平方千米。人口7649万。有汉、回、苗、土家、蒙古、满、侗等族。省会南京。

春秋时分属吴、宋等国。战国时为楚、越、齐国的一部分。西汉时分属徐州郡和扬州郡。三国时，苏南属吴，苏北属魏。明建应天府，直属南京。清康熙时置江苏省。

地形以平原为主，包括北部徐淮平原、中部里下河平原、苏北滨海平原和东南部长江三角洲。低山丘陵主要分布在省境西南部和东北部。境内河网稠密、湖荡众多。河流主要有长江、淮河、沂河、沭河等，湖泊主要有太湖、洪泽湖、高邮湖等。地处暖温带季风气候和亚热带季风气候的过渡地带。

已发现矿产130多种。江苏是全国的经济大省，已形成机械、纺织、化工、电子及通信设备、建材等支柱产业。工艺美术品种类丰富，畅销国内外。江苏是中国粮、棉重要产区。粮食作物以水稻、麦类为主。经济作物以棉花和油料作物为主。太湖流域是中国三大桑蚕基地之一。畜牧业以家禽、猪、羊养殖为主。江苏是中国重要的淡水渔区，太湖银鱼、长江鲥鱼和刀鱼、阳澄湖大闸蟹为名产。沿海渔业发达。

主要有南京大学、东南大学、河海大学等高等院校。

文物古迹和风景名胜众多。文物古迹主要有苏州古典园林、明孝陵、大运河等，风景名胜主要有太湖、钟山、瘦西湖、云台山、镇江三山等。

浙江省

简称浙。位于长江三角洲南翼。东濒东海，南邻福建省，西接江西、安徽两省，北连上海市、江苏省。面积约10万平方千米。人口4798万。有汉、畲、土家、苗、布依、回、壮、侗等族。

省会杭州。

春秋时分属吴、越。战国时属楚。秦分属会稽、闽中等郡。汉属扬州。唐分置浙江东、西两道。北宋属两浙路，南宋分置两浙西路和两浙东路。元属江浙行省。明置浙江布政使司。清初始称浙江省。

地势自西南向东北倾斜。地形以丘陵、山地为主。山脉主要有雁荡山、括苍山、仙霞岭、天台山、会稽山、天目山等。平原主要有杭嘉湖平原、宁绍平原和温黄平原。盆地主要是金衢盆地。河流主要有钱塘江、甬江、瓯江、椒江、苕溪、飞云江、鳌江七大水系，其中以钱塘江最大。湖泊有千岛湖、杭州西湖等。属亚热带湿润季风气候。

已发现矿产110多种。工业门类较多，以纺织、食品、机械、化工、电力、建材等为支柱产业。生丝、真丝绸和黄酒产量居全国首位。粮食作物以水稻为主。经济作物主要有棉花、麻类、油菜、桑树、甘蔗、茶树、柑橘等。畜牧业以养猪为主，此外还饲养牛、羊、兔、家禽等。有中国最大的渔场——舟山渔场。

有浙江大学、浙江工业大学、中国美术学院等高等院校。

浙江有杭州西湖、江郎山、富春江-新安江、雁荡山、普陀山、天台山、嵊泗列岛、楠溪江、莫干山、雪窦山、双龙、仙都等风景名胜区。

安徽省 简称皖。位于中国东部，长江、淮河中下游。东连江苏、浙江两省，南接江西省，西与湖北、河南两省为邻，北部一隅与山东省接壤。面积约14万平方千米。人口6905万。有汉、回、满、壮、苗、彝、畲等族。省会合肥。

春秋分属楚、吴、宋等国。秦置九江、泗水等郡。汉置汝南、沛、九江、庐江、丹阳等郡和六安国。唐分属江南、淮南、河南三道。元归河南、江浙两行省。明直隶南京。清康熙时分置安徽省。

地形以平原、丘陵、低山为主。全省大致可分为淮北平原、江淮丘陵、皖西大别山区、沿江平原、皖南山区五个自然区域。河流基本属于长江、淮河两大水系，南部与浙江接壤的小部分地区属新安江水系。湖泊众多，面积较大的有巢湖、龙感湖、南漪湖等。淮河以北为暖温带半湿润季风气候，淮河以南、

宏村月沼

黄山山脉以北为北亚热带季风气候，黄山山脉以南为中亚热带湿润季风气候。

已发现矿产 140 多种。安徽是中国煤炭、钢铁、炼铜等工业的重要基地之一，形成了以煤炭、冶金、电力、机械、化工、纺织、食品、造纸等门类为主的工业体系。种植业以种植粮食作物为主。主要的粮食作物有水稻和小麦。经济作物以棉花、麻类、茶树、油菜、花生、芝麻、烟草等为主。畜牧业以饲养猪、牛、羊为主。安徽为中国重要淡水渔业省份之一，长江鲥鱼、巢湖银鱼为名产。

有中国科学技术大学、合肥工业大学等高等院校。

安徽有黄山、九华山、天柱山、琅琊山、齐云山、采石矶、巢湖等风景名胜区，以及大运河、皖南古村落（西递、宏村）等文化景观。

福建省 简称闽。位于中国东南沿海。东隔台湾海峡与台湾省相望，东北与浙江省毗邻，西北与江西省交界，西南与广东省相连。面积约 12 万平方千米。人口 3579 万。有汉、畲、回、土家、苗、壮等族。是中国主要侨乡。省会福州。

春秋时属越。秦设闽中郡。汉建闽越国，后属会稽郡。唐属江南东道，后设福建经略使。宋设福建路。元置福建行省，后属江浙行省。明置福建布政使司。清末改福建省。

地势西北高、东南低。境内多山，山地主体为呈北东—南西走向的两大山带：由武夷山、仙霞岭、杉岭等组成的闽西大山带，由鹫峰山脉、戴云山和博平岭等组成的闽中大山带。沿海有漳州、福州、莆田、泉州等平原。较大的河流有闽江、九龙江、汀江、晋江等。海岸多港湾。沿海岛屿众多。属亚热带海洋性季风气候。

鼓浪屿

已发现矿产 110 多种。福建已形成由食品、纺织、造纸、服装、家用电器、冶金、电力、煤炭、船舶、电子、化工、建材、森工等门类组成的工业体系。农副产品主要有水稻、甘薯、甘蔗、茶叶、莲子、甘草、油菜、花生，以及桂圆、荔枝、柑橘、香蕉、菠萝、柚子等。福建海域是中国主要渔场之一，盛产鱼、虾、贝、藻类，其中文昌鱼为名产。

有厦门大学、福州大学、福建师范大学等高等院校。

福建有武夷山、清源山、鼓浪屿-万石山、太姥山、金湖、鸳鸯溪、桃源洞-鳞隐石林、湄洲岛、玉华洞等风景名胜区，以及土楼、雪峰寺、涌泉寺、万福寺等文化景观。

江西省 简称赣。位于中国中南部、长江中下游以南。东北与浙江省毗邻，东南与福建省接壤，南连广东省，西接湖南省，北与湖北、安徽两省交界。面积约 17 万平方千米。人口 4804 万。有汉、畲、苗、回、壮、满、土家、蒙古等族。省会南昌。

春秋为楚、吴、越三国之地。秦属九江郡。西汉属扬州。唐设江南西道。宋属江南东、西两路。元置江西行省。明设江西布政使司。清为江西省。

全境以山地和丘陵为主。北部为鄱阳湖平原，中部丘陵和河谷平原交错分布，东、南、西三面有怀玉山、武夷山、大庾岭、九连山、罗霄山脉、幕阜山和九岭山环绕。河流众多，赣江、抚河、信江、修水和鄱江为江西五大河流。鄱阳湖为中国最大的淡水湖。属亚热带湿润季风气候。

已发现矿产 140 多种。已形成由汽车、机械、电子、化工、冶金、建材、食品、纺织、医药等门类组成的工业体系。景德镇陶瓷享誉中外。江西是中国重要的商品粮和农副产品生产基地之一。粮食作物以水稻为主。经济作物有棉花、油菜、麻类、柑橘、甘蔗、芝麻等。畜牧业以饲养猪、家禽、牛为主。

有南昌大学、江西师范大学等高等院校。

江西主要有庐山、井冈山、龙虎山、三清山、鄱阳湖区，以及滕王阁、白鹿洞书院、八一起义纪念馆等游览胜地和纪念地。

山东省 简称鲁。位于黄河下游。东部的山东半岛伸入渤海、黄海之间，南与江苏省、安徽省接壤，西北与河北省交界，西南与河南省相邻。面积约 16 万平方千米。人口 9580 万。有汉、回、满、蒙古、朝鲜等族。省会济南。

春秋为齐、鲁、曹、滕等国地，战国属齐、鲁、赵等国。秦置临淄、胶东、琅琊、济北等郡。汉设青州、兖州、徐州三刺史部。唐属河南道。宋为京东路、河北路。金改山东东、西二路。元属中书省。明设山东布政使司。清始称山东省。

境内以平原和丘陵为主。中部为鲁中南山地丘陵区，东部半岛为鲁东丘陵区，西部、北部为鲁西北平原区。山地主要有泰山、蒙山、崂山、鲁山、沂山等。河流分属黄河、淮河、海河、小清河及山东半岛水系。黄河斜穿东西，京杭运河纵贯南北。湖泊主要有微山湖、昭阳湖、独山湖和南阳湖。属暖温带半湿润大陆性季风气候。

已发现矿产 128 种。基本形成了以能源、化工、冶金、建材、机械、纺织、食品等为支柱产业的工业体系。原煤、原油、化肥、水泥等的产量在全国占有重要地位。山东是中国重要的粮食和经济作物产区。粮食作物以小麦、玉米、甘薯为主。经济作物有棉花、花生、烟草等。山东是北京、上海等蔬菜市场的主要供货地之一，也是著名的"水果之乡"。畜牧业以猪、牛、羊养殖为主。沿海盛产对虾、扇贝、鲍鱼、刺参、海胆等海珍品。

有山东大学、中国海洋大学、中国石油大学（华东）等高等院校。

名胜古迹众多，主要有泰山、崂山、沂蒙山、趵突泉、微山湖，以及曲阜三孔、蓬莱阁、青州古城等。

河南省

简称豫。位于黄河中下游。北接河北省、山西省,东邻山东省、安徽省,南连湖北省,西界陕西省。面积约17万平方千米。人口10932万。有汉、回、蒙古、满、朝鲜、壮等族。省会郑州。

殷商时河南是京畿地方。秦时分属三川、颍川、南阳诸郡。汉属豫州及司隶校尉部。三国时属魏。隋大部属河南郡。唐改置河南道。北宋定都开封。元大部属河南江北行省,北部为中书省直辖。明置河南布政使司。清改称河南省。

地势西高东低。北、西、南三面有太行山脉、伏牛山、桐柏山和大别山环绕,中部和东部是黄淮平原。境内河流众多,分属黄河、淮河、海河、长江四大水系。属北亚热带向暖温带过渡的大陆性季风气候。

已发现矿产130种。已形成包括食品、纺织、机械、电力、冶金、建材、化工、煤炭、石油、电子等门类的工业体系。粮食作物以小麦、玉米、水稻、豆类及薯类为主,经济作物以棉花、烟草、油料作物为主。畜牧业以饲养猪、牛、羊、家禽为主。

有郑州大学、河南大学等高等院校。

河南曾长期是中国政治、经济、文化、军事的中心,有嵩山、鸡公山,以及殷墟、龙门石窟、少林寺、嵩阳书院、白马寺等名胜古迹。

嵩山少林寺

湖北省

简称鄂。位于中国中部、长江中游、洞庭湖以北。北接河南省,东连安徽省,东南和南邻江西、湖南两省,西靠重庆市,西北与陕西省为邻。面积约19万平方千米。人口6165万。有汉、土家、苗、侗、满等族。省会武汉。

春秋战国时属楚。秦汉置江夏郡、南郡。唐分属淮南、山南两道。宋置荆湖北路及京西路。元大部属湖广行省。明属湖广布政使司。清置湖北省。

全省西、北、东三面被武陵山、巫山、大巴山、武当山、桐柏山、大别山、幕阜山等山地环绕,山前丘陵岗地广布,中南部为江汉平原。全省呈三面高起、中间低平、向南敞开、北有缺口的不完整盆地。河流以长江及其支流汉水为主。湖泊众多,主要有洪湖、梁子湖等。属中亚热带湿润季风气候。

已发现矿产130多种。工业主要有冶金、机械、电力、化工、汽车、纺织、电子等门类,钢铁、汽车、布匹、水电等的产量均居全国前列。湖北是中国重要的粮食、棉花、油料生产基地。粮食作物以水稻、玉米、小麦、薯类和大豆为主。经济作物以棉花、油料作物、烟草、麻类等为主。畜牧业以饲养猪、牛、羊为主。淡水渔业发达。

有武汉大学、华中科技大学、华中师范大学等高等院校。

名胜古迹众多,主要有长江三峡、

武当山、九宫山、神农架，以及明显陵、黄鹤楼、三国赤壁等。

湖南省 简称湘。位于中国中南部、长江中游、洞庭湖以南。东邻江西省，南连广东省、广西壮族自治区，西接贵州省、重庆市，北界湖北省。面积约21万平方千米。人口7132万。有汉、土家、苗、侗、瑶、白、回、壮等族。省会长沙。

春秋战国时为楚国辖地。秦为长沙郡和黔中郡。西汉为长沙国，东汉属荆州。唐置湖南观察使。宋为荆湖南路、荆湖北路。元属湖广行省。明属湖广布政使司。清置湖南省。

省境西、南、东三面为山地环绕，北部地势低平，中部为丘陵盆地；地势向北倾斜而又西高于东。边缘山地主要有武陵山、雪峰山、南岭、罗霄山等。湘北为洞庭湖平原。湘中主要有衡阳、株洲、湘潭等盆地。河流有湘江、资水、沅江和澧水等。洞庭湖是中国第二大淡水湖。属中亚热带湿润季风气候。

已发现矿产110多种，其中锑的储量居世界首位。工业门类主要有冶金、煤炭、电力、机械、化工、电子、食品等。

武陵源风光

湖南是中国有色金属工业基地之一。冷水江市锡矿山的锑矿、常宁市山水口的铅锌矿驰名中外。粮食作物以水稻为主，水稻产量居全国首位。经济作物以油菜、麻类、棉花、茶树为主。畜牧业以养猪为主，此外还养殖牛、羊和家禽。湖南是中国淡水鱼主产区之一。

有湖南大学、中南大学、国防科技大学等高等院校。

名胜古迹众多，有武陵源、衡山、崀山、东江湖、岳麓山等风景名胜区，以及炎帝陵、岳阳楼、凤凰古城、毛泽东故居等。

广东省 简称粤。位于中国大陆南部。北与江西省、湖南省相连，东界福建省，南邻香港、澳门特别行政区，西南隔琼州海峡与海南省相望，西与广西壮族自治区为邻。面积约18万平方千米。人口8636万。有汉、壮、瑶、土家、苗、侗、畲等族。为全国华侨最多的省份。省会广州。

古为百越（粤）地。秦设南海郡。汉属交州。三国属孙吴。唐置岭南道。宋为广南路，后为广南东路。明置广东布政使司。清为广东省。

地势北高南低。省境多山地、丘陵。山地主要有南岭、莲花山、九连山、罗浮山、云雾山、云开大山等。山地间分布有兴宁、梅州、罗定等盆地。雷州半岛一带主要为台地。平原有珠江三角洲和潮汕平原。河流主要有珠江、韩江、鉴江、漠阳江等。海岸线曲折，岛屿众多。北、南分属亚热带、热带季风气候。

已发现矿产近120种。已形成以轻

工业为主，包含食品、纺织、造纸、家用电器、电子、机械、钢铁、石油、化工、电力、建材等门类的工业体系。农业以种植业为主。粮食作物有水稻、甘薯、玉米等。经济作物以甘蔗、花生、桑树、黄红麻、水果、蔬菜、橡胶等为主。柑橘、香蕉、菠萝、荔枝为当地四大名果。畜牧业以饲养猪、家禽为主。海洋渔业和淡水养殖并重。

有中山大学、华南理工大学等高等院校。

名胜古迹有丹霞山、西樵山、白云山、罗浮山，以及开平碉楼与村落、虎门炮台、黄花岗七十二烈士墓园等。

广西壮族自治区 简称桂。位于中国南部。南濒北部湾，北、东、西三面分别与贵州、湖南、广东、云南等省相邻，西南与越南毗邻。面积约24万平方千米。人口5378万。有汉、壮、瑶、苗、侗、仫佬、毛南、回、京等族。首府南宁。

春秋战国时为百越地。秦置桂林郡和象郡。唐属岭南西道。宋为广南西路。元初属湖广行省，元末设广西行省。明设广西布政使司。清置广西省。1958年建广西壮族自治区。

地势大体从北向南倾斜。山地、丘陵广布。西北部、北部有都阳山、青龙山、天平山、九万大山等，东北部有越城岭、海洋山、都庞岭和萌渚岭，东南至西南部为云开大山、六万大山、十万大山。中部为广西盆地。河流主要有西江、柳江、郁江、桂江等。属亚热带湿润季风气候。

已发现矿产140多种。已形成以机械、化工、冶金、电力、煤炭、建材、食品等门类为主的工业体系。糖产量居全国首位。粮食作物以水稻为主，次为玉米、大豆、甘薯等。经济作物以甘蔗为主，此外还有蔬菜、花生、油菜、芝麻、黄红麻等。南部有橡胶、剑麻等热带作物，以及柑橘、柚、香蕉、菠萝、荔枝、龙眼等水果。畜牧业以饲养猪、牛等为主。渔业以海洋捕捞为主。

有广西大学、广西师范大学等高等院校。

喀斯特地貌是广西最主要的旅游资源。名胜古迹有桂林漓江、桂平西山、花山风景名胜区，德天瀑布，龙胜花坪自然保护区，以及灵渠、真武阁、柳侯祠、花山岩画、三江程阳桥、马胖鼓楼等。

漓江风光

海南省 简称琼。是中国最大的经济特区。地处南海。北隔琼州海峡与广东省雷州半岛相望；西临北部湾；南达曾母暗沙，与马来西亚为邻；东南濒临太平洋，与菲律宾、印度尼西亚等相望。陆地面积约3.4万平方千米。人口902万。有汉、黎、苗、回、壮等少数民族。省会海口。

西汉置珠崖、儋耳二郡。唐属岭南

道。元属湖广行省。明设琼州府，属广东布政使司。清属广东省。1950年设立海南行政区公署，隶属广东省。1988年4月设立海南省。

海南岛中间高耸、四周低平，山地、丘陵、台地、平原呈环形层状分布，梯级结构明显。中部为五指山、黎母岭。环岛多为滨海平原。南渡江、昌化江、万泉河为海南三大河流。西沙、中沙、南沙群岛为珊瑚岛礁，地势较低平。已发现矿产约90种。当地气候具有热带季风和热带海洋性气候的特色。

海南的制糖、罐头、钢铁、森工、制盐、橡胶等工业在全国占有一定地位。制糖业是海南工业经济的主要支柱。橡胶工业已成为品种比较齐全的工业部门。粮食生产以水稻为主。冬季瓜菜是海南农业的支柱产业。海南为重要的热带作物生产基地。热带作物主要有橡胶、椰子、槟榔、胡椒、咖啡、腰果等，热带水果主要有杧果、香蕉、荔枝、龙眼、菠萝等。畜牧业以饲养牛、猪、羊、家禽为主。渔业以海洋捕捞为主。

有海南大学、海南师范大学等高等院校。

海南旅游资源丰富，有亚龙湾、大东海度假区，以及天涯海角、大小洞天、鹿回头、五指山、石山火山群、五公祠、琼台书院、东坡书院和海瑞墓等名胜古迹。

重庆市 中国中央直辖市。简称渝。位于中国西南部、长江上游三峡库区及四川盆地东南部。东接湖北省、湖南省，南邻贵州省，西靠四川省，北界四川省和陕西省。面积约8.2万平方千米。人口3343万。有汉、土家、苗、回、彝、蒙古等族。

古称江州。春秋战国时为巴国地。秦为巴郡。隋置渝州。北宋改为恭州，南宋置重庆府。元置重庆路。明清为重庆府。1929年设重庆市。抗日战争时期为中华民国陪都。1949年成为中央直辖市。1954年改为四川省辖市。1997年3月设为中央直辖市。

地貌以山地、丘陵为主，兼有台地、平坝。北、东、南三面分别有大巴山、巫山、大娄山。地势起伏较大，由南北向长江河谷倾斜。长江干流自西南向东北斜贯市境。主要河流有嘉陵江、乌江、涪江、綦江、大宁河等。属亚热带季风气候。

已发现矿产70多种。重庆是中国老工业基地之一，现为长江上游和西南地区最大的经济中心。主要有汽车、消费品、电子、装备制造、材料、能源、医药等支柱产业。种植业以种植水稻、玉米、小麦、甘薯、马铃薯、豆类，以及油菜、花生、芝麻、烟草、蔬菜、水果、桑树、茶树等为主。畜牧业以养殖猪、牛、羊、兔和家禽为主。

有重庆大学、西南大学、西南政法大学等高等院校。

名胜古迹众多，主要有长江三峡、缙云山、四面山、金佛山等风景名胜区，武隆喀斯特旅游区，以及大足石刻、白帝城、白鹤梁题刻、石宝寨、丰都名山等。

四川省 简称川或蜀。位于中国西南部、长江上游。北有秦岭、大巴山，东有长江三峡，南为云贵高原，西为青藏高原，与甘、陕、渝、黔、滇、藏、青等省区市相邻。面积约49万平方千米。人口9097万。有汉、彝、藏、羌、苗、回、蒙古等族。省会成都。

春秋战国时为巴、蜀之地。秦置巴、蜀二郡。汉属益州。唐属剑南道等道。北宋在东部地区设川峡四路。元置四川行省。明设四川布政使司。清为四川省。

地势西高东低。西部是高原、山地，有岷山、邛崃山、大雪山、沙鲁里山等；东部为四川盆地。河流分属长江和黄河两大水系，以长江水系为主。主要河流有雅砻江、大渡河、岷江、沱江、涪江、嘉陵江等。湖泊主要有邛海和泸沽湖。四川盆地的长江河谷和川西南的金沙江河谷，具有南亚热带气候属性；川西北地区属温带和寒温带气候。

已发现矿产130多种。四川是中国西部门类最齐全、优势产品最多的综合性工业基地，已形成电子、机械、冶金、化工、食品、能源等支柱产业。四川是中国主要农区之一。粮食作物以水稻、小麦、玉米、薯类为主。经济作物以油菜、棉花、甘蔗、苎麻、烟草等为主。川西高原是中国五大牧区之一。畜牧业以养殖猪、牛、羊等为主。

有四川大学、电子科技大学、西南交通大学等高等院校。

名胜古迹众多，有峨眉山、九寨沟、黄龙、青城山-都江堰、剑门蜀道、贡嘎山、蜀南竹海、西岭雪山、四姑娘山等风景名胜区，以及乐山大佛、杜甫草堂、武侯祠、三星堆遗址、阆中古城等。

贵州省 简称黔或贵。位于中国西南部。北邻四川省和重庆市，东界湖南省，南接广西壮族自治区，西连云南省。面积约18万平方千米。人口4134万。有汉、苗、布依、侗、土家、彝、仡佬、水、白、回等族。省会贵阳。

战国时为楚国黔中郡及夜郎地。秦属黔中、象、巴、蜀诸郡。唐置黔中道。宋主要属夔州路。元分属湖广、四川、云南行省。明置贵州布政使司。清为贵州省。

地势西高东低。地貌起伏大，且喀斯特地貌广泛发育。北部有大娄山，西部有乌蒙山，东南部为苗岭，东北部有武陵山。山间有贵阳、惠水等盆地。河流主要有乌江、北盘江、清水江、赤水河、都柳江、涟江等。属亚热带高原湿润季风气候。

已发现矿产130多种。已建成酿酒、煤炭、电力、冶金、机械、电子、化工、烟草、纺织等工业部门，成为中国重要的能源和原材料基地。农业以种植业为主。粮食作物主要有水稻、玉米、小麦、薯类等。经济作物有油菜、烟草、甜菜、

乐山大佛

苎麻、棉花、桑树、茶树等。畜牧业以饲养猪、牛、羊、马为主。

有贵州大学、贵州师范大学等高等院校。

名胜古迹众多，有黄果树、织金洞、潕阳河、红枫湖、龙宫、荔波樟江、赤水等风景名胜区，梵净山、威宁草海等国家级自然保护区，以及遵义会议会址、增冲鼓楼、盘县大洞古文化遗址等。

云南省

简称滇、云。位于中国西南边陲。北连川、藏，东接黔、桂，南、西分别与越南、老挝、缅甸为邻。面积约39万平方千米。人口4576万。有汉、彝、白、哈尼、壮、傣、苗、回、傈僳、拉祜、佤、纳西、瑶、景颇、藏等族。省会昆明。

战国后期为滇国地。汉属益州郡。三国时蜀汉设建宁、云南、永昌、兴古、朱提五郡。唐为南诏地。宋为大理地。元置云南行省。明设云南布政使司。清为云南省。

地势北高南低。地貌以山地高原为主。西部为横断山系纵谷区，由高黎贡山、怒山、云岭等山脉和怒江、澜沧江、金沙江等深切峡谷相间组成；东部为云南高原。河流分属伊洛瓦底江、怒江、澜沧江、金沙江、元江和南盘江六大水系，分别注入印度洋和太平洋。湖泊众多，主要有滇池、洱海、抚仙湖、程海等。大部分地区属亚热带高原季风气候。

已发现矿产150多种。已形成包括冶金、机械、化工、电力、煤炭等重工业和烟草、制糖、制茶等轻工业的工业体系。种植业在农业中占主要地位。粮食作物主要有水稻、玉米、小麦、豆类、薯类等。经济作物有烟草、甘蔗、茶树、橡胶、紫胶等。烟草种植面积和产量居全国首位。盛产香蕉、柑橘、梨、杧果、苹果、葡萄、蓝莓等水果。畜牧业以饲养猪、牛、羊、马等为主。

有云南大学、昆明理工大学等高等院校。

名胜古迹众多，有路南石林、大理、西双版纳、三江并流、滇池、玉龙雪山、腾冲地热火山、瑞丽江-大盈江、九乡、建水等风景名胜区，以及崇圣寺三塔、丽江古城、红河哈尼梯田等。

西藏自治区

简称藏。位于青藏高原西南部。北连新疆维吾尔自治区和青海省，东以金沙江为界与四川省相邻，东南与云南省相毗连，南和西分别与缅甸、印度、不丹、尼泊尔、克什米尔等国家和地区接壤。面积约123万平方千米。人口310万。有藏、汉、回、门巴、珞巴、纳西等族。首府拉萨。

古为羌、戎地。唐、宋时为吐蕃地。元设乌思藏纳里速古鲁孙三路宣慰使司都元帅府。明置乌思藏、朵甘二都司。清分前藏、后藏、康、阿里四部，总称西藏。1951年西藏和平解放。1965年9月西藏自治区成立。

西藏占据青藏高原的主体，海拔一般在4000米以上。地势总趋势西北高、东南低。南部边缘有喜马拉雅山脉、冈底斯山，北部边缘为昆仑山脉、可可西里山、唐古拉山，东南部有横断山脉。河流主要有雅鲁藏布江、怒江、澜沧江和金沙江。湖泊星罗棋布，主要有纳木

布达拉宫

错、色林错、当惹雍错、扎日南木错等。属干旱高原气候区。自东南向西北有热带、亚热带、高原温带、高原亚寒带、高原寒带等气候类型。

已发现矿产100多种。已形成以电力、采矿、建材、机械、医药、农产品加工和民族手工业为主的工业体系。农业生产具有独特的高寒农业特色。农作物以青稞为主，次为小麦、油菜、豌豆等。畜牧业是西藏农业经济的主体。牧畜以牦牛、藏绵羊、藏山羊、黄牛为主。西藏是中国极为重要的后备用材林基地。

名胜古迹主要有雅砻江、纳木错－念青唐古拉山、唐古拉山－怒江源等风景名胜区，**珠穆朗玛峰，雅鲁藏布大峡谷**，以及布达拉宫、大昭寺、罗布林卡、扎什伦布寺、八廓街等。

陕西省 简称陕或秦。位于中国中部、黄河中游。与山西、河南、湖北、重庆、四川、甘肃、宁夏、内蒙古8个省区市相邻。面积约21万平方千米。人口3926万。有汉、回、满、蒙古、藏等族。省会西安。

春秋战国时为秦国地。秦为内史郡、上郡、汉中郡，部分属北地郡。汉属司隶校尉部及益州、并州诸部。唐属关内、山南等道。宋初置陕西路。元设陕西行省。明置陕西布政使司。清为陕西省。

地势南北高、中间低。北部为陕北黄土高原；中部为关中平原；南部陕南山地包括秦岭和大巴山，以及两山之间的汉水谷地。属黄河水系的河流主要有渭河、泾河、洛河、无定河等，属长江水系的河流主要有汉水、丹江、嘉陵江等。由南而北具有北亚热带湿润气候，暖温带半湿润气候，暖温带、温带半干旱气候的特征。

已发现矿产140种。已形成以机械、纺织为主，包括能源、电子、航空、化工、食品、医药等在内的门类比较齐全的工业体系。农业以种植业为主。粮食作物以小麦、玉米、水稻和薯类为主，其次是糜子、谷子和豆类。经济作物以油菜、棉花为主，花生、胡麻、烟草等次之。陕西为中国重要的奶山羊生产基地。畜牧业以饲养羊、猪、牛、驴、马为主。

有西安交通大学、西北工业大学、西安电子科技大学等高等院校。

文物古迹众多，有长城、兵马俑、大雁塔、小雁塔、兴教寺塔、法门寺、彬县大佛寺石窟、西安城墙、黄帝陵等；风景名胜有**华山**、太白山、**壶口瀑布**等。

甘肃省 简称甘或陇。位于中国西北部。北与宁夏、内蒙古毗邻，东接陕西省，南邻四川省，西连青海省、新疆维吾尔自治区，西北隅与蒙古国接壤。面积约43万平方千米。人口2713万。有汉、回、藏、东乡、保安、裕固、蒙古撒拉、哈萨克、土、满等族。省会兰州。

春秋时为秦、西戎地。秦置陇西、北地二郡。汉属凉州。唐分属关内道、陇右道和山南道。元设甘肃行省。明属陕西布政使司、陕西都司、陕西行都司。清设甘肃布政使司。

地势西南高，东、北、西三面低。甘肃以高原、山地为主，可分为陇南山地、陇中黄土高原、甘南高原、祁连山地、河西走廊、北山山地等地形区。河流在内流区主要有哈尔腾河、疏勒河、黑河及石羊河水系，在外流区分属黄河和长江两大水系。属明显的温带大陆性季风气候。

已发现矿产170多种。甘肃是中国西北部工、农业发展条件较好的省份。工业以重工业为主，主要有有色金属、石油、化工、机械、电力、钢铁等部门。轻工业有食品、纺织、医药等部门。农作物以粮食作物为主，有小麦、玉米、马铃薯、糜子、谷子等。经济作物有油料作物、中药材、蔬菜、瓜果等。甘南、河西及陇中北部是中国重要牧区之一。主要产牦牛、黄牛、犏牛、猪、马、羊等。

有兰州大学、西北师范大学等高等院校。

名胜古迹众多，主要有麦积山、崆峒山、鸣沙山-月牙泉等风景名胜区，张掖丹霞地质公园，以及莫高窟、嘉峪关、拉卜楞寺、玉门关等。

青海省 简称青。位于中国西部腹地、青藏高原东北部。北依甘肃省，东邻四川省，南与西藏自治区接壤，西与新疆维吾尔自治区毗连。面积约72万平方千米。人口566万。有汉、藏、回、土、撒拉、蒙古等族。省会西宁。

古为西戎地。汉为羌地。隋设西平、西海、河源三郡。唐宋时为吐蕃地。元分属吐蕃等路宣慰使司都元帅府、甘肃行省。明属朵甘都司等。清设青海办事大臣。1929年1月正式建省。

北部为祁连山-阿尔金山山地，西北部阿尔金山、祁连山和昆仑山之间为柴达木盆地，南部为由昆仑山脉及其支脉可可西里山、巴颜喀拉山、阿尼玛卿山、唐古拉山等组成的青南高原。长江、黄河、澜沧江均发源于此。河流主要有黄河、通天河、湟水、扎曲等。湖泊主要有青海湖、扎陵湖、鄂陵湖等。属典型的高原大陆性气候。

已发现矿产120多种。已初步形成包含机械、冶金、化工、石油、煤炭、电力、建材等重工业和食品、纺织、皮革等轻工业的现代工业体系。青海是中国重要的畜牧业生产基地。畜牧业以牧养藏系绵羊和牦牛为主，次为山羊和马。粮食作物主要有春小麦、青稞，次为蚕豆、豌豆、马铃薯等。经济作物以油菜为主。青海湖、扎陵湖和鄂陵湖为省内三大天然渔场。

有青海大学、青海师范大学等高等院校。

旅游资源丰富独特，有青海湖、三江源、孟达林区、茶卡盐湖，以及塔尔寺、瞿昙寺等。

宁夏回族自治区 简称宁。位于中国中部偏北、黄河中上游。与陕西、甘肃、内蒙古3个省区为邻。面积约6.6万平方千米。人口659万。有汉、回、满、蒙古、东乡等族。首府银川。

春秋为羌、戎地。秦为北地郡。汉属朔方刺史部。唐属关内道。宋初属秦凤路，后属西夏。元设宁夏府路。明设宁夏卫。清设宁夏府。1929年置宁夏省。1958年宁夏回族自治区成立。

地势南高北低，西部高差较大，东部起伏较缓。平均海拔1000米以上。西北部为贺兰山，中北部为银川平原，南部为黄土高原和六盘山。黄河斜贯中北部。其他主要河流有清水河、苦水河、葫芦河等，均属黄河水系。属温带大陆性半干旱气候。

已发现矿产50余种。已形成包含能源、机械、冶金、化工、建材、纺织、食品等门类的工业体系。农业以种植业为主体。粮食作物主要有春小麦、水稻、玉米、糜子等。经济作物有胡麻、甜菜、枸杞等。畜牧业以养羊为主。宁夏是中国裘皮羊重要产区，在国际养羊业中占有突出地位。渔业以淡水养鱼为主。

有宁夏大学、宁夏医科大学等高等院校。

文化景观主要有西夏陵、贺兰山岩画、须弥山石窟、一百零八塔、海宝塔、承天寺塔、同心清真大寺等，自然景观主要有沙坡头、沙湖等。

新疆维吾尔自治区

简称新。地处中国西北部。东部与甘肃、青海两省相连，南部与西藏自治区毗邻。从东北到西南分别与蒙古、俄罗斯、哈萨克斯坦、吉尔吉斯斯坦、塔吉克斯坦接壤，西南部和阿富汗、巴基斯坦、印度相邻。面积约166万平方千米。人口2226万。有维吾尔、汉、哈萨克、回、柯尔克孜、蒙古、塔吉克、锡伯、满、乌兹别克、俄罗斯等族。首府乌鲁木齐。

古称西域。汉属西域都护府。唐设北庭、安西两都护府。元设别失八里等行省。清置新疆省。1955年新疆维吾尔自治区成立。

境内山地、盆地相间。北部有阿尔泰山；南部有帕米尔高原、喀喇昆仑山、昆仑山脉及阿尔金山环列；天山山脉横穿新疆中部，以北有准噶尔盆地，以南有塔里木盆地。河流主要有额尔齐斯河、塔里木河、伊犁河、开都河、乌伦古河等。湖泊主要有博斯腾湖、乌伦古湖、赛里木湖、天池、艾丁湖等。属典型的温带大陆性干旱气候。

已发现矿产近140种。已形成包含冶金、煤炭、石油、电力、化工、机械、建材、纺织、制糖、造纸和皮革等门类的工业体系。农业生产以种植业为主。粮食作物主要有小麦和玉米，其次为水稻、高粱。经济作物以棉花、油菜、胡麻、甜菜为主。南疆桑蚕业发达。新疆盛产多种瓜果，甜瓜（哈密瓜）为著名特产。畜牧业以牧养绵羊、山羊、牛、马等为主。

有新疆大学、石河子大学等高等院校。

文物古迹和风景名胜众多，主要有柏孜克里克千佛洞、高昌故城、额敏塔，以及天山天池、喀纳斯湖、博斯腾湖、火焰山、库木塔格沙漠、赛里木湖、魔鬼城、葡萄沟等。

香港特别行政区

简称港。位于中

国南海之滨、珠江口东侧，西隔伶仃洋与澳门相望。面积1104平方千米。人口718.8万。其中90%以上为华人，有少量菲律宾、印度尼西亚等国居民。

秦属南海郡番禺县。唐属东莞县。明清属广州府新安县。19世纪中后期先后被"割让"和"租借"给英国，被英国侵占。中国政府于1997年7月1日恢复对香港行使主权，设立香港特别行政区。

区内地形以山地、丘陵为主，多石山、岛屿和海湾。大屿山是境内最大的岛屿，其次为香港岛。香港岛北隔海峡与九龙半岛对峙，其间是维多利亚港。深圳河是最主要的河流。属南亚热带海洋性季风气候。

香港是亚太地区的贸易、金融、交通、旅游中心及亚洲会议中心，以贸易及物流、旅游、工商支援、专业服务为四大支柱产业。农业主要是蔬菜种植、园艺及禽畜生产。

有香港大学、香港中文大学、香港科技大学等高等院校。

从香港岛的太平山顶，可鸟瞰维多利亚港。主要有天坛大佛、香港迪士尼乐园、海洋公园、浅水湾、赤柱等游览胜地。

澳门特别行政区

简称澳。位于中国南海之滨、珠江口西侧，毗邻广东省。陆地面积29.2平方千米。人口59.2万。其中97%为中国籍，其余为菲律宾、葡萄牙等国籍。

秦属南海郡番禺县。唐属东莞县。南宋属香山县。明清属广州府。1553年葡萄牙人取得停靠澳门码头之便。1845年葡萄牙宣布澳门为"自由港"。1887年，澳门被葡萄牙完全强占。中国政府于1999年12月20日恢复对澳门行使主权，设立澳门特别行政区。

境地大部由填海形成。地势南高北低。路环岛地势最高，主峰塔石塘山海拔172米。主要由平原和山地组成，其余为台地。多港湾。海域多泥沙淤积。境内无河流。属南亚热带海洋性季风气候。

澳门是传统的国际自由港和旅游名

维多利亚港

城。博彩业发达，有"东方蒙特卡洛""东方拉斯维加斯"之称。已形成旅游博彩、出口加工、金融保险、建筑地产四大经济支柱。

有澳门大学、澳门理工学院等高等院校。

澳门历史城区已被列入世界文化遗产。名胜古迹有大三巴牌坊、东望洋灯塔、普济禅院（观音堂）、妈阁庙、莲峰庙、卢廉若花园等。

台北 101 大楼

台湾省 简称台。位于中国大陆东南。四面环海，北向东海，东临太平洋，南靠巴士海峡与菲律宾群岛相望，西隔台湾海峡与福建省相望。包括台湾岛、澎湖列岛、钓鱼岛、赤尾屿、彭佳屿、兰屿、绿岛等岛屿。面积3.6万平方千米。人口2337.4万（含福建省的金门、马祖等岛屿）。有汉、高山等族。省会台北。

台湾自古就是中国领土的一部分。古有岛夷、夷洲、流求之称。南宋时澎湖属福建路晋江县。元明时设澎湖巡检司。明万历年间始称台湾。1624年和1626年，荷兰和西班牙殖民者分别入侵台湾。1662年郑成功收复台湾。清初置台湾府。1885年建台湾省。1895年被日本侵占。1945年抗战胜利后归还中国。

台湾岛是中国最大的岛屿。高山和丘陵占全岛面积的2/3以上。地势中间高、两侧低。中东部海岸山、中央山、玉山、雪山、阿里山呈北北东—南南西走向平行排列。山间有宜兰平原、台东纵谷平原、屏东平原，以及台北盆地、台中盆地等。西部为冲积平原，主要有台南平原等。河流有浊水溪、高屏溪、淡水河、大甲溪等。日月潭是省内最大的天然湖泊。北部属亚热带季风气候，南部属热带季风气候。

已发现矿产110多种。工业由制造业、建筑业、矿业和公用事业构成。制造业是主要产业，主要部门有电机电子、化工、纺织、食品等。农作物主要有水稻、甘蔗、薯类、花生、大豆、黄麻、剑麻、茶树等；水果四季不断，盛产香蕉、菠萝、柑橘、荔枝、龙眼、木瓜、枇杷、杧果、橄榄等。畜牧业以猪、禽饲养为主，次为养牛业。渔业发达，出口鳗鱼、金枪鱼、虾和深海鱼类等海产品。

有台湾大学、台湾清华大学、台湾交通大学等高等院校。

台湾有"美丽宝岛"之誉，可供旅游观光的自然景观众多。名胜古迹主要有日月潭、阿里山、阳明山，以及板桥林家花园、台南赤嵌楼、北港妈祖庙等。

朝鲜 亚洲东北部国家。全称朝鲜民主主义人民共和国。位于朝鲜半岛北部。北以鸭绿江、图们江与中国为邻，东北一隅隔图们江与俄罗斯相望，东濒日本海，南与韩国相接，西临黄海。面积122762平方千米。人口2405万。单一朝鲜族。通用朝鲜语。首都平壤。

山地广布，平原少，平均海拔440米。北部与东部地势高，向西、南渐次降低。北部为高山、高原区，最高点将军峰海拔2749米；中东部为山地丘陵区；西海岸为丘陵低地区。河流有鸭绿江、清川江、图们江等。属典型的温带季风气候。

森林、水力资源丰富。矿产资源种类多且丰富，已探明矿产300多种。钨、钼、镁、石墨、金、重晶石、云母和萤石被称为八大矿藏，另有煤、铁、银、铜、铅、锌等。有采矿、冶金、机械、电力、纺织、化工等重要工业部门。农业以种植业为主。水稻、玉米的产量各占粮食产量的一半。经济作物有烟草、亚麻等，高丽人参驰名世界。交通以铁路运输为主。

主要有金日成综合大学、金策工业综合大学等高等院校。

韩国 亚洲东北部国家。全称大韩民国。位于朝鲜半岛南部。北部与朝鲜相接，东濒日本海，南隔朝鲜海峡与日本相对，西隔黄海与中国大陆相对。面积99600平方千米。人口5000万。单一朝鲜族。通用韩国语。首都首尔。

三面环海。地形以丘陵、平原为主。太白山脉沿东海岸绵延，余脉向南延伸形成若干较低的山脉和山脊。济州岛上的汉拿山海拔1950米，为境内最高峰。平原占国土的1/4，多分布在西海岸和南海岸大河的下游地带。河流有洛东江、汉江、锦江等。西南部沿海多海湾。近海有2200多个岛屿，较大者有济州岛等。属温带季风气候，具有从大陆性向海洋性过渡的特征。

已发现矿产280多种，其中有经济价值的50多种。有开采利用价值的矿产有铁、无烟煤、铅、锌、钨等，但储量不大。韩国已发展成工业、金融、商贸全面发展的工业型国家，为世界十大电子工业国之一。汽车、钢铁、船舶、电子、纺织等产业产量居世界前列。农业以种植业为主，水稻种植占绝对优势。渔业较发达。交通运输以公路、铁路和空运为主，水运以海运为主。旅游观光业发达。

著名大学有首尔大学、延世大学、高丽大学等。

日本 亚洲东部、太平洋西北部的岛国。全称日本国。西隔东海、黄海、日本海、鄂霍次克海同中国、韩国、朝鲜、俄罗斯相望，东濒太平洋。面积377900平方千米。人口12705万。主要为大和族。通用日语。首都东京。

领土由北海道、本州、四国和九州四大岛及6800多个小岛组成。山脉纵横，山地和丘陵占全国总面积的75％。富士山海拔3776米，为境内最高峰。平原狭小、零散，主要分布于大河下游及沿海一带，以关东平原最大。火山广布，地震频繁，温泉分布广泛。海岸线漫长而曲折。沿岸多半岛、海湾及天然良港。河流主要有信浓川、利根川。琵琶湖为日本面积最大的湖泊。自北向南包括寒温带、温带和亚热带三个气候带，主要属温带海洋性季风气候。

东京塔

日本是世界第三经济大国。资源贫乏，绝大部分依赖进口。工业高度发达，为国民经济的主要支柱。主要工业部门有机械制造、建筑、化工等。主要产品有汽车、电子设备、机床工具、钢和有色金属、船舶、化工制品、纺织品、食品等。农业实行机械化商品生产。水稻，菜、果、花，畜牧业是农业的三大支柱。农产品不能自给。北海道渔场是世界四大渔场之一。客运以铁路和公路为主，货运以公路和海运为主。旅游业较发达，且近年发展迅速。

著名的国立综合大学有东京大学、京都大学等，著名的私立大学有早稻田大学、庆应义塾大学等。

越南 亚洲东南部国家。全称越南社会主义共和国。位于中南半岛东侧，东临南海。陆邻中国、老挝、柬埔寨。面积约32万平方千米。人口9171万。有54个民族，京族占人口的86%，其余为岱依族、傣族、芒族等。通用越南语。首都河内。

地形狭长。地势由西北向东南倾斜。国土的3/4为山地、丘陵和高地。番西邦峰海拔3142米，是中南半岛的最高点。长山山脉绵延于越老柬边境。除红河、湄公河三角洲外，平原十分狭小。河流主要有红河、湄公河。大部分地区属热带季风气候。

矿产资源丰富，煤、铁、铝等储量较大。工业发展较快，主要工业部门有冶金、机械、煤炭、化工、纺织、电力、造纸、建材等。粮食作物有水稻、玉米、马铃薯、甘薯和木薯等，经济作物主要有咖啡、橡胶、胡椒、茶树、花生、甘蔗等。渔业资源丰富。水陆交通便利，沿海和内河航运占主要地位。旅游业增长迅速。

著名大学有河内国家大学、胡志明市国家大学等。

泰国 亚洲东南部国家。全称泰王国。位于中南半岛中部。与缅甸、老挝、柬埔寨、马来西亚为邻，南濒泰国湾。面积513115平方千米。人口6724万。有30多个民族，泰族占人口的40%，其余为老挝族、马来族、高棉族，以及苗族、瑶族、桂族、汶族、克伦族、掸族等。国语为泰语。首都曼谷。

地势北高南低。平原和低谷地占总面积的50%以上。西部和北部山地是褶皱山脉。西部山地向南延伸至马来半岛；北部的因他暖山海拔2595米，为全国最高峰。东北部为一碟形低谷地。中部主要为冲积平原。昭披耶河纵贯泰国中部，为全国第一大河。南端的普吉岛为全国最大岛屿。属热带季风气候。

矿产主要有钾盐、锡、褐煤、油页岩、

泰国大皇宫

天然气等,其中钾盐储量居世界首位。工业主要有采矿、纺织、电子、塑料、食品、汽车装配、建材、石油化工等门类。农业是国民经济的主要部门,以种植业为主。主要作物有水稻、玉米、木薯、橡胶、甘蔗、绿豆、麻、烟草、咖啡、棉花、油棕、椰子等。拥有天然海洋渔场,是世界市场主要鱼类产品供应国之一。交通运输以公路和航空为主。旅游业稳定发展,是外汇收入重要来源之一。

著名高等院校有朱拉隆功大学、法政大学、农业大学、玛希敦大学等。

马来西亚 亚洲东南部国家。位于南海沿岸。面积33万平方千米。人口3000万。马来人及其他原住民占人口的67.4%,华人占24.6%,印度人占7.3%。国语为马来语,通用英语,华语使用较广泛。首都吉隆坡。

由两个不相接的地区——西马来西亚和东马来西亚组成,中间隔着南海。西马来西亚以山地为主,有数条南北走向的山脉,山脉两侧为沿岸低地;东马来西亚的沿岸平原由西向东逐渐升高,成为丘陵和河谷地区,然后是内陆山区,其中基纳巴卢山海拔4101米,为全国最高峰。河流主要有拉让河、基纳巴唐岸河等。属热带雨林气候。

自然资源丰富。曾是世界产锡大国,近年来产量逐年减少;石油储量丰富。加工工业发达,重点发展电子、汽车、钢铁、石油化工和纺织品等。农业以种植业为主,热带经济作物占重要地位。橡胶、棕油和胡椒的产量和出口量居世界前列。渔业以近海捕捞为主。有良好的公路网,公路和铁路主要干线贯穿马来半岛南北,航空业发达。旅游业是本国第三大经济支柱、第二大外汇收入来源。

有马来亚大学、马来西亚国民大学等高等院校。

新加坡 亚洲东南部的城市岛国。全称新加坡共和国。位于马来半岛南端、马六甲海峡东口。北隔柔佛海峡与马来西亚相邻,南隔新加坡海峡与印度尼西亚相望。面积714.3平方千米。人口540万。华人占人口的75%,马来人占13%,印度人占8%。国语为马来语,官方语言为英语、华语、马来语、泰米

吉隆坡石油双塔

鱼尾狮

尔语。行政中枢新加坡。

由新加坡岛及附近63个小岛组成，其中新加坡岛占全国面积的88.5%。地势低平，平均海拔15米，最高海拔163米。属热带海洋性气候。

自然资源匮乏。经济属外贸驱动型。有炼油和石油化工、船舶和钻井平台建造、电子和电器等重要工业部门，是世界第三大炼油中心。农业主要由园艺、家禽饲养、水产养殖和蔬菜种植等构成。粮食、蔬菜主要依靠进口。服务业系经济增长的龙头。交通发达，是世界重要的转口港及联系亚、欧、非、大洋洲的航空中心。旅游业是外汇主要来源之一。

著名大学有新加坡国立大学、南洋理工大学等。

印度尼西亚 东南亚最大国家、世界最大群岛国。全称印度尼西亚共和国。地跨赤道，位于中南半岛与澳大利亚大陆之间。面积1904443平方千米。人口25518万。有一百多个民族，其中爪哇族占人口的45%，巽他族占14%，马都拉族占7.5%，马来族占7.5%。官方语言为印度尼西亚语。首都雅加达。

由太平洋与印度洋之间的17508个岛屿组成。主要包括苏门答腊、加里曼丹、苏拉威西、爪哇、马都拉等岛，以及努沙登加拉、马鲁古等群岛和伊里安岛西部。地形以山地和丘陵为主。伊里安岛上的查亚峰海拔5029米，为全国最高峰。多火山、地震，是太平洋西岸火山地震带的一部分。较大的河流有卡普阿斯河、巴里托河等。大部分地区为热带雨林气候，爪哇海、班达海以南沿岸各地为热带季风气候。

有石油、天然气、煤、锡、铝矾土、镍、铜、金、银等矿产资源。工业发展方向是强化外向型制造业。主要工业部门有采矿、纺织、轻工等。农业以种植业为主。粮食作物有水稻、玉米、薯类、豆类等。经济作物主要有橡胶、油棕、胡椒等。渔业资源丰富。公路和水路是重要运输手段，铁路设施相对落后，空

婆罗浮屠

运发展迅速。旅游业是印尼非油气行业中的第二大创汇行业。

著名大学有印度尼西亚大学、万隆工学院、加查马达大学等。

菲律宾 亚洲东南部的群岛国家。全称菲律宾共和国。北隔巴士海峡与中国台湾省相望,东临太平洋,南和西南隔苏拉威西海、巴拉巴克海峡与印度尼西亚、马来西亚相对,西濒南海。面积299700平方千米。人口10098万。马来族占人口的85%以上,其余为少数民族和外来后裔。国语为菲律宾语,官方语言为英语。首都马尼拉。

由7100多座岛屿组成。全部岛屿大致被分成吕宋岛、米沙鄢群岛、棉兰老岛,以及巴拉望岛和苏禄群岛4个岛群。大多数岛屿是岩礁或珊瑚礁。各岛地势起伏,2/3以上的地面是丘陵、山地和高原。棉兰老岛南部的阿波火山海拔2954米,是全国最高峰。河流短促,富水力资源。绝大部分地区属海洋性热带季风气候。

矿产有铜、金、银、铁、铬、镍等20余种。工业门类主要有采矿、制造、建筑、电力能源等。粮食作物以水稻、玉米为主。经济作物主要有椰子、甘蔗、蕉麻、烟草等。渔业资源丰富,金枪鱼资源居世界前列。交通运输以公路和海运为主,铁路不发达,各主要岛屿间有航班。旅游业是外汇收入的重要来源之一。

著名大学有菲律宾大学、圣托马斯大学、德拉萨大学和雅典耀大学等。

印度 亚洲南部国家。全称印度共和国。东北同中国、尼泊尔、不丹接壤,东与孟加拉国、缅甸为邻,东南与斯里兰卡隔海相望,西北与巴基斯坦交界。面积约298万平方千米(不包括中印边境印占区和克什米尔印度实际控制区等)。人口129500万。有一百多个民族,其中印度斯坦族占人口的46.3%,其他人数较多的民族有泰卢固族、孟加拉族、马拉提族、泰米尔族等。官方语言为印地语和英语。首都新德里。

印度门

地形以平原和台地缓丘为主。北部山区属喜马拉雅山脉南坡,横跨印度与尼泊尔边界的干城章嘉峰海拔8586米,为全国最高峰;中部印度河-恒河平原是世界著名大平原之一;南部以德干高原为主体,地面多呈现为桌状山或平顶山,南北走向的东高止山脉、西高止山脉分列高原两侧。河流主要有恒河、布拉马普特拉河等。大部分地区属典型的热带季风气候。

资源丰富,有矿产近百种。云母产量居世界首位,煤和重晶石产量居世界第三。工业已形成较为完整的体系,主要有纺织、食品、化工、制药、钢铁、水泥、采矿、石油、机械等部门。汽车、电子、航空和空间等新兴工业发展迅速。印度是世界主要粮食生产国之一。粮食作物以水稻、小麦、高粱、玉米、豆类等为主。经济作物以甘蔗、烟草、棉花、黄麻等为主。饲养牛、羊、猪、家禽等。渔业资源丰富。拥有世界第四大铁路网、第二大公路网，海运能力强。旅游资源丰富，旅游业是政府重点发展产业。

著名大学有德里大学、尼赫鲁大学、加尔各答大学等。

巴基斯坦 亚洲南部国家。全称巴基斯坦伊斯兰共和国。位于南亚次大陆西北部。东北经克什米尔巴基斯坦实际控制区与中国毗邻，东界印度，南临阿拉伯海，西接伊朗，西北邻阿富汗。面积796095平方千米（不包括克什米尔巴基斯坦实际控制区）。人口19909万。民族众多，旁遮普族占人口的63%，信德族占18%，帕坦族占11%，俾路支族占4%。国语为乌尔都语，官方语言为英语。首都伊斯兰堡。

地势大体由西北向东南倾斜。北部和西部为山地和高原，蒂里奇米尔峰海拔7690米，为全国最高峰；东南部为印度河平原，地势平坦，略向南倾；大平原以东，则为塔尔沙漠。印度河自北而南流贯印度河平原。除南部沿海为热带季风区外，大部分属亚热带干旱和半干旱气候。

主要有天然气、石油、煤、铁、铝土矿、铬铁矿等矿产。工业基础薄弱，棉纺织是最大的工业部门，此外还有毛纺织、制糖、造纸、烟草、皮革、机器制造、化肥、水泥、电力、天然气、石油等部门。经济以农业为主，主要农产品有小麦、大米、棉花、甘蔗等。国内运输以公路为主。旅游业发展较慢。

著名高等学府有旁遮普大学、卡拉奇大学、真纳大学、白沙瓦大学等。

阿富汗 亚洲中西部内陆国。全称阿富汗伊斯兰共和国。位于西亚最东部。北界土库曼斯坦、乌兹别克斯坦和塔吉克斯坦，东北与中国相连，东南同巴基斯坦接壤，西邻伊朗。面积647500平方千米。人口3270万。普什图族占人口的40%，塔吉克族占25%，其余为乌兹别克、哈扎拉、土库曼等少数民族。官方语言为普什图语和达里语。首都喀布尔。

地势自东北向西南倾斜。东北端为介于帕米尔高原与兴都库什山脉东段之间的瓦罕走廊。兴都库什山脉自东北向西南斜贯国境腰部，其中位于阿富汗与巴基斯坦边界上的诺夏克峰海拔7485米，是全国最高峰。以北为平原和山麓丘陵区，以南为高原沙漠区。河流主要有阿姆河、赫尔曼德河和哈里河等。属亚热带大陆性干旱与半干旱气候。

已探明的矿产资源主要有天然气、煤、盐、铬、铁、铜、云母及绿宝石等。阿富汗是全球最不发达国家之一。工业

伊斯兰堡费萨尔清真寺

基础十分薄弱，以轻工业和手工业为主，主要有纺织、化肥、水泥、皮革、地毯、制糖和农产品加工等部门。农牧业是阿富汗国民经济的主要支柱。农作物主要包括小麦、棉花、甜菜和各种水果。畜牧产品主要有肥尾羊、牛、山羊等。交通运输主要靠公路和航空。

喀布尔大学是全国最高学府。

伊朗 亚洲西部国家。全称伊朗伊斯兰共和国。北临里海和土库曼斯坦，东接阿富汗和巴基斯坦，南濒波斯湾、霍尔木兹海峡和阿曼湾，西连土耳其和伊拉克，西北毗邻阿塞拜疆和亚美尼亚。面积163.6万平方千米。人口7969万。波斯人占人口的66%，阿塞拜疆人占25%，库尔德人占5%，其余为阿拉伯人、土库曼人等。官方语言为波斯语。首都德黑兰。

国土大部分位于伊朗高原。北有厄尔布尔士山脉横列，东有加恩山脉纵贯，西南有扎格罗斯山脉斜行。中部高原略向东南倾斜，有大片盐(荒)漠分布其间。厄尔布尔士山脉的主峰达马万德山，海拔5671米，是全国最高峰。北部里海和南部波斯湾、阿曼湾沿岸为狭长平原。卡伦河是伊朗最长的河流。亚热带干旱与半干旱气候占优势，南部为热带干旱气候。

石油产业是伊朗经济支柱和外汇收入的主要来源之一。矿产除石油、天然气外，还有丰富的煤、铁、铜、锌、铬、金等。工业以石油开采为主，另有钢铁、电力、纺织、汽车、机械、食品等门类，但基础相对薄弱。粮食作物以小麦为主，次为大麦。粮食生产已实现90%自给。经济作物以棉花最重要。畜牧业生产尚不能满足国内需求。交通运输主要依靠公路，进出口货物主要靠海运。政府致力于发展旅游业。

德黑兰大学是伊朗著名的高等学府。

伊拉克 亚洲西部国家。全称伊拉克共和国。位于阿拉伯半岛东北部。北接土耳其，东邻伊朗，东南濒波斯湾，南接沙特阿拉伯、科威特，西毗叙利亚、约旦。面积438317平方千米。人口3600万。阿拉伯人约占人口的78%，库尔德人约占18%，其余为土耳其人、亚美尼亚人、亚述人、犹太人和伊朗人等。官方语言为阿拉伯语和库尔德语，通用英语。首都巴格达。

全境大部分为低地。西部属于阿拉伯高原的边缘，为叙利亚沙漠的组成部分；中、南部为美索不达米亚平原；东北部山地主要由一系列平行山脉组成，位于伊拉克与伊朗边界上的哈吉易卜拉欣山海拔3607米，为全国最高峰。幼发拉底河和底格里斯河自西北向东南流贯全境。除东北部山地外，大部分地区属亚热带沙漠气候。

石油、天然气、磷酸盐资源丰富。石油储量居世界第五位。能源产业在工业中占主导地位，是国民经济的支柱。主要农作物有小麦、大麦和椰枣等。粮食不能自给。畜牧业以饲养羊和牛为主，还饲养驴、马和骆驼。所有畜产品都供应紧张。交通运输以公路为主。

有巴格达大学、摩苏尔大学等高等院校。

科威特 亚洲西部国家。全称科威特国。位于阿拉伯半岛东北部。西、北与伊拉克接壤，东濒波斯湾，南与沙特阿

科威特城水塔

拉伯毗邻。面积17818平方千米。人口433万。科威特籍人占人口的31.9%，其余为外籍侨民。官方语言为阿拉伯语，通用英语。首都科威特城。

全境基本上是海湾沿海平原的一部分。地势略呈波状起伏，西部略高，东北部为冲积平原，其余为沙漠平原。大部分地区海拔在100米上下。境内没有常流河，也没有湖泊。属热带沙漠气候。

石油、天然气工业为国民经济支柱。石油和天然气资源丰富。石油储量居世界第六位。石油开采、冶炼和石油化工为主要工业部门。农业以蔬菜生产为主，农牧产品主要依靠进口。盛产大虾、石斑鱼和黄花鱼。交通运输业十分发达。

科威特大学是唯一的高等院校。

沙特阿拉伯 西亚国家。全称沙特阿拉伯王国。位于阿拉伯半岛。东临波斯湾，经法赫德国王大桥与巴林相接；西濒红海。陆上西北邻约旦，北毗伊拉克和科威特，东连卡塔尔、阿拉伯联合酋长国、阿曼，南接也门。面积225万平方千米。人口3225万。主要为阿拉伯人，外籍人口约占人口的30%。官方语言为阿拉伯语，通用英语。首都利雅得。

大部分为高原，西高东低，呈阶梯状倾斜，通称阿拉伯高原。西部红海沿岸为低地，稍东为汉志－阿尔西高原，索达山海拔3207米，为全国最高峰；中部是内志高原；东部为波斯湾沿海平原，许多盐渍地和沼泽散布其间。沙漠约占全国面积的一半。南部分布着世界大沙漠之一的鲁卜哈利沙漠。在地势低洼处，地下水涌出地面形成绿洲。地面缺乏常年河流和湖泊。除西部高原属地中海型气候外，其他地区均为热带沙漠气候。

石油储量居世界第二位。此外，还有天然气、金、铜、铁、锡、铝、锌等矿产。石油和石化工业是沙特阿拉伯的经济命脉，钢铁、炼铝、水泥、海水淡化、电力等非石油产业有一定发展。农

麦加朝觐

作物主要有小麦、水稻、玉米、椰枣等。谷物自给率比较低，依靠大量进口满足国内需求。畜牧业以饲养绵羊、山羊、骆驼等为主。交通运输以公路为主。朝觐旅游是其旅游业的特色。

有法赫德国王石油与矿业大学、沙特国王大学等高等院校。

以色列 西亚国家。全称以色列国。位于巴勒斯坦地区。北与黎巴嫩接壤，东北与叙利亚为邻，东接约旦，南连亚喀巴湾，西南与埃及为邻，西濒地中海。根据1947年联合国关于巴勒斯坦分治的决议，以色列的面积为1.52万平方千米。实际控制2.5万平方千米。人口846万。犹太人约占人口的75.3%，阿拉伯人约占20.6%，其余为德鲁兹人等。官方语言为希伯来语和阿拉伯语，通用英语。1948年建国时将首都设在特拉维夫，1950年迁往耶路撒冷。1980年以色列议会通过法案，宣布耶路撒冷是以色列"永恒的与不可分割的首都"。对于耶路撒冷的地位和归属，阿拉伯国家同以色列一直存有争议。绝大多数同以色列建交的国家仍将使馆设在特拉维夫。

西部为地中海沿岸平原。往东从北部边界向南延绵至中部为山岳丘陵区，北端的梅龙山海拔1208米，是全境最高点；南部为内盖夫沙漠。东部为大裂谷区。大部分地区为地中海型气候。

矿产资源较贫乏，主要有钾盐、石灰石、铜、铁、磷酸盐等。工业门类集中在高新技术产业及宝石加工行业，在电子技术、计算机软件、医疗设备、生物技术、信息和通信技术、钻石加工等领域达到世界尖端水平。农业发达，主要农作物有小麦、棉花、蔬菜、柑橘等。粮食接近自给。陆、海、空运输业发达。

著名大学有希伯来大学、特拉维夫大学、以色列理工学院、本-古里安大学等。

丹麦 欧洲北部国家。全称丹麦王国。北、东两面与挪威、瑞典相望，南与德国接壤，西濒北海。面积43094平方千米（不包括格陵兰和法罗群岛）。人口570万。丹麦人约占人口的89.9%，其余为外国移民。官方语言为丹麦语，通用英语。首都哥本哈根。

位于北海与波罗的海之间，是西欧与北欧之间的陆上交通枢纽。由日德兰半岛的中北部及半岛东侧的483个岛屿组成。全境地势低平，平均海拔约30米，最高点于丁山海拔仅173米。多河流、湖泊。古曾河为最长的河流，阿勒湖为最大的湖泊。属温带海洋性气候。

自然资源贫乏。除石油和天然气外，其他矿产很少。丹麦是发达的西方工业国家。主要工业部门有食品加工、机械

哭墙

美人鱼雕塑

制造、石油开采、船舶等。农牧业高度发达。主要农作物有大麦、小麦和燕麦等。猪肉、奶酪、黄油出口量和貂皮产量居世界前列。渔业发达。交通运输业发达。旅游业是服务行业中的重要产业。

著名高等学府有哥本哈根大学、奥胡斯大学、丹麦技术大学等。

俄罗斯 世界上领土面积最大的国家。全称俄罗斯联邦。位于欧洲东部和亚洲北部。北临北冰洋；东濒太平洋，隔海与美国、日本相望；西北濒波罗的海芬兰湾。陆上自西向东分别同挪威、芬兰、爱沙尼亚、拉脱维亚、立陶宛、波兰、白俄罗斯、乌克兰、格鲁吉亚、阿塞拜疆、哈萨克斯坦、中国、蒙古、朝鲜接壤。面积1707.54万平方千米。人口14422万。有180多个民族，其中俄罗斯族约占人口的79.8%，其余为鞑靼、乌克兰、楚瓦什、巴什基尔、白俄罗斯、摩尔多瓦、日耳曼、乌德穆尔特、亚美尼亚、阿瓦尔、马里、哈萨克等族。官方语言为俄语。首都莫斯科。

地势东高西低。平原约占全国总面积的70%。西部主要是东欧平原和西西伯利亚平原；东部是中西伯利亚高原和远东山地；南部为山地，包括大高加索山脉、萨彦-贝加尔山地等，其中大高加索山脉的厄尔布鲁士山海拔5642米，为欧洲最高峰。大河主要有鄂毕河、勒拿河、叶尼塞河、伏尔加河等，其中伏尔加河为欧洲第一大河。贝加尔湖是世界最深和蓄水量最大的淡水湖，拉多加湖是欧洲第一大湖。大部分地区属温带和亚寒带大陆性气候，北极圈以内属寒带气候。

矿产资源种类多、储量大。天然气、铁、镍、锡的储量居世界首位，金、煤、铀等的储量居世界前列。工业基础雄厚，部门齐全，以能源、军工、机械、冶金、化工、木材等为主，其中能源和军工占突出地位。但工业结构不够合理，民用工业相对落后。主要农作物有麦类、玉米、水稻、亚麻、向日葵、甜菜等。畜牧业以饲养牛、猪、羊为主。远洋渔业发展较快。各类运输俱全。旅游业为新兴部门。

著名大学有莫斯科大学、圣彼得堡大学、莫斯科鲍曼技术大学等。

莫斯科红场

德国 中欧国家。全称德意志联邦共和国。北接丹麦，濒临北海和波罗的海；东邻波兰、捷克；南毗奥地利、瑞士；西界荷兰、比利时、卢森堡、法国。面积357021平方千米。人口8218万。主要为德意志人，有少数丹麦人和索布族人，其余为外来移民。通用德语。首都柏林。

地势南高北低。北部为冰碛平原；中部为丘陵和中等山地，间有河谷和盆地交织分布；南部为山地，包括阿尔卑斯山脉和巴伐利亚高原，位于德奥边境的楚格峰海拔2963米，是全国最高峰。河流主要有莱茵河、多瑙河、易北河等。湖泊众多，最大的是博登湖。西北部以温带海洋性气候为主，东、南部向温带大陆性气候过渡。

德国是高度发达的资本主义工业国家。矿产资源较为贫乏。除硬煤、褐煤和盐外，在原料供应和能源方面很大程度上依赖进口。汽车、机械、化工、电气等部门是支柱产业，食品、纺织与服装、钢铁、采矿、精密仪器、光学、航空航天等部门也很发达。农业发达，机械化程度很高。农作物主要有麦类、马铃薯、甜菜等。畜牧业以饲养牛、猪为主。交通运输业十分发达，公路密度为世界之冠。旅游业发达。

著名大学有海德堡大学、莱比锡大学、罗斯托克大学、法兰克福大学等。

希腊 欧洲南部国家。全称希腊共和国。位于巴尔干半岛南端。北与阿尔巴尼亚、马其顿、保加利亚相邻，东北与土耳其的欧洲部分接壤，东濒爱琴海，南临地中海，西滨伊奥尼亚海。面积131957平方千米。人口1079万。希腊人占人口的98%以上，其余为马其顿人、土耳其人、保加利亚人、阿尔巴尼亚人等。官方语言为希腊语。首都雅典。

海岸线曲折，多半岛、岛屿。最大半岛是伯罗奔尼撒半岛，最大岛屿是克里特岛。全境4/5为山地。品都斯山脉纵贯希腊中部；品都斯山脉以东的色萨利，是全国最大的内陆山间盆地；盆地东北山地高耸，其中奥林波斯山海拔2917米，为全国最高峰；爱琴海沿岸有狭小而分散的平原。河流短促湍急。属亚热带地中海型气候。

希腊属欧盟经济中等发达国家之一。主要矿产有铝矾土、褐煤、镍、铬、镁、石棉等。工业基础较薄弱，规模较小，主要有采矿、冶金、食品、纺织、船舶、建筑等部门。粮食作物主要有麦类、玉米和水稻。经济作物有烟草、棉花、甜菜等。畜牧业以饲养牛、羊为主。国内运输以公路和海运为主、铁路为辅，对外贸易主要靠海运。旅游业是获得外

新天鹅城堡

帕提农神庙

汇的来源和维持国际收支平衡的重要经济部门。

著名大学有雅典大学、萨洛尼卡大学、克里特大学、佩特雷大学等。

英国 欧洲西部岛国。全称大不列颠及北爱尔兰联合王国。位于欧洲大陆西北海岸以西的不列颠群岛上。西临大西洋，东、南隔北海、多佛尔海峡和英吉利海峡同欧洲大陆相望；陆地上仅与爱尔兰为邻。面积24.41万平方千米。人口6470万。主要为英格兰人、苏格兰人、威尔士人、爱尔兰人。官方语言为英语。首都伦敦。

由大不列颠岛、爱尔兰岛东北部及

伊丽莎白塔

附近许多岛屿组成。地势总体西北高、东南低。苏格兰大部分地区是高原和山地，格兰扁山脉的主峰本内维斯山海拔1344米，为英国最高峰；中部为巨大断层谷地。威尔士大部分地区为崎岖山地。北爱尔兰大部分地区为高原，地表岗峦起伏，高原中部是内伊湖盆地。奔宁山脉有"英格兰脊骨"之称，纵贯南北。英格兰中、东部是丘陵、断崖、谷地和平原相间分布地区，大部地表起伏和缓。主要河流有塞文河、泰晤士河等。属温带海洋性气候。

英国是发达的资本主义工业国家。矿产资源主要有煤、铁、石油和天然气。工业主要有采矿、冶金、化工、机械、电子、汽车、航空、食品、纺织等部门。生物制药、航空和国防是工业研发的重点，也是最具竞争力的行业。农业以畜牧业为主，种植业次之。农作物主要有麦类、马铃薯、甜菜等。畜牧业以乳牛业最重要，肉牛饲养业发达。渔业发达。公路、铁路、水路、航空运输均较发达。旅游业是重要的经济部门之一。

著名大学有剑桥大学、牛津大学、帝国理工学院、伦敦大学学院、伦敦政治经济学院、爱丁堡大学等。

荷兰 欧洲西部国家。全称荷兰王国。东邻德国，南接比利时，西、北临北海。面积41526平方千米。人口1698万。荷兰族占人口的81%，其余为弗里斯族等。官方语言为荷兰语。首都阿姆斯特丹。

全境地势低平，24%的面积低于海平面，1/3的面积仅高出海平面1米。

风车

西部沿海为低地，河流、运河、海湾交错；东部为冰碛平原，地势起伏和缓；东南部属阿登高原的边缘，位于比、德、荷三国交界处的法尔斯山海拔321米，为境内最高点。河流主要有瓦尔河、马斯河等。围海造田残留的艾瑟尔湖为荷兰最大的淡水湖。属温带海洋性气候。

荷兰是发达的资本主义工业国家。矿产资源贫乏，但天然气储量丰富。工业发达，主要工业部门有食品、石油化工、冶金、机械、电子、钢铁、船舶、印刷、钻石加工等。荷兰是世界主要造船国家之一，拥有欧洲最大的炼油中心。特别重视发展空间、微电子和生命科学等高技术产业。农业高度集约化，常年位居世界第二大农产品出口国。花卉产业发达。陆、海、空交通便利。旅游业较发达。

著名高等院校有莱顿大学、乌特勒支大学、阿姆斯特丹大学、格罗宁根大学、代尔夫特理工大学等。

法国 欧洲西部国家。全称法兰西共和国。东北和东部同比利时、卢森堡、德国、瑞士、意大利、摩纳哥接壤，东南濒地中海，西南与西班牙、安道尔相邻，西濒比斯开湾，西北隔英吉利海峡与英国相望。面积551602平方千米。人口6450万。主要为法兰西人，其余为布列塔尼人、巴斯克人、科西嘉人等。通用法语。首都巴黎。

地势东南高、西北低。平原占总面积的2/3。西南为比利牛斯山脉，中南部为中央高原，东至东南为汝拉山、阿尔卑斯山脉，东北为阿登高原、孚日山脉，西北为阿摩里卡丘陵，北中部为巴黎盆地，西部为卢瓦尔河平原，西南为阿基坦盆地，南有罗讷河谷地和地中海沿岸平原。位于法意边境的阿尔卑斯山主峰勃朗峰海拔4810米，为全国最高峰。河流主要有卢瓦尔河、塞纳河、加龙河

卢浮宫

等。西部属温带海洋性气候，南部属亚热带地中海型气候，中部和东部属大陆性气候。

法国是发达的资本主义工业国家。有色金属储量很少，铀储量居西欧前列。工业主要有钢铁、汽车、船舶、机械、纺织、化工、电子、建筑等部门，核能、石油化工、海洋、航空和宇航等新兴工业部门发展较快。法国是欧盟最大的农业生产国，已基本实现农业机械化。农作物主要有小麦、大麦、玉米、马铃薯等。畜牧业以饲养牛、猪、羊为主。交通运输业发达，水、陆、空运均极为便利。法国是世界第一大旅游接待国。

著名高等院校有索邦大学、格勒诺布尔第一大学、斯特拉斯堡大学、里昂大学等。

西班牙 欧洲西南部国家。全称西班牙王国。位于伊比利亚半岛。北临比斯开湾，东北接法国和安道尔，东和东南濒地中海，南隔直布罗陀海峡与非洲摩洛哥相望，西邻葡萄牙。面积505925平方千米。人口4662万。主要为西班牙人（卡斯蒂利亚人），少数民族有加泰罗尼亚人、加利西亚人、巴斯克人。西班牙语为官方语言和通用语言，少数民族语言在本地区亦为官方语言。首都马德里。

地形以山地、高原为主。中部梅塞塔高原东高西低，约占国土面积的60%。中央山脉将高原分为南、北两大盆地：老卡斯蒂利亚盆地和新卡斯蒂利亚盆地。高原西部发育有狭长深邃的峡谷；南部为佩尼韦蒂科山，其中穆拉森

阿尔汗布拉宫

山海拔3478米，为西班牙最高点；东北边缘为伊比利亚山；西北为加利西亚丘陵。河流众多，最长河流为塔霍河。中部高原属大陆性气候，北部和西北部沿海属温带海洋性气候，南部和东南部属亚热带地中海型气候。

西班牙是中等发达的资本主义工业国家。矿产丰富，主要有煤、铁、铜、锌、汞等。工业主要包括纺织、食品、汽车、冶金、化工、电力等部门。农作物主要有麦类、玉米、甜菜、橄榄等。橄榄的种植面积及橄榄油的产量均居世界首位。畜牧业以饲养猪、牛、羊为主。渔业以海洋捕捞为主。交通以陆路运输为主。旅游业发达，是国民经济的重要支柱之一。

主要有马德里康普顿斯大学、萨拉曼卡大学、巴塞罗那大学等高等院校。

瑞士 欧洲中西部多山的内陆国家。全称瑞士联邦。与德国、奥地利、列支敦士登、意大利、法国相邻。面积41284平方千米。人口831万。主要为瑞士人，外籍人口占人口的22.59%。官方语言为德语、法语、意大利语和雷

西庸城堡

托罗曼语。首都伯尔尼。

地势南高北低。**阿尔卑斯山脉**斜贯国土中部、南部及东南部，约占国土面积的60%；位于瑞士与意大利边境的杜富尔峰海拔4634米，为全国最高峰。西北部为汝拉山区。中部为波状高原，多盆地和宽阔谷地。河流主要有莱茵河等。湖泊众多，以莱芒湖面积最大。地处北温带，受海洋性气候和大陆性气候交替影响，气候变化较大。

瑞士是发达的资本主义工业国家。矿产资源匮乏，仅有少量盐、煤、铁、锰等。工业以机械、化工、医药、钟表、食品、纺织为主。瑞士是世界钟表制造中心，有"钟表王国"之称。农作物主要有小麦、燕麦、马铃薯和甜菜。畜牧业主要饲养乳牛，肉类基本自给，奶制品自给有余。交通以公路和铁路运输为主。旅游业十分发达。

著名高等院校有苏黎世联邦理工学院、苏黎世大学、日内瓦大学等。

意大利 欧洲南部国家。全称意大利共和国。北部与法国、瑞士、奥地利和斯洛文尼亚接壤，东、南、西三面分别濒临亚得里亚海、伊奥尼亚海、第勒尼安海和利古里亚海。面积301333平方千米。人口6067万。主要为意大利人。主要讲意大利语，个别边境地区讲法语和德语。首都罗马。

阿尔卑斯山脉呈宽阔的弧形分布在北部，位于法意边境的勃朗峰海拔4810米，为全国最高峰；亚平宁山脉纵贯南北，一直延伸至西西里岛，沿海两侧为狭长平原；波河平原位于阿尔卑斯山脉与亚平宁山脉之间，是全国最大和最主要的平原。波河为全国第一大河。加尔达湖为面积最大的湖泊。大部分地区属地中海型气候。

意大利是发达的资本主义工业国家。矿产资源贫乏，仅有天然气、硫黄、铅、锌和铝矾土等。工业主要有钢铁、汽车、石油化工、机械、家用电器、船舶、建筑、纺织、服装、食品等部门。农作物以小麦、玉米、水稻、葡萄、油橄榄为主。葡萄酒和橄榄油产量分别居世界第一和第二。畜牧业以饲养羊、牛、

罗马竞技场

猪和家禽为主。渔业以海洋捕捞为主。国内运输主要依靠公路，铁路、水路和航空运输也较发达。旅游业发达。

著名大学有博洛尼亚大学、罗马大学、帕多瓦大学等。

梵蒂冈 世界最小的国家。全称梵蒂冈城国。位于意大利首都罗马城西北角的高地上。面积0.44平方千米。人口0.08万。主要是意大利人。官方语言为意大利语和拉丁语。首都梵蒂冈城。

国土略呈三角形，东南面圣彼得广场朝向台伯河开放，其余国界以梵蒂冈城墙为标志。核心建筑是圣彼得大教堂，其他主要建筑有梵蒂冈宫、梵蒂冈博物馆、梵蒂冈图书馆等。梵蒂冈花园约占国土面积的一半。属亚热带地中海型气候。

无自然资源，不从事工农业生产。经济主要靠房地产和金融资产、旅游业、邮票、教徒的捐赠。境内有一火车站，通过860米长的铁路与罗马城铁路相连。另有一直升机机场。年接待世界各国天主教信徒和游客数以百万计。

在意大利、法国、西班牙、比利时、美国、加拿大、巴西、智利、埃塞俄比亚、菲律宾、日本等国设有大学或神学院。

埃及 非洲东北部国家。全称阿拉伯埃及共和国。领土包括亚洲西南端的西奈半岛。北濒地中海，东临红海并与巴勒斯坦、以色列接壤，南与苏丹交界，西与利比亚为邻。面积1001450平方千米。人口9009万。主要为埃及人。官方语言为阿拉伯语，中上层通用英语、法语。首都开罗。

地形以高原为主，沙漠广布。*尼罗河*在国境偏东部分由南向北贯穿全境，形成狭长的河谷走廊，并在开罗以北形成尼罗河三角洲。尼罗河谷以西为西部沙漠，以东为东部沙漠。西奈半岛为一切割高原，许多干谷贯穿半岛；南部地势高峻，凯瑟琳山海拔2637米，是全国最高峰。尼罗河三角洲和北部沿海地区属亚热带地中海型气候，其余大部分地区属热带沙漠气候。

矿产资源主要有石油、天然气、磷酸盐、铁等。工业以纺织、食品等轻工业为主。石油、钢铁、水泥、化肥、机械、电力等工业近年来有较大发展。农作物主要有棉花、小麦、水稻、玉米、甘蔗、水果和蔬菜等。粮食不能自给，是世界上主要的粮食进口国之一。交通运输便利，海、陆、空运能力增长较快。旅游业是国家四大外汇收入来源之一。

著名高等院校有开罗大学、爱资哈尔大学等。

澳大利亚 大洋洲国家。全称澳大利亚联邦。北隔帝汶海和阿拉弗拉海与印度尼西亚、东帝汶、巴布亚新几内亚相望，东濒珊瑚海和塔斯曼海，西、南临印度洋。面积769.2万平方千米。人口2392万。英国及爱尔兰后裔占人口的74％，亚裔占5％，土著居民占2.7％。通用英语。首都堪培拉。

澳大利亚大陆为地表起伏最为和缓的大陆。西部高原地形平坦，其中35％的地区为荒漠与半荒漠；中部平原由北向南被东西向的低山分隔成卡奔塔利亚平原、澳大利亚大盆地，以及巴里尔岭和格雷岭以南的沿海平原三部分；东部山地又称大分水岭地区，为一系列山脉、台地和谷地错综交接的弧形狭长地带，科西阿斯科山海拔2228米，为大陆最高点。东北部沿海有世界最大的珊瑚礁群——大堡礁。墨累－达令河水系是全国最大水系。北部属热带气候，大部分地区属温带气候。

澳大利亚是后起的工业化国家。矿产资源丰富，铅、镍、银、铀、锌、钽的探明经济储量居世界首位。工业以制造业、建筑业和矿业为主，纺织和食品是重要的轻工业部门。农牧业发达，是世界上最大的羊毛和牛肉出口国。农作物主要有小麦、大麦、高粱、棉花、油菜、甘蔗等，畜牧业以饲养羊、牛、家禽为主。渔业资源丰富，是世界第三大捕鱼区。国际海、空运输业发达。旅游业是发展最快的行业之一。

著名高等院校有澳大利亚国立大学、墨尔本大学、悉尼大学、新南威尔士大学、昆士兰大学等。

新西兰 大洋洲岛国。位于太平洋西南部。西北隔塔斯曼海与澳大利亚相望。面积270534平方千米。人口464万。欧洲移民后裔占人口的67.6％，毛利人占14.6％，亚裔占9.2％。官方语言为英语、毛利语。首都惠灵顿。

由南岛、北岛两个大岛和周围的许多小岛组成。全境多山，平原狭小，山地和丘陵占全国面积的75％以上。北岛中部有大面积的火山高原，多温泉。南岛主脊为纵贯全岛的南阿尔卑斯山，多

牧羊人教堂

冰河与湖泊；库克峰海拔3764米，为全国最高峰。两岛间的库克海峡沟通塔斯曼海与南太平洋。除北岛北部为亚热带气候外，其余均属温带海洋性气候。

新西兰属发达国家。矿产资源主要有煤、金、铁、银、石油等。森林资源丰富。工业以农林牧产品加工为主，主要有食品、毛毯、皮革、烟草、造纸和木材加工等部门。农业高度机械化。农作物主要有麦类、水果等。粮食不能自给。畜牧业发达，是国民经济的基础。羊肉、奶制品和羊毛出口量居世界前三名。渔产丰富，拥有世界第四大专属经济区。交通运输业发达，进出口货物主要靠海运。旅游业发达。

著名大学有奥克兰大学、奥塔哥大学、坎特伯雷大学等。

加拿大 北美洲北部国家。北濒北冰洋，东北隔巴芬湾与格陵兰岛相望，东濒大西洋，南与美国本土毗邻，西临太平洋，西北与美国阿拉斯加州接壤。面积9984670平方千米。人口3585万。主要为英、法等欧洲人后裔，土著居民（印第安人、米提人和因纽特人）占3％，

多伦多天际线

其余为亚洲、拉美、非洲裔等。官方语言为英语和法语。首都渥太华。

全国分为六大地形区。中、东部是劳伦琴低高原。中部平原区介于劳伦琴低高原与落基山脉之间。大湖-圣劳伦斯低地位于劳伦琴低高原东南。阿巴拉契亚高地延伸于大西洋沿岸诸省。西部是北美科迪勒拉山系的组成部分,包括落基山脉、海岸山脉两列山带和宽广的山间高原,其中洛根山海拔5951米,为加拿大最高峰。北极群岛北部各岛地势较高,南部各岛以高原和平原为主。河湖众多。马更些河为加拿大第一长河。北极群岛和北部沿岸地带属极地苔原气候,极地苔原区以南属亚寒带大陆性气候,太平洋沿岸属温带海洋性气候,南部狭长地带属温带大陆性气候。

加拿大是发达的资本主义工业国家。矿产资源丰富,主要有钾、铀、钨、镉、镍、铅等。原油储量居世界第三。制造业、高科技产业发达,资源工业、初级制造业和农业是国民经济的主要支柱。制造业主要有机械、炼油、化工、冶金、造纸、木材加工等部门。农业机械化、专业化水平高。主要种植小麦、大麦、亚麻、燕麦、油菜、玉米、饲料用草等。畜牧业以饲养肉牛和乳牛为主。渔业发达,是世界上最大的渔产品出口国。水、陆、空运均十分便利。旅游业发达。

著名高等学府有多伦多大学、不列颠哥伦比亚大学、麦吉尔大学等。

美国 北美洲国家。全称美利坚合众国。本土位于北美大陆中南部。北与加拿大为邻,东濒大西洋,东南临墨西哥湾,西南与墨西哥毗连,西濒太平洋。领土还包括北美洲西北部的阿拉斯加和北太平洋中部的夏威夷群岛。面积9372614平方千米。人口32141万。白种人约占人口的64%,拉美裔占16.3%,黑种人约占12.6%,亚裔约占4.7%。通用英语。首都华盛顿。

本土东、西部高,中部低,明显分为三个纵列带。东部是阿巴拉契亚高地和沿海平原。阿巴拉契亚高地的西南部自东向西依次为山麓台地、蓝岭、岭谷区和阿巴拉契亚高原,东北部以新英格兰高地为主体。中部平原介于阿巴拉契亚高地与落基山脉之间,分为东部内陆低原和西部大平原两部分。西部是科迪勒拉山系,主要由落基山脉、喀斯喀特-内华达山脉、海岸山脉三组山脉和一系列山间高原、盆地、谷地组成。阿拉斯加的麦金利山海拔6194米,为全国最高峰。河湖众多。密西西比河纵贯本土南北,是世界第四长河。中北部边境的五大湖是世界最大的淡水湖群。本土大部分属温带和亚热带,仅佛罗里达半岛南端属热带;气候的地域差异明显,类型复杂多样。阿拉斯加和夏威夷群岛,

自由女神像

分别属亚寒带大陆性气候和热带海洋性气候。

美国是发达的资本主义工业国家。矿产资源丰富，煤、石油、天然气、铁、钾、磷酸盐、硫黄等的储量均居世界前列。工业发达，门类齐全。主要有汽车、航空设备、计算机、电子和通信设备、钢铁、石油产品、化肥、水泥、塑料、新闻纸、机械等工业产品。近年来，信息、生物等高科技产业发展迅速。农业高度发达，并以区域专门化、机械化和商品化为特点。玉米、小麦、大豆、棉花等的产量均居世界领先地位。畜牧业以养牛业居首，养禽业次之。拥有完整而便捷的交通运输网络。旅游业发达。

著名高等学府有哈佛大学、麻省理工学院、普林斯顿大学、耶鲁大学、哥伦比亚大学、芝加哥大学、斯坦福大学等。

墨西哥 拉丁美洲国家。全称墨西哥合众国。位于北美洲南部。北邻美国，东临墨西哥湾和加勒比海，南接危地马拉、伯利兹，西南濒太平洋。面积1964375平方千米。人口11953万。印欧混血种人和印第安人占人口的90%以上。官方语言为西班牙语。首都墨西哥城。

全境5/6是高原和山地。东、西、南马德雷山脉由东、西、南三面环抱墨西哥高原。东马德雷山脉多火山和熔岩高原，西马德雷山脉由许多平行山脉组成。墨西哥高原地势由西北向东南升高，北部高原内有许多被低山围绕的沉积盆地，南部高原内有许多湖泊和山间谷地。北纬19°线附近耸立着横断火山带。奥里萨巴火山海拔5610米，为全国最高峰。横断火山带以南为东西向大断层。大断层以南为南马德雷山脉。东、西两侧的沿海平原和尤卡坦半岛地势较低。西北内陆为大陆性气候，墨西哥高原终年气候温和，沿海和东南部平原属热带气候。

墨西哥为拉美地区经济比较发达的国家。矿业资源丰富，主要有石油、天然气、金、银、铜、铅、锌、砷、铋、汞、镉、锑等。工业门类齐全，主要有石油化工、电力、采矿、冶金、制造等部门。农业以种植玉米、高粱、小麦、棉花、甘蔗等为主。畜牧业以饲养牛、猪、羊为主。养蜂业比较发达。交通运输以公路和航空为主。旅游业发达。

墨西哥国立自治大学是全国规模最大、历史最悠久的大学。

巴西 拉丁美洲国家。全称巴西联邦共和国。位于南美洲东部。北邻法属圭亚那、苏里南、圭亚那、委内瑞拉和哥伦比亚，西界秘鲁、玻利维亚，南接巴拉圭、阿根廷和乌拉圭，东濒大西洋。面积851.49万平方千米。人口20608万。白种人占人口的53.74%，黑白混血种人占38.45%，黑种人占6.21%。官方语言为葡萄牙语。首都巴西利亚。

地形以高原和平原为主。国境北部是圭亚那高原的一部分，自北向南倾斜，其中内布利纳峰海拔3014米，为全国最高峰。巴西高原从东北向西南延伸，地面平缓，起伏不大。亚马孙平原位于圭亚那高原与巴西高原之间，是世界最大的冲积平原。从北部到东部的大西洋沿岸为狭窄的沿海平原。巴西高原的西南侧为巴拉圭盆地。河流主要有亚马孙河、巴拉那河、圣弗朗西斯科河等。大部分地区属热带气候，仅最南端属亚热带气候。

经济实力居拉美首位。矿产资源丰富，铌、锰、钛、铝矾土、铅、锡、铁、铀等的储量均居世界前列。工业基础较雄厚，主要有钢铁、汽车、船舶、石油、水泥、化工、冶金、电力、建筑、纺织、制鞋、造纸、食品等部门。民用支线飞机制造和生物燃料居世界领先水平。农业以种植大豆、玉米、水稻等为主。咖啡、甘蔗、柑橘、大豆产量居世界首位。巴西还是世界上最大的牛肉和鸡肉出口国。交通主要依赖公路、铁路和水运，远洋运输和航空较发达。巴西是世界十大旅游创汇国之一。

著名高等学府有圣保罗大学、里约热内卢联邦大学、巴西利亚大学等。

阿根廷　南美洲国家。全称阿根廷共和国。位于南美洲东南部。北与玻利维亚、巴拉圭交界，东北与乌拉圭、巴西接壤，东濒大西洋，南与南极洲隔海相望，西邻智利。面积278.04万平方千米（不含马尔维纳斯群岛和阿根廷主张的南极领土）。人口4359万。白种人占人口的95%，多为西班牙和意大利移民后裔。官方语言为西班牙语。首都布宜诺斯艾利斯。

布宜诺斯艾利斯方尖碑

地势西高东低。西部是以安第斯山脉为主体的山地，其中阿空加瓜山海拔6960米，是南美洲第一高峰。东部拉普拉塔平原包括北部的查科平原和中部、东部的潘帕斯草原。南部是以台地为主的巴塔哥尼亚高原。最重要的河流为巴拉那河。湖泊主要有阿根廷湖、别德马湖等。北部和中部属亚热带气候，南部为温带气候。

阿根廷是拉美地区综合国力较强的国家。矿产资源丰富，主要有石油、天然气、铜、金、铀、铅、锌、硼酸盐、黏土等。工业门类齐全，主要有钢铁、汽车、石油、化工、纺织、机械、食品等部门。核工业发展水平居拉美前列。农牧业发达，是世界粮食和肉类重要生产和出口国。主要种植大豆、玉米、小麦、高粱、向日葵等。畜牧业以饲养牛、猪、羊为主。渔业资源丰富。陆、海、空运均较发达，交通运输以陆运为主。旅游业发达。

著名大学有布宜诺斯艾利斯大学、拉普拉塔国立大学、科尔多瓦国立大学等。

裴秀（224～271） 中国西晋舆地学家。字季彦。河东闻喜（今属山西）人。自幼好学，年长从政，官至司空，职在"地官"。

约在268～271年完成由他主编的《禹贡地域图》18篇。本书是中国有文献可考的最早的历史地图集。又著《冀州记》，缩制《地形方丈图》。惜图均已失传。他总结前人的制图经验，在《禹贡地域图序》中提出绘制地图的六项原则，即制图六体——分率、准望、道里、高下、方邪、迂直，为中国传统地图（平面测量绘制的地图）奠定了理论基础。这些原则支配中国地图制图一千多年，在中国和世界地图学史上占有重要地位。

郦道元（469/472～527） 中国北魏地理学家。字善长。范阳涿县（今河北涿州）人。北魏太和十八年（494）出任尚书郎，以后历任东荆州刺史、御史中尉等职，孝昌三年（527）任关右大使时为雍州刺史萧宝寅杀害。曾随孝文帝巡视北方各地，历游黄淮地区。一生勤于读书和著述。但除《水经注》外，其余著作都已亡佚。

《水经注》是郦道元为《水经》所作的注文，共40卷。本书以河川为纲，综合记述流经地区的山陵、湖泊、气候、水文、土壤、植被、郡县、城池、关塞、名胜、亭障和社会经济、民风习俗等内容，还收有大量沿革地理和地名的资料。《水经注》是中国古代地理名著，亦是当时处于世界前列水平的地理著作。历代对它的研究形成一门专门的学问——郦学。

徐霞客（1587-01-05～1641-03-08） 中国明末旅行家兼地理学家、散文家。名弘祖，字振之，别号霞客。南直隶江阴（今属江苏）人。出身于书香门第。21岁开始出游，30多年间足迹遍及今江苏、浙江、安徽、山东、河北、山西、陕西、河南、湖北、福建、广东、江西、湖南、广西、贵州、云南、天津、北京、上海等地，成为中国历史上以旅行考察为毕生事业的第一人。其所见所闻按日记载，在他死后由他人整理成《徐霞客游记》。

《徐霞客游记》是一部以日记体裁为主的地理名著。全书包括名山游记、西南游记、专题论文和诗文，描述的内容涉及地貌、地质、水文、气候、动植物、历史地理、社会政治、经济、城镇聚落、民族风俗等，尤以地貌、水文、植物等内容为多。它既是世界上第一部广泛系统地记载和探索喀斯特地貌的科学著作，又是一部中国文学史上最具文学价值的游记。

徐霞客在中国古代地理学上开拓了实地考察、研究自然规律的新方向；又因关于喀斯特地貌的详细记述和探索，被尊为中国和世界考察喀斯特地貌的先驱。

胡焕庸（1901-11-20～1998-04-30） 中国地理学家、中国人口地理学创始人。生于江苏宜兴。1923年南京高等师范学校毕业。1926年赴巴黎大学进修，1928年回国。历任中央大学地理系主任，华东师范大学地理系教授、人口研究所所

长等职。

1934年，他开始系统地研究人口地理学，发表《中国人口之分布》，编制中国第一张人口密度等值线图，以瑷珲—腾冲线分全国为东南和西北两半壁，此线沿用至今，被称为胡焕庸线。1936年发表第一张中国农业区域图。1950年参加治淮工作。20世纪80年代继续研究人口地理学，发表《中国八大区人口密度与人口政策》《中国八大区人口增长、经济发展的过去与未来》等。

埃拉托色尼（约前276～约前194） 古代希腊地理学家、天文学家和作家。曾译埃拉托斯特尼。生于昔兰尼。在本地求学，后到雅典接受教育。任亚历山大城图书馆馆长等职。

他奠定数理地理的初步基础，为测量地球周长的第一人。他计算得出地球周长约为39690千米，此数据与地球实际周长十分接近。还首次测量出黄赤交角为23°51′19.5″，并编制了一部星表。他著有《地理学》3卷：把世界分成欧洲、亚洲和利比亚（即非洲）三个主要地区，一个热带、两个温带和两个寒带五个气候带；划定气候带的界线；第一次根据经纬网绘制世界地图。他创用"地理学"一词，在西方被称为"地理学之父"。

库克，J.（1728-10-27～1779-02-14） 英国探险家、航海家、海军上校。生于英格兰约克郡。1755年英法七年战争前夕入海军服役。1768年任英国太平洋探险队队长，先后三次赴太平洋探险。发现新西兰南、北两岛，并绘出海图；在人类历史上第一次驶入南极圈，并完成第一次自西向东高纬度的环球航行；发现太平洋上的新喀里多尼亚岛和大西洋上的南桑威奇群岛、南乔治岛、诺福克岛；证明澳大利亚和南极大陆并不相连；发现夏威夷群岛并绘制海图。库克在探索新地、航海、测绘海图等方面都卓有成就，否定了自托勒玫以来存在1700多年的南大陆，因他测绘而改变的世界地图较历史上任何人都多。

洪堡，A.von（1769-09-14～1859-05-06） 德国自然科学家、探险家，近代地理学、地质学、气候学、生态学、地磁学创建人之一。生于柏林。1789年入格丁根大学，1790～1792年在弗赖堡矿业学院学习地质学。1799～1804年，和法国植物学家A.J.A.邦普朗去美洲考察。1808～1827年与邦普朗整理分析考察资料，写成30卷的《新大陆热带地区旅行记》。1829年到西伯利亚考察，并考察里海。晚年写成《宇宙》。《宇宙》共5卷，是近代地理学最为重要的著作之一。

洪堡首创世界等温线图；发现植物分布规律；确立植物区系的概念，创建植物地理学；首次绘制地形剖面图；指出火山喷发和变质岩对地壳形成的作

用；发现美洲、欧洲、亚洲在地质上的相似性；根据地磁测量结果，得出地磁强度从极地向赤道递减的规律；发现秘鲁海流。

李特尔，C.（1779-08-07～1859-09-28）

德国地理学家、教育家，近代地理学创建人之一。曾译里特尔。生于奎德林堡。1796年入哈雷大学。历任法兰克福大学历史学教授、柏林大学首任地理学教授。他是柏林地理学会创建人。

他最早阐述人地关系和地理学的综合性、统一性，奠定人文地理学的基础。他认为地理学是一门经验科学，应从观察出发；主张地理学的研究对象是布满人的地表空间，人是整个地理研究的核心顶点；创用"地学"一词；指出人地相关的一般法则，并用传统划分的洲作为最大的区域单位。所著《地学通论》至逝世时共出版19卷，按洲叙述各个区域的自然特征、主要物产和人口，以及一些历史事件和探险旅行事件等。

李希霍芬，F.von（1833-05-05～1905-10-06）

德国地理学家、地质学家。曾译里希特霍芬。生于上西里西亚的卡尔斯鲁厄（今属波兰）。

1850年入布雷斯劳大学学习地质学，1852年转入柏林大学，1856年获博士学位。1860年前往东南亚、东亚考察。后到美国加利福尼亚州研究火山，发现金矿。1868～1872年间多次到中国考察旅行，调查地质、矿藏、黄土、海岸性质和构造线分布等。后任波恩大学、莱比锡大学、柏林大学教授和柏林大学校长。

他长期从事实地考察，并把地理学与地质学沟通起来，对地理学方法论和自然地理学研究作出重要贡献。培养出许多地理学家，如斯文·海定、S.帕萨尔格等。著有《研究旅行指南》《中国》，后者是第一部系统阐述中国地质基础和自然地理特征的重要著作。

斯文·海定（1865-02-19～1952-11-26）

瑞典探险家。又译斯文·赫定。生于斯德哥尔摩。1889年在柏林大学进修地理学。1892年获哈雷大学哲学博士学位。1905年被选入瑞典科学院。一生多次旅行探险。1885年到波斯和美

索不达米亚旅游考察。1890年从波斯经帕米尔高原到中国新疆喀什考察。1894～1897年，穿过塔克拉玛干沙漠到罗布泊地区，再越过昆仑山脉到西藏北部考察，后经内蒙古到北京。1899～1902年，再次到中国新疆、西藏和内蒙古等地考察，发现楼兰古迹。1906～1908年，经阿富汗进入中国西藏和印度，探测印度河、雅鲁藏布江等河源，最早考察冈底斯山并绘制地图。1923年环游世界。1927～1935年，与中国学术团体合作组成西北科学考察团，到内蒙古、甘肃西部、青海西北部和新疆考察。1934年考察丝绸之路的部分地段。主要著作有《穿越亚洲》《我的探险生涯》等。

条目标题汉语拼音音序索引

A

阿尔卑斯山脉	303
阿富汗	375
阿富汗抗苏战争	249
阿富汗抗英战争	191
阿富汗战争	250
阿根廷	389
阿古柏事件	95
阿基米德	151
阿克巴	137
阿拉伯半岛	335
阿拉伯帝国	139
阿拉法特	234
阿利斯塔克	268
阿维森纳	140
阿育王	136
阿兹特克文明	194
埃及	385
埃及七月革命	230
埃拉托色尼	391
爱琴文明	148
《瑷珲条约》	92
安第斯山脉	302
安徽省	356
安史之乱	46
安西都护府	46
安息	138
盎格鲁-撒克逊人	162
奥斯曼帝国	166
奥斯威辛集中营	215
奥匈帝国	203
澳大利亚	385
澳大利亚大盆地	309
澳门特别行政区	368

B

八国联军	100
八国首脑会议	247
八路军	116
八旗制度	75
八思巴	62
八行星	258
八一九事件	243
巴尔干半岛	336
巴尔干战争	203
巴基斯坦	375
巴勒斯坦解放组织	234
巴黎公社	200
巴黎和会	211
巴拿马运河	344
巴西	388
巴西高原	305
白洞	254
白垩纪	273
白马寺	32
白求恩，H.N.	126
百济	141
百家争鸣	20
百科全书派	180
百年战争	163
百团大战	120
拜占廷帝国	164
班禅额尔德尼	83
班固	32
半岛	334

包拯	56		**C**	
趵突泉	341	蔡文姬		34
北朝	38	蔡元培		106
北大西洋公约组织	245	草原		317
北伐战争	108	查理大帝		160
北极	290	查理一世		177
北京市	350	查士丁尼一世		165
《北京条约》	92	柴达木盆地		307
北京猿人	8	澶渊之盟		52
北美独立战争	183	长白山天池火山		278
北美洲	348	长城抗战		113
北欧海盗时代	162	长江		318
北洋军阀	105	长江三角洲		313
北洋水师	97	长江中下游平原		311
贝当，H.P.	206	长平之战		20
贝加尔湖	334	长沙会战		120
本初子午线	289	常胜军		94
崩塌	281	朝鲜		369
彼得一世	168	车臣战争		244
俾斯麦，O.von	189	陈纳德航空队		124
闭关政策	85	陈胜、吴广起义		24
冰川	294	城市		345
冰期	272	赤壁之战		33
波黑战争	249	赤道		290
波士顿惨案	182	赤眉、绿林起义		31
波斯帝国	151	冲锋队		214
玻利瓦尔，S.	195	冲积平原		310
伯里克利	149	重庆市		362
伯罗奔尼撒战争	150	楚汉战争		24
柏拉图	150	春秋		18
勃列日涅夫，L.I.	242	春秋五霸		18
渤海	50	慈禧太后		93
不结盟运动	247		**D**	
不列颠之战	220	达·伽马		175
布尔什维克	207	达赖喇嘛		83
布什，G.	240	大高加索山脉		303
布什，G.W.	241	大和国		143
		大化改新		143

大间歇泉	341	第二次世界大战	218
大陆冰盖	294	第二次鸦片战争	91
大宛	138	第二国际	201
大汶口文化	10	第三国际	211
大夏	138	第一次世界大战	204
《大宪章》	162	第一国际	200
大小和卓之乱	81	钓鱼岛列岛	337
大兴安岭	299	丁文江	285
大洋洲	348	东北抗日联军	114
戴安澜	123	东北抗日义勇军	113
戴高乐，C.	236	东北平原	310
丹麦	378	东厂和西厂	68
丹霞地貌	293	东非大裂谷	274
党卫军	215	东汉	31
岛屿	336	东晋	37
道家	21	东京审判	224
德国	380	东南沿海丘陵	310
德里苏丹国	136	东欧剧变	244
德意志帝国	189	东欧平原	312
德意志农民战争	161	东条英机	216
邓世昌	98	董仲舒	27
狄德罗，D.	181	洞庭湖	330
迪亚士，B.	174	独立国家联合体	244
抵抗运动	222	《独立宣言》	183
地层和化石	272	杜如晦	45
地理大发现	174	渡江战役	128
地理环境	288	断层	274
地理信息系统	288	敦煌遗书	102
地理学	287	敦刻尔克撤退	220
地理坐标	288	多瑙河	328
地面沉降	281		
地球	259	俄国二月革命	207
地图	291	俄国农奴制度	168
地外文明	265	俄国十月社会主义革命	208
地形图	291	俄国征服中亚	171
地震	275	俄国1812年卫国战争	169
地质年代	271	俄国1861年改革	170
地质学	271	俄国1905年革命	171

E

俄罗斯	379			
俄土战争	170		**G**	
额尔齐斯河	320	改土归流	80	
鄂毕河	325	盖世太保	215	
恩格斯，F.	199	甘地，I.	228	
二里头文化	11	甘地，M.K.	227	
		甘肃省	365	
F		冈村宁次	122	
法国	382	冈底斯山	299	
法国大革命	184	刚果河	325	
法家	22	刚果盆地	309	
法兰克王国	159	高丽	141	
法老	132	高原	304	
法西斯主义	213	戈尔巴乔夫，M.S.	243	
法显	38	哥白尼，N.	269	
藩镇割据	46	哥伦布，C.	174	
凡尔登战役	206	哥萨克	169	
反饥饿、反内战、反迫害运动	127	格陵兰岛	337	
梵蒂冈	385	格瓦拉，E.	232	
方腊起义	58	公车上书	99	
房玄龄	44	《共产党宣言》	198	
飞地	346	古巴比伦王国	134	
飞碟	265	古巴导弹危机	247	
非暴力不合作运动	226	古巴革命	232	
非洲	347	古代两河流域文明	132	
非洲统一组织	231	古代罗马	154	
菲律宾	374	古代马其顿	153	
淝水之战	38	古代希腊	146	
分封制	17	谷登堡，J.	175	
焚书坑儒	24	关东地震	276	
丰臣秀吉	144	关天培	89	
风化作用	292	关羽	35	
冯玉祥	111	官渡之战	33	
伏尔加河	327	光荣革命	177	
伏尔泰	179	广东省	360	
福建省	357	广西壮族自治区	361	
傅立叶，C.	196	广州十三行	85	
富兰克林，B.	184	贵州省	363	
富士山	280	郭守敬	268	

国会纵火案	215	黑洞	254
国际联盟	211	黑龙江	319
国家杜马	207	黑龙江省	354
国人起义	17	黑旗军	97
		黑死病	162

H

哈勃，E.P.	270	亨利八世	164
哈勃空间望远镜	266	恒河	329
哈雷，E.	270	恒河-布拉马普特拉河三角洲	314
哈里发	140	恒山	300
海拔	291	恒星和星云	256
海河	323	横断山脉	298
海南岛	337	衡山	301
海南省	361	红宝石	283
海湾战争	249	红巾军起义	63
海王星	262	红山文化	9
海原地震	275	洪堡，A.von	391
韩非	22	洪秀全	90
韩国	370	后母戊鼎	16
韩世忠	59	呼伦贝尔草原	317
韩信	26	呼伦湖	331
汉高祖刘邦	25	胡服骑射	19
汉光武帝刘秀	31	胡焕庸	390
《汉穆拉比法典》	134	胡适	106
汉尼拔	157	胡志明	247
汉武帝刘彻	27	壶口瀑布	339
汉昭烈帝刘备	35	湖北省	359
好水川之战	53	湖南省	360
和平共处五项原则	246	湖泊	329
和珅	82	虎门销烟	87
河北省	351	华北平原	311
河流	318	华沙条约组织	245
河姆渡文化	8	华盛顿，G.	184
河南省	359	华盛顿会议	212
荷兰	381	滑坡和泥石流	281
荷马时代	148	滑铁卢之战	187
赫鲁晓夫，N.S.	242	华山	300
赫梯帝国	135	华县地震	275
赫歇耳，F.W.	270	淮海战役	127

淮河	323	江南丘陵	309
淮军	94	江苏省	355
黄巢起义	48	江西省	357
黄道婆	62	姜子牙	17
黄帝	12	节理	274
黄果树瀑布	339	解放战争	126
黄海海战	98	金	60
黄河	319	金瓶掣签	84
黄河三角洲	314	金日成	230
黄花岗七十二烈士	104	金太祖完颜旻	60
黄汲清	286	金星	258
黄巾起义	32	金帐汗国	166
黄埔军校	107	锦衣卫	67
黄山	301	进军西南	129
黄土高原	305	晋商	84
徽商	85	晋武帝司马炎	37
回鹘	49	京杭运河	342
回归线	290	京师大学堂	100
彗星	263	靖国神社	224
火山	277	靖康之变	58
火星	259	九一八事变	112
霍去病	29	军机处	79
		君士坦丁堡战役	165

J

基尔运河	343	君主立宪制	178
基辅罗斯	167	郡县制	24
基拉韦厄火山	279		

K

基辛格，H.A.	241	喀喇昆仑山	297
吉林省	353	卡斯特罗，F.	232
极圈	290	卡特，J.	240
极昼与极夜	291	开国大典	128
笈多王朝	136	开普勒，J.	269
纪昀	82	康有为	99
冀中区五一反"扫荡"	122	抗日战争	112
加里曼丹岛	338	考古	1
加拿大	386	科迪勒拉山系	303
迦太基	157	科举制	46
甲午农民起义	142	科罗拉多大峡谷	293
鉴真	47	科索沃战争	249

科托帕希火山	279	梁启超	100
科威特	377	辽	51
克里木战争	170	辽东半岛	335
克林顿，W.J.	241	辽东低山丘陵	310
克伦威尔，O.	177	辽河	322
肯尼迪，J.F.	239	辽宁省	353
空想社会主义	196	辽沈战役	127
孔子	20	列宁，V.I.	208
寇准	55	列宁主义	206
库尔斯克会战	221	林肯，A.	202
库克，J.	391	林则徐	89
矿产资源	282	领土	346
矿物	282	刘东生	286
昆仑山脉	297	刘基	66
		刘墉	82

L

拉宾，Y.	233	流星	264
拉齐	140	流星雨	264
莱伊尔，C.	287	六部	67
兰伯特冰川	295	卢沟桥事变	115
蓝宝石	283	卢梭，J.-J.	180
澜沧江	320	庐山	301
老子	21	鲁卜哈利沙漠	317
冷战	235	路易十六	185
李鸿章	96	罗伯斯比尔，M.-F.-M.-I.de	186
李氏朝鲜	141	罗马帝国	157
李四光	286	罗马共和国	156
李特尔，C.	392	罗马古城	156
李希霍芬，F.von	392	罗马军团	158
李秀成	91	罗斯福，F.D.	212
李自成起义	70		

M

李宗仁	119	马丁·路德·金	238
里根，R.W.	240	马尔维纳斯群岛战争	237
里海	332	《马关条约》	98
历史	1	马戛尔尼使团	81
利玛窦	73	《马可·波罗游记》	63
郦道元	390	马克思，K.	198
联合国	234	马克思主义	197
良渚文化	10	马拉松战役	152

马来群岛	339	莫卧儿王朝	137
马来西亚	372	莫西奥图尼亚瀑布	341
马王堆汉墓	30	墨家	22
马歇尔计划	235	墨索里尼，B.	213
玛雅文明	194	墨西哥	388
买办	86	墨子	22
迈锡尼文明	148	木乃伊	132
麦哲伦，F.de	175	木星	260
"满洲国"	112	牧野之战	15
玫瑰战争	164	幕府政治	143
湄公河	325	慕尼黑会议	217
湄公河三角洲	314		
煤	284	**N**	
美国	387	《拿破仑法典》	187
美国共和党	238	拿破仑一世	186
美国民权运动	238	拿破仑战争	186
美国民主党	239	纳粹党	214
美国内战	201	纳木错	331
《美利坚合众国宪法》	183	纳赛尔	231
美西战争	202	南昌起义	108
美因-多瑙运河	343	南朝	38
蒙古高原	306	南方八省红军三年游击战争	110
蒙古军西征	166	南非高原	306
孟德斯鸠，C.-L.de S.	179	南极	290
孟菲斯	132	南极洲	349
孟子	21	南京大屠杀	118
米诺斯文明	148	南京受降	124
秘密立储	79	《南京条约》	88
密西西比河	324	南美洲	349
密歇根湖	333	南斯拉夫	225
民族	345	南诏	50
民族大迁徙	158	内阁	67
明	64	内蒙古高原	304
明成祖朱棣	66	内蒙古自治区	352
明太祖朱元璋	66	《尼布楚条约》	78
明治天皇	145	尼赫鲁，J.	227
明治维新	145	尼克松，R.M.	239
莫斯科公国	167	尼罗河	324
		尼罗河三角洲	315

尼罗河文明	130	戚继光	70		
尼日尔河	326	《齐民要术》	39		
尼亚加拉瀑布	340	骑士制度	160		
泥板书	133	乞力马扎罗山	280		
年羹尧	80	启蒙运动	179		
捻军	91	遣唐使	50		
宁夏回族自治区	366	侵蚀作用	292		
纽伦堡审判	224	秦	23		
奴儿干都司	67	秦桧	59		
怒江	321	秦始皇	23		
诺罗敦·西哈努克	229	青海湖	330		
诺曼底登陆战役	222	青海省	366		
		青藏高原	304		

O

欧文，R.	197	清	74
欧洲	347	清德宗载湉	94
欧洲经济共同体	235	清高宗弘历	80
欧洲联盟	236	清末"新政"	101
欧洲1848年革命	199	清末幼童留美	96
		清穆宗载淳	93

P

潘帕斯草原	318	清仁宗颙琰	87
庞贝	158	清圣祖玄烨	77
裴秀	390	清世宗胤禛	79
盆地	307	清世祖福临	76
彭雪枫	117	清太宗皇太极	75
皮萨罗，F.	195	清太祖努尔哈赤	75
平城京	143	清文宗奕詝	89
平定噶尔丹	78	清宣宗旻宁	87
平津战役	127	清政府统一台湾	77
平王东迁	18	丘吉尔，W.	220
平型关战斗	117	丘陵	309
平原	310	邱处机	61
鄱阳湖	330	秋收起义	109
普法战争	188	圈地运动	176
普加乔夫起义	169	《权利法案》	178
瀑布	339	泉	341

Q

七国时代	162		
七年战争	189		

R

人口迁移	345
人类起源与演化	2

《人权宣言》	185	山东龙山文化	10
人种	344	山东省	358
壬辰卫国战争	141	《山海经》	14
日本	370	山西省	351
日本对外侵略战争	216	山岳冰川	295
日本法西斯	216	陕西省	365
日本开国	144	禅让	13
日本战后改革	225	商	14
日本 731 部队	118	商博良，J.-F.	132
日俄战争	202	商鞅变法	19
荣禄	100	上海合作组织	248
溶洞	294	上海市	354
儒家	20	射电望远镜	266
瑞士	383	神圣罗马帝国	161
		沈括	57

S

撒哈拉沙漠	316	圣马丁，J.de	196
撒马尔罕	139	圣西门，C.-H.de	196
撒切尔夫人	237	盛宣怀	101
萨达特	231	湿地	318
萨尔温江	326	十二月党人起义	170
三藩	77	十六国	37
三国	33	十全武功	81
三韩	140	十字军东征	160
三皇五帝	12	石油	284
三家分晋	18	时区	289
三角洲	313	史迪威，J.W.	123
三省六部	41	史可法	71
三十年战争	175	史密斯，W.	287
三司	67	史沫特莱，A.	125
三星堆文化	11	世袭制	14
三一运动	142	水门事件	239
三元里抗英斗争	88	水星	258
沙龙，A.	233	舜	13
沙漠	315	司马光	57
沙特阿拉伯	377	司马迁	29
山地	296	司马懿	36
山顶洞人	8	丝绸之路	28
山东半岛	334	斯巴达城邦	149

斯巴达克起义	156				
斯大林，J.	209	塔克拉玛干沙漠	316		
斯大林格勒会战	221	塔里木盆地	307		
斯诺，E.	126	台湾岛	336		
斯特朗，A.L.	125	台湾光复	125		
斯文·海定	392	台湾省	369		
四川盆地	308	太湖	331		
四川省	362	太平天国	90		
四大发明	56	太平洋战争	222		
《四库全书》	86	太阳	257		
四一二政变	108	太阳系	257		
松花江	322	泰国	371		
松赞干布	49	泰山	300		
淞沪会战	116	坦噶尼喀湖	334		
嵩山	299	碳-14法定年	272		
宋	53	汤	15		
宋徽宗赵佶	54	汤若望	73		
宋庆龄	103	唐	42		
宋太祖赵匡胤	54	唐高祖李渊	44		
宋应星	73	唐古拉山	298		
苏必利尔湖	332	唐山地震	276		
苏德战争	220	唐太宗李世民	44		
苏俄国内战争	210	唐玄宗李隆基	45		
苏共二十大	241	陶寺文化	11		
苏联	210	特洛伊战争	148		
苏联解体	243	腾冲火山群	278		
苏美尔	133	剃发令	76		
苏维埃	207	天地会	86		
苏武	29	天皇制	143		
苏伊士运河	343	天津市	351		
隋	40	《天津条约》	92		
隋末农民起义	40	天然气	284		
隋文帝杨坚	40	天山山脉	298		
隋炀帝杨广	40	天王星	261		
孙中山	103	天文台和天文仪器	265		
《孙子兵法》	23	天文望远镜	266		
索姆河战役	206	天文学	251		
		田中角荣	225		

帖木儿	137	五大连池火山群	278
铁托，J.B.	226	五代十国	51
佟麟阁	116	五四运动	107
突厥	48	"五月花"号	182
土尔扈特部回归	81	武昌起义	104
土木之变	69	武丁	15
土星	260	武汉保卫战	119
吐蕃	48	武士道	144
托勒玫	269	武夷山	301
托洛茨基，L.D.	209	武则天	45
		戊戌变法	99

W

X

完颜宗弼	60		
皖南事变	121	西安事变	114
万隆会议	245	西班牙	383
王安石变法	56	西班牙美洲独立战争	195
王国维	102	西班牙内战	217
王莽	31	西汉	25
王昭君	30	西晋	36
维多利亚湖	332	西西伯利亚平原	312
维多利亚女王	178	西夏	52
维苏威火山	279	西夏景宗李元昊	52
维也纳会议	188	西夏文	53
卫青	29	西域	28
魏武帝曹操	34	西藏和平解放	129
魏孝文帝改革	39	西藏自治区	364
魏源	89	西周	16
魏徵	44	希波战争	152
温泉	280	希拉克，J.	236
文成公主	49	希腊	380
文景之治	26	希罗多德	150
文天祥	59	希特勒，A.	213
文艺复兴	172	喜马拉雅山脉	296
汶川地震	276	峡谷	292
翁文灏	285	夏	14
倭寇	69	宪章运动	197
吴大帝孙权	35	香港特别行政区	367
吴哥王朝	138	湘军	91
吴三桂	72	项英	121

项羽	25	雅尔塔会议	223
萧何	26	雅各宾派	185
萧太后	52	雅克萨之战	78
小行星	263	雅鲁藏布大峡谷	292
孝庄文皇后	76	雅鲁藏布江	322
楔形文字	133	亚里士多德	151
《辛丑条约》	101	亚历山大大帝	153
辛亥革命	104	亚历山大二世	171
新几内亚岛	338	亚马孙河	324
新加坡	372	亚马孙平原	312
新疆和平解放	129	亚述帝国	134
新疆维吾尔自治区	367	亚太经济合作组织	248
新经济政策	210	亚洲	347
新军	101	亚洲四小龙	230
新罗	140	严复	102
新民主主义革命	106	炎帝	12
新四军	117	阎锡山	111
新文化运动	106	杨虎城	115
新西兰	386	杨业	55
新政	212	洋务运动	95
兴都库什山脉	302	仰韶文化	9
星系	255	尧	13
星系团	255	遥感	289
星座和星图	254	邪马台国	142
行政区划	346	叶卡捷琳娜二世	168
行中书省	62	叶利钦,B.N.	245
匈奴	159	叶尼塞河	326
匈牙利事件	242	叶挺	121
休伦湖	333	一·二八抗战	113
徐光启	73	一二·九运动	114
徐霞客	390	一行	267
徐州会战	119	伊瓜苏瀑布	340
玄奘	47	伊拉克	376
荀子	21	伊拉克战争	250
		伊朗	376

Y

鸦片战争	88	伊朗白色革命	228
雅丹	295	伊朗高原	306
雅典城邦	149	伊丽莎白二世	237

伊丽莎白一世	164	元谋猿人	8
伊藤博文	145	元世祖忽必烈	62
以色列	378	元太祖成吉思汗	61
义和团运动	100	袁崇焕	70
意大利	384	袁世凯	105
银河系	255	月球	262
印巴分治	227	月食和日食	262
印第安人	181	岳飞	58
印第安人古代文明	192	越南	371
印度	374	越南八月革命	229
印度半岛	335	越南战争	246
印度河	327	云贵高原	305
印度河文明	135	云南省	364
印度民族大起义	191	陨石	264
印度尼西亚	373	运河	342
印度尼西亚八月革命	229		
印度－雅利安人	135	**Z**	
印度洋地震	277	赞比西河	328
印度支那战争	246	曾国藩	95
印度种姓制度	136	占西女王	191
印加文明	194	战国	19
英布战争	178	战国七雄	19
英帝国和英联邦	190	战时共产主义	210
英国	381	张飞	36
英国东印度公司	190	张衡	267
英国征服印度的战争	190	张衡地动仪	267
英国资产阶级革命	176	张骞	27
英属北美殖民地	181	张謇	102
英属北美殖民地黑奴制	201	张居正	69
《永乐大典》	68	张良	26
犹太复国主义	232	张献忠	71
幼发拉底河	328	张学良	115
俞大猷	69	张钰哲	268
宇宙	252	张之洞	96
禹	14	张自忠	120
豫湘桂战役	122	章鸿钊	285
元	60	昭和天皇	216
元大都	63	赵州桥	41
		褶皱	273

浙江省	355	周瑜	35
贞德	163	纣	15
真纳	228	侏罗纪	273
郑成功	72	珠江	321
郑和下西洋	68	珠江三角洲	314
智利地震	277	珠穆朗玛峰	296
中东战争	233	诸葛亮	36
中法战争	97	驻藏大臣	84
中国	349	转世灵童	84
中国工农红军	109	准噶尔盆地	308
中国工农红军长征	109	《资治通鉴》	57
中国历史	4	宗教改革	161
中国同盟会	104	宗喀巴	72
中国远征军	123	总理各国事务衙门	93
中华民国	104	租界	92
中华民族	345	祖母绿	283
中南半岛	335	祖逖	37
中日甲午战争	98	钻石	282
中西伯利亚高原	307	遵义会议	110
中原大战	111	左权	120
舟山群岛	337	左宗棠	95
周公	17		
周文王	16		

数字

9·11事件	250
1929～1933年世界经济危机	212

周武帝改革	39
周武王	16